ars vivendi

Gerhard Heimler

DER AUSFLUGS-VERFÜHRER RHÖN

Ein ars vivendi Freizeitführer

Bei der Realisierung dieses Buches ließen wir größtmögliche Sorgfalt walten. Falls dennoch Informationen falsch oder inzwischen überholt sein sollten, bedauern wir dies, können aber auf keinen Fall eine Haftung übernehmen.

Korrekturvorschläge und Anmerkungen an: lektorat@arsvivendiverlag.de

Bildnachweis:
S. 95, 96, 101, 245 (oben und unten): Dagmar Mayer
S. 249: Dr. Wolfgang Heimler
Alle weiteren Bilder, auch auf dem Umschlag, stammen von Gerhard Heimler.

Info
Sehenswürdigkeiten & Kultur
Spiel, Spaß, Sport
Essen & Trinken
Essen & Schlafen
Übernachten

GPS-Tracks unter:
www.ogy.de/davr
Passwort: rhoen20469

Erste Auflage 2023

www.arsvivendi.com

Umschlag: ars vivendi verlag
Layout, Satz, Übersichtskarte: Christine Richert, www.typoholica.de
Karten: Kartographisches Büro Dieter Ohnmacht
Lektorat: Carmen Wurm
Druck: GPS, Velden
Printed in Europe
ISBN 978-3-7472-0469-6

Inhalt

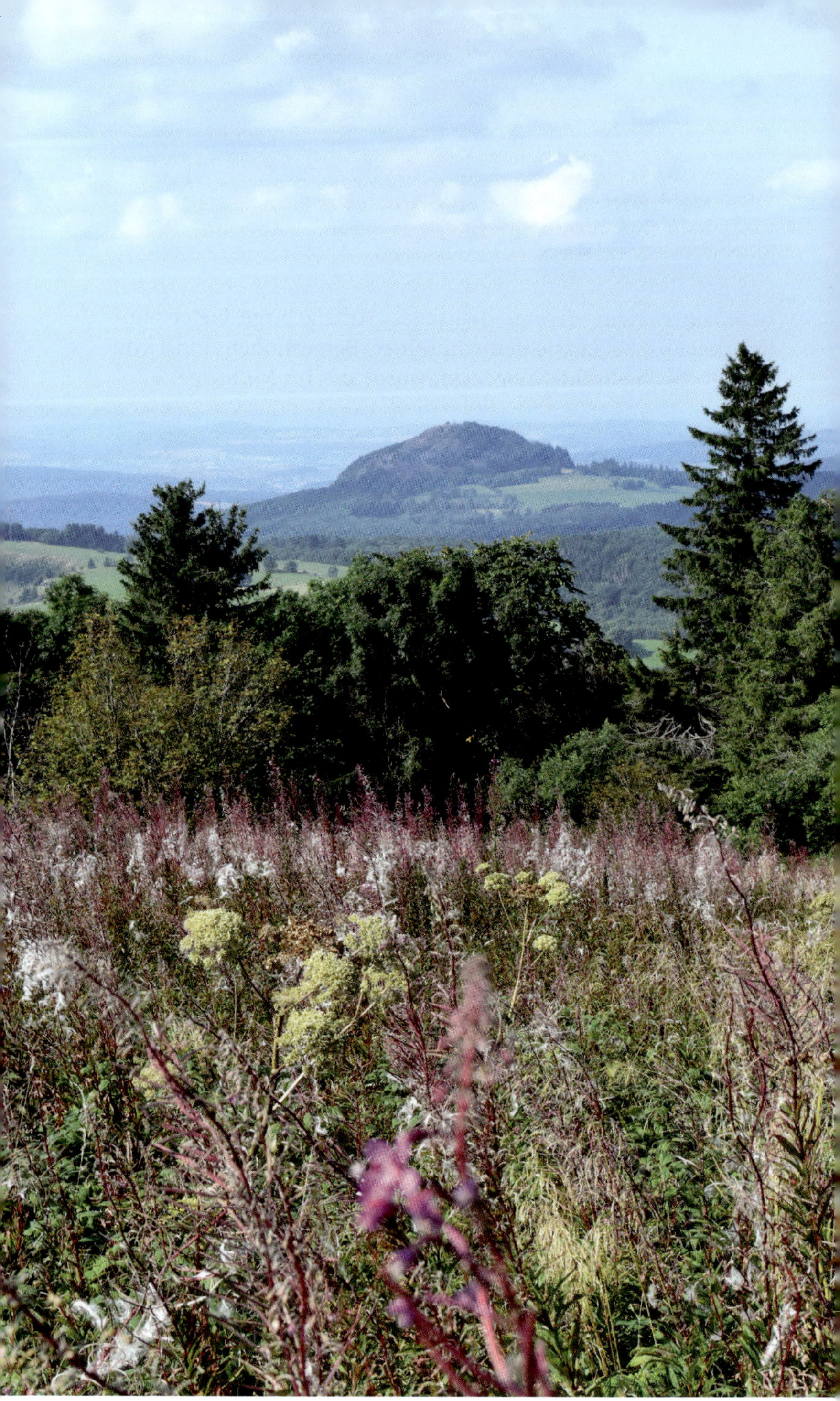

Blick von der Wasserkuppe zur Milseburg

Vorwort

Hoch oben stehen. Weit ins Land schauen. Den Blick schweifen und die Seele baumeln lassen. Das alles ist mitten in Deutschland möglich, wo Bayern, Hessen und Thüringen aneinander grenzen. Als Land der offenen Fernen wird die Rhön gerne bezeichnet. Kein anderes deutsches Mittelgebirge bietet ähnlich gigantische Aussichten von seinen Bergeshöhen. Einst von dichten Buchenwäldern bedeckt, wurde der im Mittelalter »Buchonia« genannte Landstrich im Laufe der Zeit durch Rodungen zur heutigen Kulturlandschaft. Deren Charakter in Gestalt von artenreichen Berggraswiesen und Wacholderheiden wird durch die Beweidung mit Schafen bewahrt. Seit 1991 ist die Rhön UNESCO-Biosphärenreservat. Das heißt, der Mensch versteht sich als Teil der Natur und trägt durch nachhaltiges Wirtschaften dazu bei, die außergewöhnliche Artenvielfalt in Flora und Fauna zu erhalten. Mit dem Roten und dem Schwarzen Moor kann die Rhön mit zwei besonderen Highlights für Naturfreunde aufwarten, dazu mit Blockhalden und sogar ganzen Steinmeeren aus Basalt. Das dunkle Gestein offenbart den vulkanischen Ursprung des Gebirges, einige seiner markanten Gipfel und Kuppen sind ehemalige Vulkanschlote, und wer noch nie eindrucksvolle Basaltsäulen gesehen hat, hat dazu in der Rhön mehrfach Gelegenheit. Unvergesslich sind zudem klare Sternennächte, die man hier fernab von störendem Großstadtlicht noch erleben kann. Dafür wurden im »Sternenpark Rhön« an verschiedenen Orten Himmelsschauplätze eingerichtet.

In erster Linie ist das Land der offenen Fernen ein Wanderparadies. Mehr als 7800 Kilometer ausgeschilderter und bestens markierter Wanderwege durchziehen das Vulkangebirge. Da ist für jeden etwas dabei – für den sportlichen Gipfelstürmer genauso wie für den Genusswanderer. Wenn dann noch eine der vielen gemütlichen Wanderhütten für eine zünftige Einkehr an der Strecke liegt, ist das Wanderglück vollkommen. Die bei Familien mit Kindern besonders beliebten Touren mit flauschigen Alpakas werden ebenfalls mancherorts angeboten. Auch mit dem Rad oder Mountainbike lässt sich die Region »erfahren«, dazu ist die Rhön ein wahres Outdoor-Eldorado. Ob mit dem Gleitschirm oder mit dem Segelflugzeug in die Luft gehen, ob steile Felswände emporklettern oder mit dem Kanu auf der Werra oder der

Fränkischen Saale paddeln – das alles und noch viel mehr ist im Rhöner Land möglich. Auch Autofahren macht hier noch richtig Spaß auf wenig befahrenen, teils kurvigen Landstraßen, die diesen Namen noch verdienen. Ziele für einen Ausflug gibt es zur Genüge: mondäne Badeorte wie Bad Kissingen, barocker Prunk in Fulda oder Mittelalter-Flair in kleinen Städtchen wie Ostheim vor der Rhön. Nicht zu reden von der Fülle an Burgen, Schlössern, Kirchen, Klöstern und Kapellen, die von der wechselvollen Geschichte der Rhön erzählen, die immer schon Grenzland war – zuletzt zu Zeiten der deutschen Teilung, als sogar der »heißeste Punkt im Kalten Krieg« sich ausgerechnet hier befunden hat. Diesem ehemaligen Beobachtungspunkt Point Alpha sollte man unbedingt einen Besuch abstatten.

Zu guter Letzt kommt auch der Genuss in der Rhön nicht zu kurz. Als typische Spezialitäten stehen Rhönforelle und Rhönlamm auf der Speisekarte, dazu kann die Region mit 20 Brauereien aufwarten. Und in »Frankens Saalestück« bei Hammelburg wird sogar Wein in hoher Qualität angebaut.

Das sind hoffentlich Gründe genug, um sich auf den Weg in das schönste deutsche Mittelgebirge zu machen. Die 30 Touren in diesem Ausflugsverführer verstehen sich jedoch nur als »Appetitanreger« und erheben keinen Anspruch auf Vollständigkeit. Letztlich ist die Auswahl ein »Best of« meiner persönlichen Lieblingsorte in der Rhön. Es würde mich freuen, wenn es auch bald die Ihrigen wären.

Gerhard Heimler

Die GPS-Tracks aller Touren zum Download sowie eine Anleitung für die Benutzung auf Google Maps finden Sie auf unserer Website unter folgendem Link:
www.ogy.de/davr
Passwort: rhoen20469

Barock auf Schritt und Tritt 1

Spaziergang in und um Fulda

Tour: Stadtspaziergang durch Fulda mit einem Abstecher zum Schloss Fasanerie in Eichenzell.
Länge/Dauer: 3,3 km/ca. 2,5 Std. (mit Abstecher zum Schloss Fasanerie 4 Std.).
Einstiegspunkt: Bahnhof Fulda.
Höhenunterschied: 23 m.
Markierungen: keine.
Anreise: *ÖPNV:* mit der Bahn bis zum ICE-Bahnhof Fulda. *Kfz:* A 7 Ausfahrt Fulda-Mitte; Parkmöglichkeiten (gebührenpflichtig) u. a. Parkplatz Am Bahnhof, Parkhaus Bahnhofsplatz oder Parkhaus Altstadt.
Saison: das ganze Jahr.
Familie: Für Familien mit Kindern hat Fulda einiges zu bieten: Unbedingt einen Besuch wert ist die Kinder-Akademie Fulda mit ihrer Hauptattraktion des »Begehbaren Herzens«, aber auch das Vonderau Museum mit dem angeschlossenen Planetarium bietet kindgerechte Angebote, ebenso das Schloss Fasanerie und der Heimattiergarten Fulda.
Besonderheiten: In den Sommermonaten Juni bis August finden auf dem Domplatz Open-Air-Konzerte mit namhaften Künstlern der unterschiedlichsten Musikrichtungen statt.

Hessens schönste Barockstadt

Fulda ist nicht nur das Tor zur Rhön, sondern auch Hessens schönste Barockstadt. Kirchen, Adelspalais und Bürgerhäuser jener Epoche tragen zu diesem Image bei. Dabei wird oft vergessen, dass die Altstadt auch von mittelalterlichem Fachwerk-Flair durchdrungen ist. Wir wollen auf unserem Spaziergang beide Seiten der Stadt kennenlernen und ein bisschen zwischen beiden Welten hin- und herpendeln.

Ein Exkurs in die Geschichte der Stadt ist dabei hilfreich. Diese beginnt 744 mit der Gründung des Klosters Fulda durch den aus England stammenden Missionar Bonifatius. Er verfügte, dass dort auch seine Grablege sein sollte und so geschah es nach seiner Ermordung durch friesische Heiden im Jahr 754. Seitdem pilgern jährlich Tausende von Gläubigen an sein Grab, das seit

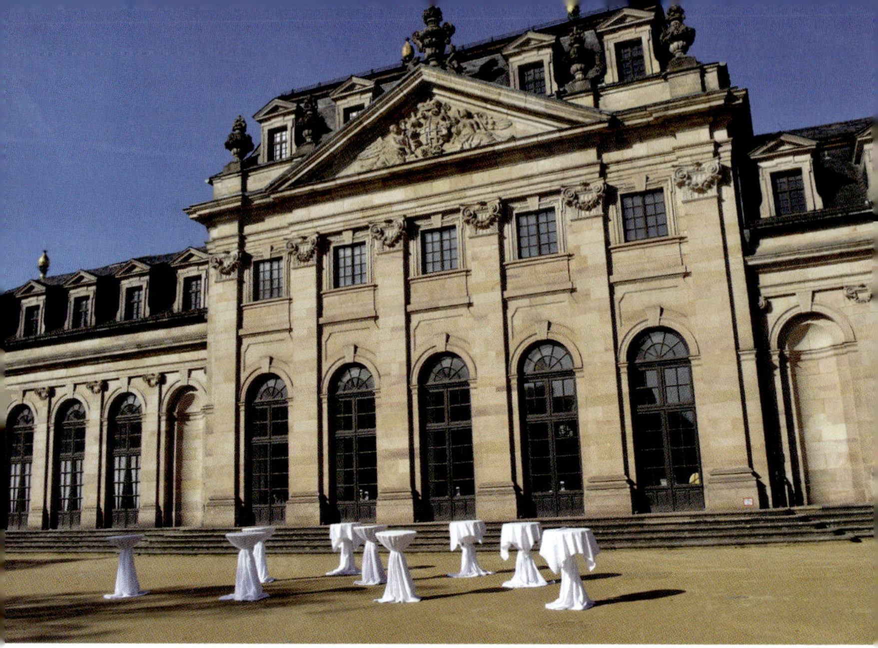

Die Orangerie im Schlossgarten weist einen besonderen Dachschmuck auf.

dem 18. Jahrhundert in der Krypta des Fuldaer Domes seinen Platz gefunden hat. Im Laufe der folgenden Jahrhunderte gewann das Kloster an Einfluss und wurde zu einem politischen Machtfaktor. Im Jahr 1220 wurden die Äbte durch Kaiser Friedrich II. in den Reichsfürstenstand erhoben, die Abtei wurde zur Fürstabtei. Im Oktober 1752 erfolgte durch Papst Benedikt XIV. die Ernennung zu einem Bistum, aus der Fürstabtei Fulda wurde das Fürstbistum Fulda, die Äbte residierten fortan als Fürstbischöfe. Die Säkularisation 1803 setzte dieser Herrschaft ein Ende, die Besitztümer des Hochstiftes gelangten in weltliche Hände. Geblieben sind die prachtvollen Bauten, die von der Macht und dem Reichtum kirchlicher Würdenträger zeugen, die in Personalunion auch absolutistische Regenten waren.

Durch den Schlossgarten

Wir beginnen unseren Stadtspaziergang am Bahnhof und schwenken mit Blick zur Innenstadt rechts in die Kurfürstenstraße ein. An ihr entlangflanierend gelangen wir ans Ostende des Schlossgartens, den wir links durch ein Tor betreten. Zunächst durchschreiten wir auf einer Kastanienallee den rückwärtigen, Boskettgarten genannten Teil des Parks. Er wurde im 19. Jahrhundert im Stil eines englischen Landschaftsgartens angelegt. Wir passieren das Fontäne-Becken und Schritt für Schritt erschließt sich uns der eigentliche barocke Charakter des Parks, der 1715 unter Fürstabt Constantin von Buttlar nach dem Vorbild der großen barocken Gärten Frankreichs gestaltet wurde. Links ein Seitenflügel des Stadtschlosses, das wir später besuchen werden.

Dominiert wird der Schlossgarten von der an der rechten Parkseite gelegenen Orangerie. Der Dachschmuck des Gebäudes, die Ananas als Symbol für Exotik, ist von Weitem erkennbar. Im Winter diente das Domizil früher als Aufbewahrungsort für die beim Adel beliebten Zierbäumchen wie Zitronen- und Orangenbäume (woher sich auch der Name Orangerie ableitet). Im

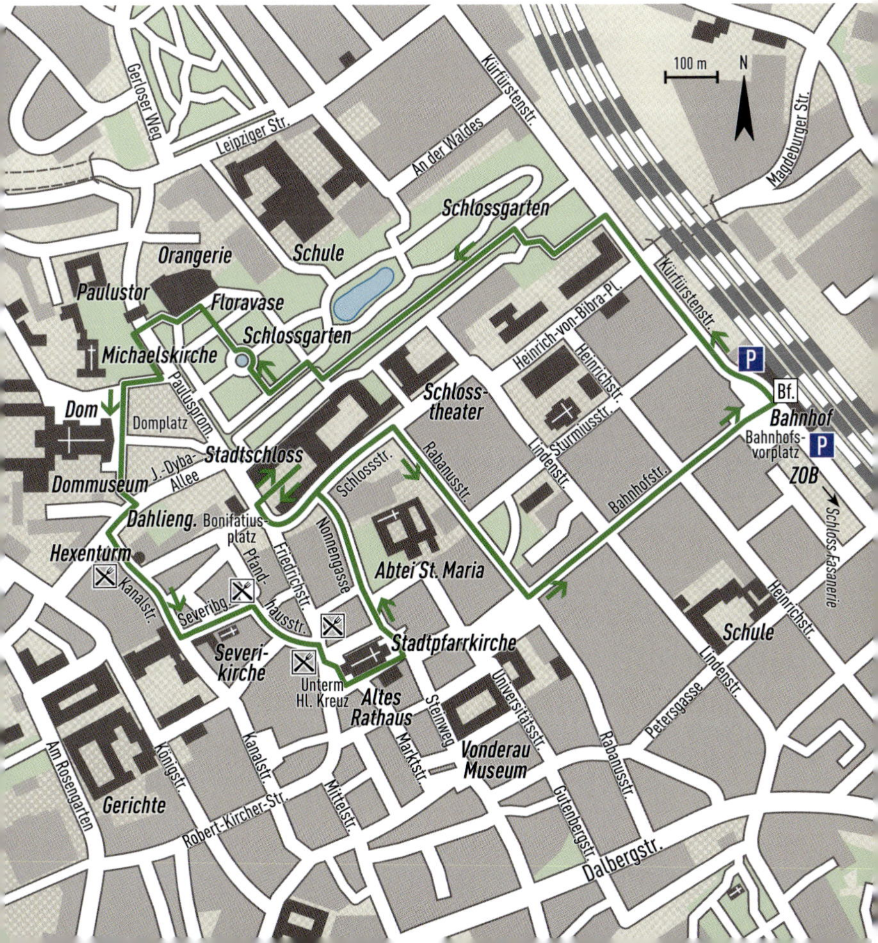

Sommer feierten die Fürstäbte hier rauschende Feste. Ein Blick ins Innere des Prachtbaus lohnt sich – sehenswert ist der Apollosaal mit einem Deckenfresko auf dem Spiegelgewölbe. Auf der Freitreppe davor steht mit der Floravase ein weiteres Meisterstück barocker Gartenkunst. Die 6,8 Meter hohe Steinskulptur stellt Flora, die römische Göttin der Blumen und der Jugend dar. Die Lilie in ihrer Hand erinnert an den Auftraggeber des Kunstwerks, Fürstabt Adolph von Dahlberg. Wir verlassen den Schlossgarten hinter der Orangerie in nördlicher Richtung und steuern links auf das Paulustor zu, das einst den Stadt- vom Stiftsbezirk trennte.

Unterwegs im Domviertel

Ein Stück der Pauluspromenade folgend, gelangen wir ins Barockviertel, das auf engstem Raum zwischen Dom und Stadtschloss mit Prachtbauten aus dem 18. Jahrhundert glänzt. Dazu gesellen sich die barockisierten Bürgerhäuser am und um den Bonifatiusplatz sowie die dem Stadtschloss benachbarten Adelspalais. Wir wenden uns jedoch nach rechts auf einen Fußweg, der uns über den Domplatz zur Michaelskirche bringt. Sie ist eine der ältesten Kirchen Deutschlands, errichtet ab 819 als Begräbniskirche des damaligen Klosters. Vom ursprünglichen Bau ist die Krypta erhalten, die oberirdischen Bauteile wurden im Laufe der Jahrhunderte mehrmals umgebaut. Im schlicht gehaltenen Innenraum beeindruckt die aus acht Säulen bestehende Rotunde.

Auf dem Weg zum Wahrzeichen Fuldas bewältigen wir dann eine Zeitreise vom Mittelalter (Michaelskirche) in die Barockzeit. Und schon stehen wir vor dem Dom St. Salvator, der bedeutendsten Barockkirche Hessens. Das Gotteshaus wurde auf Geheiß des Fürstabtes Adalbert von Schleifras in den Jahren 1704 bis 1712 genau an der Stelle errichtet, wo sich zuvor die Grabeskirche des Heiligen Bonifatius befand. Baumeister Johann Dientzenhofer schuf den weit größeren Neubau im Stil des italienischen Barocks mit vielen Anklängen an den Petersdom in Rom. Im weiß gehaltenen, lichtdurchfluteten Innenraum fallen neben der prächtigen Kanzel die kunstvollen Nebenaltäre genauso ins Auge wie die aufwendig gestalteten Grabmale zahlreicher Fürstbischöfe. Die meisten Besucher, darunter viele Wallfahrer, zieht es jedoch zur Bonifatiusgruft in der Krypta des Domes.

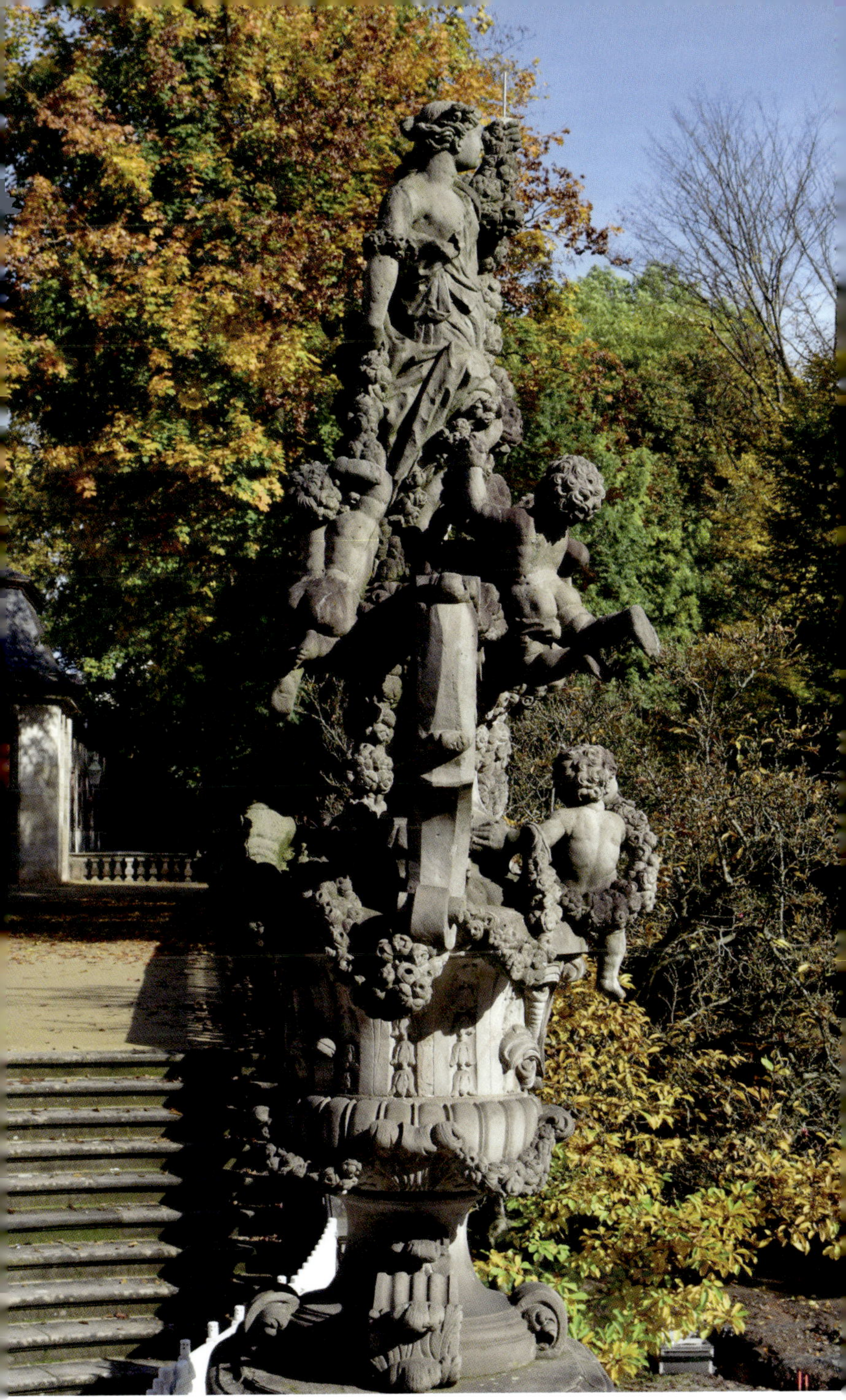

Die Floravase vor der Orangerie ist ein Meisterstück barocker Gartenkunst.

Freunde sakraler Orgelmusik sollten keinesfalls eines der Orgelkonzerte verpassen, die regelmäßig in der Kirche stattfinden. Über den direkt neben dem Dom gelegenen Domdechaneigarten gelangt man ins Dommuseum. Zu dessen Öffnungszeiten kann der kleine Park, in dem historische Rosensorten gezüchtet werden, besichtigt werden. Jederzeit frei zugänglich ist dagegen der direkt gegenüber dem Domplatz an der Johannes-Dyba-Allee gelegene Dahliengarten. Über 30 verschiedene Sorten dieser Blume sorgen im Spätsommer für eine unglaubliche Blütenpracht. Das idyllische Plätzchen ist eine Oase der Ruhe und bietet obendrein einen schönen Blick auf die Turmspitzen des Domes. Von hier kommen wir in die Altstadt mit mittelalterlichen Fachwerkhäusern und versteckten Innenhöfen. Dieser Teil von Fulda entstand kurz nach der Klostergründung im Jahr 744.

Bummel durch die Altstadt

Von der Johannes-Dyba-Allee biegen wir links in die Kanalstraße ein und gelangen gleich darauf zum Hexenturm. Der 14 Meter hohe Rundturm ist der besterhaltene Wehrturm der mittelalterlichen Stadtbefestigung. Unklar ist, ob sein Namen mit dem dunkelsten Kapitel der Stadtgeschichte zusammenhängt. Fakt ist, dass Anfang des 17. Jahrhunderts in Fulda mehr als 300 angebliche Hexen und Hexenmeister gefoltert und hingerichtet wurden. Weit angenehmere Assoziationen weckt das benachbarte Fachwerkhaus – in ihm wurde der Physik-Nobelpreisträger Ferdinand Braun (1850–1918), Erfinder der »Braun'schen Röhre«, geboren. Weiter die Kanalstraße entlangspazierend, passieren wir die pittoresken Häuser »Zum roten Löwen« und »Zum Totenbein« – Letzteres fungierte als Beinhaus, bevor es in ein Wohn- und Handwerkerhaus umgestaltet wurde. Links in die Straße Severiberg abbiegend, gelangen wir zur Severikirche, erbaut 1451 als Zunftkapelle der wohlhabenden Wollweber, und zur *Altstadtbäckerei Ballmaier,* in der seit 1548 leckeres Backwerk nach alter Tradition hergestellt wird. Unbedingt reingehen und eine der Köstlichkeiten – ob süß oder herzhaft – probieren.

Ein kurzer Weg durch die Pfandhausstraße führt zum Platz Unterm Heiligen Kreuz, einem der historischen Marktplätze. Das namensgebende Kreuz existiert heute nicht mehr, an seiner Stelle

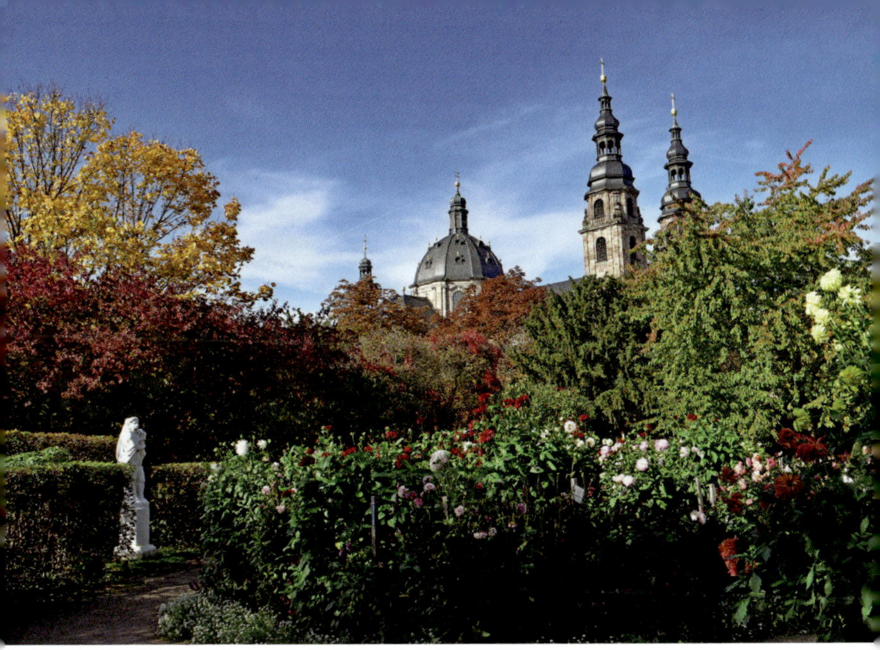

Blick vom Dahliengarten zum Dom

steht ein 1669 zu Ehren des Heiligen Blasius errichteter Brunnenobelisk. Das dominierende Bauwerk am Platz ist die Stadtpfarrkirche St. Blasius, der älteste sakrale Barockbau in Fulda. Gleich daneben befindet sich das ehemalige Kanzlerpalais, ein repräsentativer Barockbau, der Sitz der Kanzler der Fürstabtei war und später als Rathaus genutzt wurde. Nur ein paar Schritte weiter bietet das Alte Rathaus mit seinen Fachwerkobergeschossen und der Arkadenhalle im Erdgeschoss ein wunderschönes Fotomotiv. Hinter der Stadtpfarrkirche schwenken wir links in die Nonnengasse ein und erreichen auf ihr – nomen est omen – die Benediktinerinnenabtei St. Maria. Seit dem 17. Jahrhundert leben die Schwestern an diesem Standort. Der Klostergarten wird von ihnen traditionell ökologisch bewirtschaftet. Die Erzeugnisse können im angeschlossenen Klosterladen erworben werden, dazu ausgewählte Bücher und Grußkarten. Vom Laden aus kann man einen Blick in den Garten werfen, er ist aber auch für Besucher von Mai bis September samstags von 14 bis 16 Uhr geöffnet.

Zum Stadtschloss, dem letzten Anlaufpunkt unserer Stadttour, ist es jetzt nur noch ein Katzensprung vor zur Schlossstraße. Das ehemalige Residenzschloss der Fuldaer Fürstäbte wurde von

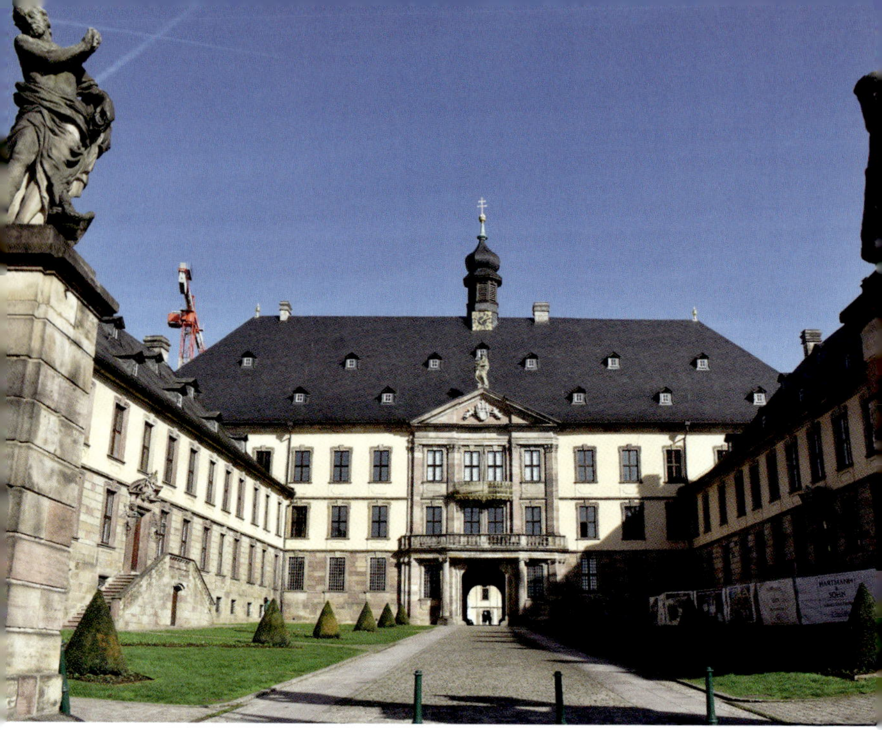

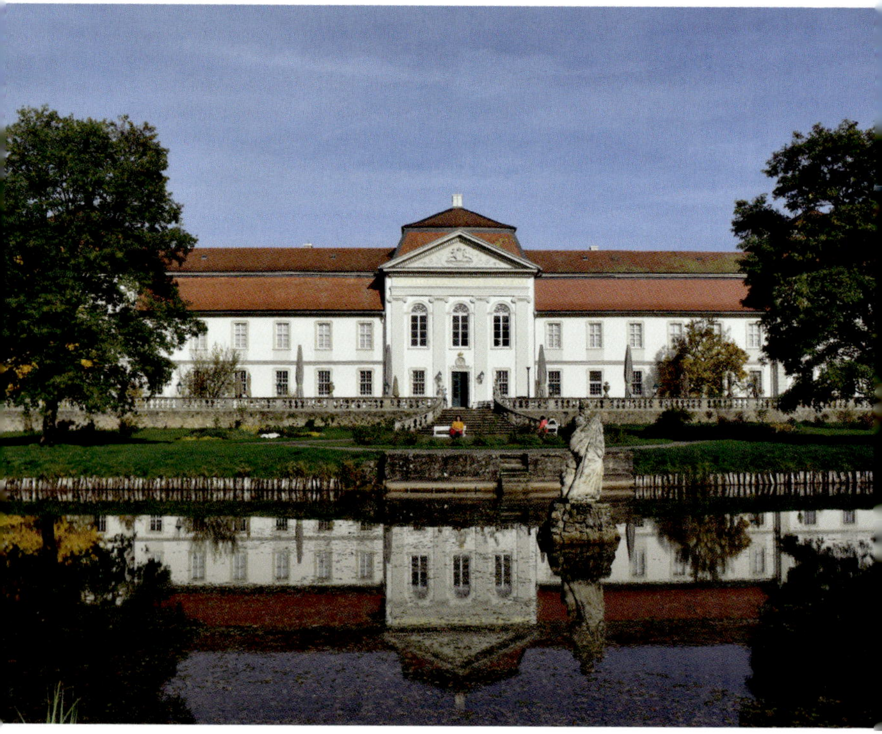

Beeindruckend: das Stadtschloss in Fulda (oben) und Schloss Fasanerie in Eichenzell

Johann Dientzenhofer als Vierflügelanlage mit zwei einen Ehrenhof umfassenden Seitenflügeln entworfen. Im Schlossmuseum können die prachtvollen Wohnräume der geistlichen Herren in ihrem vollen Prunk bestaunt werden. Glanzvolle Spiegel, kostbare Tapeten und Gemälde entführen den Besucher in die Blütezeit absolutistischer Regentschaft. Eine Sammlung erlesener Fayencen und Porzellane aus Fuldaer Manufakturen komplettiert die Ausstellung. Über die Rabanusstraße und die Bahnhofstraße kehren wir zurück zum Bahnhof.

Abstecher zum Schloss Fasanerie

Dort besteigen wir am Zentralen Omnibus Bahnhof (ZOB) den Stadtbus der Linie 7 für einen Trip zu Hessens schönstem Barockschloss. Wir steigen im Vorort Engelshelms bei der Haltestelle Ortsmitte aus und müssen nun die restliche, etwa 1,3 Kilometer lange Strecke zu Fuß bewältigen. Der Weg ist ausgeschildert. Das ehemalige Sommerschloss der Fuldaer Fürstäbte kann zwar nur im Rahmen einer Führung besichtigt werden, aber auch wer es nur von außen in Augenschein nehmen möchte, kommt voll auf seine Kosten. Allein schon das Flanieren durch den 30 Hektar großen, zum Schloss gehörigen Landschaftspark ist die Anreise wert. Er vereint wild wachsende mit gestalteter Natur, natürliche Wiesen grenzen an gepflegte Blumenbeete und kunstvoll angelegte Teiche. Nach der Parkrunde kommt eine Erfrischung im Schloss-Restaurant oder Biergarten gerade recht. Vielleicht ja doch noch an einer Führung teilnehmen? Es lohnt sich, denn in den rund 60 Schauräumen des Schlosses wird eine reichhaltige und qualitätvolle Sammlung von Mobiliar und Ausstattungskunst des 18. und 19. Jahrhunderts präsentiert. Außerdem besitzt das zur Kulturstiftung des Hauses Hessen gehörige Museum eine der wertvollsten privaten Sammlungen antiker Kunst. Im »Badehaus« des Schlosses finden zudem jährlich interessante Sonderausstellungen zu wechselnden Themen statt. Wer nun denkt, dass dies alles für Kinder stinklangweilig ist, täuscht sich. Für die lieben Kleinen gibt es extra Kostümführungen oder sie werden vom Schlossgespenst oder einer Prinzessin beim Gang durch die Räume begleitet. Da gibt es dann auf der Heimfahrt genug zu erzählen.

Ausgewählte Adressen und Tipps

- Tourismus und Kongressmanagement Fulda, Bonifatiusplatz 1, Palais Buttlar, 36037 Fulda, Tel. 0661/1021813, www.tourismus-fulda.de. Mo–Do 9–16.30, Fr/Sa bis 17, So und Fei bis 15 Uhr.
- Vonderau Museum mit Planetarium, Jesuitenplatz 2, 36037 Fulda, Tel. 0661/1023210, www.museum-fulda.de. Tägl. außer Mo 10–17 Uhr, jeder 3. Di im Monat bis 20 Uhr.
- Dommuseum, Domplatz 2, 36037 Fulda, Tel. 0661/87207, www.bistum-fulda.de. Di–Sa 10–12.30 und 13.30–16, So und Fei 12.30–16 Uhr.
- Stadtschloss Fulda, Schlossstr. 1, 36037 Fulda, Tel. 0661/1021813, www.tourismus-fulda.de. Tägl. außer Mo 10–17 Uhr. Schlossführungen tägl. außer Mo 10.30 und 14 Uhr, Fr nur 14 Uhr.
- Schloss Fasanerie, Fasaneriestr., 36124 Eichenzell, Tel. 0661/94860, www.schloss-fasanerie.de. Führungen tägl. außer Mo zwischen 10 und 17 Uhr zur vollen Stunde (letzte Führung 16 Uhr).
- Klosterladen der Benediktinerinnenabtei, Nonnengasse 16, 36037 Fulda, Tel. 0661/9024534, www.abtei-fulda.de. Reiche Auswahl an Köstlichkeiten aus der Klosterküche (u. a. die sog. Nonnenseufzer), Kräuterliköre, Kunst- und Grußkarten, Kunsthandwerk, ausgesuchtes Buchsortiment. Mo–Sa 10–11.30 und 14–15.30 Uhr.
- Kinder-Akademie Fulda, Mehlerstr. 8, 36037 Fulda, Tel. 0661/902730, www.kaf.de. Mo–Fr 10–17.30, Sa (nur Okt. bis Apr.) 13–17.30, So 13–17.30 Uhr. Besuch des begehbaren Herzens aktuell nur mit telefonischer Voranmeldung möglich.
- Heimattiergarten Fulda, Landwehrweg 1, 36041 Fulda, Tel. 0661/21225, www.heimattiergarten.de (derzeit wegen Umbauarbeiten geschlossen, bitte auf der Webseite informieren).
- *Altstadtbäckerei Ballmaier,* Severiberg 4, 36037 Fulda, Tel. 0661/73705, www.baeckerei-ballmaier.de. In Fuldas ältester Bäckerei wird alles traditionell hergestellt.
- *Alte Schule Fulda,* Jesuitenplatz 2, 36037 Fulda, Tel. 0661/240029, www.alteschule-fulda.de. Mi–Fr 11–1, Sa/So 10– 1 Uhr, Mo/Di Ruhetage. Spezialität des Hauses sind Bowls, Wraps & Burger.
- *Café Wess am Dom,* Kanalstr. 2a, 36037 Fulda, Tel. 0661/9025713, www.cafe-wess.de. Mo Ruhetag.
- *Eiscafé Bonifatius,* Friedrichstr. 6, 36037 Fulda, Tel. 0661/9619170, www.eiscafe-bonifatius.de. So–Do 10–21, Fr/Sa bis 22 Uhr. Filiale in der Lindenstr. 12. Eis aus eigener Herstellung, die Spezialität sind verschiedene Bubble Waffeln.

- *Restaurant & Bar PLATZHIRSCH,* Unterm Heilig Kreuz 3–5, 36037 Fulda, Tel. 0661/9015000, www.platzhirsch-fulda.de. Mo–Sa 17–23 Uhr, So Ruhetag. Gehobene Küche mit saisonalen Eigenkreationen.
- *Schlossrestaurant und Café »Die Fasanerie«,* Schloss Fasanerie, 36124 Eichenzell, Tel. 0661/9418348, www.die-fasanerie.de. Do–So 11–23 Uhr. Anspruchsvolle, aber nicht zu teure Gerichte, in der Freiluftsaison ist auch der Biergarten am Postenhaus geöffnet.
- *Maritim Hotel am Schlossgarten,* Pauluspromenade 2, 36037 Fulda, Tel. 0661/2820, www.maritim.de. Direkt im malerischen Schlossgarten gelegen, klassisches Ambiente mit modernster Ausstattung, Haustiere sind willkommen.
- *Hotel am Dom,* Wiesenmühlenstr. 6, 36037 Fulda, Tel. 0661/97980, www.hotel-am-dom-fulda.de. Drei-Sterne-Hotel in ruhiger, aber dennoch zentraler Lage.
- *Hotel Peterchens Mondfahrt,* Rabanusstr. 7, 36037 Fulda, Tel. 0661/902350, www.peterchens-mondfahrt-fulda.de. Garni-Hotel mit reichhaltigem Frühstücksbuffet.

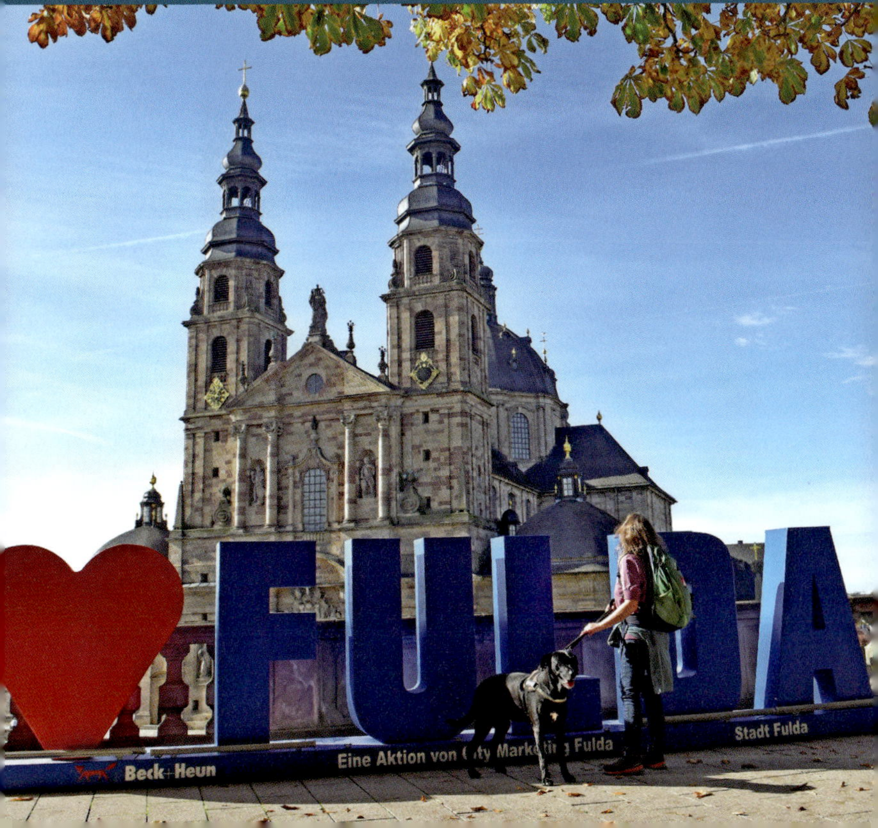

2 Neun auf einen Streich

Mit dem Rad durch das Hessische Kegelspiel

Tour: Radtour auf dem *Kegelspielradweg:* Hünfeld–Burghaun–Stoppelsberg–Steinbach–Leibolz–Großentaft–Grüsselbach.

Länge/Dauer: 39,3 km/4,5 Std.

Einstiegspunkt: Kegelspielradweg-Parkplatz im Industriegebiet Hünfeld-Nord.

Endpunkt: Grüsselbach; von dort weiter nach Rasdorf auf den *Erlebnisradweg VIA REGIA* und auf diesem zurück nach Hünfeld (ca. 18 km) oder zurück mit Buslinie 77 bis Rasdorf, von dort mit Buslinie 120 zum Bahnhof Hünfeld.

Höhenunterschied: 94 m, inklusive Anstieg zum Stoppelsberg 255 m.

Markierungen: *Kegelspielradweg, Kegelspielweg (HW01), Haunetalradweg, Erlebnisradweg VIA REGIA.*

Anfahrt: *ÖPNV:* mit der Bahn bis Bahnhof Hünfeld, vom Bahnhof ist der Weg zum *Kegelspielradweg* für Radfahrer ausgeschildert. *Kfz:* A 7 bis Ausfahrt Hünfeld/Schlitz, weiter bis Hünfeld; Autofahrer gelangen über die Hersfelder Straße ins Industriegebiet Hünfeld, dort dem Wegweiser zum Parkplatz des Kegelspielradwegs folgen. Zurück zum Ausgangspunkt der Tour siehe oben unter Endpunkt.

Saison: Frühling bis Herbst.

Familie: Für Kinder ist die gesamte Tour etwas zu lang; es empfiehlt sich daher, nur die Teiletappe von Hünfeld zur Burgruine Hauneck auf dem Stoppelsberg (und wieder zurück) zu radeln.

Anforderungen: Der *Kegelspielradweg* weist keine nennenswerten Steigungen bzw. Gefälle auf, nur der Abstecher hoch zur Burgruine Hauneck ist einigermaßen steil. Gleiches gilt für den *Erlebnisradweg VIA REGIA* auf dem Rückweg nach Hünfeld. Wem die Tour (inklusive Rückweg) etwas zu lang ist, kann sie auch an zwei Tagen abfahren (mit Übernachtung in Eiterfeld oder Rasdorf).

Besonderheiten: Am Weg liegen einige alte, teils liebevoll renovierte Bahnhofsgebäude; ferner begegnet man 22 Tafeln mit Texten in Rhöner Platt (Mundart), die in Granitsteine graviert wurden. Mit dem Projekt soll an die heimische Sprache erinnert werden, die zunehmend in Vergessenheit gerät.

Das Hessische Kegelspiel

Neun markante Einzelberge bilden in der nordwestlichen Kuppenrhön das sogenannte Hessische Kegelspiel. Jedes Kind in der Region kennt natürlich ihre Namen und wer sie auch lernen will, präge sich die folgende Eselsbrücke ein: »Siehst (Soisberg) du, wie das kleine (Kleinberg) Wiesel (Wisselsberg) auf seinem lichten (Lichtberg) Rücken (Rückersberg) den Apfel (Appelsberg) über Moor (Morsberg) und Hügel (Hübelsberg) in den Stall (Stallberg) bringt.« Der Sage nach betrieben hier einst Riesen, darunter der Riese Mils (siehe Tour 11), eine Kegelbahn, wobei der am Rand des Haunetals gelegene Stoppelsberg die Kugel darstellen soll. Die Geologen sehen das Ganze weit nüchterner: Hinter der Kegelform der isoliert voneinander in der Landschaft verstreuten Kuppen verbergen sich die Schlote und Förderkanäle

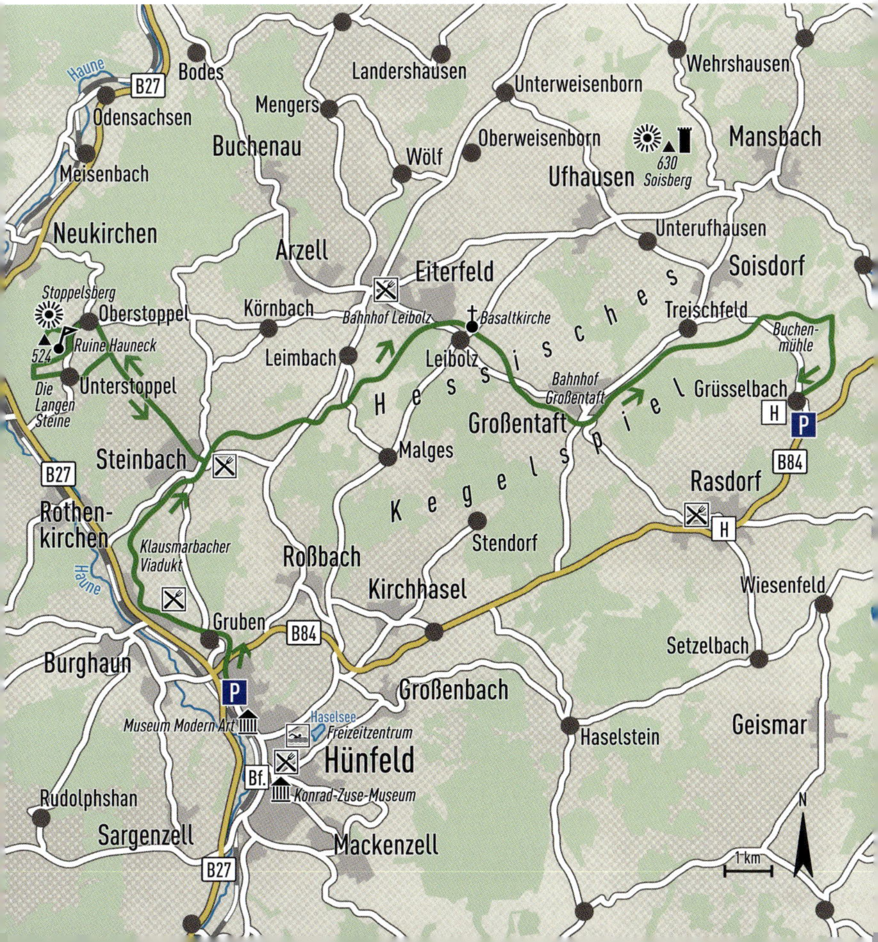

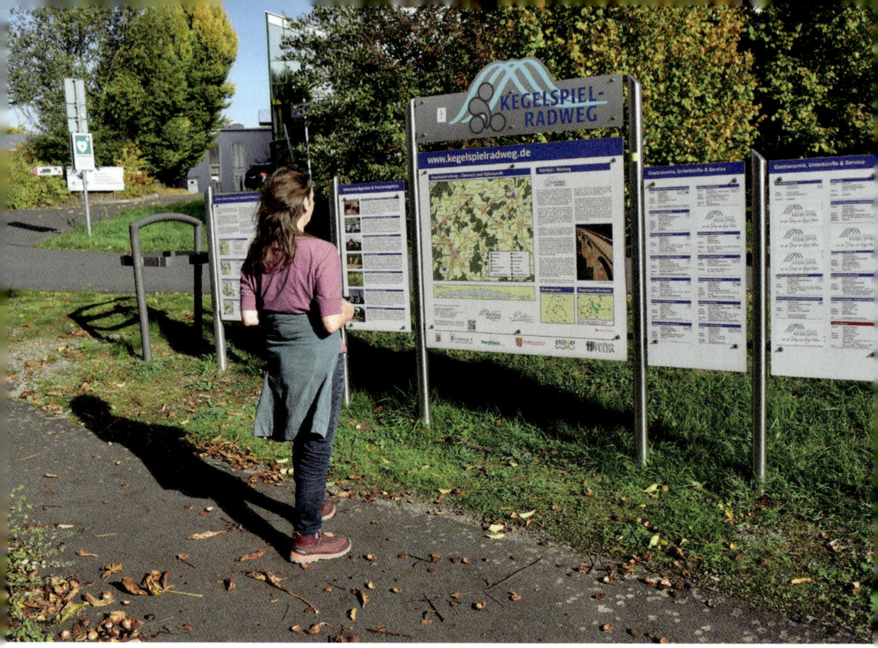

Informationstafeln am Beginn des Kegelspielradweges in Hünfeld

einstiger Vulkane. Ihr hartes Basaltgestein setzt der Erosion eine stärkere Widerstandsfähigkeit entgegen als die sie umlagernden weicheren Gesteinsschichten aus der Triaszeit, aus denen sie herausmodelliert wurden. So hat letztendlich der Zahn der Zeit mit Hilfe der erosiven Kräfte von Wind, Wetter und Fließgewässern diese eindrucksvolle Landschaft entstehen lassen.

Ihr besonderer Reiz erschließt sich dem Besucher am besten vom Fahrradsattel aus, idealerweise auf dem 24 Kilometer langen *Kegelspielradweg*. Er verläuft ohne größere An- und Abstiege auf der Trasse der ehemaligen Bahnlinie von Hünfeld nach Wenigentaft. Im Volksmund erhielt die Bahn den Namen »Bimbel«, da sich die Züge in den frühen Jahren durch eine Glocke auf der Lok mit ständigem Gebimmel an Bahnübergängen und Haltestellen ankündigten. Unsere Tour durch das Hessische Kegelspiel ist allerdings etwas länger als der gleichnamige Radweg, denn wir gönnen uns noch eine Schleife auf dem *Haunetalradweg* hoch zum Stoppelsberg mit seinem phänomenalen Panoramablick.

Höhepunkte der Etappe zwischen Hünfeld und Steinbach

Der Kegelspielradweg beginnt im Norden von Hünfeld bei einem Parkplatz im Industriegebiet. Ein leuchtend blauer Rastpavillon in Form eines Kegels macht Lust darauf, sich gleich in den Sattel zu schwingen und das ansonsten ungastliche Viertel schnell hinter sich zu lassen.

Computer-Pionier Konrad Zuse

In Hünfeld dreht sich vieles, wenn nicht alles um den Computer-Pionier Konrad Zuse (1910–1995), der den größten Teil seines Lebens hier verbrachte. Er erfand nicht nur 1941 den ersten funktionsfähigen Computer, sondern gründete 1949 in Neukirchen bei Hünfeld die erste kommerzielle Computerfirma der Welt. Sozusagen ein erstes Silicon Valley an der Haune. Aus Dank ernannte ihn die Stadt Hünfeld zum Ehrenbürger und schmückt sich seitdem mit dem Attribut »Konrad-Zuse-Stadt«. Dem Lebenswerk des Wissenschaftlers, der nebenbei auch leidenschaftlicher Maler war, widmet sich das ***Konrad-Zuse-Museum*** – ein Muss für alle Nerds und Technik-Freaks. Herr Zuse hätte sicher an den Navigations-Apps seine helle Freude gehabt, die heutzutage jeder auf sein Smartphone laden kann. Wir finden unseren Weg aber auch ohne, denn der Kegelspielradweg ist bestens ausgeschildert.

Von unserem Startplatz ist es nur ein Katzensprung ins nahe Burghaun, wo sich gleich ein Abstecher in die Ortsmitte anbietet. Bemerkenswert ist, dass dort sowohl die evangelische als auch die katholische Barockkirche einträchtig nebeneinander errichtet wurden und damit die friedliche Koexistenz beider Konfessionen widerspiegeln. Zuvor stand an derselben Stelle eine Burg der Ritter von Haune, eines Raubrittergeschlechts, das sich in ständiger Fehde mit den fuldischen Fürstäbten befand. Wer nicht in den Ort fahren will, sollte zumindest einen Stopp in der *Bimbel* am ehemaligen Ostbahnhof einlegen, die in einem ausgedienten Eisenbahnwaggon untergebracht ist.

Dann führt die Strecke in einen Laubwald, wo uns gleich eine der Hauptattraktionen an der ehemaligen Bahntrasse erwartet. Das Klausmarbacher Viadukt ist eine 32 Meter hohe Sandsteingewölbebrücke, die das Tal in fünf Bögen überspannt. Im Jahr 1932 wurde es verbreitert, um eine Zweigleisigkeit der Bahnstrecke zu ermöglichen. Am eindrucksvollsten ist es, die Brücke von unten zu betrachten. Man folge daher nach der Überfahrt dem rechts abzweigenden Schotterweg hinunter ins Tal und kehre anschließend zurück auf den Radweg. Nach dem Viadukt geht es leicht bergauf durch einen waldreichen Einschnitt bis nach Steinbach.

Phänomenaler Ausblick vom Stoppelsberg

Vor Steinbach verlassen wir fürs erste den *Kegelspielradweg* und folgen stattdessen dem *Wanderweg HWO1 (Kegelspielweg)* links in den Ort hinein. Er ist auch gut mit dem Rad befahrbar und bringt uns stetig aufwärts über die Feldflur nach Oberstoppel. Noch vor dem Dorf kommt von rechts der *Haunetalradweg* zu uns, an dem wir uns nun orientieren. Er führt uns mit zunehmender Steigung zweimal links abbiegend an den südlichen Ortsrand. Dort biegen wir rechts in den schönen Buchenwald ab und nehmen den Steilanstieg zum Stoppelsberg in Angriff. Glücklich, wer die Tour mit einem E-Bike bestreitet, ansonsten ist Absteigen und Schieben auch eine Alternative auf dieser anstrengendsten Etappe unserer Kegeltour.

Auf dem Gipfelplateau angekommen, stehen wir immerhin auf 524 Meter über Meereshöhe. Es geht sogar noch ein paar Meter höher – dazu müssen wir nur die Aussichtsplattform des Bergfrieds der Burgruine Hauneck erklimmen. Belohnt werden wir mit einem phänomenalen Ausblick über das Haunetal hinweg zur markanten Bergkette des Hessischen Kegelspiels – zweifellos einer der schönsten Aussichtspunkte, die das Rhöner Land zu bieten hat. Die Burg wurde im 14. Jahrhundert von den Rittern von Haune erbaut, denen wir bereits in Burghaun begegnet sind. Nach mehreren Besitzerwechseln war sie wohl schon im 16. Jahrhundert unbewohnt und verfiel zur Ruine. An der Basis des Bergfrieds sind Basaltsäulen erkennbar, die darauf hinweisen, dass der Stoppelsberg der Rest eines ehemaligen Vulkanschlotes ist.

In schneller Bergabfahrt sind wir bald wieder am Ortsrand von Oberstoppel, wo wir jetzt rechts abbiegen und weiter auf dem *Haunetalradweg* bleiben. Seiner Ausschilderung folgend, tauchen wir erneut in den dichten Buchenwald ein und fahren dann

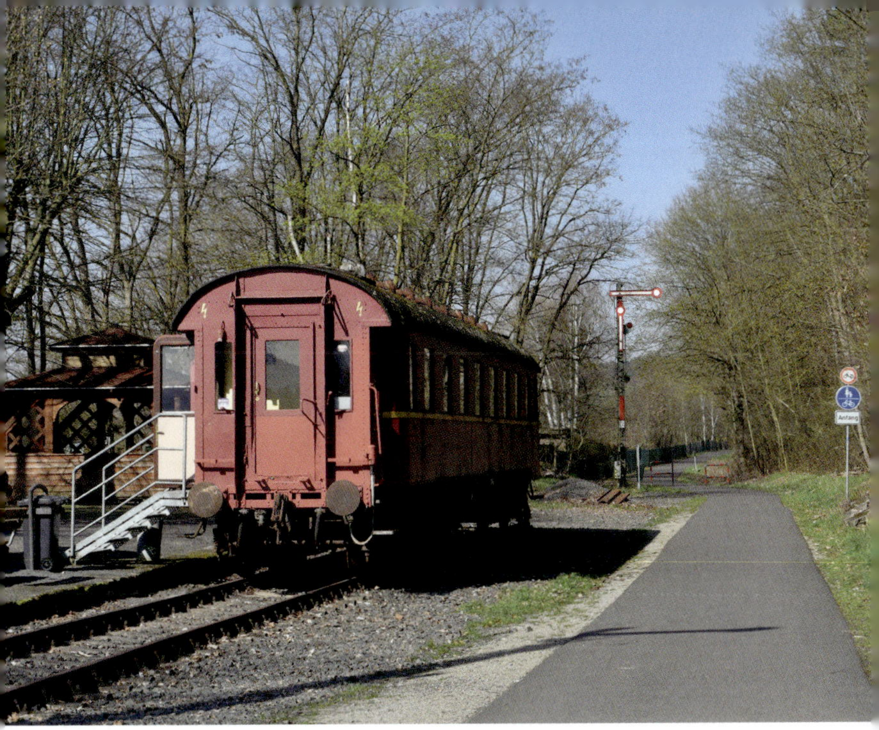

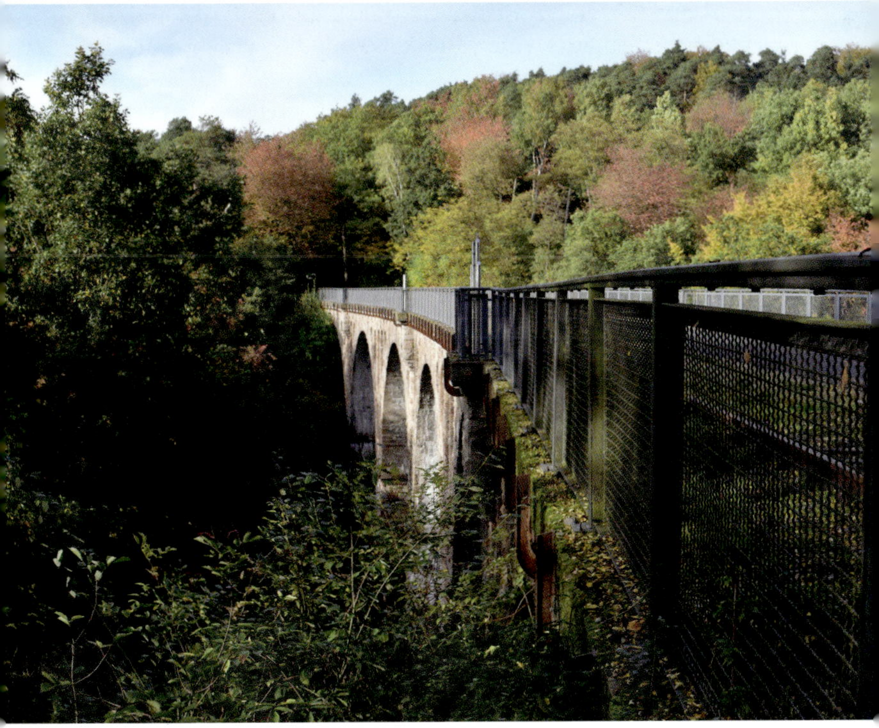

Alter Ostbahnhof von Burghaun und Klausmarbacher Viadukt

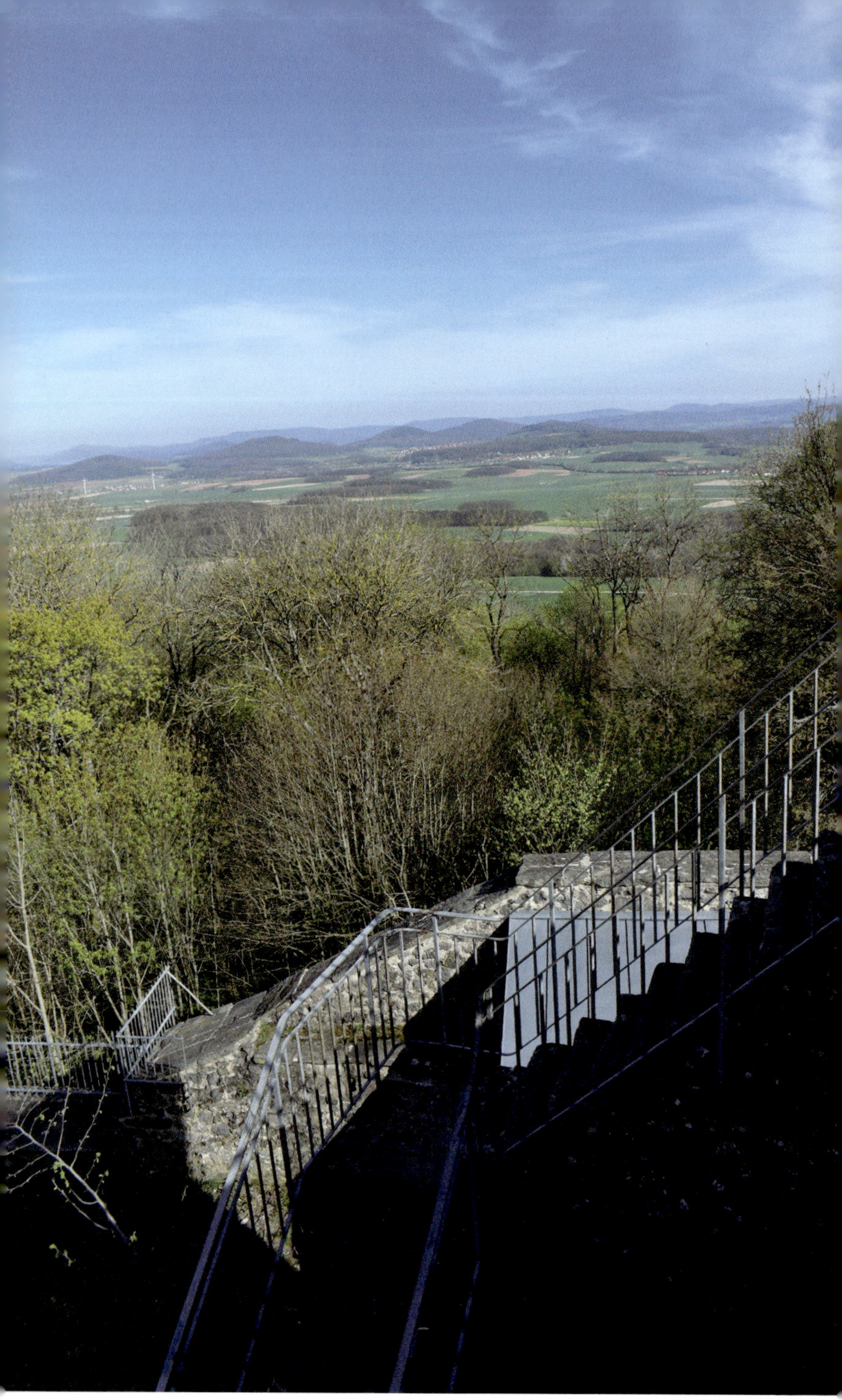

Blick von der Burgruine Hauneck zum Hessischen Kegelspiel

an ihm entlang. Bei einer großen Wegkreuzung halten wir uns links und gelangen, wieder im Wald, zum Naturdenkmal »Lange Steine«. Es handelt sich um vier riesige säulenartige Blöcke aus Buntsandstein, wobei der größte davon eine Länge von fast 14 Metern und eine Breite von mehr als zwei Metern aufweist. Obwohl die Monolithen Bearbeitungsspuren zeigen, sind sie höchstwahrscheinlich nicht von Menschenhand geschaffen worden. Auch der Vulkanismus hat entgegen den Ausführungen auf einer Infotafel nichts mit der Entstehung zu tun. Das ungelöste Rätsel der Wissenschaft hindert uns nicht, unseren Weg fortzusetzen.

Vor Unterstoppel sagen wir Tschüss zum *Haunetalradweg* und fahren ohne Markierung hinunter ins Dörfchen. Im Dorf biegen wir rechts in die Stoppelsbergstraße ab, die wir bei erster Gelegenheit nach links verlassen. Am Ortsende geht es links auf einen Flurweg, dem wir nun immerzu über die Felder folgen, bis wir wieder auf den *HWO1 (Kegelspielweg)* treffen. Wir biegen auf diesen rechts ein und steuern in einer moderaten Abwärtsfahrt wie auf dem Herweg auf den *Kegelspielradweg* zu.

Über den Scheitelpunkt der Tour ans Ziel in Grüsselbach

Wir schwenken links auf ihn ein und pausieren gleich darauf beim alten Bahnhof von Steinbach, sofern das dortige *Café Alter Bahnhof* geöffnet hat. Den folgenden, mittlerweile zugewachsenen Bahneinschnitt umgeht unser Radweg rechts über eine kleine Kuppe hinweg und mündet unten wieder auf die ehemalige Trasse. Wir radeln jetzt direkt auf die Hügelkette des Hessischen Kegelspiels zu: Wie an einer Perlenkette aufgereiht liegen von links nach rechts Lichtberg, Rückersberg, Appelsberg, Stallberg, Morsberg und Hübelsberg vor uns. Davor erhebt sich noch der Wisselsberg bei Malges, nur der Soisberg und der Kleinberg sind von hier aus nicht zu sehen. Auf einer Brücke überqueren wir die Landstraße nach Leimbach.

Wem nach einer Erfrischung zumute ist, kann von dort einen Abstecher nach Eiterfeld unternehmen. Die Eismanufaktur von Massimo Perilli lohnt diesen Umweg auf jeden Fall.

Nochmals weicht unser Radweg von der Bahntrasse ab, wobei wir diesmal heftiger in die Pedale treten müssen, um einen kurzen Anstieg zu bewältigen. Auf der Anhöhe kommen zwei

Rastbänke gerade recht für eine kleine Verschnaufpause. Durch eine Senke gelangen wir bergauf zum alten Bahnhof von Leibolz, dem ehemaligen Scheitelpunkt der Bahnstrecke (359,86 m über NN). Das Gleisbett ist noch gut zu erkennen, das Bahnhofsgebäude, das heute von Privatleuten bewohnt wird, ist dagegen durch eine Mauer vom Radweg getrennt. Im Ort ist die Basaltkirche mit ihrem gotischen Altar und Holzskulpturen von 1509 sehenswert.

Wieder muss in der Folge ein Bahneinschnitt mit einer kleinen Steigung umgangen werden. Danach geht es stetig abwärts über die Feldflur hinunter ins Tal des Flüsschens Taft und wir überqueren auf einer Brücke die Landstraße. Bei einem Bahneinschnitt vor Großentaft kreuzen wir die alte Reichsstraße »Antsanvia« von Frankfurt am Main nach Leipzig und kurz darauf auf einer Brücke die Landstraße. Vorbei am Ortsrand erreichen wir über die Rasdorfer Straße hinweg den alten Bahnhof von Großentaft, der von seinem jetzigen Besitzer schön renoviert wurde. Ab hier verläuft unser Radweg rechts neben der alten Bahntrasse und folgt ihr parallel in Richtung Treischfeld.

Hinter Großentaft kommt zu unserer Linken der König des Hessischen Kegelspiels ins Blickfeld: Erhaben thront der 630 Meter hohe Soisberg über der Landschaft. Wer den einmaligen Panoramablick von seinem Aussichtsturm genießen möchte, kann über Treischfeld hinaufradeln.

Rechts von uns ist schließlich auch noch der Kleinberg als letzter der neun »Kegel« zu sehen und dahinter der Gehilfersberg, der allerdings nicht mehr zum Kegelspiel gehört. In Treischfeld wird der alte Bahnhof, der heute gewerblich genutzt wird, umfahren. Dann radeln wir weiter längs der Bahntrasse immerzu bergab und ab der Abzweigung nach Soisdorf wieder direkt auf ihr entlang. Im Tal passieren wir rechts von uns die Buchenmühle – sie liegt genau auf der Grenze zwischen Hessen und Thüringen, früher zwischen BRD und DDR. Ein schöner Wegabschnitt bringt uns schließlich hinunter zu einer Brücke über den Grüsselbach an der Landesgrenze Hessen/Thüringen. Bei einem Rastplatz mit Schutzhütte endet die alte Bahnstrecke. Die zugewucherte Trasse führt geradeaus weiter zum einstigen Endbahnhof in Wenigentaft. Wer dorthin möchte, folge den entsprechenden Wegweisern durchs Dorf und an der sehenswerten Kirche vorbei. Der *Kegelspielradweg* ist allerdings noch nicht zu Ende; er verläuft über eine Rampe und unter der Brücke hindurch wei-

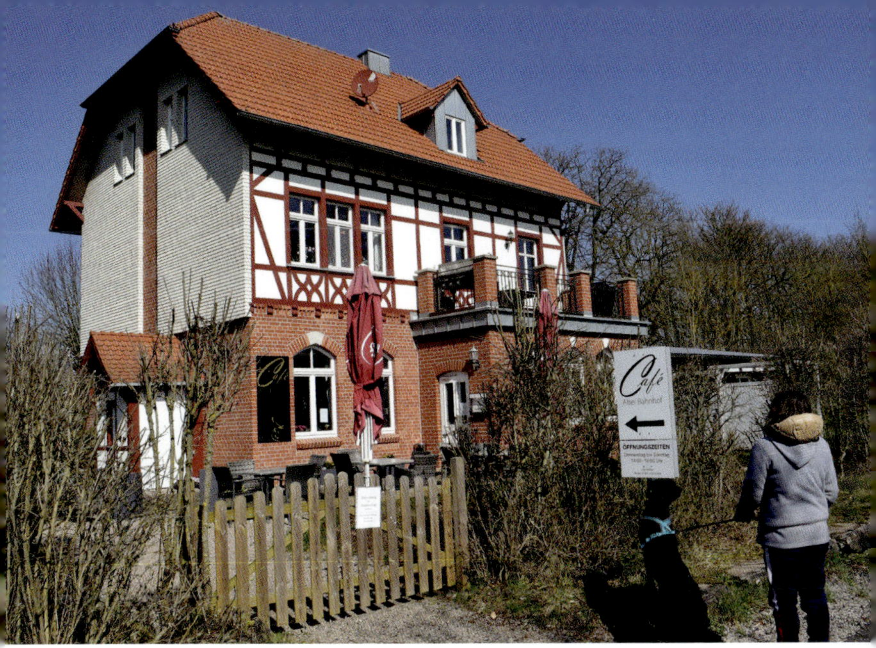

Der alte Bahnhof in Steinbach ist heute ein Café.

ter nach Grüsselbach. Zunächst geht es kurzzeitig steiler, vorbei an einer Wacholderheide, bergauf. Bald öffnet sich das Tal wieder und der Weg verliert an Steigung. Bei einem Parkplatz in Grüsselbach ist dann aber wirklich fürs Erste das Ende erreicht. 2023 soll der Kegelspielradweg bis Rasdorf verlängert werden.

Zurück nach Hünfeld gibt es drei Alternativen: a) die bequeme mit dem Bus über Rasdorf, b) die längere wieder zurück auf dem *Kegelspielradweg* und c) die kürzere ab Rasdorf auf dem *Erlebnisradweg VIA REGIA* (ca. 18 km). Wer mit dem Rad zurückfahren will – egal auf welcher Variante – sollte gegebenenfalls eine Übernachtung einplanen.

Ausgewählte Adressen und Tipps

Hünfeld

- Ferienregion Hessisches Kegelspiel, Am Anger 2, 36088 Hünfeld, Tel. 06652/180195, wwww.hessischeskegelspiel.de.
- Konrad-Zuse-Museum mit Stadt- und Kreisgeschichte, Kirchplatz 4–6, 36088 Hünfeld, Tel. 06652/919884, www.zuse-museum-huenfeld.de. Di/Mi und Fr–So 15–17 Uhr.
- Museum Modern Art, Hersfelder Str. 25, 36088 Hünfeld, Tel. 06652/72433, www.museum-modern.art. Do–So 15–18 Uhr.
- LSG Rhönflug Hünfeld e. V., Plätzer, 36151 Burghaun, Tel. 06652/2529, www.rhoenflug-huenfeld.de. Hier können Sie mit dem Segel- oder Motorflugzeug über das Hessische Kegelspiel fliegen.
- Freizeitanlage Haselsee, Zum Haselsee, 36088 Hünfeld. U. a. Tret- und Ruderbootverleih, Kletter-Mehrzweckturm, Kinderspielplatz.
- Freibad Haselgrund, Im Haselgrund, 36088 Hünfeld, Tel. 06652/2721, www.stadtwerke-huenfeld.de/baeder. In der Badesaison tägl. 9–19 Uhr, Öffnungszeiten witterungsabhängig.
- *Café am Haselsee,* Zum Haselsee 1, 36088 Hünfeld, Tel. 06652/71987. Ab Mitte März geöffnet.
- *Gästehaus des St. Bonifatiusklosters,* Klosterstr. 5, 36088 Hünfeld, Tel. 06652/94537, www.bonifatiuskloster.de.
- *Best Western Plus Konrad Zuse Hotel,* Josefstr. 1, 36088 Hünfeld, Tel. 06652/74750, www.konrad-zuse-hotel.de.

Burghaun/Steinbach

- Gemeindemuseum Burghaun, Moorstr. 12, 36151 Burghaun, Tel. 06652/960111, www.gemeindemuseum-burghaun.de. Jeden ersten So im Monat 15–18 Uhr.
- Galerie Liebau, Rhönblickstr. 63, 36151 Burghaun, Tel. 06652/3457, www.galerie-liebau.de. Do–So 15–18 Uhr. Kunstgalerie mit wechselnden Ausstellungen, im Garten befindet sich ein Kleiner Skulpturenpark.
- *Die Bimbel,* Am Ostbahnhof, Ostring 29, 36151 Burghaun, Tel. 0171/1640011, www.bimbelonline.de. Mo–Sa ab 12.30, So/Fei ab 11 Uhr, bei schlechtem Wetter variieren die Öffnungszeiten. Schöne Einkehrmöglichkeit in einem alten Eisenbahnwaggon, im Sommer Biergartenbetrieb.
- *Café Alter Bahnhof,* Raiffeisenstr. 17, 36151 Burghaun-Steinbach, Tel. 0160/4350364. Do/Fr 14–18, Sa/So 9–12 und 14–18 Uhr, Ruhetage Mo–Mi. Nettes Café im alten Bahnhofsgebäude, kleine Gerichte, Kaffee und Kuchen.

Landgasthof Zum Adler, Dorfstr. 8, 36151 Burghaun-Steinbach, Tel. 06653/7494840. Di–Sa 17–24, So/Fei 11–14.30 und 17–24 Uhr, Mo Ruhetag.

Pension Untere Mühle, Untere Mühle 1, 36151 Burghaun-Steinbach, Tel. 06652/9110110, www.untere-muehle.de. Rustikal eingerichtete Zimmer in der liebevoll restaurierten alten Mühle, eine gute Adresse für Romantikfans.

Eiterfeld

Badepark Eiterfeld, Fürstenecker Str. 20, 36132 Eiterfeld, Tel. 06672/231, www.eiterfeld.de. In der Badesaison tägl. 9–20 Uhr.

Hofladen Zintl, Im Unterdorf 6, 36132 Eiterfeld-Leibolz, Tel. 06672/307, www.zintlhof.de. Auch Reitausflüge auf dem Rücken mongolischer Kamele bietet der Zintlhof in Leibolz an.

Perilli Eis, Am Amtsgericht 2, 36132 Eiterfeld, Tel. 01573/8301683, www.perillieis.com. März bis Aug. tägl. 11–21 Uhr, Sep. bis Nov. tägl. außer Mi 13.30–20 Uhr. Best ice in Rhön!

Meissmers Hotel, Marktstr. 18, 36132 Eiterfeld, Tel. 06672/92090, www.meissmers.de. Zimmer in drei Kategorien von Standard bis luxuriös, nettes Ambiente, gute Küche (zum Haus gehört eine eigene Metzgerei).

Rasdorf

Landgasthof Zum Adler, Am Anger 1, 36169 Rasdorf, Tel. 06651/422, www.zum-landgasthof-adler.de. Mo–Mi und Fr 17–24, Sa/So 11–14 und 17–24 Uhr, Do Ruhetag. Gutbürgerliche Küche, für Übernachtungen steht ein spezielles Gästehaus zur Verfügung.

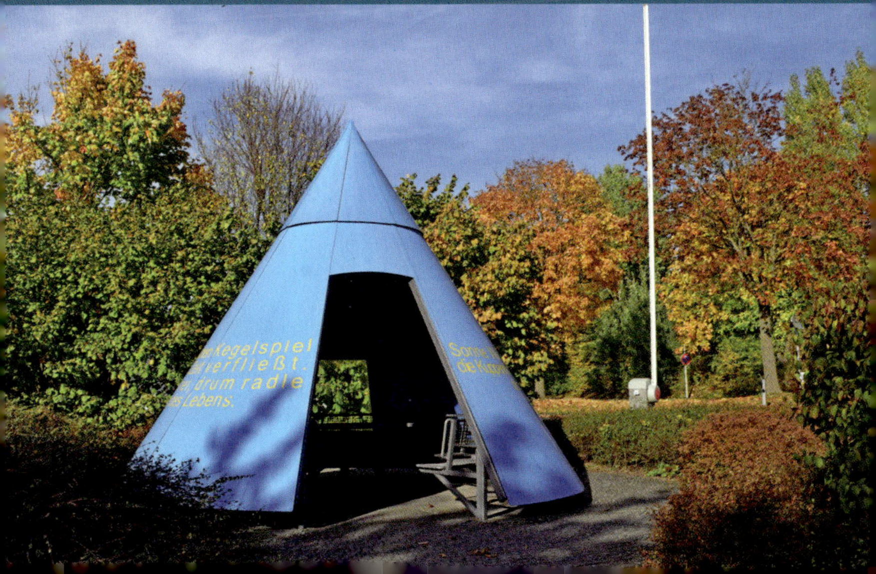

3 Wo einst der eiserne Vorhang verlief

Zum Point Alpha ab Rasdorf

Tour: Rundwanderung auf der Hochrhöner *Extratour Der Rasdorfer.*
Länge/Dauer: 16,1 km/4 Std.
Einstiegspunkt: Dorfplatz Anger in Rasdorf.
Höhenunterschied: 119 m.
Markierungen: *rotes R* für die *Extratour Der Rasdorfer.*
Anfahrt: *ÖPNV:* mit der Bahn bis Hünfeld, von dort mit Buslinie 77 oder 120 nach Rasdorf. *Kfz:* A 7 bis Ausfahrt Hünfeld/Schlitz, weiter nach Hünfeld, von dort B 84 bis Rasdorf; Parkplatz in der Ortsmitte am Anger.
Saison: das ganze Jahr über, am besten Frühjahr bis Herbst.
Familie: Es gibt keinen besseren Ort als Point Alpha, um Kindern die Zeit des Kalten Krieges und der deutschen Teilung nahezubringen – Zeitgeschichte zum Anfassen.
Anforderungen: abwechslungsreiche Tour mit zwei etwas steileren Anstiegen, ansonsten moderater Verlauf auf überwiegend naturbelassenen Wegen und mit schönen Ausblicken.
Variante: Vom Haus auf der Grenze bietet sich ein Abstecher ins thüringische Geisa an (4 km zusätzlich).
Besonderheiten: Im Digitalen Museum in Rasdorf sind vor den Sehenswürdigkeiten QR-Codes installiert, die sich mit dem Smartphone einscannen lassen. Anschließend erfolgt die automatische Verlinkung auf die Webseite www.digitales-museum-rasdorf.de. Dort finden die Besucher die wichtigsten Informationen zu den Sehenswürdigkeiten und historische Fotos aus mehr als 100 Jahren Dorfgeschichte. Eine Besonderheit sind Zeitzeugen-Videos mit erlebten Begebenheiten.

Von Rasdorf zum Gehilfersberg

Das hübsche Rhöndorf Rasdorf ist der Ausgangspunkt unserer Tour zum einstmals »heißesten Punkt im Kalten Krieg«. Orientierungsprobleme gibt es unterwegs nicht, denn wir folgen ausschließlich der bestens mit einem *roten R* markierten *Extratour Der Rasdorfer.* Bereits unser Ausgangspunkt auf dem Anger in der Ortsmitte ist bemerkenswert, denn er gilt als der größte Dorfplatz in ganz Hessen. Nach wenigen Metern passieren wir linker Hand die Stiftskirche St. Johannes der Täufer und Cäcilia, die aus dem Jahr 1274 datiert. Bei ihrem Bau wurden Teile einer romanischen Steinkirche verwendet, die schon 831 vom berühmten Fuldaer Abt Rabanus Maurus an derselben Stelle errichtet worden war. Im Kircheninneren sind besonders die acht Säulen mit ihren Kapitellen sehenswert. Als deren Schöpfer wird eine byzantinische Künstlergruppe vermutet, die für den ottonischen Kaiserhof tätig gewesen sein soll. Gleich hinter dem Gotteshaus bietet sich ein kleiner Abstecher nach rechts zum alten Wehrfriedhof an. Der Weg ist ausgeschildert. In der mit einer Steinmauer und vier Wehrtürmen befestigten Anlage fand die Rasdorfer Bevölkerung mitsamt ihrem Vieh Schutz in kriegerischen Zeiten.

Zurück auf unserer Route verlassen wir den Ort und steuern in stetem Anstieg über die Feldflur auf den Basaltkegel des Ge-

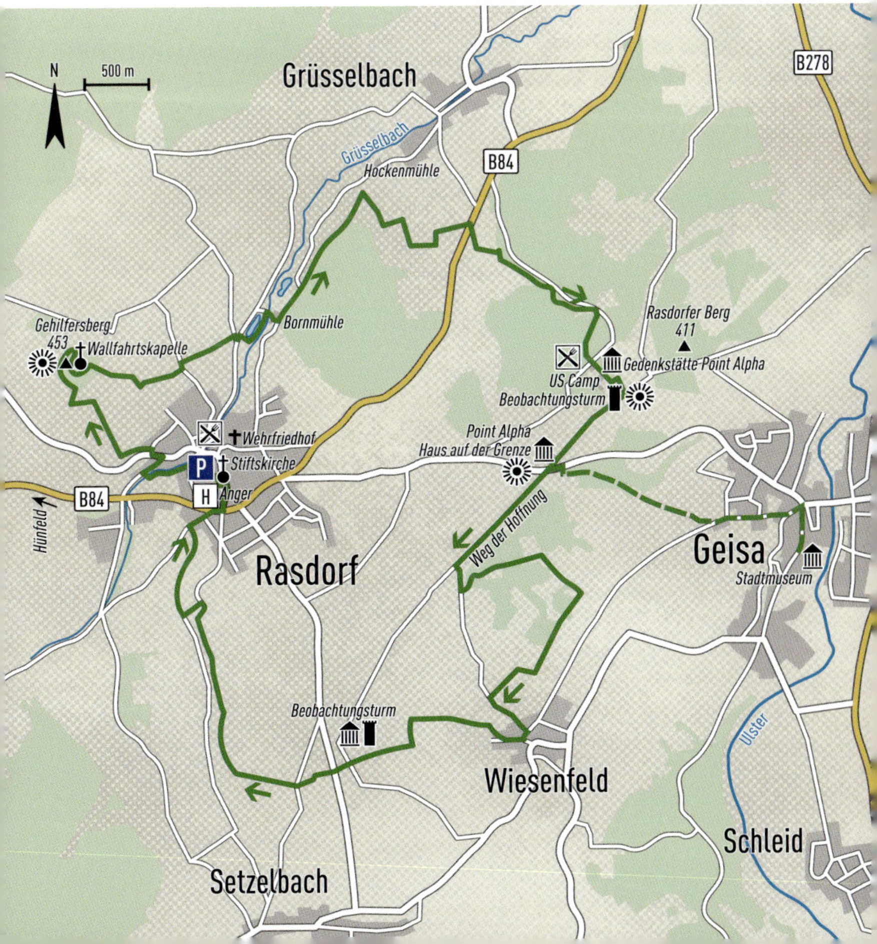

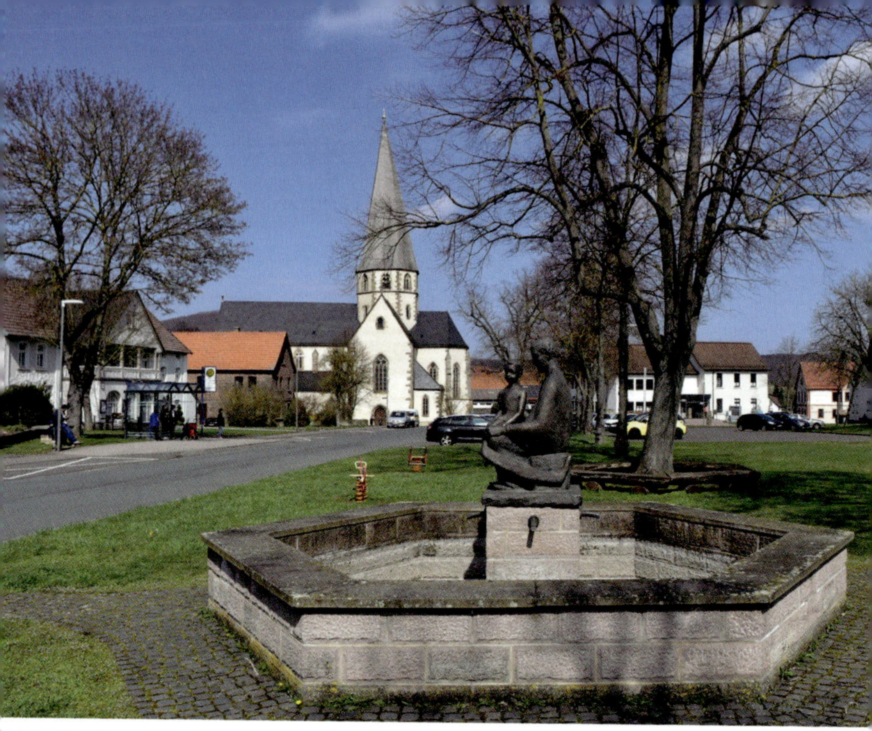

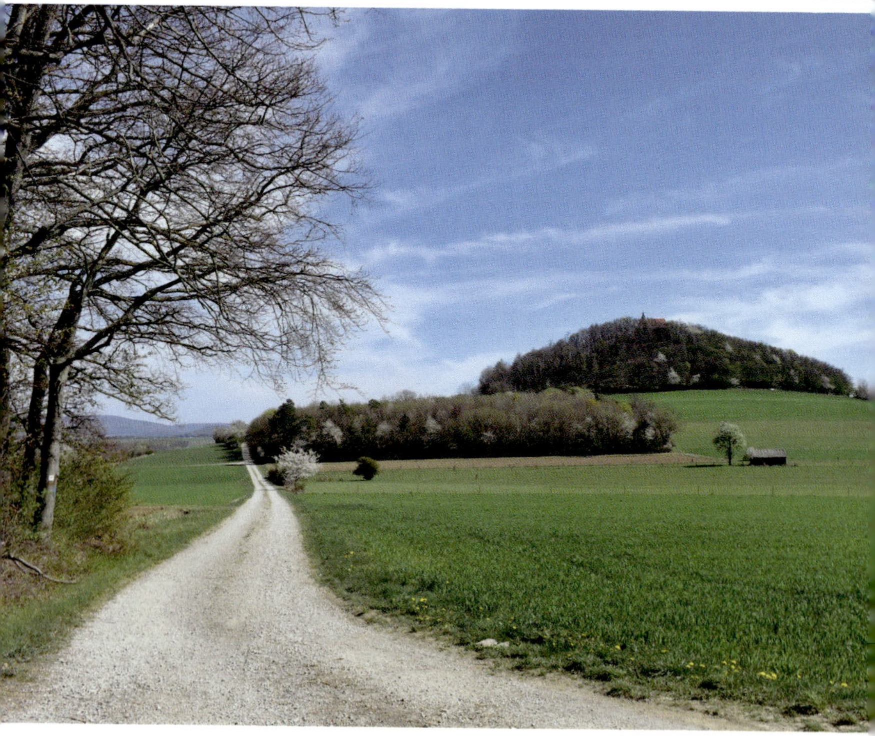

Vom Anger in Rasdorf führt der Weg auf den Gehilfersberg.

hilfersberges zu. Zunächst gehen wir an seinem Fuß entlang, bewältigen dann aber die letzten etwas heftigeren Höhenmeter hoch zur pittoresken Wallfahrtskapelle. Sie wurde zu Ehren der 14 Nothelfer in der Regierungszeit des Fuldaer Fürstabtes Schenk zu Schweinsberg (1623–32) errichtet, die Altarweihe erfolgte aber erst im Jahr 1681. Seit dem 18. Jahrhundert ist das Kirchlein einer der bedeutendsten Wallfahrtsorte im Fuldaer Land. Man mag kaum glauben, dass das harmlose Bauwerk 1996 Ziel eines Brandanschlages wurde – dank Spenden und der tatkräftigen Unterstützung der Bevölkerung konnte es glücklicherweise ein Jahr später originalgetreu wieder neu erstehen. Seit 2009 werden Teile des umliegenden Laubmischwaldes als Friedwald genutzt – diese alternative Bestattungsform inmitten der Natur findet immer mehr Anhänger. Die Lebenden schätzen den 453 Meter hohen Bergkegel eher wegen seiner umwerfenden Aussicht über das Hessische Kegelspiel, zu den Ausläufern der Rhön und weit hinein nach Thüringen.

Wieder unten auf der Feldflur angelangt, folgen wir unserem *roten R* immerzu abwärts an Rasdorf vorbei hinunter zum Talgrund des Grüsselbachs. Nach einer Rechtsbiegung überqueren wir das kleine Fließgewässer und halten uns hinter der Bornmühle links. In der Folge wandern wir in leichtem Auf und Ab am bewaldeten Talhang entlang, bis die Hockenmühle und dahinter der Ort Grüsselbach in Sicht kommen. Davor biegen wir rechts ab und wandern über die Felder hinweg bergauf zur B 84, die wir überqueren. Danach geht es in ein Waldgebiet, wo wir in einem etwas längeren, steileren Anstieg die auf dem Rasdorfer Berg gelegene Gedenkstätte Point Alpha erreichen.

Gedenkstätte Point Alpha

Die Baracken des ehemaligen US Camps dienen heute als Ausstellungsräume, in denen unter anderem die Geschichte, die strategische Bedeutung und der militärische Alltag von Point Alpha näher beleuchtet werden. Im früheren Sport- und Freizeitbereich des Militärpostens ist das Gedenkstätten-Bistro *Black Horse Inn* untergebracht. Dieser Name bezieht sich auf das 11. Armored Cavalry Regiment, das ab 1972 hier stationiert war und ein springendes schwarzes Pferd (ein black horse) im Wappen trug.

Kalter Krieg in der Rhön

Die unmenschliche Grenze, die Deutschland bis zum Jahr 1989 auf einer Länge von 1393 Kilometern teilte, verlief auch mitten durch die Rhön. Im Juni 1952 begann die DDR damit, die bisher durchlässige Demarkationslinie mit einem einreihigen, etwa 1,20 Meter hohen Stacheldrahtzaun zu befestigen. Davor befand sich ein zehn Meter breiter Spurensicherungsstreifen, den man regelmäßig mit Pflug und Egge bearbeitete. Ferner wurde eine Fünf-Kilometer-Zone eingeführt, in der Versammlungsverbot und nächtliche Ausgangssperre herrschten, dazu wurden Gaststätten und Kinos geschlossen. Felder, die an der Grenze lagen, durften nicht mehr bestellt werden. Bestimmte Gebiete, wie auch das Geisaer Land, wurden zur Sperrzone erklärt, in die man aus der übrigen DDR nicht ohne Antrag und nur unter schärfster Kontrolle einreisen durfte. Mit diesen drakonischen Maßnahmen sollte der Massenflucht von DDR-Bürgern in den Westen ein Ende gesetzt werden. Mit dem Bau der Berliner Mauer im August 1962 kam es aber noch schlimmer. Durch die Wälder wurden 50 Meter breite Schneisen geschlagen, statt einem sicherten jetzt zwei Stacheldrahtzäune die Grenzlinie, zwischen den Zäunen wurde ein Minenfeld angelegt. Damit nicht genug, wurden Beobachtungsbunker und -türme errichtet, die durch einen Kolonnenweg miteinander verbunden waren. Eine Flucht war damit so gut wie unmöglich geworden. Dennoch wurden Anfang der 1970er-Jahre die Grenzbefestigungen weiter ausgebaut. An die Stelle des Stacheldrahtes traten drei Meter hohe Stahlgitterzäune, an denen Selbstschussanlagen angebracht wurden, dazu Kfz-Sperrgraben und Hundelaufkorridore. Wer damals vom Westen aus zur »Zonengrenze« fuhr, wie sie im Volksmund genannt wurde, stand zunächst vor einem Grünstreifen, an dessen Rand lediglich Holzpfähle mit dem Wappen der DDR (Hammer und Sichel) in den Boden gerammt waren. Man musste sich aber darüber im Klaren sein, dass bereits hier, noch vor der eigentlichen Grenzanlage, das Territorium des anderen deutschen Staates begann. Dass sich ausgerechnet in der friedlichen Rhön der »heißeste Punkt im Kalten Krieg« befand, ist deren geografischer Lage geschuldet. Die Militärs der NATO gingen davon aus, dass die Truppen des Warschauer Paktes im Ernstfall durch das sogenannte »Fulda Gap« (Lücke von Fulda oder Einfalltor Fulda) in den Westen vorrücken würden. Gemeint war damit das schwer zu verteidigende Gebiet zwischen Herleshausen und Bad Neustadt an der Saale. Am nächsten standen sich beide Blöcke bei Geisa gegenüber, denn das Städtchen markierte den westlichsten Punkt des von der UdSSR dominierten Militärbündnisses. Außerdem waren es von dort bis zur Rhein-Main Air Base beim Frankfurter

Flughafen nur gut 100 Kilometer. Da war es nur folgerichtig, dass die US Army auf einem Höhenrücken oberhalb von Geisa einen Horch- und Beobachtungsposten anlegte, um ständig über die Aktivitäten auf der anderen Seite der Grenze im Bilde zu sein. Dieser »Observation Post Alpha« war der wichtigste Stützpunkt der Amerikaner an der gesamten innerdeutschen Grenze und ist als »Point Alpha« in die Geschichte eingegangen. Nach Ende des Kalten Krieges verlor die Basis ihren Zweck und die US-Soldaten zogen ab. Heute versetzt das originalgetreu erhaltene Areal als Grenzmuseum seine Besucher hautnah und authentisch zurück in die Zeiten der deutschen Teilung.

Es soll nicht unerwähnt bleiben, dass aus dem ehemaligen Todesstreifen der DDR-Grenzanlagen die Lebenslinie »Grünes Band« entstanden ist. In dem für Menschen unzugänglichen Grenzstreifen fanden im Laufe der Jahre viele bedrohte Tier- und Pflanzenarten ein Refugium. Auf Initiative des Bundes für Umwelt und Naturschutz Deutschland (BUND) wurde das Grüne Band zum ersten gesamtdeutschen Naturschutzprojekt.

Vor der Gaststätte ist immer noch die rote Sperrlinie zu sehen, bis zu der die Panzer der US-Streitkräfte fahren durften. Jeder Zentimeter weiter wäre möglicherweise von der Gegenseite als Provokation ausgelegt worden und hätte zu einem Krieg führen können, da das Camp unmittelbar an der Grenze zwischen den beiden Blöcken lag. Regulär war Point Alpha mit 40 Soldaten belegt, in Krisenzeiten war eine Aufstockung bis zu 200 Mann vorgesehen. In Abständen von vier bis sechs Wochen wurden die diensttuenden Soldaten von einer neuen Mannschaft abgelöst. Um den Betrieb möglichst unabhängig aufrechtzuhalten, besaß der Posten eine eigene Wasserversorgung, eine Tankstelle und eine Fahrzeughalle für die Wartung und Reparatur der Fahrzeuge.

Von einem unmittelbar an der Demarkationslinie errichteten Beobachtungsturm konnten die wachhabenden Truppen hinunter in das Grenzsperrgebiet und auf die Stadt Geisa blicken. Heute fungiert der Turm als Aussichtswarte und kann im Rahmen einer Besichtigung des Geländes bestiegen werden.

Im Freilandbereich des Museums wurden auf einer Länge von 700 Metern die Entwicklungsstadien der DDR-Grenzsperranlagen originalgetreu rekonstruiert. Vom einfachen Stacheldrahtverhau der 1950er-Jahre über den Doppelzaun der 1960er-Jahre bis zur »modernen« Grenze mit Stahlgitterzaun, Selbstschussanlage, Hundelaufkorridor und dem davor liegenden, zehn Meter breiten Spurensicherungsstreifen ist alles vertreten, womit die DDR-Oberen ihren »Antifaschistischen Schutzwall« ausgestattet hatten. Ein bisschen Unbehagen ist schon dabei, wenn man auf dem alten Kolonnenweg an diesem Gruselkabinett vorbeiflaniert. Besonders wenn man noch das Birkenkreuz im Kopf hat, das vorher unsere Aufmerksamkeit auf sich gezogen hat. Es erinnert an all jene DDR-Bürger, die bei einem Fluchtversuch in den Jahren der deutschen Teilung ihr Leben verloren haben. Links des Weges, auf der ehemaligen DDR-Seite, heute Thüringen, komplettiert ein alter Beobachtungsturm das Szenario an der ehemaligen Grenze.

Am Ende der nachgestellten Grenzanlagen erreichen wir das Haus auf der Grenze, das trotz seines Namens auf Thüringer Gebiet liegt. Darin werden auf 600 Quadratmetern Ausstellungsfläche die Geschichte der Staatsgrenze der DDR im Kalten Krieg ebenso dargestellt wie die Entwicklungen, die zur Überwindung der deutschen Teilung geführt haben. Ferner wird der Wandel der Grenze vom Todesstreifen hin zur Lebenslinie »Grünes Band« dokumentiert. An den Außenwänden des Museums sind Zitate führender Personen des DDR-Regimes nachzulesen, die im Zusammenhang mit der innerdeutschen Grenze fielen, darunter Walter Ulbrichts berühmter Satz: »Niemand hat die Absicht, eine Mauer zu errichten.« Vom Haus auf der Grenze ist ein Abstecher hinunter in den Ort Geisa möglich (siehe Kasten »Abstecher nach Geisa«).

Genießen wir hier trotzdem die herrliche Aussicht, die sich uns von einem schönen Rastplatz ins Umland bietet.

Auf dem Weg der Hoffnung zum Wiesenfelder Turm

Wir setzen unsere Wanderung auf dem alten Kolonnenweg fort, wobei wir zunächst die Landstraße überqueren, die von Rasdorf nach Geisa führt. Gleich danach beginnt der Weg der Hoffnung, der von 14 monumentalen Skulpturen des Künstlers Dr. Ulrich Barnickel begleitet wird. Er hat dafür bewusst das Material Eisen gewählt, um damit an den »Eisernen Vorhang« zu erinnern, wie die Grenze bekanntlich auch genannt wurde. Die Weglänge von

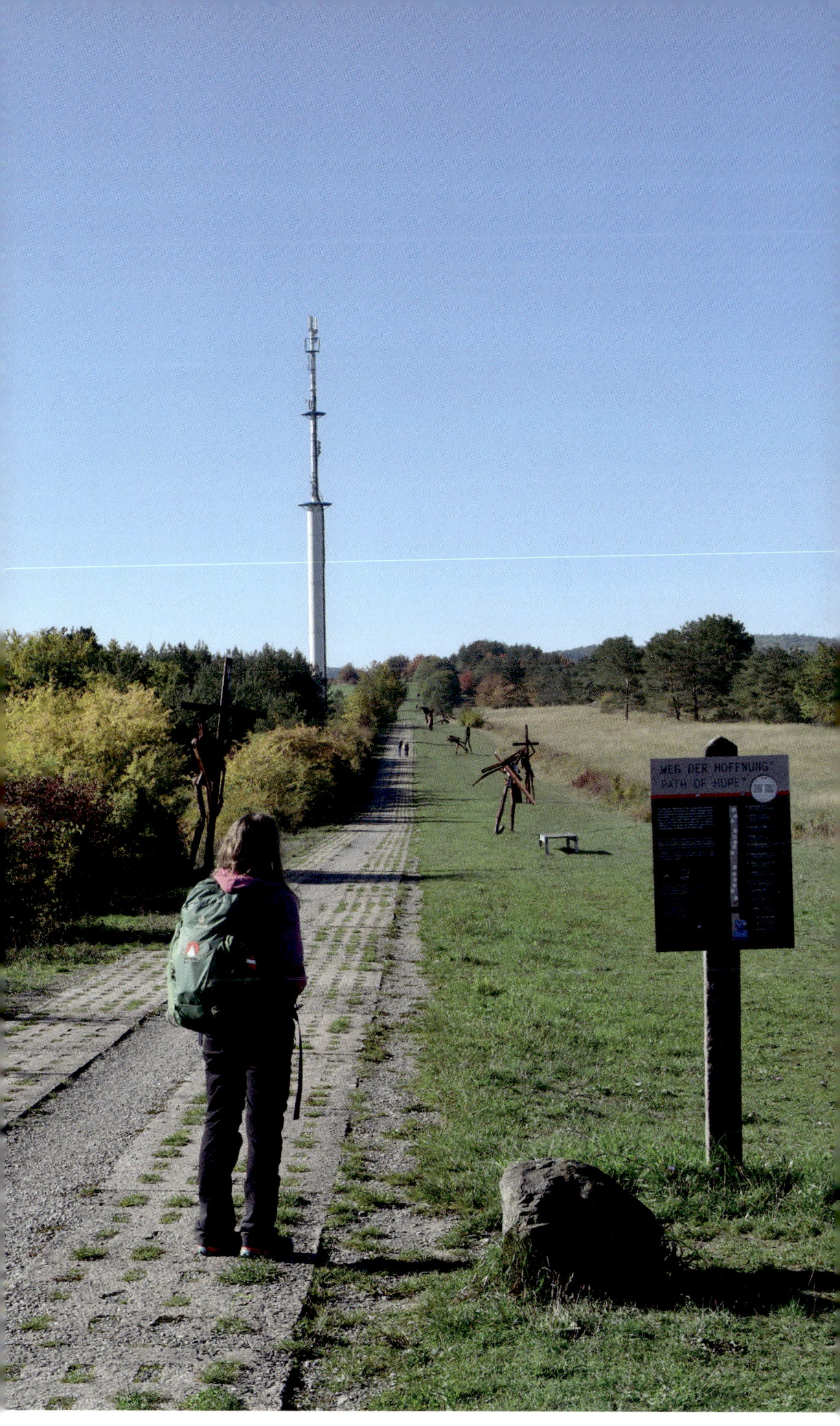

Weg der Hoffnung beim Haus auf der Grenze

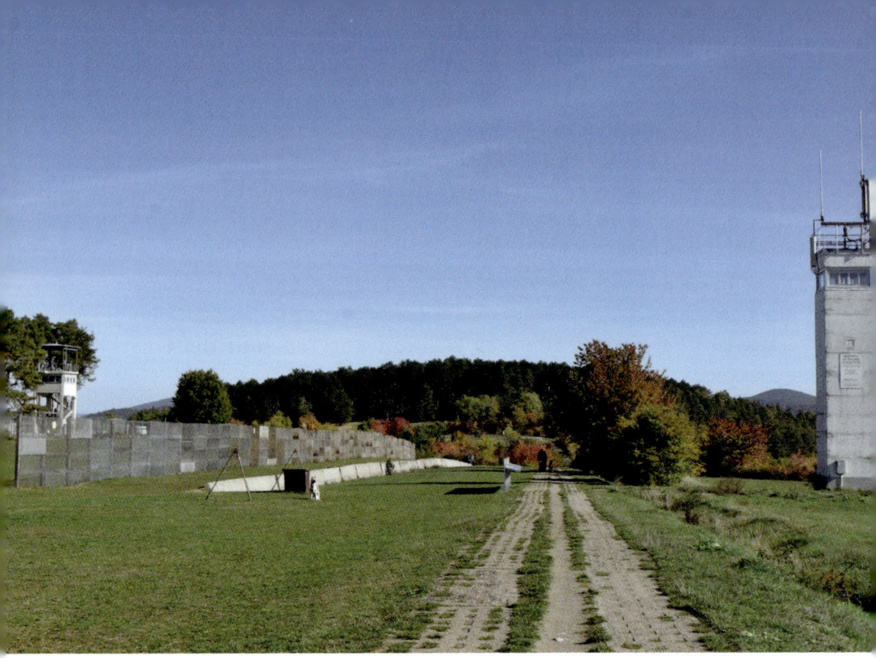

Rekonstruktion der innerdeutschen Grenze bei Point Alpha

1400 Metern soll außerdem die knapp 1400 Kilometer lange innerdeutsche Trennlinie symbolisieren. Der Weg erinnert zum einen an wichtige Meilensteine zur Überwindung der kommunistischen Diktaturen in Mittel- und Osteuropa wie beispielsweise den Volksaufstand in der DDR am 17. Juni 1953 oder den Prager Frühling 1968. Zum anderen will er mit seinen 14 Stationen – ähnlich wie ein christlicher Kreuzweg – die Menschen zum Reflektieren über ihren eigenen Lebensweg anregen.

An seinem Ende biegen wir mit unserem *roten R* links ab und steigen den Abhang des Sissenberges hinunter. Bei einem Wegkreuz vor Wiesenfeld biegen wir ohne Markierung links ab hinunter zum Ortsrand. Dort werfen wir einen Blick in den Ehrenhain für einen Hauptmann der Nationalen Volksarmee der DDR, der am 14. August 1962 in einem Feuergefecht mit einer Patrouille des Bundesgrenzschutzes getötet wurde. Was sich damals genau zugetragen hat, ist bis heute unklar. Nach Aussage der westdeutschen Grenzer hat der NVA-Offizier zuerst geschossen, die DDR-Seite behauptete das Gegenteil und sprach sogar von einem kaltblütigen Mord. Der Straße Zur Rhön bergauf folgend, treffen wir wieder auf unsere *Extratour* und erreichen nach gut einem Kilometer die Stelle, wo sich der Vorfall ereignet hat. Vermutlich geschah es in der Nähe des Beobachtungsturmes der DDR-Grenztruppen, der rechts etwas abseits des Weges am Hang steht. Heute befindet sich darin ein kleines Museum, das allerdings nur im Rahmen einer Führung (buchbar in der Gedenkstätte Point Alpha) aufgesucht werden kann. Kurz danach überschreiten wir zum letzten Mal auf unserer Tour die einstmals unpassierbare Grenze zwischen Ost und West. Dann geht es über eine Landstraße hinweg noch ein paar Meter hinauf zum Scheitelpunkt unseres Weges und von dort nur noch abwärts zurück nach Rasdorf.

Abstecher nach Geisa

Wer mag, kann vom Haus auf der Grenze auf dem *Rhön Rundweg 1* einen Abstecher hinunter ins thüringische Städtchen Geisa unternehmen. Der etwa vier Kilometer lange Trip (Hin- und Rückweg) lohnt sich nicht nur wegen einiger netter Einkehrmöglichkeiten, sondern vor allem wegen des schönen Stadtbildes. Am Marktplatz sind die Bürgerhäuser aus dem 19. Jahrhundert sehenswert, deren Fassaden teils mit Jugendstilelementen verziert sind. Ferner sollte man dem Stadtmuseum mit der angegliederten Anneliese-Deschauer-Galerie einen Besuch abstatten. Sie kann mit Werken berühmter Künstler wie Chagall, Dalí, Deppe und Münter aufwarten. Ein Spaziergang durch den Stadtpark mit seinen hohen Linden und dem Denkmal für den in Geisa geborenen Universalgelehrten und Jesuiten Athanasius Kircher (1602–1680) bietet sich zur Abrundung des kleines Ausfluges an. Eine Alternative für den Rückweg bietet die bestens ausgeschilderte *Extratour Point-Alpha-Weg*, die am Schlossplatz in Geisa beginnt und ebenfalls zurück zum Haus auf der Grenze führt.

Ausgewählte Adressen und Tipps

- Point-Alpha-Gemeinde Rasdorf, Am Anger 32, 36169 Rasdorf, Tel. 06651/96010, www.rasdorf.de.
- Gedenkstätte Point Alpha, Haus auf der Grenze, Platz der Deutschen Einheit 1, 36419 Geisa, Tel. 06651/919030, www.pointalpha.com. April bis Okt. tägl. 10–18 Uhr, Nov. und März tägl. 10–16.30 Uhr, Dez. bis Feb. Di–So 10–16.30 Uhr, Mo geschlossen.
- Spiel- und Bewegungspark Mikado, Eckbertstr. 8, 36169 Rasdorf. Bietet u. a. ein Beachvolleyballfeld, einen Kletter- und Rutschenturm sowie einen Spielplatz mit einer 40-Meter-Seilbahn.
- *Café Bistrorant Treffpunkt VIA REGIA*, Landstr. 9, 36169 Rasdorf, Tel. 06651/9197174, www.treffpunkt-viaregia.de. Mo–Fr 6–18, Sa 6–16, So/Fei 8–17 Uhr.
- *Landgasthof Zum Adler*, Am Anger 1, 36169 Rasdorf, Tel. 06651/422, www.zum-landgasthof-adler.de. Mo–Mi und Fr 17–24, Sa/So 11–14 und 17–24 Uhr, Do Ruhetag. Gutbürgerliche Küche, für Übernachtungen steht ein spezielles Gästehaus zur Verfügung.
- *Gaststätte Zum Felsenkeller*, Am Felsenkeller 1, 36169 Rasdorf, Tel. 06651/424.
- *Black Horse Inn*, in einer ehemaligen Baracke des US Camps der Mahn-, Gedenk- und Begegnungsstätte Point Alpha, Hummelsberg 1, 36169 Rasdorf, Tel. 06651/919030, www.pointalpha.com. Öffnungszeiten wie Gedenkstätte (s. o.).

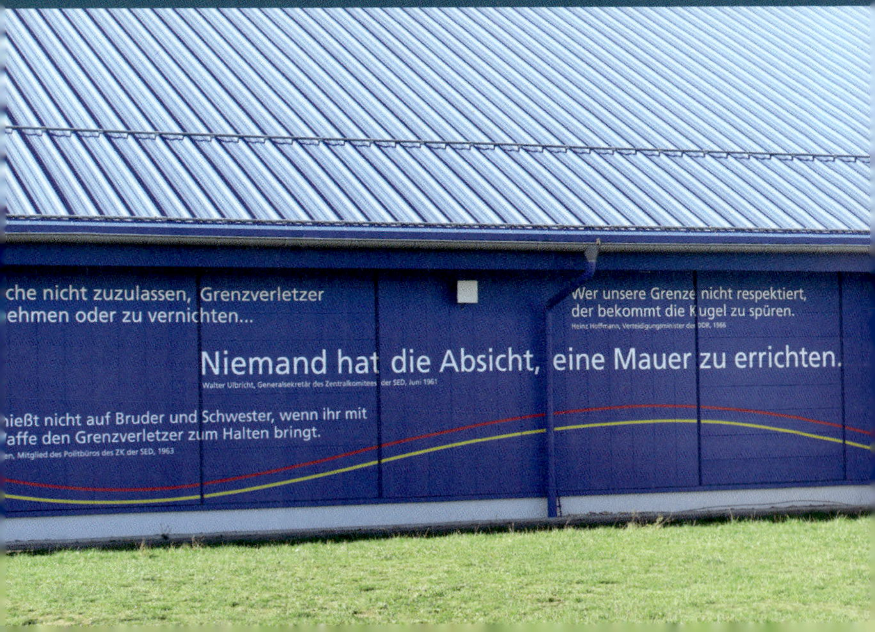

Auf den Spuren der Kelten

4

Von Vacha auf den Öchsenberg

Tour: Rundwanderung von Vacha über das Keltendorf und die Rhönklub-Hütte zum Keltenkreuz auf dem Öchsen.
Länge/Dauer: 14,2 km/3,5 Std.
Einstiegspunkt: an der Brücke der Einheit in Vacha.
Höhenunterschied: 371 m.
Markierungen: *Jakobsweg, Zubringer Keltenpfad (grünes K), Keltenpfad (rotes K), Main-Werra-Weg.*
Anfahrt: *ÖPNV:* mit der Bahn bis Bahnhof Bad Hersfeld, von dort mit Buslinie 100 nach Vacha ZOB. *Kfz:* A 7 bis Kirchheimer Dreieck, von dort auf der A 4 bis Ausfahrt Friedewald, von dort B 62 bis Vacha; Parkmöglichkeiten am Parkplatz Untertor an der Hersfelder Straße (B 62).
Saison: das ganze Jahr über.
Familie: Kinder werden Spaß daran haben, das Keltendorf Sünna zu erkunden, das jederzeit frei zugänglich ist; ferner lässt sich die Tour mit einem Besuch des nahe gelegenen Erlebnisbergwerks Merkers oder der Besteigung des Monte Kali bei Heringen abrunden.
Anforderungen: überwiegend sanfte An- und Abstiege, nur die Etappe vom Keltendorf hinauf zur Rhönklub-Hütte auf dem Öchsen erfordert etwas mehr Kondition und Trittsicherheit; die steile Metalltreppe hoch zum oberen Gipfelplateau ist für Hunde nicht geeignet.
Besonderheiten: Wir empfehlen, die Tour für ein Wochenende einzuplanen, weil dann der geräuschvolle Steinbruchbetrieb (Basaltabbau) am Dietrichsberg ruht. In den Sommermonaten wird an Sonntagen zudem die Rhönklub-Hütte auf dem Öchsen bewirtschaftet.

Vacha und der Öchsen

Das Zentrum der Region ist das mittelalterliche Städtchen Vacha. Es war über die Jahrhunderte ein wichtiger Knotenpunkt des Ost-West-Verkehrs an der Via Regia zwischen Frankfurt am Main und Leipzig. Mit der Teilung Deutschlands geriet es über Nacht ins Abseits und verlor zudem aufgrund der Schließung zahlreicher Kalischächte auch an wirtschaftlicher Bedeutung. Dafür kann der Ort heute mit einer nahezu intakten histori-

Im Land der weißen Berge

Wo im Nordosten die Rhön an die Werra grenzt, wird das Landschaftsbild von zwei weithin sichtbaren weißen Bergen geprägt. Sie bezeugen den Kalibergbau in der Region Vacha-Philippsthal-Heringen, der seit Ende des 19. Jahrhunderts betrieben wird. Aus 400 und 1000 Metern Tiefe wird das Salz eines in der Zechsteinzeit (vor etwa 240 Millionen Jahren) ausgetrockneten Flachmeeres zutage gefördert. Das Objekt der Begierde ist dabei aber nicht das Steinsalz, wie es täglich in der Küche verwendet wird, sondern orangerotes Kalisalz, das in Form von zwei Flözen darin eingelagert ist. Bei der Produktion von einer Tonne Kali – einem in der Landwirtschaft geschätzten Düngemittel – fallen daher 2,7 Tonnen Steinsalz an. Im Laufe eines Jahres wird folglich eine weit größere Menge des einst »weißes Gold« genannten Rohstoffes zutage gebracht als alle deutschen Haushalte jemals verbrauchen könnten. Das früher so wertvolle Salz wird somit zum Abraum und zu gigantischen Halden aufgetürmt. Der Monte Kali, wie die Abraumhalde Wintershall bei Heringen genannt wird, ist mittlerweile 220 Meter hoch und bedeckt 65 Hektar Land unter sich. Und täglich rieseln Tausende Tonnen von neuem Salz auf den Berg, der im Rahmen einer Führung bestiegen werden kann. Die mit 150 Meter Höhe etwas kleinere Halde Hattorf bei Philippsthal wächst dagegen in die Länge und schiebt sich Tag für Tag weiter in die Landschaft hinein. Und so wird es weitergehen, bis die Kaliflöze in vielleicht 20 oder 30 Jahren erschöpft sind. Für die Umwelt ist es aber allemal besser, das Salz aufzutürmen als es in die Werra einzuleiten, wie es in der Vergangenheit die thüringischen Reviere in der DDR getan haben. Der Salzgehalt des Flusses erreichte damals Nordseeniveau mit erheblichen Folgen für das ökologische Gleichgewicht. Mit der Einführung von Grenzwerten, die aus Sicht der Umweltverbände allerdings immer noch zu hoch angesetzt sind, stellt sich die Situation heute besser dar. Zudem kam nach der Wende der einst prosperierende Kalibergbau auf Thüringer Seite nahezu zum Erliegen. Übrig geblieben ist nur das Werk in Unterbreizbach und selbst dieses ist heute unterirdisch mit dem benachbarten hessischen Revier Hattorf-Philippsthal verbunden.

schen Innenstadt aufwarten, in der es manches zu entdecken gibt. Typisch für die Rhön, spielt im südlichen Umland der Basaltabbau eine wichtige Rolle, wenn auch leider manchmal mit fatalen Folgen für die Natur. So ist Vachas Hausberg, der über 600 Meter hohe geschichtsträchtige Öchsen, nur noch die Ruine eines einstmals stolzen Vulkankegels. Basaltwerke kappten seinen Gipfel und verarbeiteten sein Gestein zu Schotter und Split. Übrig geblieben ist ein von Abtragungen und Aufschüttungen verunstalteter Rumpf. Glücklicherweise hat eine Vachaer Bürgerinitiative die völlige Zerstörung des Berges verhindert und dazu beigetragen, dass er heute unter Naturschutz steht. Trotz der Blessuren ist der Öchsen einer der schönsten Aussichtsberge in der Rhön und ihn zu besteigen, lohnt sich zu jeder Jahreszeit – auch bei Raureif im Winter.

Durch Vacha

Unsere Tour beginnt am nördlichen Stadtrand von Vacha bei der historischen Werrabrücke. Man mache sich die Freude, vor dem Start auf dem vierzehnbögigen steinernen, 1328 errichte-

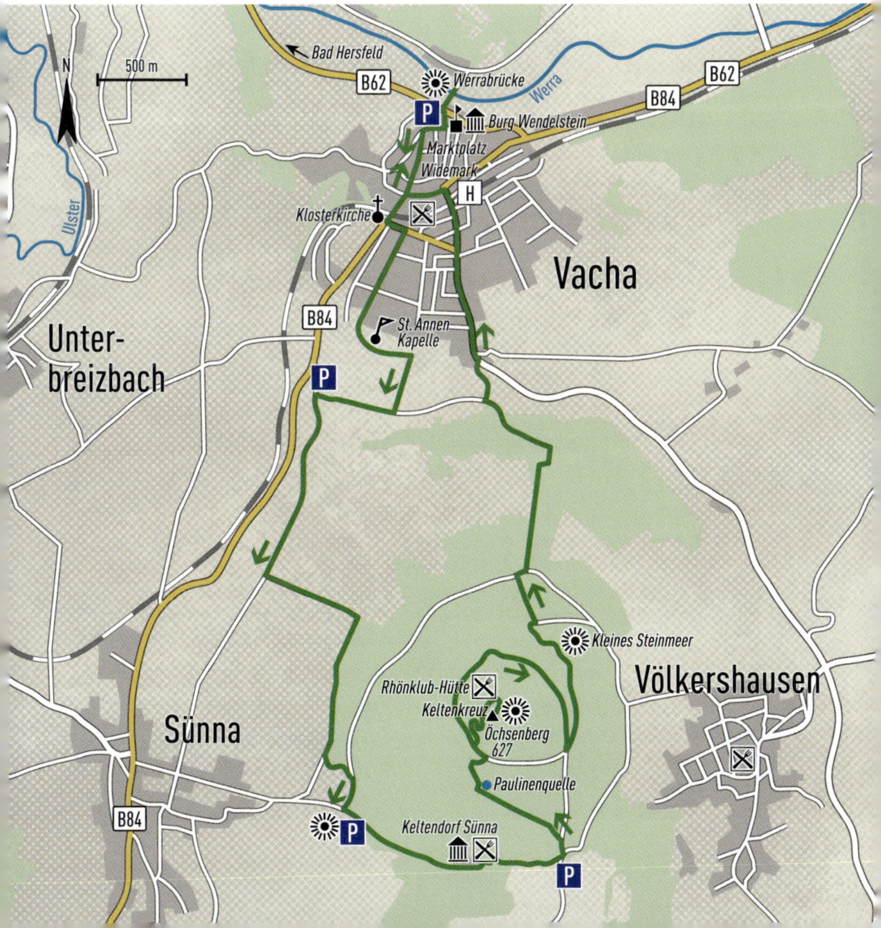

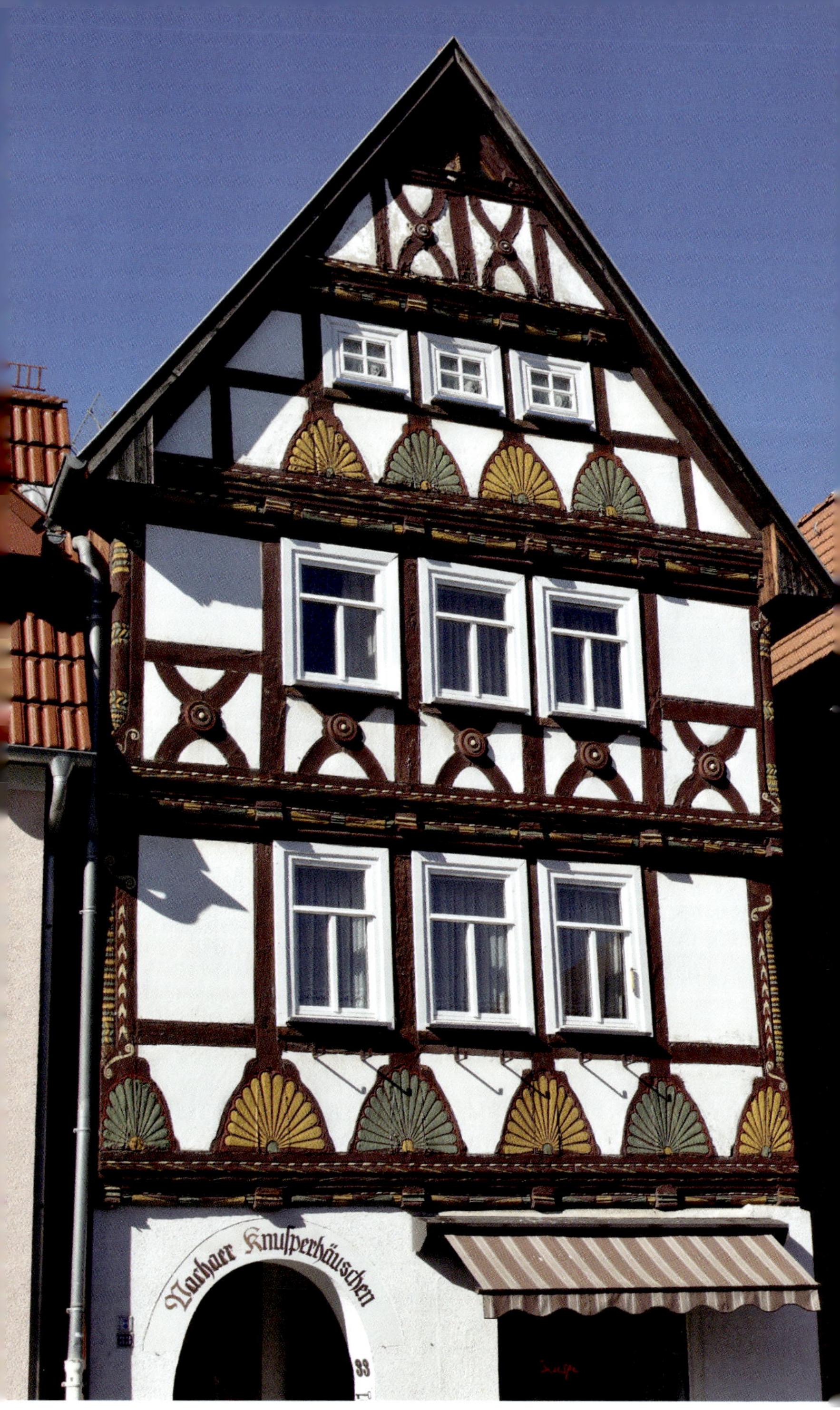

Fachwerkprunk am Marktplatz von Vacha

ten Bauwerk den Fluss zu überqueren, zumal es nur noch von Fußgängern und Radfahrern benutzt werden darf. Auf dem Rückweg ist allein der Blick von der Brücke über die Dächer der Stadt hinweg zum Öchsen, dem Ziel unserer Wanderung, den kleinen Abstecher wert. Außerdem wandeln wir auf den Spuren berühmter »Vorgänger« wie Goethe oder Napoleon, die seinerzeit auf der alten Handelsstraße Via Regia unterwegs waren. Als in der Nacht vom 11. auf den 12. November 1989 ein Durchlass durch die Sperranlagen der innerdeutschen Grenze geschaffen wurde, bewegte sich ein nicht enden wollender Strom von Menschen über die alte Werrabrücke hinüber nach Hessen. Seitdem trägt sie den Namen »Brücke der Einheit« und anlässlich des 25-jährigen Jubiläums dieses Ereignisses installierte der renommierte Nürnberger Künstler Ottmar Hörl 2014 am Werraufer seine an das Berliner Ampelmännchen angelehnte Skulptur »Einheitsmann«.

An der Brücke lassen wir uns von der Markierung des *Jakobswegs* die Richtung durch die Stadt vorgeben. Auf der Straße Untertor passieren wir linker Hand die Burg Wendelstein, in der sich das Stadtmuseum mit einer Puppensammlung von überregionaler Bedeutung befindet. Der romanische Bergfried kann bestiegen werden. Auf Höhe der evangelischen Stadtkirche St. Johannes – davor steht ein Denkmal für den in Vacha geborenen Reformator und Lutherschüler Georg Witzel (1501–1573) – biegen wir links in die Marktstraße ab. Sie geht in den hübschen Marktplatz über, an dessen oberem Ende linker Hand die Widemark unsere Blicke auf sich zieht. Das prächtige Fachwerkhaus trägt den Namen des Amtsmannes Caspar von Widemarkter, der es 1613 errichten ließ. Seit 1911 beherbergt das Gebäude das Rathaus; ein Blick in die Eingangshalle lohnt sich, wo auf großen Wandgemälden die Geschichte Vachas dargestellt ist. Davor plätschert der Vitus-Brunnen mit der Figur eines steinernen Ritters mit Lanze und Schild. Auf dem Schild wiederum ist das Vietche im Töpfche zu erkennen – ein Männlein, das aus einem Topf hervorlugt. Der Legende nach soll damit an einen Nachtwächter Vachas erinnert werden, der sich einst, als die Stadt belagert wurde, zum Feind schlich, um ihn auszukundschaften. Er wurde ergriffen und in einen Topf mit siedendem Öl geworfen, aber durch die Gnade des Heiligen Vitus vor dem Tode bewahrt. Zum Gedenken an dieses Wunder ließ die Stadt den Brunnen bauen.

Wir verlassen den Marktplatz auf der Heyligenstaedtstraße und machen gleich links auf der Widemarkter Straße einen Abstecher zum Storchenturm an der Ecke Turmstraße. Seit jeher brüten Störche auf dem der Stadtmauer zugehörigen Turm.

Dann halten wir uns weiter ortsauswärts bis zum Friedhof; dort ist die Klosterkirche des ehemaligen Servitenklosters mit ihren Wandfresken sehenswert. Beim Gottesacker verlassen wir den *Jakobsweg,* da dieser in der Folge an der B 84 entlang verläuft, und biegen stattdessen ohne Markierung links in die August-Bebel-Straße ab. Bei erster Gelegenheit schwenken wir rechts in den St. Annenweg ein und folgen ihm aus dem Wohngebiet bergauf zur Ruine der Wallfahrtskapelle St. Annen. Bei der Wegkreuzung dahinter nehmen wir den rechts abzweigenden Flurweg hinunter in den Talgrund des Baches Öchse und halten uns nach dessen Überquerung erneut rechts bis zu einem Wanderparkplatz. Dort treffen wir wieder auf den *Jakobsweg* und dazu auf den *Zubringer zum Keltenpfad.* Links abbiegend folgen wir beiden Wegzeichen stetig aufwärts über die Feldflur und halten uns nach etwa einem Kilometer mit dem *grünen K* des *Keltenpfad-Zubringers* links auf den Wald zu. Nach einer Rechtsbiegung unseres Weges gehen wir zunächst am Waldrand entlang und treten dann in den lichten Forst ein. Dort mündet unser Zubringer in den *Keltenpfad,* an dessen *rotem K* wir uns nun orientieren. Es bringt uns zu einem Wanderparkplatz am Waldrand mit schönem Ausblick bis zum weißen Berg des Kaliwerkes Hattorf bei Philippsthal. Von dort wandern wir weiter in Richtung des Keltenhotels.

Keltendorf Sünna

Nach etwas mehr als 500 Metern erschließt sich uns augenfällig, woher unser Premiumwanderweg seinen Namen hat, denn er führt direkt am Keltendorf Sünna vorbei. Das ein wenig an das kleine gallische Dorf aus den Asterix-Comics erinnernde Freilichtmuseumsprojekt entstand durch eine Initiative des nahegelegenen Keltenhotels und wurde im August 2006 eröffnet. Die Anlage basiert auf Funden, die belegen, dass sich vor 2500 Jahren auf dem Gipfelplateau des Öchsen ein bedeutendes keltisches Oppidum befand, eine stadtähnliche Siedlung, die zugleich als Fliehburg diente. Errichtet wurde es vermutlich zum Schutz der Handels-

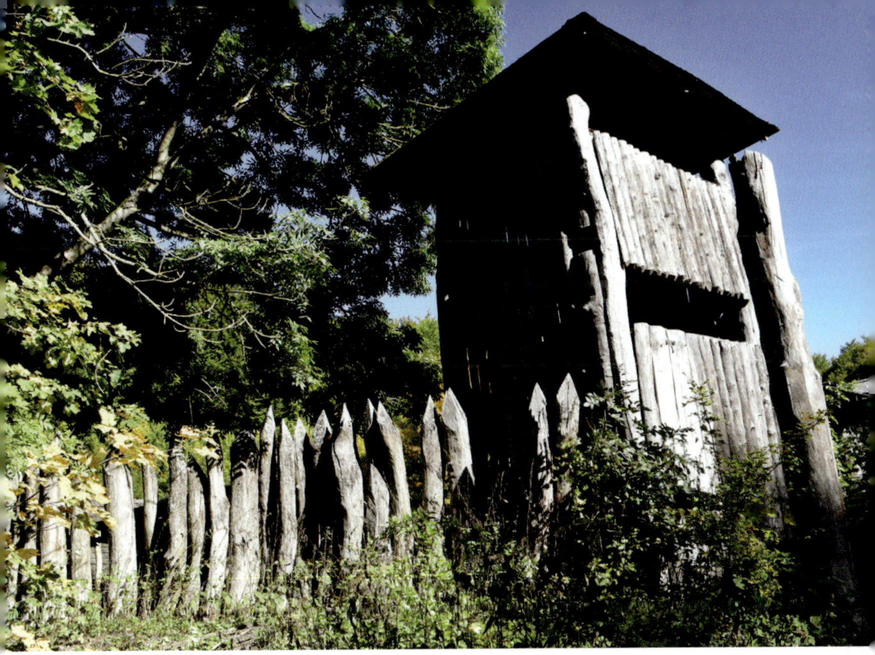

Holzpalisaden und ein Wehrturm im Keltendorf Sünna

wege und zur Sicherung des Territoriums. Davon ist heute kaum mehr etwas zu erahnen, da das von Ringwällen umgebene Areal weitgehend dem Basaltabbau zum Opfer gefallen ist. Damit man sich dennoch ein Bild davon machen kann, wie das Leben der Kelten um 600 v. Chr. in der Region aussah, wurden einige Gebäude so originalgetreu wie möglich und nach aktuellem Stand der Forschung rekonstruiert. Unter anderem können ein Torhaus mit einem Wehrturm und ein Langhaus besichtigt werden, dazu keltische Handwerker- und Wohnhäuser sowie eine überdachte Feuerstelle. Außerdem ist das Dorf von Holzpalisaden umgeben. Insgesamt bieten 13 Stationen innerhalb und außerhalb der Einfriedung die Möglichkeit, sich bei individuellen oder geführten Touren darüber zu informieren, wie die Kelten lebten, arbeiteten und Feste feierten. Eine besonders schöne Gelegenheit, um mehr über die Kultur und Geschichte des vorgeschichtlichen Volkes zu erfahren, ist das Keltenfest, das in der Regel jährlich im August stattfindet. Auf dem Festival werden alte keltische Handwerke und Techniken wie Schmieden, Backen im Lehmbackofen und Henna-Bemalungen vorgeführt. Außerdem gibt es Musik- und Tanzvorführungen, Attraktionen für Kinder sowie einen Markt mit keltischen Produkten. Wer nach der Besichtigung im *Keltenhotel* einkehrt, kann an den Wänden der Gasträume Szenen aus dem Leben der Kelten bewundern.

Auf den Öchsen

Hinter dem Keltenhotel halten wir uns, nach wie vor vom *roten K* geleitet, bergauf und gelangen zu einem Fahrweg, dem wir nach rechts aus dem Wald hinaus zu einem Rastplatz bei einem Wanderparkplatz folgen. Dort biegen wir links erneut in den Wald ab und gelangen in stetem steileren Anstieg zur Paulinenquelle, aus der frisches Wasser sprudelt. Wie eine Informationstafel erläutert, befand sie sich innerhalb der keltischen Wallanlagen, von denen jedoch kaum mehr etwas zu erkennen ist. Die weitere Aufstiegsetappe bewältigen wir auf dem sogenannten Eselsweg, der sich steil bergauf schlängelt. Früher holte der Bergwirt des ehemaligen Gasthauses auf dem Öchsen-Gipfel täglich mit seinem Lastesel Wasser von der Quelle für seine Gäste. Einem Querweg nach rechts folgend, erreichen wir in einem letzten Anstieg die Fahrstraße des ehemaligen Basaltwerks, das von 1897 bis 1986 betrieben wurde. Über unseren Köpfen können wir bereits das Keltenkreuz auf dem Gipfel ausmachen. Rechts geht es in den alten Steinbruch hinein, wir halten uns aber links und legen gleich hinter der nächsten Kurve bei einem herrlichen Aussichtspunkt einen Zwischenstopp ein. Eine Panoramatafel erläutert, was im Einzelnen zu sehen ist. Wer sich übers Geländer beugt und in die Tiefe blickt, erkennt, dass wir am Rand einer Steilwand stehen, die etwa 50 Meter senkrecht abbricht. Dies ist auf den Basaltabbau zurückzuführen, der dem Berg den Gipfel nahezu weggefressen hat. Ein paar Meter weiter endet die alte Fahrstraße in einem kreisförmigen Plateau; in dessen Mitte steht die neu errichtete Öchsenberghütte des Rhönklubs Zweigverein Vacha, die in den Sommermonaten an Sonntagen und an den Thüringer Feiertagen bewirtschaftet wird.

Über eine steile Metalltreppe und einen schmalen Pfad gelangt man schließlich zum Gipfelplateau. Am höchsten Punkt auf 614 Metern prangt das Gipfelkreuz, das im Stil eines keltisch-irischen Hochkreuzes aus Holz geschnitzt wurde. Die Aussicht von hier oben ist grandios und noch viel besser als unten vom

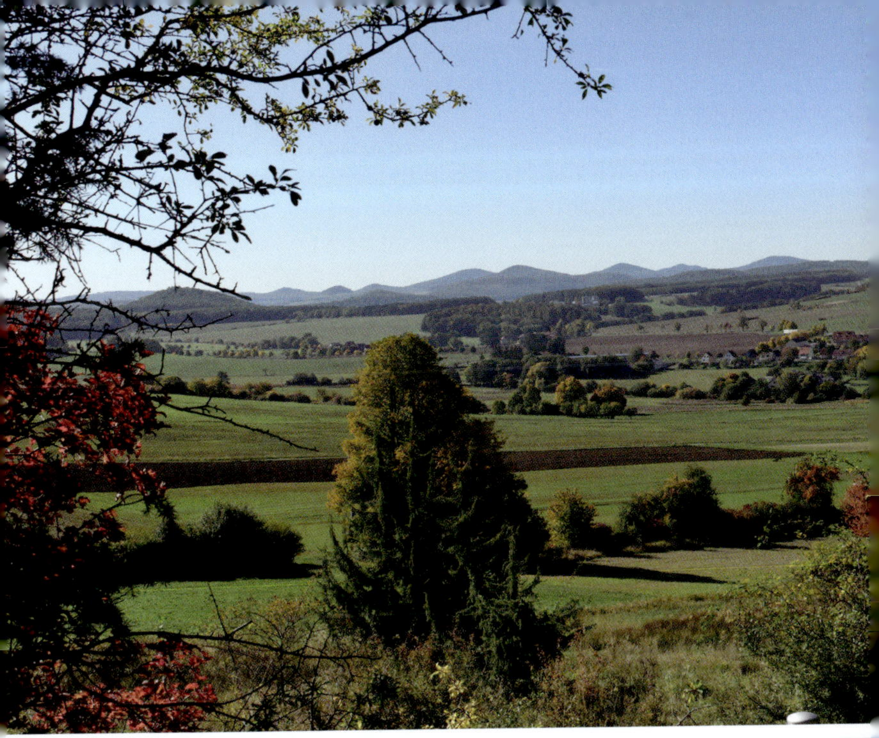

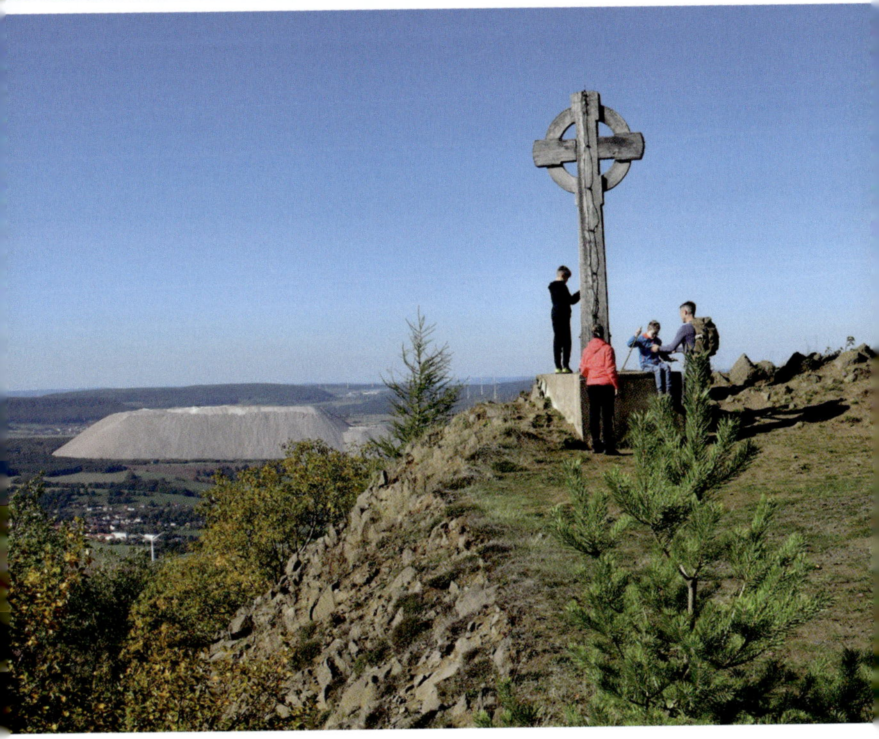

Herrliche Aussicht vom Öchsen und das Keltenkreuz auf dem Gipfel

ersten Aussichtspunkt. Im Osten schaut man bis zum Inselsberg, dem höchsten Berg im nördlichen Thüringer Wald, in südlicher und südwestlicher Richtung sind die Berge der Rhön zu erkennen, das Hessische Kegelspiel mit dem Soisberg liegt zum Greifen nahe, im Norden ziehen die Abraumhalden bei Philippsthal und Heringen den Blick auf sich.

Wieder unten bei der Rhönklub-Hütte angelangt, gehen wir zurück zum Aussichtspunkt beim Steilabfall und biegen dort jetzt rechts ab. Wir verlassen damit den *Keltenpfad* und wandern ohne Markierung abwärts an einer Halde aus Basalttrümmern vorbei. Wer genau hinsieht, kann in der Steilwand dahinter Basaltsäulen der ehemaligen Vulkanschlotfüllung erkennen. Den Berg im Buchenwald umrundend, biegen wir nach mehr als einem Kilometer links hinunter zu einem parallel verlaufenden Weg ab. Dort treffen wir auf den *Main-Werra-Weg*, dem wir links einschwenkend bergabwärts folgen. Rechts des Weges können wir bei einer Aussichtsplattform einen Blick auf das Kleine Steinmeer an der Ostflanke des Öchsen werfen, bevor wir das Waldgebiet verlassen. Über den Bach Öchse hinweg gelangen wir wieder nach Vacha, wo uns die Markierung des *Main-Werra-Weges* zuverlässig durch den Ort zu unserem Ausgangspunkt geleitet.

Kleines Steinmeer am Fuß des Öchsen

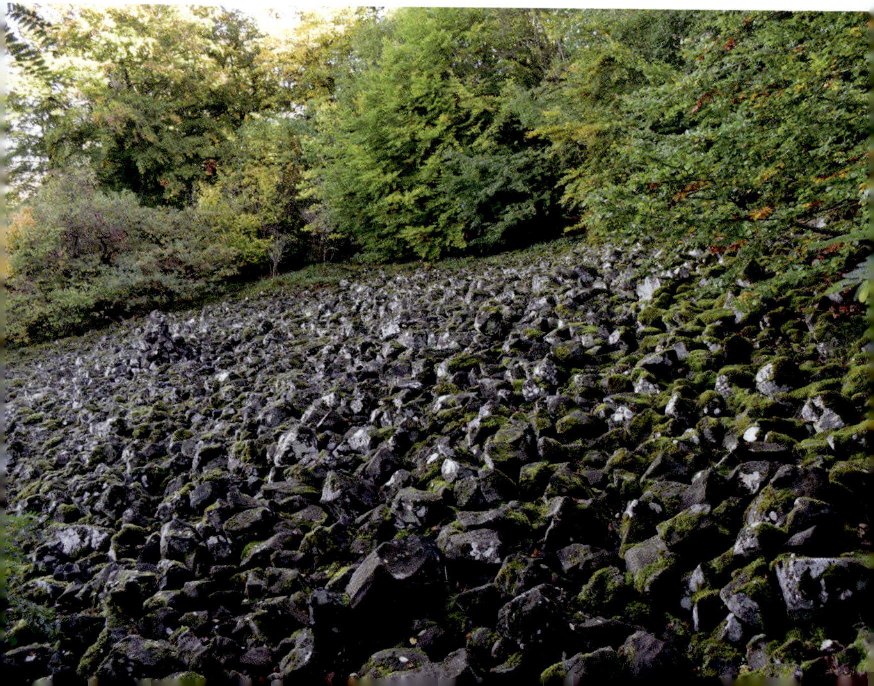

Ausgewählte Adressen und Tipps

- Stadt Vacha, Bahnhofstr. 21, 36404 Vacha, Tel. 036962/2610, www.vacha.de.
- Rhönklub Zweigverein Vacha e. V., Heyligenstaedtstr. 9, 36404 Vacha, Tel. 036962/20896, www.rhoenklub-vacha.de.
- Museum Burg Wendelstein, Untertor 8 a, 36404 Vacha, Tel. 036962/22839, www.vacha.de/museum.html. Di und Do/Fr 10–17, Mi 10–12, Sa/So/Fei 14–17 Uhr, Winterpause Ende Nov. bis Ende März.
- Freilichtmuseum Keltendorf Sünna, Goldene Aue 1, 36414 Unterbreizbach-Sünna, Tel. 036962/2670, www.freies-keltendorf.de. Das Museumsdorf kann jederzeit eintrittsfrei besichtigt werden, Infos zu Führungen und Veranstaltungen können der Webseite bzw. der des Kelten-Hotels entnommen werden.
- Kanutouren auf der Werra: Werra-Kanu, Am Dorfplatz 6, 36404 Vacha, Tel. 0152/56195432 und Floß- und Kanuerlebnis Vacha, August-Bebel-Str. 7, 36404 Vacha, Tel. 036962/21712.
- Erlebnisbergwerk Merkers, Zufahrtstr. 1, 36460 Krayenberggemeinde (OT Merkers), Tel. 036969/424101, www.erlebnisbergwerk.de. Verschiedene Führungen werden angeboten. Di–Sa 8.30–16 Uhr, Führungen Di–Sa 9.30 und 13.30 Uhr. Anfahrt von Vacha auf der B 62 in Richtung Bad Salzungen (etwa 9 km).
- Werra-Kalibergbau-Museum und Monte Kali, Dickesstr. 1, 36266 Heringen (Werra), Tel. 06624/919413, www.kalimuseum.de. Im Rahmen einer Führung kann die Salz-Abraumhalde Monte Kali bestiegen werden, Anfahrt von Vacha auf der B 62 bis Philippsthal (Werra), von dort weiter nach Heringen (etwa 13 km).
- *Kelten-Hotel*, Goldene Aue 1, 36414 Unterbreizbach-Sünna, Tel. 036962/2670, www.keltenhotel-rhoen.de. Restaurant Mo–Fr 17–21, Sa 12–22 Uhr, So Ruhetag.
- *Öchsenberghütte Rhönklub Vacha*, Tel. 036962/21009 (Hüttenwart Günther Lotz). Anfang Apr. bis Ende Okt. So und an Thüringer Feiertagen 10–18 Uhr.
- *Gasthaus & Hotel Zum Oechsetal*, Jahnweg 15, 36404 Vacha, Tel. 036962/24370, www.thueringen.info/zum-oechsetal.html. Mo–Sa 17–24, So ab 11 Uhr. Bietet Thüringer Spezialitäten an und vermietet Gästezimmer.
- *Gasthaus zur Krone*, Vachaer Str. 8, 36404 Völkershausen, Tel. 036962/50353. Auch Zimmervermietung.
- *Gaststätte Zum Hirsch*, Steinweg 2, 36404 Völkershausen, Tel. 036962/50132.
- *Hotel Adler*, Markt 1, 36404 Vacha, Tel. 036962/2650, www.hotel-adler-vacha.de.

5 Hüttentour in der Thüringischen Rhön

Zur Dermbacher Hütte auf dem Gläserberg

Tour: Rundwanderung von Dermbach zur Dermbacher Hütte auf dem Gläserberg (671 m).
Länge/Dauer: 13,4 km/4 Std.
Einstiegspunkt: Schloss Dermbach.
Höhenunterschied: 304 m.
Markierungen: *HW01/Jakobsweg, oranger offener Tropfen (Rhön-Höhen-Weg), roter Winkel (Main-Werra-Weg), Hochrhöner, grüner Tropfen, Rhöner Räuberpfad Dermbach.*
Anfahrt: *ÖPNV:* mit der Bahn bis Bahnhof Hünfeld, von dort mit Buslinie 120 zum Busbahnhof in Dermbach oder mit der Bahn bis Bad Salzungen und von dort mit Buslinie 130 nach Dermbach. *Kfz:* A 71 Ausfahrt Mellrichstadt, B 285 bis Dermbach; Parkmöglichkeiten bei der Schlosshalle (Straße Hinter dem Schloss).
Saison: Frühling bis Herbst.
Familie: Mit Kindern ist es ein Erlebnis, eine Nacht in der Dermbacher Hütte auf dem Gläserberg zu verbringen. Weit weg vom Lichtermeer der Großstadt lässt es sich hier vortrefflich in den funkelnden Sternenhimmel schauen.
Anforderungen: Ein längerer Anstieg auf der ersten Hälfte der Tour und die letzten Höhenmeter hoch zum Gipfel des Gläserberges erfordern etwas Kondition, ansonsten moderater Streckenverlauf auf überwiegend geschotterten und naturbelassenen Wegen.
Besonderheiten: Die Tour lässt sich mit einem Abstecher zur Emberghütte bei Oberalba ergänzen (hin und zurück etwa 2 km). Die Hütte ist nur an Sonn- und Feiertagen vormittags geöffnet (außer Karfreitag, Pfingstmontag, erster Sonntag im Oktober, Heiligabend und erster Weihnachtsfeiertag) oder nach Voranmeldung (Tel. 036964/7367, Hüttenwart Bernd Oechsner).

Bummel durch Dermbach

Wenn schon die rührigen Mitglieder des Rhönklub-Zweigvereins Dermbach dafür gesorgt haben, dass seit 1994 wieder eine bewirtschaftete Hütte auf dem Gläserberg steht, wollen wir unsere Wanderung dorthin auch in ihrem Heimatort beginnen. Wir starten in barockem Ambiente beim Schloss, das 1707 im Auftrag des Fuldaer Fürstabts Adalbert von Schleifras fertiggestellt wurde. Als Architekt fungierte der berühmte Baumeister Johann Dientzenhofer, der auch den Dom in Fulda erschaffen hat. Über dem Portal des Hauptgebäudes bildet das prächtige Wappen des fürstbischöflichen Bauherren einen pittoresken Blickfang. Das Gebäude wird heute als Verwaltungssitz und Bibliothek der Gemeinde Dermbach genutzt, ferner stehen seine Räumlichkeiten den örtlichen Vereinen zur Verfügung.

Gegenüber dem Schloss komplettieren zwei Kirchen das eindrucksvolle historische Barockensemble. Die Katholische Kirche St. Peter und Paul wurde in den Jahren 1732–1736 vom Fuldaer Architekten Andreas Gallasini auf Geheiß von Fürstabt Adolf von Dalberg erbaut. Im Inneren des unter Denkmalschutz stehenden Gotteshauses dominieren reich verzierte Altäre, darunter der

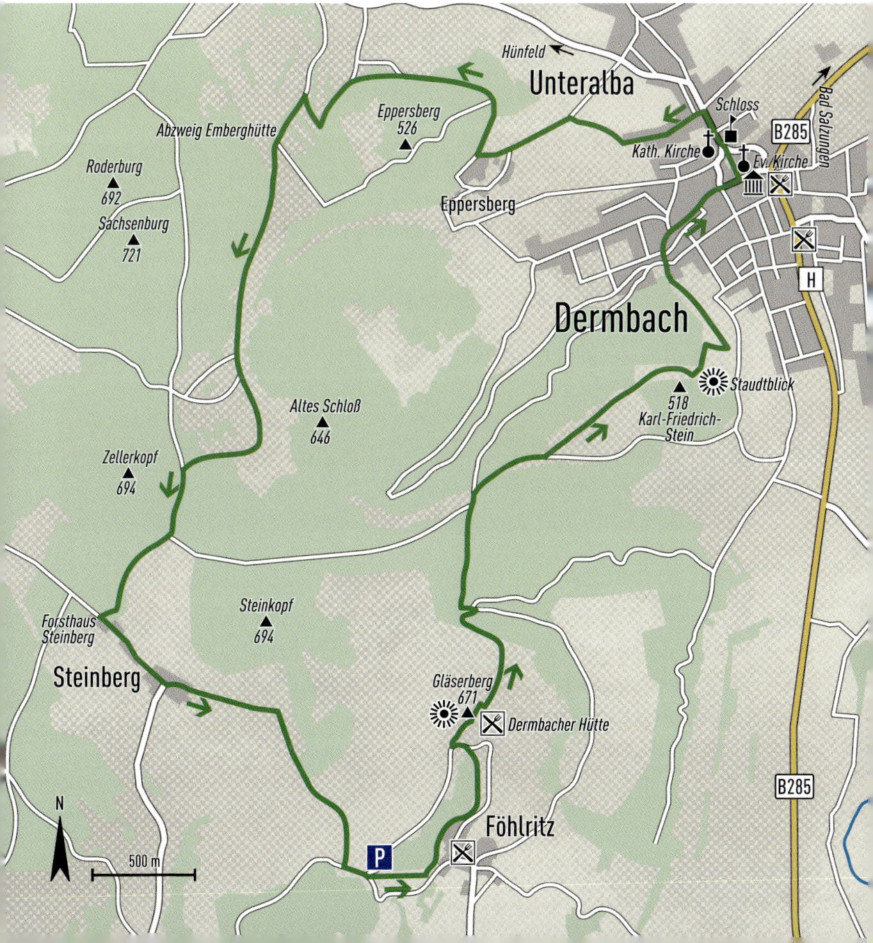

Der Rhönpaulus

Mit dem sogenannten Rhönpaulus hat auch die Rhön eine legendäre Sagengestalt zu bieten. Für die Obrigkeit war er ein Schwerverbrecher, das Volk verehrte ihn dagegen als »edlen Räuber«, der wie Robin Hood nur die Reichen bestohlen und seine Beute mit den Armen geteilt hat. Johann Heinrich Valentin Paul wurde 1736 als uneheliches Kind in Weilar geboren und wuchs nach dem frühen Tod der Mutter bei seinem Onkel, einem Gutsschäfer, auf. Dort verbrachte er eine harte, lieblose Kindheit und Jugend. Mit 20 Jahren zog er aus Kummer, weil ihm die Heirat mit einer reichen Glattbacher Bauerntochter verwehrt wurde, als Soldat in den Siebenjährigen Krieg (1756–1763). Nach einer Verwundung desertierte er und kehrte in seine Heimat zurück. Um nicht gefunden zu werden, wählte er eine Höhle am Neuberg innerhalb des Waldgebietes Ibengarten als Unterschlupf (sie existiert heute noch als sogenannte Paulushöhle). Zum Bestreiten seines Lebensunterhaltes beging er zunächst kleinere Diebstähle, vornehmlich bei reichen Bauern. Von Not getrieben, wurde er dann zum Wegelagerer und Schmuggler, wobei er sich bevorzugt zwischen den Orten Wiesenthal, Andenhausen, Dermbach und Tann herumgetrieben hat. Gewalt hat der edle Räuber aber stets vermieden und außerdem nie Bedürftige bestohlen. Damals war besonders der Schmuggel mit Salz ein einträgliches Geschäft. Auch Paulus hat wohl so manchen Sack davon über die Grenze nach Hessen geschleppt, was seinerzeit ein schweres Delikt war. Mehrmals wurde er gefasst und im Turm des Schlosses in Kaltennordheim eingekerkert, doch jedes Mal gelang ihm die Flucht. Im Jahr 1780 wurde dem Rhönpaulus »wegen Abschuss der schönsten Hirsche« und weiterer Wilddiebereien und Räubereien der Prozess gemacht. Er wurde zum Tode verurteilt und auf dem Neuberg hingerichtet. Damit er nicht wieder entkommen konnte, wurde eigens für seinen Transport zum Galgen eine verschließbare, schrankähnliche Holzkiste gezimmert, aus der es kein Entrinnen gab. Das Original dieses »Pauluskastens« kann im Dermbacher Heimatmuseum besichtigt werden. Auf dem Dorfplatz des Weilers Glattbach hält eine lebensgroße Holzskulptur die Erinnerung an den Robin Hood der Rhön lebendig.

von Säulen und Pilastern getragene Hochaltar. Der Turm der Evangelischen Dreieinigkeitskirche daneben geht auf einen Vorgängerbau aus dem 12. Jahrhundert zurück. Als dieser 1713 einstürzte, ließ Fürstabt Konstantin von Buttlar an seiner Stelle einen größeren Neubau im Barockstil errichten. Ein besonderes Kunstwerk ist das Holzrelief »Das heilige Abendmahl«, das ursprünglich in

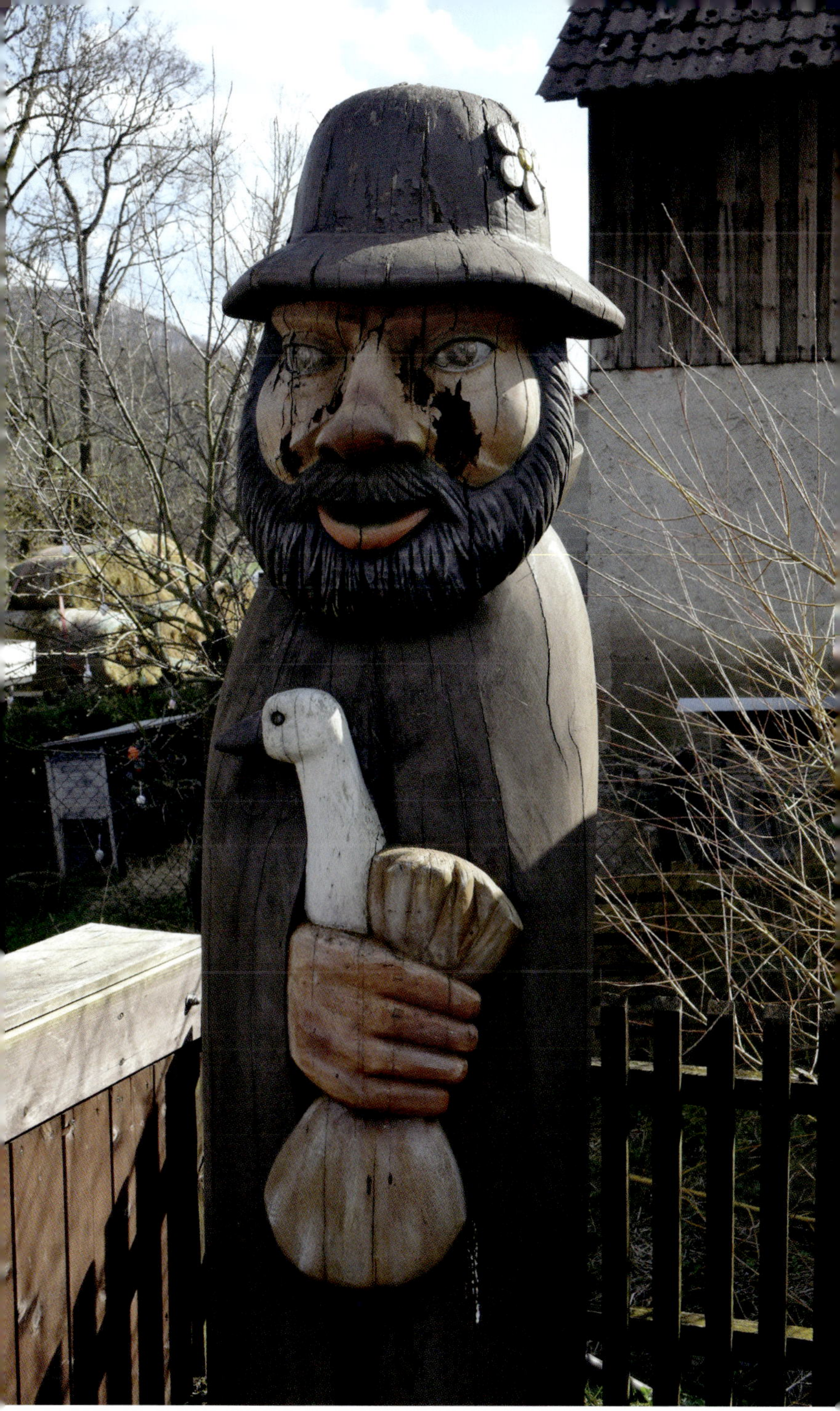

Holzskulptur des Rhönpaulus in Glattbach

einer Kapelle im nahen Hartschwinden untergebracht war. Seine Entstehung wird auf das 15. Jahrhundert datiert, es soll eines der frühesten Rhöner Schnitzkunstwerke sein.

Sehenswert im schmucken Dermbach ist auch der von schönen Fachwerkhäusern umgebene Marktplatz, auf dem ein gusseiserner Brunnen im neugotischen Stil zu bewundern ist. Vom Barockviertel gelangt man am besten auf dem *Rhöner Räuberpfad Dermbach* dorthin. Man folge einfach dem *Logo mit der Räubergestalt vor der Ortssilhouette.* Wir vernehmen jetzt aber deutlich den Ruf des Gläserberges und machen uns auf den Weg.

Auf den Gläserberg

Da wir uns das Gipfel-Feeling als Höhepunkt am Ende unserer Tour aufheben wollen, wählen wir nicht den direkten Weg zum Gläserberg, sondern wandern erst einmal in weitem Bogen um ihn herum. Daher wenden wir uns mit dem Rücken zum Schloss auf der Geisaer Straße nach rechts und folgen dem *roten Dreieck* des *Hauptwanderweges HWO1* sowie der *Muschel des Jakobswegs* ortsauswärts. Beide Markierungen führen weiter die Geisaer Straße entlang, wir biegen aber ohne Markierung links in die Straße Am Elm ab und verlassen das Wohngebiet, wobei es jetzt stetig bergauf geht. Beim ersten Querweg nach dem Ortsende kommen von rechts unsere beiden Markierungen wieder zu uns. Ihnen folgend, erreichen wir in einem etwas steileren Anstieg die Siedlung am Eppersberg, wo wir uns rechts halten. In einer Waldpassage überqueren wir den Nordostabhang der Bergkuppe und wandern danach am Waldrand entlang hinunter zu einer Geländevertiefung; rechts von uns passieren wir das Dorf Oberalba.

Dann wird es wieder steiler, wobei uns unsere beiden Markierungen bei erster Gelegenheit nach rechts weisen. Auf dem querenden Weg links abbiegend kommen wir zu einem Wegedreieck. Hier verabschieden sich sowohl der *HWO1* wie auch der *Jakobsweg* nach rechts in Richtung Emberghütte (dorthin sind es etwa zwei Kilometer), wir finden dafür im *orangefarbenen offenen Tropfen* für den *Rhön-Höhen-Weg* einen zuverlässigen Führer. Mit ihm halten wir uns halblinks bergauf zu einem Wegweiser. Dieser schickt uns nach rechts in ein Waldstück, das wir in einem knackigen Anstieg durchschreiten. Eine Zeitlang weiter ansteigend am Waldrand entlang und über offenes Gelände wandernd, treten wir erneut in den Laubmischwald ein. Darin schwenken wir auf einem breiten Weg nach links ein, der uns nun stetig bergab hinunter zum Forsthaus Steinberg bringt. Beim dortigen Wegweiser ist erneut ein Markierungswechsel angesagt – wir folgen nun dem *roten Winkel* des *Main-Werra-Weges* nach links durch den Weiler Steinberg. Nach knapp einem Kilometer stößt in einer Senke der Premiumwanderweg *Hochrhöner* zu uns. Sein bestens ausgeschilderter Verlauf bringt uns über eine Kuppe hinweg an den Ortsrand des kleinen Dorfes Föhlritz, das sich an den Berghang des Gläserbergs anschmiegt. Links abbiegend bestreiten wir die letzten etwas steileren Höhenmeter hoch auf den Gipfel.

Gipfel-Feeling mit Hüttengemütlichkeit

Dann ist es geschafft und wir stehen auf der 671 Meter hohen kahlen Bergkuppe, wo kein Baum und kein Strauch den grandiosen Rundblick beeinträchtigt. Völlig zu Recht gilt der Gläserberg als einer der schönsten Aussichtsberge in der Thüringer Rhön.

Weiter Blick vom Gläserberg in die Thüringische Rhön

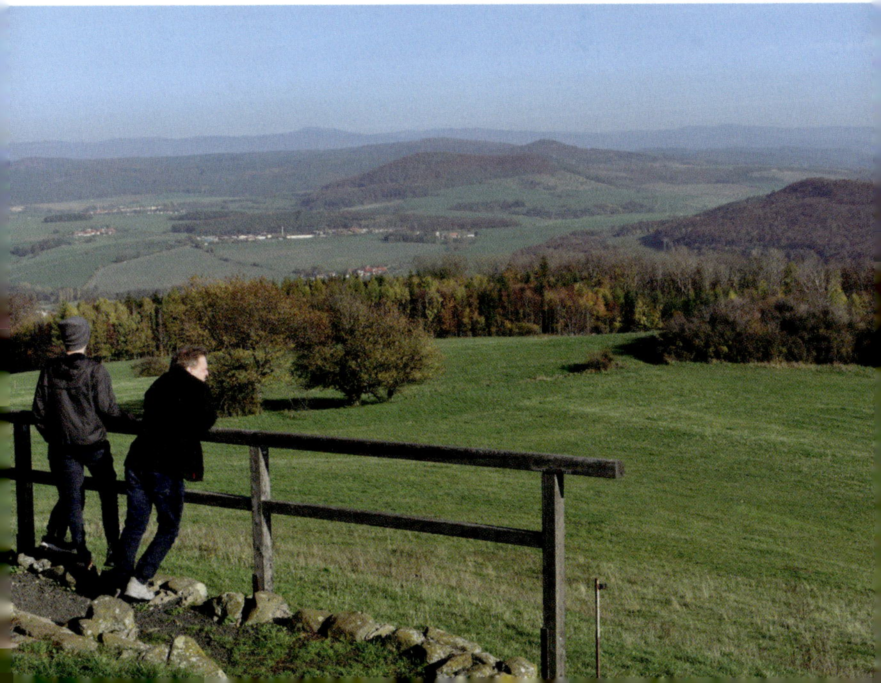

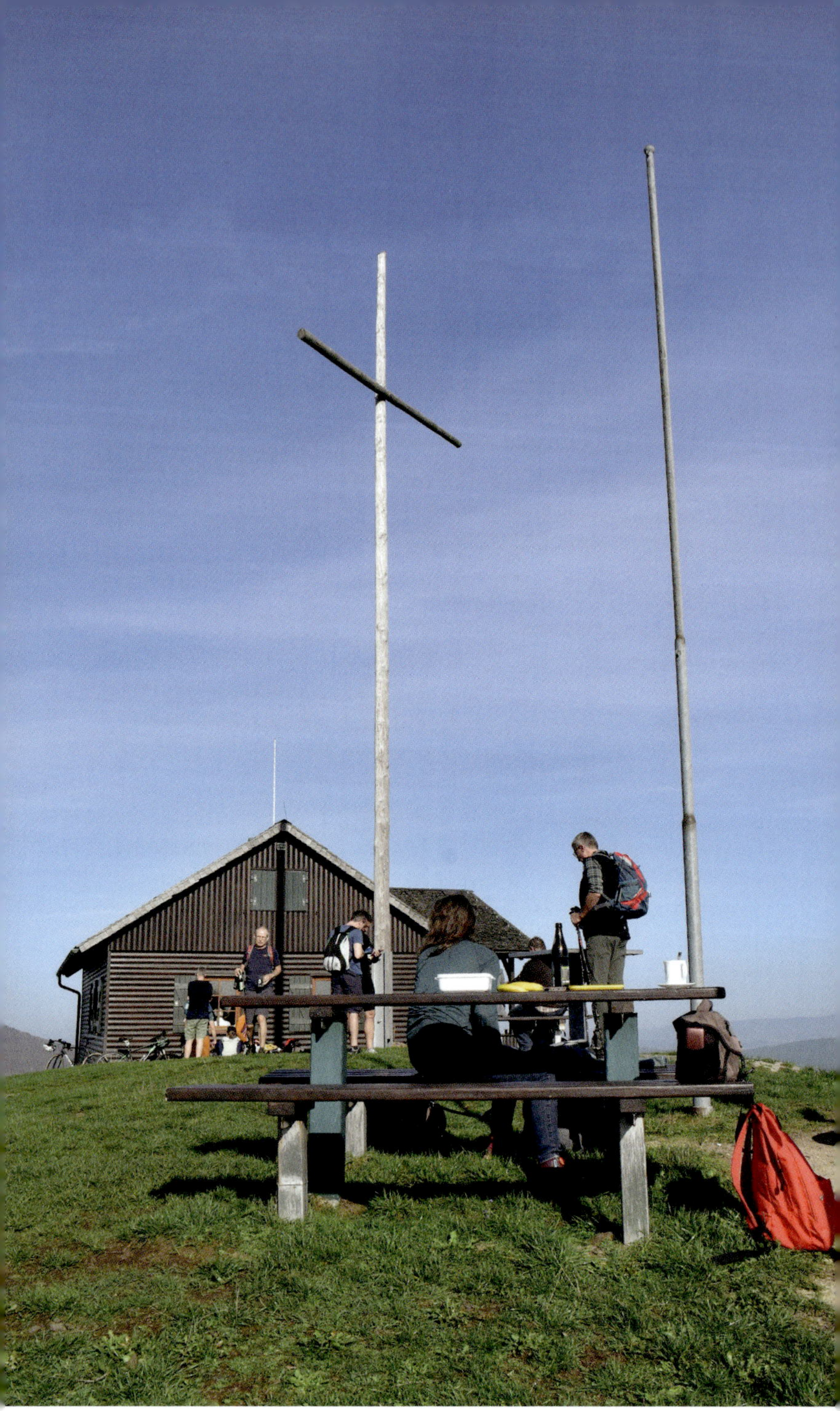

Eine wohlverdiente Pause bei der Dermbacher Hütte auf dem Gipfel des Gläserbergs

Der Blick reicht aber weit darüber hinaus bis zum Hohen Meißner und der Wartburg im Norden, dem Dolmar im Osten und bis zum Heidelstein und dem Kreuzberg im Westen. Eine Panoramascheibe erläutert, was im Einzelnen zu sehen ist. Am besten kommt man an einem Sonntag hier hoch, denn dann wird die Dermbacher Hütte von Mitgliedern des Rhönklub-Zweigvereins Dermbach bewirtschaftet. Neben Speis und Trank hält sie ein warmes Plätzchen am lodernden Kaminfeuer bereit, falls das Wetter zum Draußensitzen zu ungemütlich ist. Die heutige Hütte ist ein Neubau, der 1994 errichtet wurde, es gab aber schon seit 1879 eine erste Wanderhütte auf dem Gläserberg. Sie verfiel in der Zeit des Ersten Weltkriegs und ihr Nachfolgebau aus dem Jahr 1922 wurde nach der Teilung Deutschlands mutwillig zerstört. Der Gläserberg lag nämlich im Sperrgebiet und durfte von Wanderern nicht mehr bestiegen werden. Glücklicherweise sind diese Zeiten vorbei und wie früher können »frohe Wanderer wallen aus der ganzen Rhön, um von deiner stolzen Höhe in die Lande fern zu sehen«, wie es im alten »Gläserlied« besungen wird.

Neuerdings hat der Berg neben der Hütte und dem meterhohen Bergkreuz eine weitere Attraktion zu bieten. Er ist einer von mehreren Himmelsschauplätzen im Sternenpark Rhön (siehe auch Tour 7). Kleine und große Sternfreunde und solche, die es werden wollen, finden hier oben ideale Bedingungen, um Sterne und Planeten, ungestört vom Licht der Großstadt, beobachten zu können. Dabei helfen ein Polarsternfinder und ein Fernglasaufsetzer ebenso wie eine an einer Tafel angebrachte Sternkarte. Bei Tag lässt sich zudem die Uhrzeit an einer originellen Sonnenuhr ablesen.

Der Rückweg nach Dermbach ist jetzt nur noch Formsache. Es geht stetig bergab, wobei uns nach wie vor der *Hochrhöner* die Richtung vorgibt. Ein Waldstück durchquerend, passieren wir links des Weges die Hirtentränke, einen Rastplatz mit Tischen und Bänken. Kurz vor Dermbach biegt der *Hochrhöner* nach rechts ab. Wer mag, folgt ihm ein paar Meter bis zum Staudtblick, einem nach einem Förster benannten Pavillon mit Aussicht über den Ort und das Feldatal. Ansonsten ist nun der *grüne Tropfen* unsere Markierung, die uns links hinunter zum Marktplatz in Dermbach bringt. Auf dem *Rhöner Räuberpfad* gelangen wir zurück zu unserem Ausgangspunkt beim Schloss.

Ausgewählte Adressen und Tipps

- Tourist-Information Dermbach, Kirchberg 5, 36466 Dermbach, Tel. 036964/86286, www.dermbach.de.
- Infos zum Sternenpark Rhön: www.sternenparkrhoen.de.
- Museum Dermbach, Museum der Thüringischen Rhön, Kirchberg 5, 36466 Dermbach, Tel. 036964/8863, www.dermbach.de. Öffnungszeiten derzeit nur nach Vereinbarung. Schwerpunkt: Kultur- und Sozialgeschichte, Sonderausstellung zum Rhönpaulus.
- Biosphären-Infozentrum Probstei Zella/Rhön, Goethestr. 1, 36466 Dermbach-Zella/Rhön, Tel. 036964/93510, www.biosphaerenreservat-rhoen.de. Mo 13–16, Do/Fr 10–16, Sa/So 13–17 Uhr, Di/Mi geschlossen (von Heiligabend bis Ostersamstag Winterpause). Ausstellungen zu Flora und Fauna der Thüringer Rhön und zum Leben und Arbeiten der Rhöner Bevölkerung.
- Freibad Dermbach, Schwimmbadweg 14, 36466 Dermbach, Tel. 036964/82447, www.dermbach.de. Mai bis Sep. je nach Witterung 10–20 Uhr.
- Erlebnisweg Rhönpaulus-Wald Ibengarten: Er beginnt am Parkplatz beim Busbahnhof in der Bahnhofstraße (B 285) in Dermbach und folgt auf 3,6 km Länge den Spuren des edlen Räubers Rhönpaulus durch das Naturschutzgebiet Ibengarten auf dem Neuberg. Für Kinder gibt es dabei viel zu entdecken und auch der Gruselfaktor kommt dabei nicht zu kurz. www.biosphaerenreservat-rhoen.de.
- *Restaurant Zum Hobbywirt,* Föhlritz 23, 36452 Dermbach, Tel. 036964/93143.
- *Dermbacher Hütte,* Tel. 036964/93784 (Hüttenwart Alfons Weber). Ganzjährig geöffnet So und Fei 10–17 Uhr (außer Neujahrstag, Karfreitag, Ostersonntag, Pfingstmontag, Heiligabend und Erster Weihnachtsfeiertag). Es gibt 15 Schlafplätze auf dem Dachboden.
- *Rhöner Botschaft/Hotel SaxenHof,* Bahnhofstr. 2, 36466 Dermbach, Tel. 036964/869230, www.rhoener-botschaft.de. Mi–Sa 17–23 (Terrasse bei gutem Wetter 15–21 Uhr, nur Kaffee und Kuchen, kleine Gerichte), So 12–15 Uhr (auch Terrasse).
- *Hotel Zum Rhönpaulus,* Bahnhofstr. 21, 36466 Dermbach, Tel. 036964/82234, www.hotel-rhoenpaulus.de. Fr–Mi 11–22 Uhr, Do Ruhetag.
- Ferienwohnung im Bauernhof Schuchert, Steinberg 9, 36466 Dermbach-Steinberg, Tel. 036964/93384. Ideal für Familien mit Kindern.
- *Landhotel Zum Baier,* Karlstr. 4, 36466 Dermbach-Unteralba, Tel. 036964/82406, www.landhotel-zum-baier.de. Mo und Mi–Fr ab 16, Sa/So ab 10 Uhr.

O Sole mio an der Werra

6

Bad Salzungen – Deutschlands ältestes Sole-Heilbad

Tour: Stadtspaziergang mit einer kleinen Wanderung rund um Bad Salzungen.
Länge/Dauer: 11,9 km/3,5 Std.
Einstiegspunkt: Bahnhof Bad Salzungen.
Höhenunterschied: 145 m.
Markierungen: *MDR-Rundweg (Bad Salzunger Frankensteintour),* der Weg ist allerdings nur entgegen unserer Laufrichtung mit Richtungspfeilen markiert.
Anfahrt: *ÖPNV:* mit der Bahn bis Bahnhof Bad Salzungen. *Kfz:* A 71 Ausfahrt Meininigen Nord, B 19 bis Bad Salzungen; oder A 4 Ausfahrt Bad Hersfeld, B 62 bis Bad Salzungen; Parkmöglichkeiten beim Bahnhof in der Bahnhofstraße.
Saison: das ganze Jahr über, am besten Frühjahr bis Herbst.
Familie: Im Sole Aktivbad ist Badespaß für die ganze Familie angesagt. Für Erwachsene und Kinder ab fünf Jahren steht das Hauptbecken mit 25 Metern zur Verfügung. Für Babys und Kleinkinder gibt es ein Extrabecken, es werden Babyschwimmen und Schwimmkurse für Kinder ab fünf Jahren angeboten. Ein besonderes Erlebnis bietet das Sole-Schwebebecken (Solegehalt 15 Prozent) allen, die sich schwerelos wie im Toten Meer auf dem Wasser treiben lassen möchten (www.solewelt.de).
Anforderungen: Trotz ihres überwiegenden Spaziergangcharakters müssen auf der Tour zwei kurze, aber etwas steilere Anstiege bewältigt werden. Auf festes, rutschfestes Schuhwerk sollte daher nicht verzichtet werden.
Besonderheiten: Ein Erlebnis ist das alljährliche dreitägige Burgseefest im Sommer mit dem Höhepunkt des Erlebnisfeuerwerkes »See in Flammen« – ein ungeheuer spektakuläres Event (www.badsalzungen.de).

Das Salz in der Suppe

Im Falle von Bad Salzungen muss nicht lange gerätselt werden, woher der Ort seinen Namen hat. Bereits in einer Schenkungsurkunde Karls des Großen an das Kloster Hersfeld wird im Jahr

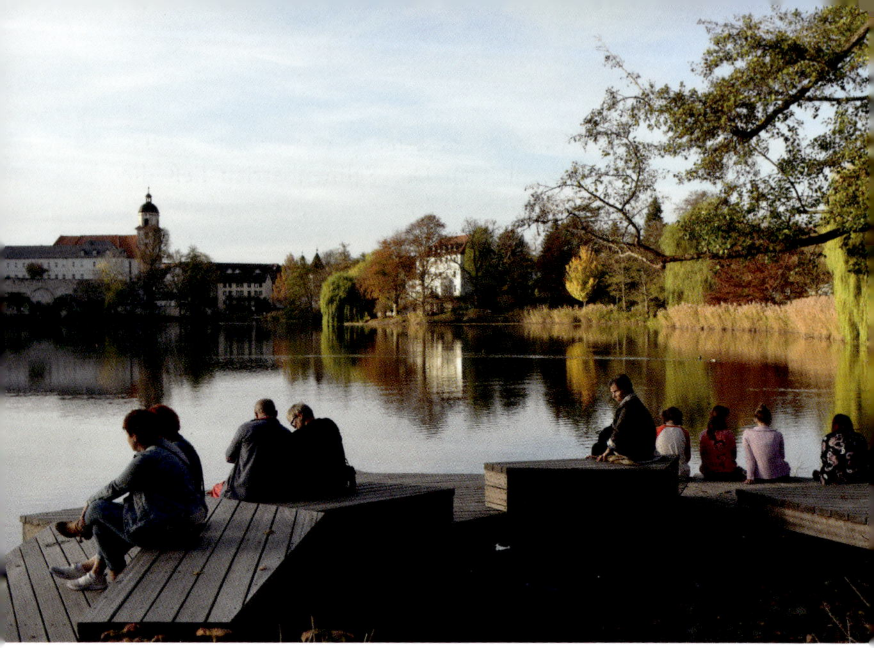

Abendstimmung am Burgsee

774 erstmals eine »Villa salzunga« mit Salzsiedehütten erwähnt. Das Vorkommen salzhaltiger Quellen und die daraus resultierende Salzgewinnung bestimmten über viele Jahrhunderte die Geschicke der Stadt. Ab dem 14. Jahrhundert nahm der Bedarf an »weißem Gold« sprunghaft zu, denn Salz war im Mittelalter nicht nur die meistverwendete Speisewürze, sondern auch das einzige bekannte Konservierungsmittel. Die Grafen von Henneberg übertrugen 1462 das Recht der Salzproduktion einer privilegierten Bevölkerungsschicht, den Pfännern. Nur sie durften Solequellen besitzen und das Salz durch Sieden der Sole in großen Pfannen (daher ihr Name) gewinnen und vermarkten. In den Siedehäusern mussten für sie Siedeknechte, Salzwirker, Zuträger und Borngießer die Arbeit verrichten. Da jedoch das Holz, das für das Salzsieden benötigt wurde, immer rarer wurde, besann man sich auf eine neue Methode der Salzgewinnung. Um 1590 wurden die ersten Gradierwerke gebaut, um die Sole hochprozentiger zu machen und gleichzeitig Holz einzusparen. An über 400 Meter langen Gradierwänden ließ man die geringprozentige Quellsole (ca. sechs Prozent) wiederholt über Dornenzweige abrieseln. Dabei wurde eine Erhöhung der Konzentration erreicht

und der Grad des Salzes wurde gesteigert (wovon sich die Bezeichnung Gradierwerk ableitet). Der Salinenbetrieb ließ die Stadt aufblühen und zu Wohlstand kommen. Mit der Erbohrung einer hochprozentigen (27 Prozent), gesättigten Sole in 144 Metern Tiefe verloren 1843 die Gradierhäuser ihren Zweck und wurden bis auf eines abgerissen. Als mit Beginn des 19. Jahrhunderts in Deutschland die heilende Wirkung der Sole erkannt wurde, errichteten die Salzunger Pfänner ein Badehaus, um Solebäder zu ermöglichen. Ferner empfahl der Stadtphysikus Dr. Johann Caspar Bein Spaziergänge entlang der Gradierwand. Er beobachtete, dass durch das Inhalieren des Solenebels harmlose Infekte heilen und chronische Atemwegserkrankungen gelindert werden. Schnell entwickelte sich in der Stadt ein reger Kurbetrieb, neben einem neuen Gradierwerk wurden auch zwei Brunnenhallen errichtet. Nachdem Salzungen 1858 an die Bahn-

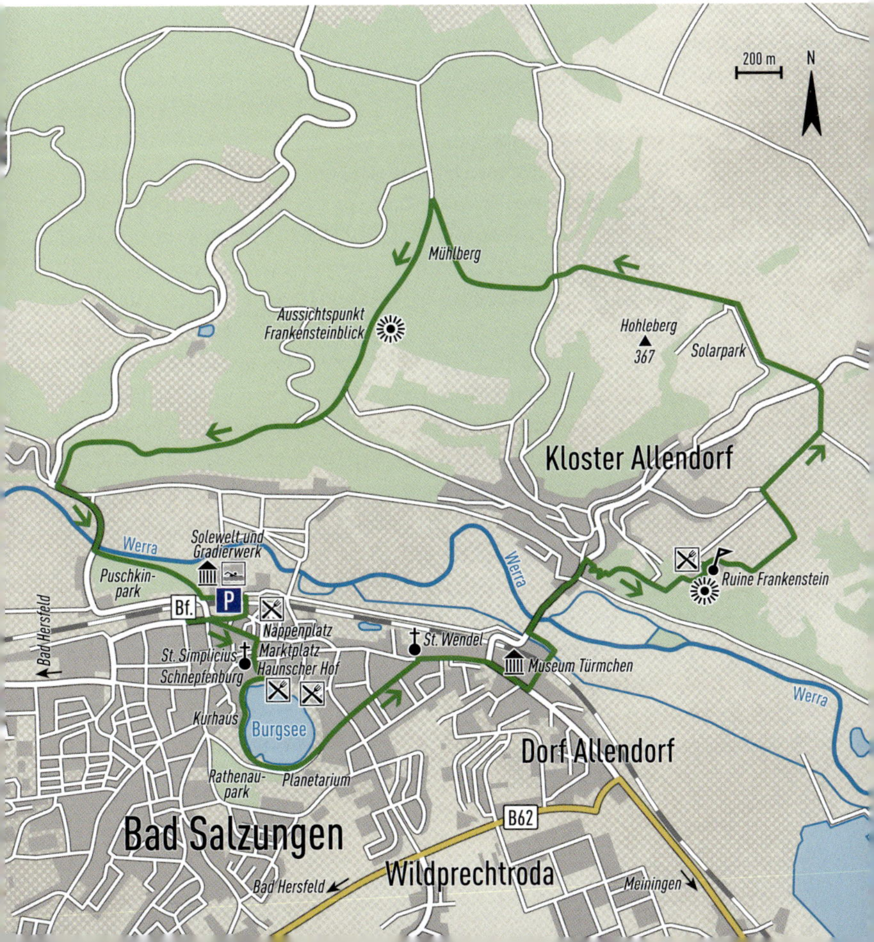

linie Eisenach–Coburg angebunden wurde, kamen Jahr für Jahr immer mehr Kurgäste in die Werrastadt (im Jahr 1911 waren es bereits mehr als 5000). Seit 1923 darf sich die Stadt Bad Salzungen nennen. Bis zum Zweiten Weltkrieg erfreute sich die Stadt eines regen Zuspruches und auch zu DDR-Zeiten war sie der führende Kurort für Atemwegserkrankungen im Arbeiter- und Bauernstaat. Heute prägen moderne Kurkliniken und das Bade- und Gesundheitszentrum Solewelt das Bild der Werrastadt.

Bummel durch die Altstadt

Wir folgen beim Bahnhof der Bahnhofstraße in Richtung Ortsmitte bis zum Kreisel und gelangen von dort, rechts abbiegend, auf der Straße Niederborn zum Nappenplatz. Er verdankt seinen Namen den »Nappen« genannten großen Siedepfannen, in denen einst die Salzlauge (Sole) verkocht wurde. Rechts geht es dann auf der Michaelisstraße bis zum Marktplatz, der von Geschäften, Cafés und Gaststätten flankiert wird. An seinem südlichen Ende befindet sich der originelle Marktbrunnen mit zwei Frauengestalten, die die Kur symbolisieren: Die eine stellt eine schmerzgebeugte Kranke dar, die andere eine Gesunde, die ihr in einem Eimer die heilbringende Sole reicht. Schräg gegenüber an der Ecke zur Ratsstraße steht das Rathaus, ein schlichter, aber dennoch sehenswerter Barockbau von 1790 mit einem Glockentürmchen und einer großen Uhr. Der Vorgängerbau aus dem Jahr 1289 fiel wie viele andere Gebäude in der Innenstadt dem verheerenden Stadtbrand von 1786 zum Opfer. Nur das mittelalterliche Gewölbe und der Ratskeller blieben fast vollständig erhalten. Unlängst hat darin nach vielen Jahren des Leerstandes wieder eine Gaststätte ihre Pforten geöffnet.

Über eine Treppe ist es nicht weit zur evangelischen Stadtkirche St. Simplicius, deren markanter Turm mit seiner achteckigen Barockhaube uns bereits auf unserem Herweg aufgefallen ist. Ein Blick in ihren eher schlicht gehaltenen Innenraum lohnt sich besonders wegen der kostbaren Reger-Orgel mit ihrem einmaligen Klang. Vielleicht haben wir sogar Glück und können einer Vorführung ihres Organisten beiwohnen. Der musikbegeisterte Meininger »Theaterherzog« Georg II. (siehe Tour 8) schenkte das Instrument 1909 der Kirchengemeinde als Dank für ihren

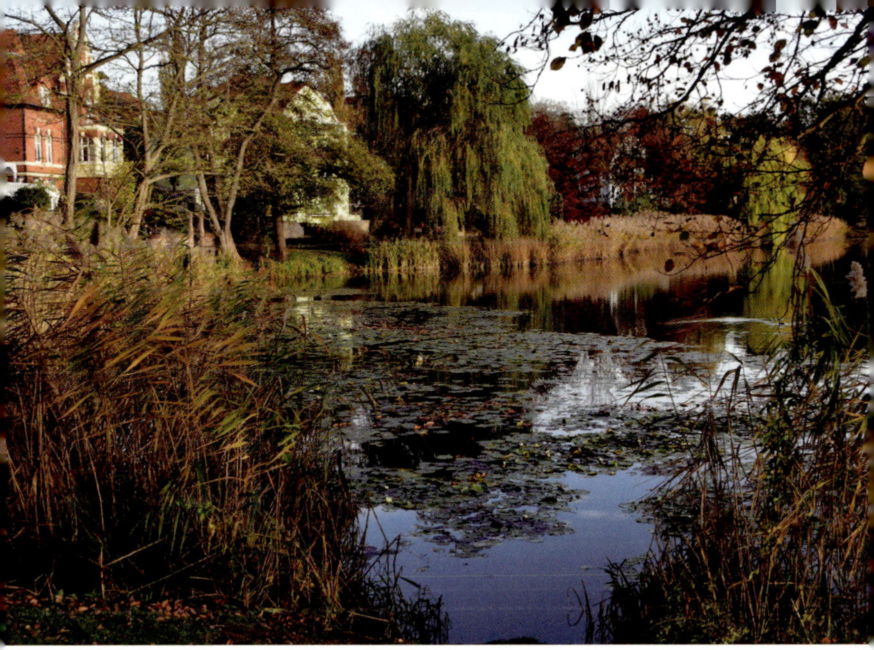

Der Burgsee ist ein Naturidyll mitten in der Stadt.

herausragenden Kirchenchor. Gefertigt wurde die Orgel nach Vorschlägen des berühmten Komponisten Max Reger, der damals die Meininger Hofkapelle leitete. Die Kirche (ursprünglich im Jahr 1112 erbaut) hat im Übrigen dasselbe Schicksal wie das Rathaus erlitten und brannte 1786 ab; ihr heutiges barockes Aussehen datiert aus dem Jahr 1791. Vom Gotteshaus sind es nur wenige Schritte zur Schnepfenburg, die sich allerdings in Gestalt eines Schlosses zeigt. Herzog Johann zu Eisenach ließ die um 1160 zur Sicherung der Solevorkommen erbaute Festung im Jahr 1609 weitgehend abreißen und an ihrer Stelle ein fürstliches Schloss errichten. Das heutige, im klassizistischen Stil erhaltene Gebäude entstand jedoch erst 1792, einige Jahre nach dem bereits erwähnten großen Stadtbrand, und dient heute als Amtsgericht.

Um den Burgsee

Zurück am Marktplatz steuern wir auf der Straße Seespforte den inmitten des Stadtgebietes gelegenen Burgsee an. Er ist zweifellos die größte Attraktion, die Bad Salzungen neben seinen Kuranlagen zu bieten hat. Am besten sollte man sich die Zeit nehmen, ihn auf der idyllischen Uferpromenade einmal ganz zu umrunden. Dabei tun sich immer wieder schöne Blicke auf die vom Kirchturm der Stadtkirche überragte Altstadt auf. Zudem säumen viele pittoreske alte Villen, dazu Schilfgürtel und jede Menge Bäume den Weg, ein wahres Paradies für Hobbyfotografen. Gleich links von unserem Standort am Ende der Seespforte darf bei dem nah am Ufer gelegenen Haunschen Hof die Kamera zum ersten Mal gezückt werden. Das 1624 im Renaissancestil verschönerte und in Wirklichkeit weit ältere Gebäude kann mit einem sehenswerten Treppenturm, einem Rundbogenportal und dem Doppelwappen der Adelsfamilie von Haun an der Fassade aufwarten. Das Haus wird heute als Kulturzentrum, Standesamt und Restaurant genutzt. Wir wenden uns aber nach rechts und flanieren am westlichen Seeufer entlang. Nachzutragen ist noch, dass es sich bei dem Burgsee um einen durch Salzauslaugungen im Untergrund entstandenen Einbruchsee handelt. Er besitzt keinen sichtbaren Zufluss, nur salzhaltige Quellen am Grund und das Niederschlagswasser speisen ihn. Natürlich ranken sich auch zahlreiche Sagen um das Gewässer, Nixen sind hier zu Hause und gar Till Eulenspiegel soll einst seinen Schabernack auf ihm getrieben haben. Wir passieren das prächtige, 1939 errichtete Kurhaus, in dem früher in den Sommermonaten täglich die Kurkapelle spielte und abends Theater- und Operettenaufführungen sowie Tanzveranstaltungen stattfanden. Heute befinden sich darin ein Hotel und ein Gourmet-Restaurant. Im Norden des Sees reicht der Rathenaupark bis ans Ufer heran; dessen Neugestaltung liegt derzeit in den letzten Zügen. Hinter dem Planetarium wenden wir uns vom Burgsee ab und folgen der Burgseestraße nach links.

Zur Ruine Frankenstein

Über die Heinrich-Mann-Straße geht es rechts in die August-Bebel-Straße, wo wir bei der Kirche Sankt Wendel einen kurzen Halt einlegen. Viel gibt das turm- und auch sonst schmucklose Bauwerk nicht her, man könnte es glatt übersehen. Immerhin wurde es bereits 1486 dem Heiligen Wendelin, dem Schutzpatron des

Weideviehs, geweiht. Weit attraktiver ist da schon das Gebäude, in dem vierhundert Meter weiter das Museum Türmchen untergebracht ist – ein schönes altes Fachwerkhäuschen von 1499 mit einem malerischen Dachreiter und einer Uhr. Einst wohnte darin der Schäfer des nahe gelegenen Frauenklosters Allendorf, das jedoch bereits 1528 säkularisiert wurde. Der Schäferei, die danach noch weiter bestand, setzte man ein Türmchen auf, um die Glocke der aufgegebenen Klosterkapelle dort unterzubringen. In späteren Zeiten wurde das Gebäude als Wohn- und Gemeindehaus genutzt, heute ist darin ein Heimatmuseum mit einer Ausstellung historischer Buchdruckmaschinen untergebracht.

Dahinter biegen wir links in die Kastanienallee ab, unterqueren die Bahnlinie und gehen links an einem Firmengelände vorbei. Der breiten Eisenacher Straße nach rechts folgend, überqueren wir auf einer Brücke die Werra. Am anderen Ufer treffen wir im Ortsteil Kloster auf den *MDR-Rundweg,* der von links zu uns stößt. An seiner Markierung orientieren wir uns nun bis zum Ende unserer Tour. Bei erster Gelegenheit biegen wir rechts auf einen Fußweg ab, der uns halbwegs steil in einigen Serpentinen durch ein Waldstück hoch zur Ruine Frankenstein bringt. Dabei handelt es sich um eine 1891 als Ausflugsziel für die Kurgäste

Das Museum Türmchen ist einen Besuch wert.

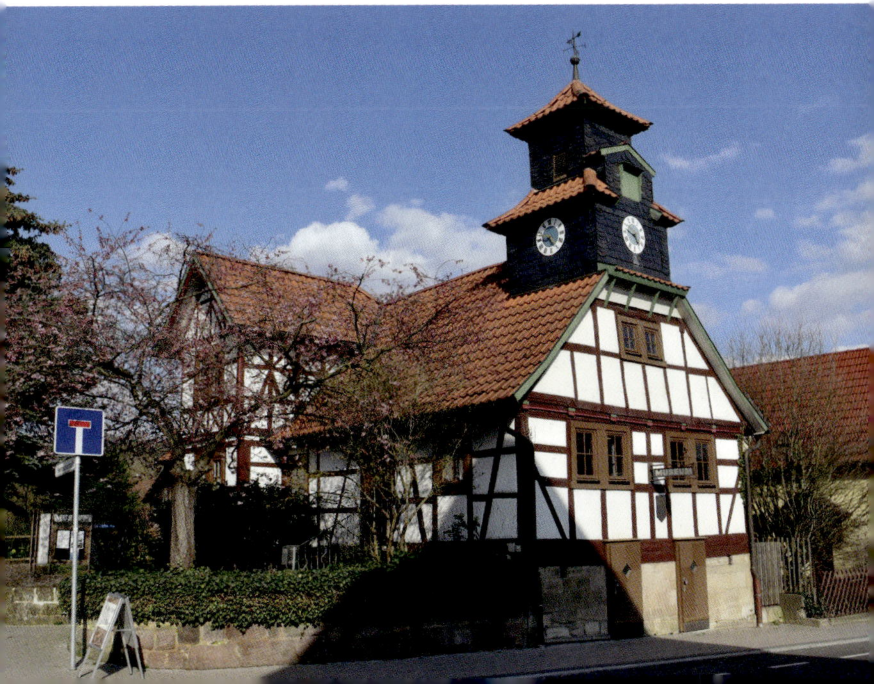

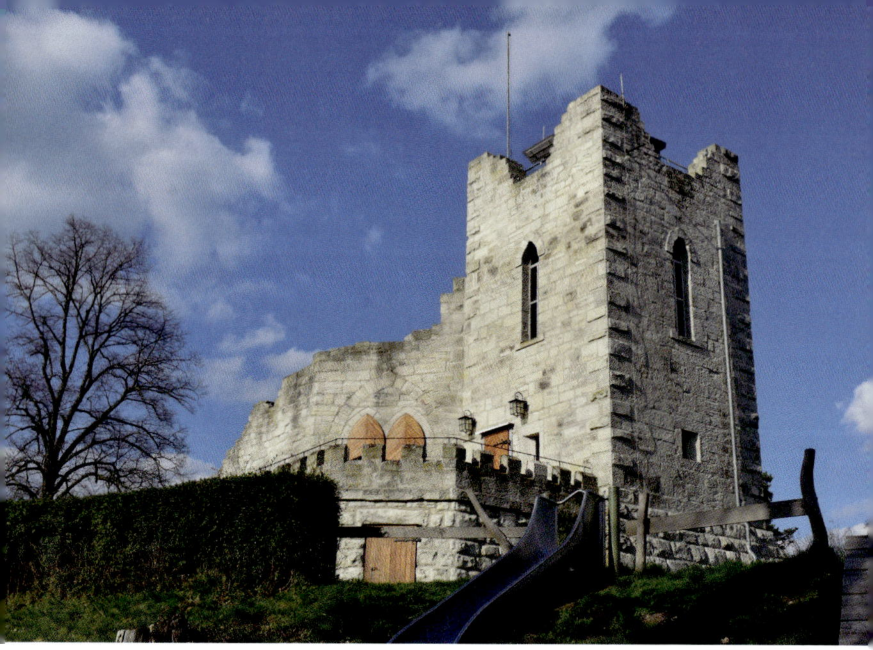

Die Kunstruine Frankenstein thront über Bad Salzungen.

errichtete Kunstruine. Die eigentliche Burg der Herren von Frankenstein lag etwas unterhalb, von ihr sind nur noch ein paar Gräben und Wälle übrig geblieben. Die einst stolze Burg verfiel, nachdem das Adelsgeschlecht 1347 ausgestorben war. Betreten werden kann das Bauwerk inklusive Aussichtsturm jedoch nur an den Wochenenden ab 13 Uhr, wenn Mitglieder des Vereins Frankensteingemeinde hier oben auch einen Ausschank betreiben. Der Blick ins Umland ist aber auch außerhalb der Anlage die Mühen des Aufstieges wert – er reicht über das Werratal hinweg bis zum Thüringer Wald und in die Rhön hinein. Picknicktische und ein Waldspielplatz laden zum längeren Verweilen ein. Weiter bergauf ist es nicht mehr weit bis zum *Panoramahotel Am Frankenstein,* das sich für eine ausgiebige Rast nahezu aufdrängt.

Danach geleitet uns unsere *MDR-Markierung* über die Hochfläche, bis unsere Route in die Zufahrtsstraße zum Hotel mündet. Dieser folgen wir nach rechts und halten auf die Landstraße zu. Nach deren Überquerung passieren wir auf einem Flurweg einen Solarpark und überschreiten in der Folge die baumlose Kuppe des Hohleberges. Unten im Bohlengrund queren wir bei einer Rastbank den *Werra-Suhltal-Radweg.*

Dann steht uns der steilste Anstieg unserer Tour auf den bewaldeten Mühlberg bevor. Auf dem höchsten Punkt biegen wir scharf links auf den Stadtweg ab, der uns nun stetig bergab führt. Etwa 600 Meter weiter weist uns ein Schild nach links zu dem etwas abseits des Weges gelegenen Aussichtspunkt Frankensteinblick (mit Rastplatz). Der Name ist Programm, aber natürlich reicht die Sicht über die ganze Stadt und die nähere Umgebung hinweg. Zurück auf unserem *MDR-Rundweg* halten wir uns weiter hangabwärts durch den Mischwald. Dabei passieren wir rechter Hand eine Lichtung, an deren Ende wir den Grundhof, einen Reiterhof erkennen. Unten im Tal biegen wir links in die Straße Grundecke ein, die uns über die Werra hinweg zum Puschkinpark bringt. An dessen der Innenstadt zugewandten Seite kommen wir am Wandertreff vorbei, wo alle örtlichen Wanderwege enden und beginnen. Wir folgen dem *MDR-Rundweg* weiter auf der Straße An den Gradierhäusern entlang der Bahngleise bis zum Kurviertel.

Durch die Kuranlage

Die Gradierwerk-Anlage in Bad Salzungen gilt als die schönste ihrer Art in Deutschland. Da jedoch bereits seit über zwei Jahren an den Gebäuden aufwendige Sanierungs- und Restaurationsarbeiten stattfinden, sind die Besichtigungsmöglichkeiten immer noch sehr eingeschränkt. Daher am besten vor dem Besuch in der Tourist-Information anrufen und den Stand der Dinge erfragen.

Beginnen sollte man den Rundgang bei dem architektonisch bemerkenswerten Mittelbau, der kurz nach 1900 im hennebergisch-fränkischen Fachwerkstil als eine Art erstes Kurhaus errichtet wurde – eines der schönsten Fotomotive, die der Kurort an der Werra zu bieten hat. Er wird genauso wie die etwas später gebaute Trinkhalle und der Musikpavillon von den beiden Gradierwerken flankiert. Die Ostwand ist die einzig verbliebene von einst 24 dieser Salzgewinnungsanlagen, die ab 1590 links und rechts der Werra eingerichtet wurden. Alle anderen wurden abgerissen, als 1843 ein hochprozentiges Solevorkommen in der Tiefe erbohrt wurde. Ein Revival erlebte das Salzunger Gradierwerk mit der Entdeckung der heilsamen Wirkung des Solenebels Mitte des 19. Jahrhunderts. Im Jahr 1901 wurde gar die Westwand extra für

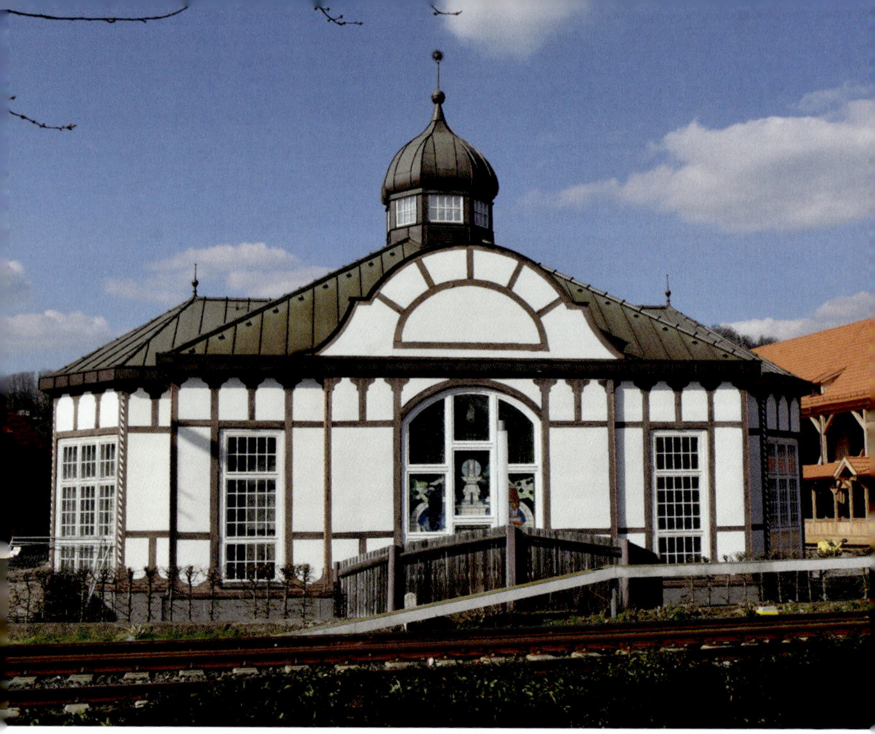

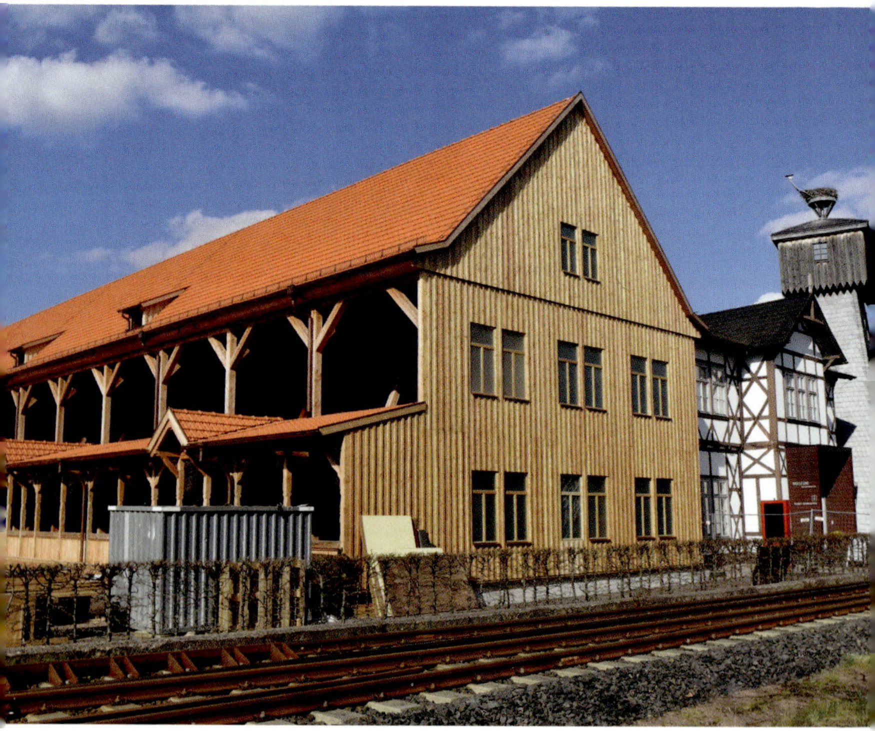

Impressionen aus dem Gradierwerkviertel von Bad Salzungen

den Kurbetrieb neu gebaut. Seitdem wandeln die Kurgäste in weißen Umhängen an ihnen entlang, um die salzhaltige Luft zu inhalieren. Auch wir wollen bei unserem Besuch natürlich nicht darauf verzichten. Außerdem hat es etwas Beruhigendes, dabei zuzusehen, wie die Wassertropfen langsam an der Wand aus Reisigzweigen hinunter rieseln. Zudem fühlt man sich in dem romantischen Ensemble aus Mittelbau und Gradierwerken in eine andere Zeit zurückversetzt.

Unmittelbar daneben ist in einem alten Badehaus das Museum am Gradierwerk untergebracht. Darin dreht sich alles um das faszinierende Mineral Salz – informiert wird über seine Entstehung, Gewinnung und seine Anwendung für Kuren. Im Museumsgarten befindet sich ein kleines Siedehaus, in dem in den Sommermonaten ein Schausieden vorgeführt wird. Im benachbarten Bohrturm, einem Originalgebäude aus dem Jahr 1868, bietet eine kleine Ausstellung einen Einblick in die Förderanlagen der 27-prozentigen Salzunger Sole.

Zum Abschluss lockt die Solewelt Bad Salzungen mit ihrem vielfältigen Angebot. Für Kurgäste gibt es unter anderem ein Pneumokur- und ein Präventions- und Fitnesszentrum, für normale Besucher stehen neben mehreren Sole-Schwimmbecken ein Saunaland und die Totes-Meer-Salzgrotte zur Verfügung. Ein besonderes Erlebnis ist das Sole-Schwebebecken, in dem man sich schwerelos auf dem Wasser treiben lassen kann. Eine Salzkonzentration von 15 Prozent macht es möglich, dazu ist die Temperatur mit 34 Grad Celsius äußerst angenehm. Für Kleinkinder und Babys gibt es eigene Bassins mit einem weit geringeren Solegehalt. Beenden wir also unsere Tour durch Bad Salzungen »völlig losgelöst« im Schwebezustand.

Zurück zum Bahnhof gelangen wir auf der Straße Am Solbad und über die Bahnhofstraße.

Ausgewählte Adressen und Tipps

- Tourist-Information Bad Salzungen im Museum am Gradierwerk, An den Gradierhäusern 4, 36433 Bad Salzungen, Tel. 03695/693420, www.tourismus-badsalzungen.de. Tägl. 10–17 Uhr.
- Kunstruine Frankenstein, Eisenacher Str., 36433 Bad Salzungen. Zutritt nur Sa und So ab 13 Uhr möglich. Dann ist auch der vom Verein Frankensteingemeinde betriebene Ausschank in der Klause geöffnet.
- Historisches Gradierwerk, An den Gradiergärten, 36433 Bad Salzungen. Derzeit noch wegen umfangreicher Sanierungsmaßnahmen geschlossen (vermutlich bis Juli 2023). Am besten bei der Tourist-Information nachfragen, wann die Anlage wieder zugänglich sein wird (www.gradierwerk-badsalzungen.de).
- Museum am Gradierwerk, An den Gradierhäusern 4, 36433 Bad Salzungen, Tel. 03695/693471, www.museum-badsalzungen.de. Tägl. 10–17 Uhr, das Schausieden findet von März bis Okt. an jedem letzten Sa im Monat ab 14 Uhr statt.
- Museum Türmchen, August-Bebel-Str. 59, 36433 Bad Salzungen, Tel. 03695/693471. Erster Fr im Monat 10–17 Uhr oder nach telefonischer Voranmeldung. Heimatmuseum, das die Geschichte der Informationsvermittlung beleuchtet, besonderer Schatz sind die historischen Buchdruckmaschinen, die teils in Funktion erlebt werden können.
- Solewelt Bad Salzungen, Am Flößrasen 1, 36433 Bad Salzungen, Tel. 03695/69340, www.solewelt.de. Di–Do 11–21, Fr 11–22, Sa 10–22, So 10–21 Uhr. Zu den genauen Öffnungszeiten der einzelnen Bereiche siehe Webseite.
- Erlebnisinsel Flößrasen, Flößrasen 1, 36433 Bad Salzungen, Tel. 03695/693420. Tägl. 10–17 Uhr. Freizeitpark mit Spielplatz und Spielgolfanlage in der Werra-Aue.
- Planetarium, Am Burgsee 6, 36433 Bad Salzungen, Tel. 03695/617254. Geöffnet zu Veranstaltungen.
- Tretboot- und Kahnverleih am Burgsee, www.tourismus-badsalzungen.de. Do/Fr 14–18, Sa/So und Fei 13–19 Uhr.
- Kanuverleih Scout Outdoor, Hämbacher Kreuz 2, 36469 Tiefenort, Tel. 03695/825310, www.scout-outdoor.de. Kanutouren auf der Werra (Abfahrtsorte können variieren).
- *Gaststätte Zur Nappe,* Nappenplatz 14, 36433 Bad Salzungen, Tel. 03695/606080, Mi und Sa/So 11–14 und ab 17, Do/Fr nur ab 17 Uhr, Mo/Di Ruhetage. Auf der Speisekarte stehen überwiegend Thüringer Spezialitäten.

Gaststätte Deutsches Haus, Michaelisstr. 8, 36433 Bad Salzungen, Tel. 03695/622244. Mo–Fr 8–14 Uhr, Sa/So geschlossen. Gutbürgerliche Küche.

Kaffeerösterei am Markt, Markt 2, 36433 Bad Salzungen, Tel. 03695/8527240, www.kaffeeroesterei-markt2.de. Tägl. 9–18 Uhr. Kaffee-, Tee- und Schokoladespezialitäten aus aller Welt, große Auswahl an Gebäck, Kuchen und Torten.

Restaurant Haunscher Hof, Unter den Linden 4, 36433 Bad Salzungen, Tel. 03695/8505420, www.haunscher-hof.restaurant. Mo–Sa 12–22, So 11–21 Uhr, Mi Ruhetag. Mediterrane und japanische Küche, auch vegane und vegetarische Gerichte, mit großer Terrasse zum Burgsee.

Kurhaus Restaurant, Burgseestr. 12, 36433 Bad Salzungen, Tel. 03695/652090 oder 0172/7910700, www.kur.haus. Di–Fr 12–22, Sa 11.30–22, So 11.30–17 Uhr, Mo Ruhetag. Reichhaltige Speisekarte von leckeren Vorspeisen bis zum kompletten Menü, regionale und internationale Küche.

Solewerk Hotel, Bahnhofstr. 21, 36433 Bad Salzungen, Tel. 03695/6393646, www.solewerk.de. Stilvoll und komfortabel eingerichtete Ein- und Doppelzimmer, zum Haus gehört eine E-Ladestation für Pkws. Auch Restaurant und Bar.

Hotel Haus Hufeland, Sulzberger Str. 11–13, 36433 Bad Salzungen, Tel. 03695/653000, www.hotel-haushufeland-badsalzungen.de. Schöne Lage direkt am Burgsee, nettes Ambiente, reichhaltiges Frühstücksbuffet, im Sommer auf der Terrasse.

Panoramahotel Am Frankenstein, Salzunger Str. 100, 36433 Bad Salzungen, Tel. 03695/858570, www.panoramahotel-am-frankenstein.de. Liegt oberhalb der Stadt im Ortsteil Allendorf-Kloster, der Name Panoramahotel darf ernst genommen werden: tolle Aussicht in die Umgebung. Zum Haus gehört ein sehr gutes Restaurant.

Pension Morgenweck, Wuckestr. 8, 36433 Bad Salzungen, Tel. 03695/55460, www.pension-morgenweck.de. Liegt am Rand der Altstadt und nahe dem Burgsee, eher etwas für einfachere Ansprüche.

Sole Reisemobilhafen, Am Flößrasen, 36433 Bad Salzungen, Tel. 03695/693434, www.sole-reisemobilhafen.de, Ganzjährig geöffnet, zwei Minuten Fußweg zur Solewelt.

7 Starways to Heaven

Von Helmershausen auf die Hohe Geba

Tour: Rundwanderung von Helmershausen auf die Hohe Geba (751 m).
Länge/Dauer: 19,1 km/6 Std.
Einstiegspunkt: Marktplatz in Helmershausen.
Höhenunterschied: 393 m.
Markierungen: *grüne Raute, Rundweg 2, Extratour Gebaweg (rotes G), grünes Dreieck, grünes Quadrat, grüner Balken.*
Anfahrt: *ÖPNV:* mit der Bahn bis Bahnhof Meiningen, von dort mit Buslinie 409 nach Helmershausen. *Kfz:* A 71 Ausfahrt Mellrichstadt, B 285 bis Fladungen, von dort auf der NES 31 nach Weimarschmieden und weiter auf der Weimarschmiedener Straße nach Helmershausen; Parkmöglichkeiten auf dem Marktplatz.
Saison: das ganze Jahr über.
Familie: Mit Kindern ist die Tour etwas zu anstrengend, daher am besten mit dem Auto von Helmershausen auf die Hohe Geba fahren und dort auf dem gut ausgeschilderten *Rundweg 1* rund um das Gipfelplateau wandern (5,2 km).
Anforderungen: Die sportliche und etwas längere Tour mit langen steileren An- und Abstiegen erfordert eine gute Kondition. Dazu ist Orientierungsvermögen gefragt, da die Markierungen häufig wechseln.
Variante: von Bettenhausen mit der Markierung *gelber Punkt* zur Ruine Burg Hutsberg und von dort mit der *grünen Raute* zurück nach Helmershausen (verlängert die Tour um 1,3 km).
Besonderheit: Besuch des Himmelsschauplatzes (siehe Kasten »Sternenpark Rhön«); bei gutem Wetter Badesachen einpacken für ein Bad im Seebaer See.

Wandern zwischen Himmel und Erde

Die Hohe Geba ist nicht nur einer der schönsten Aussichtsberge in der Rhön, sondern auch ein Ort, an dem man meint, dem Himmel ein Stück näher zu sein. Kein Baum und Strauch grenzen den Blick auf ihrem weiten Gipfelplateau weder nach oben noch weit in die Ferne ein. Wer auf ihr steht, fühlt sich ebenso »grenzenlos frei« wie Reinhard Mey in seinem bekannten Lied

»Über den Wolken«. Die Faszination, die der Berg bei Tage auf seine Besucher ausübt, lässt sich in einer klaren Sternennacht sogar noch steigern. Besonders Großstadtbewohner, die selten einen richtigen Sternenhimmel zu sehen bekommen, werden vom Anblick Abertausender funkelnder Lichtpunkte am Firmament überwältigt sein. Kein Wunder, dass die »Gah«, wie die Einheimischen ihren Hausberg nennen, zu einem »Himmelsschauplatz« im Sternenpark Rhön erkoren wurde. Ob bei Tag oder bei Nacht – der höchste Berg der nordöstlichen Vorderrhön ist zu allen Jahreszeiten ein lohnendes Ziel; auch im Winter, wenn sein Plateau von hohem Schnee bedeckt ist und ein kräftiger Wind bläst. Es gibt ja zum Glück das *Bergstübchen,* in dem man sich bei einer Tasse Tee oder Glühwein wieder aufwärmen kann. Dass der Gebaberg jahrzehntelang Sperrgebiet war und von der sowjetischen Armee als Horchposten in den Westen in Beschlag

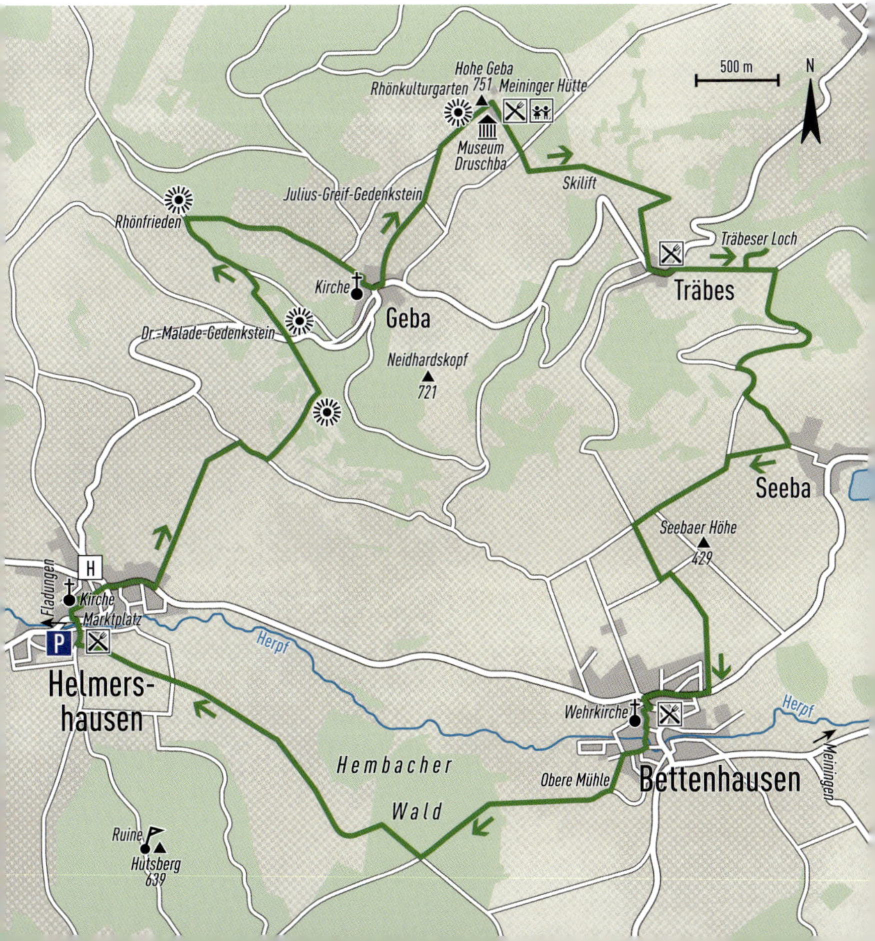

Sternenpark Rhön

In der dünn besiedelten und fernab urbaner Lichtmeere gelegenen Rhön wird es nachts noch richtig dunkel. In klaren mondlosen Nächten funkeln Abertausende Sterne am Firmament, auch das Band der Milchstraße ist klar und deutlich zu erkennen. Im August 2014 wurde das UNESCO-Biosphärenreservat Rhön daher von der International Dark-Sky Association (IDA) mit Sitz in Tucson/Arizona als Internationaler Sternenpark anerkannt. Diese Vereinigung hat der zunehmenden Lichtverschmutzung den Kampf angesagt und arbeitet daran, den Nachthimmel für heutige und künftige Generationen zu erhalten. Sie vergibt den Titel »Sternenpark« nur an Gebiete mit einer besonders schützenswerten und nahezu natürlichen Nachtlandschaft. Auch der Sternenpark Rhön hat sich die Reduzierung von Lichtverschmutzung zur Aufgabe gemacht. Ziel ist es, durch eine umweltverträglichere und optimierte Beleuchtung die Nachtlandschaft zu bewahren, was nachtaktiven Tieren und Pflanzen zugutekommt. Und natürlich auch dem Menschen, dessen Hormonhaushalt durch zu viel Kunstlicht empfindlich gestört wird. Viele Rhöngemeinden beteiligen sich an diesem Projekt, selbst die Stadt Fulda. Ihr wurde sogar von der IDA als erster deutscher Stadt der Titel »Dark-Sky-Community« zugesprochen (mehr unter www.sternenstadt-fulda.de). An mehreren Standorten mit idealen Sichtbedingungen wurden Beobachtungs- und Himmelsschauplätze eingerichtet, unter anderem auf der Hohen Geba, dem Gläserberg, der Wasserkuppe und bei der Kissinger Hütte auf dem Feuerberg. An jedem Himmelsschauplatz sind ein Polarsternfinder, ein Fernglasaufsetzer und eine drehbare Sternkarte aufgestellt, dazu eine Wellenliege, von der aus man bequem den Blick zum Himmel richten kann. Beobachtungsgeräte (Teleskop, Feldstecher) müssen mitgebracht werden. Man kann an öffentlichen Führungen teilnehmen, die von zertifizierten Sternenführern des Vereins Sternenpark Rhön e. V. angeboten werden (www.verein-sternenpark-rhoen.de). Weitere Informationen finden Sie unter www.sternenparkrhoen.de. Wer zudem wissen möchte, was man selbst gegen Lichtverschmutzung tun kann, findet Tipps auf der Webseite der International Dark-Sky Association IDA (www.darksky.org).

genommen wurde, lässt sich heute kaum mehr erahnen. Längst haben Wanderer und Ausflügler nach dem Abzug der Besatzer im April 1991 ihren Berg zurückerobert und strömen seitdem in Scharen zu ihm hinauf. Gleich mehrere Wanderwege führen aus allen Himmelsrichtungen auf seinen Gipfel, unter anderem vom

Dorf der Brunnen Stepfershausen oder von Herpf mit seiner gotischen Wehrkirche. Wir wählen jedoch als Ausgangsort für unsere Wanderung auf die Hohe Geba das hübsche, von fränkischem Fachwerk geprägte Rhöndorf Helmershausen.

Der Berg ruft

Dort vernehmen wir deutlich den Ruf des Berges und machen uns vom Marktplatz aus auf den Weg. Zunächst müssen wir uns ohne eine Markierung zurechtfinden und gehen auf der Kirchgasse in Richtung Norden. Dabei passieren wir linker Hand die sehenswerte Barockkirche, die wegen ihres hohen Haubenturmes und ihrer reichen Innenausstattung Dom der Rhön genannt wird. Über die Manggasse und die Bäckergasse gelangen wir zur Drehgasse, der wir kurz nach links folgen. Dann geht es gleich wieder rechts in die Straße Linsenhof und auf ihr bis ans Ortsende, wo wir auf die Markierung *grüne Raute* stoßen. Mit ihr biegen wir links in die Straße Am Haugk ab, die uns hinaus auf die Feldflur führt. Sozusagen aus dem Stand müssen wir sogleich einen Anstieg von 200 Höhenmetern bewältigen, der uns an den

Helmershausen mit dem Rhöndom am Fuß der Hohen Geba

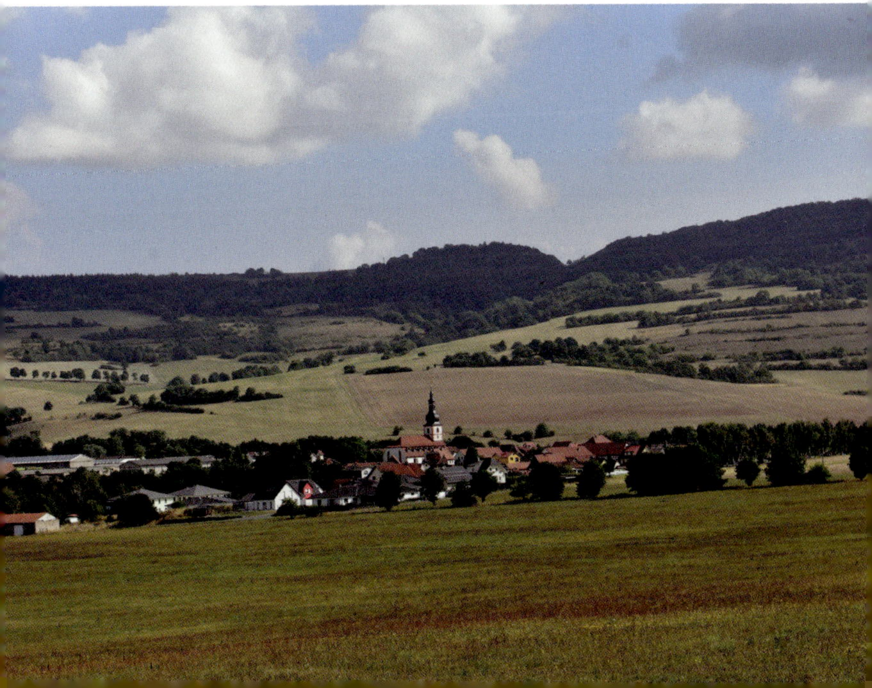

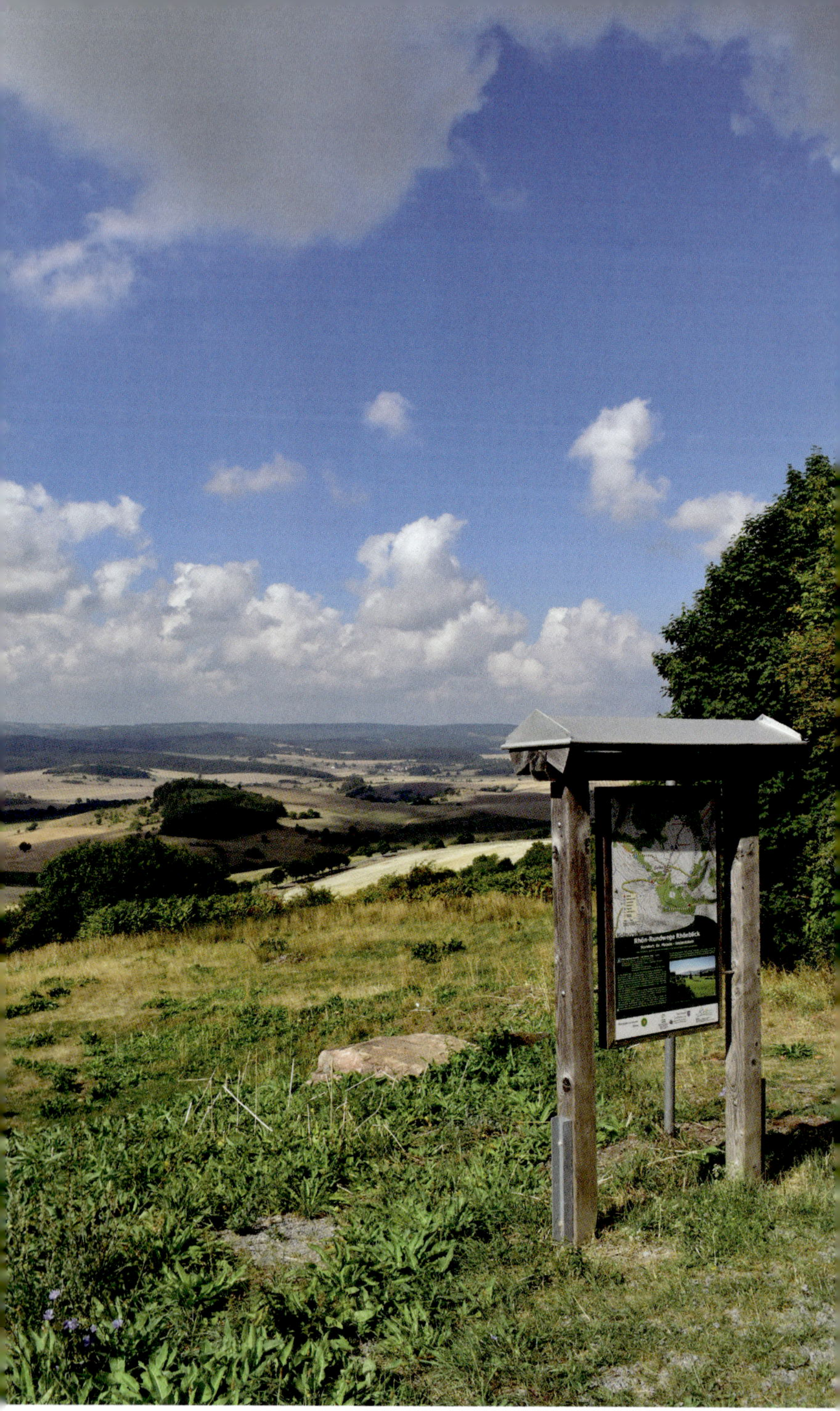

Weiter Blick ins Umland beim Dr.-Malade-Gedenkstein

Rand eines Buchenmischwaldes bringt. Drehen wir uns um, haben wir einen schönen Blick zurück auf Helmershausen mit dem Hutsberg und dem Neuberg im Hintergrund.

Auf dem querenden Weg verlässt uns die *grüne Raute* nach rechts, dafür orientieren wir uns nun an der *2* des örtlichen *Rundweges.* Über einen Bacheinschnitt hinweg erreichen wir in einer kurzen Waldpassage den Dr.-Malade-Gedenkstein am Rand der Straße, die von Helmershausen in das Dorf Geba führt. Er erinnert an »den Menschenfreund, Arzt und Schriftsteller« (so die Inschrift) Dr. Theodor Malade (1869–1944), der sich nach dem Ersten Weltkrieg als Hausarzt in Helmershausen niedergelassen hatte. Ihm zu Ehren wird der *Rundweg 2* auch *Malade-Weg* genannt. Obwohl wir noch nicht einmal die Hälfte unseres Aufstieges hinter uns haben, ist der Blick ins weite Umland bereits beeindruckend.

Nach Überqueren der Straße geht es längs des Waldes weiter bergauf bis zum Aussichtspunkt Rhönfrieden, einer luftigen Holzhütte mit herrlichem Blick bis zur Wasserkuppe und zum Kreuzberg. Der Platz bietet sich bestens für eine kleine Verschnaufpause an. Danach wechseln wir die Markierung und biegen mit dem *roten G* der *Extratour Gebaweg* rechts ab. Über Felder gelangen wir hinunter in das kleine Dorf Geba in einer Senke. Gleich am Ortsrand erregt die kleine evangelisch-lutherische Dorfkirche unsere Aufmerksamkeit. Zum einen wegen ihrer achteckigen Gestalt, zum anderen weil sie keine für die Rhön typische Steinkirche ist. Sie wurde vielmehr 1791 als einstöckiger Fachwerkbau errichtet, wobei nur drei Seiten verputzt sind, sonst ist sie mit Holzschindeln verkleidet.

Nach dem Gotteshaus biegen wir bei erster Gelegenheit links ab und nehmen den letzten Anstieg zum Berggipfel in Angriff. Auf der von Kalkmagerrasen bewachsenen Hochfläche, einem Lebensraum für viele gefährdete Tier- und Pflanzenarten, darunter den Tagfalter Berghexe, passieren wir den Julius-Greif-Gedenkstein. Er ist dem Gedenken an den Musiklehrer und ehemaligen Vorsitzenden des Rhönklub-Zweigvereins Meiningen Julius Greif (1895–1981) gewidmet, der seine geliebte »Gah« in vielen Liedern besungen hat (»Die Geba ist mein Wanderziel, will ich mein Herz befreien«). Dann sind es noch etwa 750 Meter, bis wir den Gabelwegweiser auf dem höchsten Punkt (751 m) der Hohen Geba erreicht haben.

Weite Blicke bei Tag und bei Nacht

Jetzt wollen wir unseren Blick weit ins Land schweifen lassen und steigen zur Aussichtsplattform hoch, die auf einem eigens dafür aufgeschütteten Erdhügel angelegt wurde. Zu unseren Füßen sehen wir die Berge der Hohen Rhön mit der Wasserkuppe und dem Kreuzberg, das Grabfeld, die Hassberge, die Gleichberge bei Römhild, den Dolmar bei Meiningen und dahinter den Kamm des Thüringer Waldes. Bei idealen Sichtbedingungen kann man sogar das Fichtelgebirge und den Hohen Meissner am Horizont erkennen. Eine Panoramatafel hilft, das Gesehene zu verorten.

Unterhalb unseres Standortes wurde das ehemalige Militärgelände der Sowjetarmee zu einem Rhönkulturgarten umgewandelt. Den Besuchern soll auf einer Fläche von 3,5 Hektar die teils stark gefährdete Pflanzenwelt der Rhön nahegebracht werden. Dazu wurde das Areal in drei Bereiche aufgeteilt, die jeweils einen Naturraum des Mittelgebirges symbolisieren. Ein Feuchtbiotop und eine Sumpfzone, in denen Wollgras und Sonnentau gedeihen, verkörpern die Hochmoore der Hohen Rhön. Ein Basalthügel, auf dem Pflanzen wie Salomonsiegel und Frauenmantel wachsen, steht für die Kuppenrhön. Ein Hügel aus Muschelkalk als idealer Standort für Salbei oder Silberdistel erinnert schließlich an die Berghänge der Hohen Rhön. In den Garten wurden auch Kunstelemente in Gestalt von Stein- und Holzskulpturen einbezogen. Außerdem hält ein in der Mitte der Anlage errichteter zweireihiger Steinkreis die Erinnerung an die keltische Besiedlung der Hohen Geba wach. Es gibt hier also viel zu entdecken, für Kinder steht zudem eine Kletterburg bereit.

Vorbei an der Meininger Hütte, die von Wandergruppen für eine Übernachtung gemietet werden kann, steuern wir nun auf das Haus Geba-Treff zu. Es ist eines der wenigen Gebäude, die vom sowjetischen Militärgelände übrig geblieben sind. Heute beherbergt es das gemütliche *Bergstübchen,* in dem es sich gut einkehren lässt. In einem Raum neben der Gaststube wurde ein kleines, »Druschba« genanntes Museum eingerichtet, in dem alte russische Uniformen und andere zurückgelassene Utensilien an die Zeit der Besatzer erinnern. Wer reinschauen möchte, fragt beim Hüttenwirt an. Wer mit Kindern unterwegs ist, kommt vermutlich nicht am großen Spielplatz vorbei, der direkt vor der Eingangstür zum *Bergstübchen* im keltischen Stil installiert wurde.

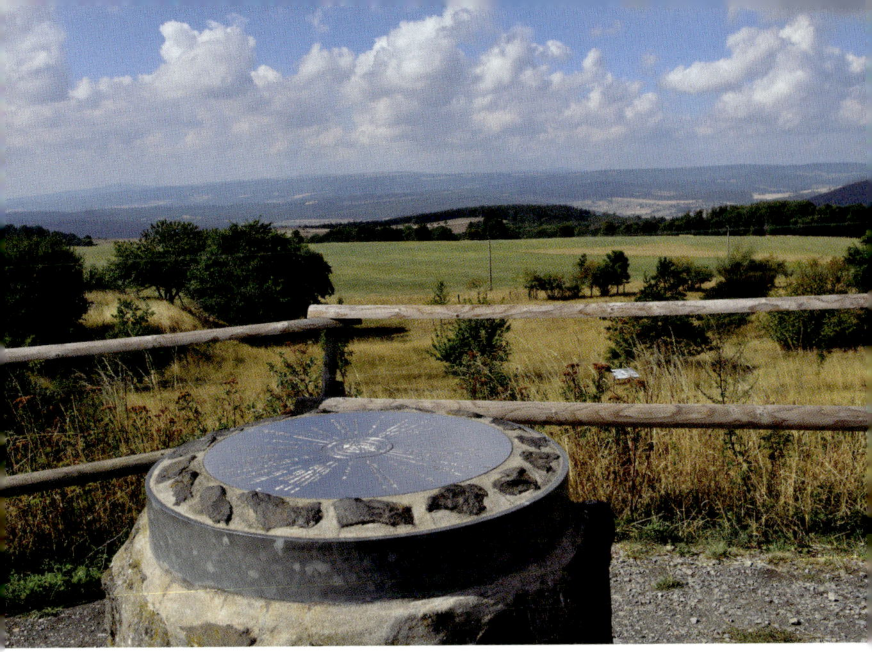

Die Hohe Geba ist ein Aussichtsberg par excellence.

Bereits auf unserem Weg hierher haben wir den astronomischen Beobachtungsplatz passiert, einen der Himmelsschauplätze im Sternenpark Rhön. Hobbysterngucker können dort ihre Teleskope auf vier Plattformen aufstellen und sogar fest im Boden verankern. Wer den Himmel nur mit bloßem Auge betrachten möchte, findet eine große Sternkarte und weitere Tafeln mit Informationen über das Weltall und die idealen Sichtbedingungen auf der Hohen Geba. Wenn es hier Nacht wird, ist es richtig dunkel, keine Lichtglocke einer nahen Großstadt beeinträchtigt den Blick zum Firmament (siehe Kasten »Sternenpark Rhön«). Vorher sollten wir uns aber wieder auf den Weg machen, damit uns eine Nachtwanderung erspart bleibt.

Ein Loch und ein See am Wegesrand

Beim Haus Geba-Treff halten wir uns aus Sicht unseres Herweges rechts und orientieren uns nun am *grünen Dreieck*. Der *Gebaweg* begleitet uns noch etwa 400 Meter den Abhang hinunter, biegt dann aber links in den Wald ab. Vorbei am einzigen Skilift in der Thüringischen Rhön gelangen wir in stetem, teils steilerem Abstieg hinunter ins Dorf Träbes, das mit einer außergewöhnlichen Einkehrmöglichkeit aufwartet. Die Küche in der *Träbeser Bauernstube* wird auch verwöhnte Gaumen mehr als zufriedenstellen. Wer sie ausprobieren will, sollte sich seinen Hunger bis hierher aufheben.

Hinter dem Ort machen wir bei erster Gelegenheit mit dem *roten Dreieck* einen Abstecher nach links zum Träbeser Loch. Dabei handelt es sich um die größte Doline der Rhön mit einem Durchmesser von 80 Metern und einer Tiefe von 27 Metern. Das Loch ist durch Auslaugung entstanden; die im Untergrund befindlichen Erdschichten aus Salz und Gips lösten sich und bildeten Hohlräume. Die darüber lagernden Schichten verloren dadurch an Stabilität und brachen ein. So kam es schließlich zum Phänomen eines Erdfalles, das vor allem für Karstgebiete typisch ist.

Wieder zurück auf unserem mit dem *grünen Dreieck* markierten Weg steigen wir weiter den Berghang hinunter nach Seeba, das wir allerdings nur am Ortsrand streifen. Dort empfiehlt sich besonders an einem heißen Sommertag ein Abstecher ins Dorf hinein zum Seebaer See. Da in Seeba unser mit dem *grünen Dreieck* markierte Weg endet, lassen wir uns nun vom *grünen Quadrat* leiten. Es führt uns über die Kuppe der Seebaer Höhe hinweg hinunter nach Bettenhausen – ein fränkisch-hennebergisches Dorf wie aus dem Bilderbuch. Viel Fachwerk, eine alte Wehrkirche und ein gemütlicher Gasthof – was will man mehr? In der Ortsmitte wechseln wir zum letzten Mal die Markierung, wir vertrauen uns dem *grünen Balken* an, der uns bereits seit der Seebaer Höhe begleitet hat. Vorbei an der Oberen Mühle wandern wir über Felder in den unter Naturschutz stehenden Hembacher Wald. Darin biegen wir bei einem großen Wegekreuz rechts ab und gelangen, den Wald wieder verlassend, über die Feldflur zurück nach Helmershausen.

Ausgewählte Adressen und Tipps

Fremdenverkehrsverein Geba e. V., Marktgasse 106, 98617 Rhönblick-Helmershausen, www.hohe-geba.de.

Museum Druschba, im Haus Geba-Treff. Es erinnert an die Zeit der sowjetischen Besatzung; ausgestellt werden alte russische Uniformen und diverse Utensilien wie Patronentaschen, Brotbeutel, Blechgeschirr und Munitionshülsen. Wer reinschauen möchte, fragt im *Bergstübchen* nach.

Bootsverleih am Seebaer See, auch Wohnmobilstellplätze.

Bergstübchen Hohe Geba, 98617 Rhönblick, Tel. 0172/3549821, hohe-geba-bergstubchen.business.site. Apr. bis Okt. Di–Fr 11–17, Sa/So 10–18 Uhr, Nov. bis März Di–So 11–17 Uhr, Mo Ruhetag.

Träbeser Bauernstube, Neue Str. 2, 98617 Meiningen-Träbes, Tel. 036943/63362, www.traebeser-bauernstube.de. Mi–Mo 12–22 Uhr, Di Ruhetag. Küchenchef Enrico Back legt Wert auf qualitätvolle Schmankerl. Sehr ansprechende Hotelzimmer.

Gasthaus/Pension Zum grünen Baum, Hauptstr. 54, 98617 Rhönblick-Bettenhausen, Tel. 036943/63212. Urgemütliches Gasthaus, südthüringische bäuerliche Küche, ein Muss sind die Thüringer Klöße; am besten vorher reservieren. Auch Zimmer.

Hutsbergstübchen, Pfarrgasse 99, 98617 Rhönblick-Helmershausen, Tel. 036943/60431. Do 18–23, Fr 18–24 Uhr. Gutbürgerliche Küche, nette Atmosphäre.

Meininger Hütte des Rhönklub-Zweigvereins Meiningen auf der Hohen Geba, Tel. 036943/24597 oder 0172/3549821. Bietet bis zu zwölf Personen Platz, nur nach Voranmeldung.

Rhön-Energiehaus auf der Hohen Geba, Geba-Treff Haus Nr. 2, 98617 Rhönblick-Geba, Tel. 0172/3549821 (gehört zum *Bergstübchen*), es gibt drei Vierbett- und ein Sechsbettzimmer, dazu eine Ferienwohnung für max. vier Personen.

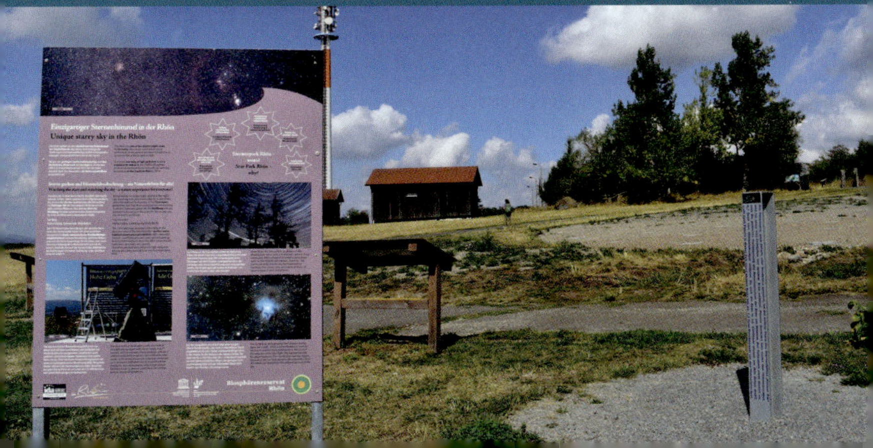

8 Traumhafte Kulisse und Logenplätze vom Feinsten

In und um die Theaterstadt Meiningen

Tour: Rundwanderung um Meiningen, kombiniert mit einem Stadtspaziergang.
Länge/Dauer: 16 km/4,5 Std.
Einstiegspunkt: Schloss Elisabethenburg in Meiningen.
Höhenunterschied: 153 m.
Markierungen: *Extratour Der Meininger (rotes M), Werra-Burgen-Steig.*
Anfahrt: *ÖPNV:* mit der Bahn bis Bahnhof Meiningen. *Kfz:* A 71 Ausfahrt Meiningen-Nord, B 19 bis Meiningen; Parken am Parkplatz Zentrum West, Am mittleren Rasen (Tageskarte 4 €) oder Parkplatz Klostergasse (1 € pro Stunde).
Saison: das ganze Jahr über, am schönsten von Frühjahr bis Herbst.
Familie: Die Werra-Stadt lässt sich mit Kindern auf der Meininger Parksafari erkunden. Der 2,7 km lange barrierearme Rundweg führt durch den Englischen Garten und den Schlosspark. An 14 Erlebnisstationen können die Kleinen Rätsel lösen, Tiere entdecken oder spielen. Der Start- und Endpunkt der Parksafari befindet sich direkt vor dem Schloss Elisabethenburg. Anschließend bietet sich ein Besuch der Sand- und Märchenhöhle im nahe gelegenen Walldorf an.
Anforderungen: Die Tour mit nur mäßigen An- und Abstiegen ist wenig anstrengend, festes Schuhwerk ist dennoch selbstverständlich.
Besonderheiten: Bis heute genießt das vom »Theaterherzog« Georg II. 1831 als Hoftheater gegründete Meininger Staatstheater einen hervorragenden Ruf. Ebenso ist die Meininger Hofkapelle hörenswert. Auf dem Spielplan stehen vorrangig Werke von Shakespeare, Schiller, Goethe, Kleist, Richard Strauss, Wagner, Reger und Brahms. Zum großen Erfolg der Aufführungen tragen international bekannte Künstler und Regisseure bei. Kunstfreunde sollten bei ihrem Meiningen-Besuch unbedingt einer dieser Darbietungen beiwohnen (www.staatstheater-meiningen.de).

Vorhang auf!

Das malerisch im Werratal am Fuße des Vulkankegels Dolmar gelegene Meiningen bildet als »Porta Franconia« den Übergang von der Rhön zum Thüringer Wald. Es wurde als fränkischer

Königshof gegründet und erstmals 982 urkundlich erwähnt. Von 1008 bis 1542 gehörte die Stadt zum Hochstift Würzburg und entwickelte sich in dieser Zeit zu einem bedeutenden Zentrum im Süden Thüringens. Nach einem kurzen Intermezzo als Verwaltungssitz der Henneberger Grafen kam die Werra-Stadt 1583 zum Herzogtum Sachsen. Daraus ging schließlich 1680 das Herzogtum Sachsen-Meiningen hervor, dessen Regentschaft erst 1918 nach dem Ersten Weltkrieg ein Ende fand. Herzog Bernhard I. (1649–1706) erhob Meiningen zur Residenzstadt des neuen Staatsgebildes und stattete sie mit repräsentativen Bauwerken, darunter Schloss Elisabethenburg, aus. Seine Nachkommen entwickelten bis ins 19. Jahrhundert ebenso eine rege Bautätigkeit und ließen zudem Prachtboulevards und ausgedehnte Parkflächen anlegen. Auch die mittelalterliche Stadtbefestigung, die heute nur noch an den die Innenstadt umgebenden Wassergrä-

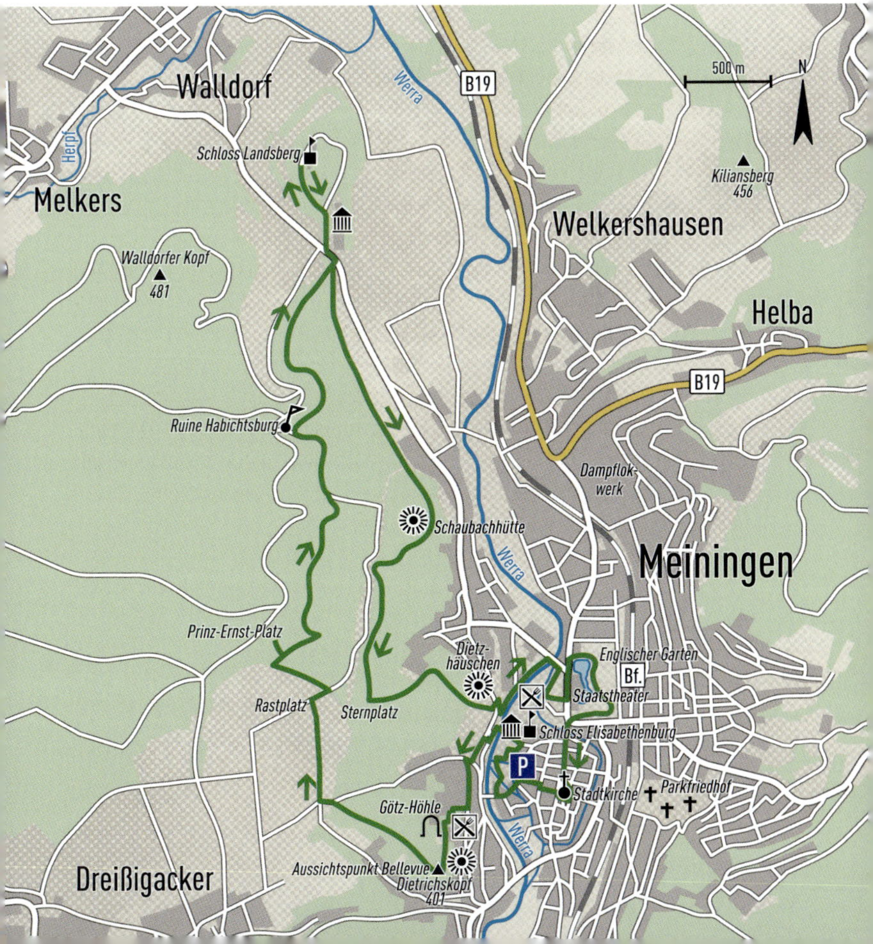

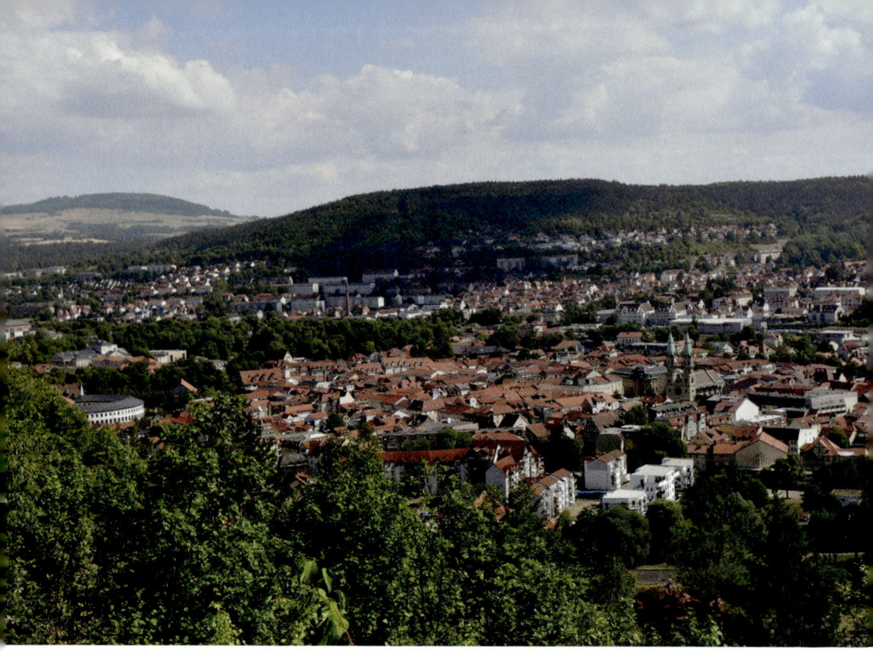

Meiningen mit dem Dolmar im Hintergrund

ben erkennbar ist, musste diesem Bauboom weichen. Erhalten hat sich dennoch in den Altstadtgassen so manches Fachwerk-Kleinod aus früheren Zeiten, beispielsweise das Büchnersche Hinterhaus und das Merkelsche Haus in der Georgstraße oder das Schlundhaus in der Schlundgasse.

Weltpolitische Bedeutung erlangte das Haus Sachsen-Meiningen im Jahr 1818 mit der Heirat von Prinzessin Adelheid (1792–1849) mit William Henry von Großbritannien und Herzog von Clarence, dem späteren englischen König William IV. Mit dessen Thronbesteigung 1830 wurde aus Adelheid Queen Adelaide von Großbritannien. Obwohl ihr Gemahl 26 Jahre älter war als sie und auch nicht die besten Manieren hatte (das Volk nannte ihn wegen seiner Jugendallüren »Silly Billy«), war die Ehe glücklich. Nach dem Tod von König William IV. 1837 engagierte sie sich als Ex-Königin für die Belange der Armen und Kranken im Vereinigten Königreich, besonders in Irland und Schottland. Ihrer großen, daraus resultierenden Beliebtheit ist es wohl zu verdanken, dass in allen Gegenden des British Empire Städte, Inseln und Regionen nach ihr benannt wurden, unter anderem die australische Stadt Adelaide. Unklar ist dagegen, ob sie tatsächlich den deutschen Brauch des Weihnachtsbaumes in England eingeführt hat, wie oft behauptet wird.

Letztendlich war es aber Herzog Georg II. (1826–1914), der den Namen Meiningens weit über Deutschlands Grenzen hinaus in aller Welt bekannt gemacht hat. Zumindest in der Theaterwelt, denn der kunstsinnige Monarch war ein großer Verehrer der Schauspielkunst. Besonders hatten es ihm die Werke Shakespeares, Molières, Schillers, Kleists und Grillparzers angetan und er wollte sie möglichst originalgetreu inszenieren. Dazu begründete er mit dem Meininger Hoftheater seine eigene Bühne und wirkte dort in Personalunion als Intendant, Regisseur, Dramaturg, Bühnenbildner und Kostümzeichner. Das später nur noch »Theaterherzog« genannte Allroundgenie schuf damit die Voraussetzungen für das moderne Regietheater. Sein Wirken strahlte bis nach London, wo nach seinem Vorbild die Royal Shakespeare Company gegründet wurde. Zwischen 1874 und 1890 gastierte das Meininger Theaterensemble in vielen deutschen und europäischen Städten und brachte zur Begeisterung des Publikums 41 verschiedene Theaterstücke in mehr als 2500 Vorstellungen zur Aufführung.

Aber die Liebe des Herzogs galt neben dem Theater auch der Musik, was ihn veranlasste, seine Bühne mit einem eigenen Orchester, der Meininger Hofkapelle, auszustatten. Durch die Zusammenarbeit mit berühmten Dirigenten wie Hans von Bülow und mit bedeutenden Komponisten wie Johannes Brahms und Max Reger wurde das Musikensemble zu einem der führenden Orchester in Europa. Bis heute weht der vom Theaterherzog geprägte humanistische Geist von Musik, Theater und Literatur durch Meiningen. Wer ihn nicht verspürt, sollte unbedingt einer Inszenierung im Staatstheater beiwohnen. Oder in den Englischen Garten gehen und dort den Denkmälern einiger Komponisten und Literaten einen Besuch abstatten, die eng mit dem Musenhof an der Werra verbunden waren.

Erster Akt: Unterwegs auf dem *Meininger*

Bevor wir uns in der Stadt umsehen und auf den Spuren des Theaterherzogs und seiner Verwandtschaft wandeln, wollen wir die reizvolle Umgebung der alten Residenz- und Theaterstadt erkunden. Eine schöne Möglichkeit dafür bietet die *Extratour Der Meininger,* die in romantischem Ambiente beim Schloss Elisabethenburg startet. Natürlich wollen wir uns die barocke Dreiflügelanlage näher ansehen, die Herzog Bernhard I. von 1682 bis 1692 als Residenzschloss des Herzogtums Sachsen-Meiningen errichten ließ. Benannt ist es nach seiner Gemahlin, Herzogin Elisabeth Eleonore, die er ein Jahr zuvor geheiratet hatte. Die prachtvoll ausgestatteten Festsäle und Innenräume der Residenz sind heute ein Teil der Meininger Museen und können im Rahmen einer Führung besichtigt werden, darunter das Adelheidzimmer der späteren englischen Königin Adelaide und die original erhaltenen Wohnräume des Theaterherzogs. Kunstsammlungen und eine Ausstellung zur Musikgeschichte komplettieren das museale Angebot, auch die barocke Schlosskirche ist für Besucher zugänglich. Wer in einem historischen Ambiente bei Kaffee und Kuchen den Blick über die Dächer der Altstadt schweifen lassen möchte, begebe sich ins Obergeschoss des Schlosses, wo im historischen Hessensaal das *Museumscafé* untergebracht ist. Auch Nichtmuseumsbesucher und Kunstbanausen sind dort willkommen.

Ein Wegweiser gibt uns die Richtung durch den Schlosspark und auf einer eleganten Bogenbrücke über die Werra hinweg vor. Unsere Rundwanderung beginnt eigentlich erst am anderen Ufer und so folgen wir von dort dem *roten M* für die *Extratour Der Meininger* links bergauf durch einen schönen Laubwald. Kurz nacheinander überqueren wir drei Straßen und halten uns danach links. Über eine Treppe gelangen wir ins Wohngebiet, wo uns die Straße Weingartental in die lang gezogene Helenenstraße bringt, an der wir bis zur Hausnummer 13 entlangflanieren.

Rechts geht es nun auf einer steilen Treppe den Anhang hinauf zur Götz-Höhle, deren Eingang sich an der Straße Am Dietrich befindet. Die Kaverne ist Europas größte begehbare Kluft- und Spalthöhle; entdeckt wurde sie 1915 vom Kaufmann Reinhold Götz, aber erst 1934 wurde sie nach aufwendigen Erschließungs- und Sicherungsmaßnahmen für Besucher freigegeben. Bis zu 50 Meter hoch sind die engen Klüfte und Spalten, deren Dimensionen durch eine raffinierte Beleuchtung noch verstärkt werden. Eine Führung durch das etwa 500 Meter lange Felsloch dauert ca. 40 Minuten. Bitte warm anziehen, die Temperatur im Höhleninneren liegt konstant bei acht Grad Celsius.

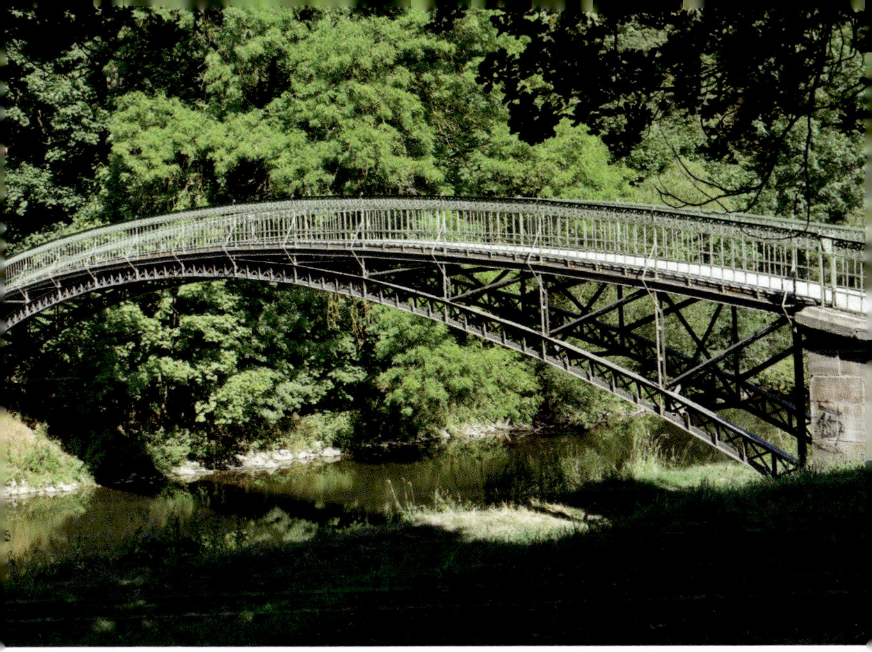

Eine elegante Bogenbrücke bringt Fußgänger über die Werra.

Gleich hinter dieser einzigartigen Sehenswürdigkeit endet das Stadtgebiet und wir treten erneut in den Wald ein. Vorbei an einer Böschung aus Muschelkalkfelsen ist in einem leichten Anstieg der etwas abseits des Weges gelegene Aussichtspunkt Bellevue auf dem Dietrichskopf erreicht. Es ist der erste von drei Logenplätzen auf unserer Tour: Meiningen mit seiner Altstadt und dem Dolmar im Hintergrund liegen uns zu Füßen. In der Folge durchwandern wir den lichten Kiefernwald und halten uns dann über die Feldflur leicht bergauf bis zu einem schattigen Rastplatz inmitten einer Baumgruppe. Wer im Sommer unterwegs ist, wird den kühlen Ort zu schätzen wissen. Von dort steuern wir wieder auf den Wald zu, gehen zunächst links an ihm entlang und schwenken dann rechts in ihn hinein. Gleich darauf verführt ein Wegweiser zu einem kleinen Abstecher nach links zum etwa 50 Meter entfernten Prinz-Ernst-Platz, einem lauschigen, stillen Rastplatz mitten im Forst. Wer eine Brotzeit im Rucksack dabei hat, kann sie hier getrost auspacken und verzehren.

Zurück auf unserem *Meininger*, sind es jetzt noch etwa 1,7 Kilometer bis zur Ruine Habichtsburg, die auf einem Bergsporn über der Hassfurtschlucht thront. Von der vermutlich im 12./13. Jahrhundert von den Würzburger Bischöfen errichteten Festung sind jedoch nur noch kümmerliche Reste vorhanden. Ein paar niedrige Mauern, der Stumpf des Bergfrieds und der tiefe Halsgraben und das war's auch schon. Da die im Wald gelegene Anlage auch keine Aussicht bietet, hält es uns dort nicht lange. Wir streben in einer längeren Abwärtspassage dem Waldrand zu und werden unten im Tal kurz unserem *Meininger* untreu.

Wir folgen stattdessen dem *Werra-Burgen-Steig*, der uns bereits längere Zeit begleitet, über die L 1124 hinweg hoch zum Schloss Landsberg. Es liegt malerisch auf einer bewaldeten Bergkuppe, die sich zwischen den Talauen der Werra und des Herpf-Baches erhebt. Herzog Bernhard II. Erich Freund zu Sachsen-Meiningen ließ es in den Jahren von 1836–44 nach dem Vorbild der englischen Windsor-Schlösser erbauen. Mehrere Besuche bei seiner Schwester Adelheid inspirierten ihn dazu. Bis 2013 wurde in den Räumlichkeiten des Schlosses ein mondänes Hotel betrieben, prominente Gäste waren der israelische Bestsellerautor Ephraim Kishon, die Popgruppe Boney M. und die Berliner Philharmoniker. Heute steht das Gebäude leer, es kann auch nicht besichtigt werden.

Wir kehren auf demselben Weg zurück zum *Meininger* und folgen nun wieder seiner Routenführung. Immer geradeaus geht es waldrandnah durch den südlichen Meininger Stadtwald; Schrebergärten, die links von uns auftauchen, verraten uns, dass die Stadt nicht mehr weit sein kann. Unser Weg wendet sich dann aber wieder nach rechts in den Wald und bringt uns hinauf zur Schaubachhütte, dem zweiten Logenplatz unserer Tour. Sie ist nach dem Meininger Lehrer, Geografen und Alpinisten Ernst Adolf Schaubach (1800–1850) benannt, der unter anderem ein mehrbändiges Werk über die Alpen verfasst hat. Wir überblicken von dort jedoch nur die nördliche, industriell geprägte Vorstadt Meiningens. Es folgt ein etwas steilerer Anstieg auf das Hochplateau, wo wir uns links halten bis zum Sternplatz, einer Lichtung innerhalb des Stadtwaldes. Dort fungiert eine imposante Muschelkalk-Säule mit eingravierten Ortsangaben und Richtungspfeilen als Wegweiser. Links abbiegend erreichen wir bergab das am Hang gelegene Dietzhäuschen, den letzten und schönsten Logenplatz auf unserer Wanderung. Die Aussicht von hier oben auf Meiningen mit seiner Altstadt und das Werratal ist unglaublich schön – mit Abstand der beste Platz, um ein Foto oder ein

Selfie zu machen. Der Aussichtspunkt ist dem Andenken an den Hofmaler und Hofrat Samuel Diez (1803–1873) gewidmet. Als begeisterter Wanderer hat er in seiner Freizeit Wanderwege angelegt und beschildert, um seinen Mitbürgern damit den Weg zu den Schönheiten ihrer Heimat zu weisen. In Serpentinen geht es schließlich hinunter ans nördliche Ufer der Werra.

Zweiter Akt: Herzoglicher Prunk und altes Fachwerk

Dort folgen wir aber nicht unserem *Meininger* zurück zum Ausgangspunkt bzw. Endpunkt, sondern halten uns ohne Markierung links am Fluss entlang. Zunächst auf einem Fußweg, dann über den Parkplatz beim Volkshaus erreichen wir die breite Landsberger Straße, in die wir rechts einschwenken. Nach Überqueren der Werra biegen wir rechts in die Karlsallee ab und dann links in die Straße Die Fitz, die in die breite Bernhardstraße mündet. Auf dieser halten wir uns links zum Staatstheater. »Georg II. Dem Volke zur Freude und Erhebung« steht da in goldenen Lettern auf dem von sechs korinthischen Säulen getragenen Giebel des Portikus. Die Baukosten für das 1908/09 im neoklassizisti-

Das Staatstheater in Meiningen

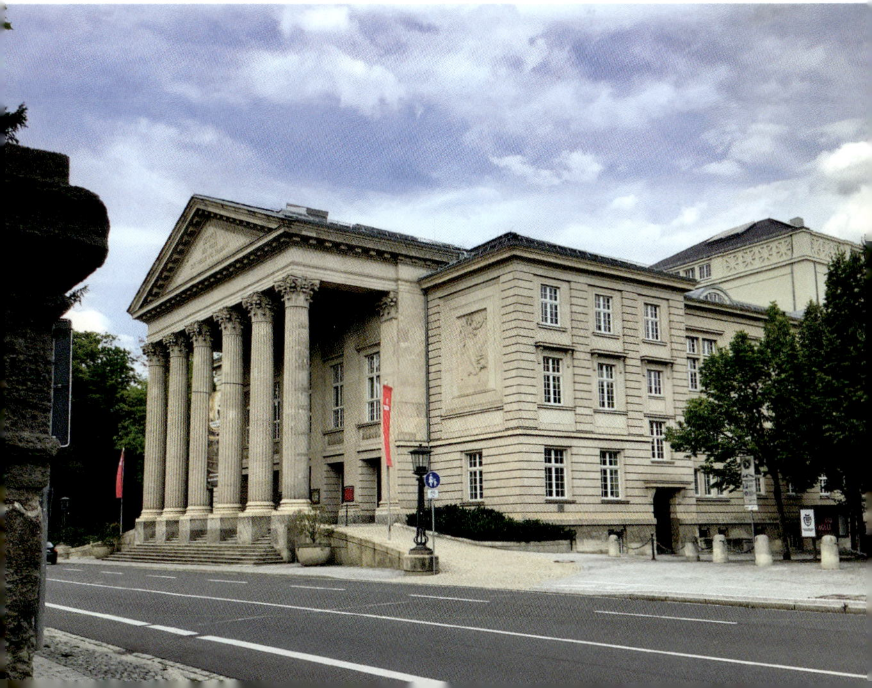

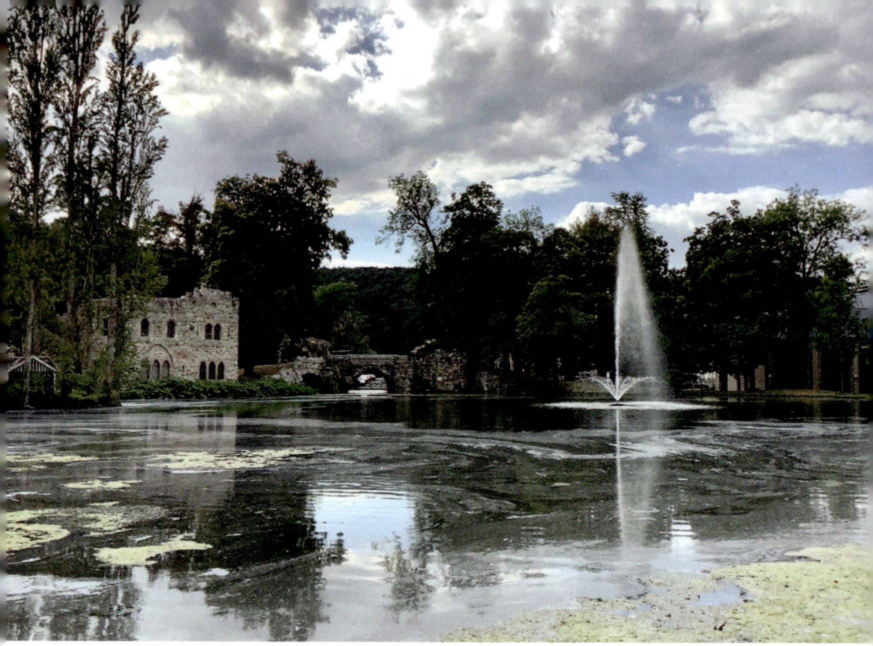

Im Englischen Garten

schen Stil errichtete Gebäude bestritt der Theaterherzog weitgehend aus seiner Privatschatulle. Der Neubau war notwendig geworden, weil der historische Vorgängerbau einem Brand zum Opfer gefallen war. Heute ist das Haus ein Fünf-Sparten-Theater, in dem Oper, Operette, Schauspiel, Ballett und Puppentheater aufgeführt werden. Namhafte Künstler aus dem In- und Ausland tragen zum Renommee der traditionsreichen Bühne bei.

Neben dem Staatstheater gelangt man in den Englischen Garten, für den man sich ein bisschen Zeit nehmen sollte. Er wurde ursprünglich im Jahr 1782 als Barockgarten angelegt, doch sein heutiges Aussehen stammt aus dem 19. Jahrhundert. Herzog Georg I. (1763–1803) ließ ihn in Anlehnung an den Wörlitzer Park anlegen und mit einem See und künstlichen Ruinen ausstatten. Später kamen die neogotische Gruftkapelle der Meininger Herzöge hinzu sowie zahlreiche Denkmäler für Künstler, die in Meiningen lebten oder arbeiteten. Ansehen sollte man sich unbedingt das Denkmal für den Komponisten Johannes Brahms – es soll weltweit das erste gewesen sein, das ihm errichtet wurde – und das für den Dichter Jean Paul. Aber auch der dem Märchenerzähler Ludwig Bechstein gewidmete Brunnen ist sehenswert. Wer mehr über die mit Meiningen verbundenen Dichter und Schriftsteller erfahren möchte, kann das Literaturmuseum im Baumbachhaus aufsuchen. Ansonsten darf man sich im Englischen Garten gerne einmal auf eine Bank setzen und ein paar Minuten die Stille genießen, denn Verkehrslärm dringt kaum hierher.

Auf der breiten Georgstraße, dem einstigen Prachtboulevard, begeben wir uns dann in die Altstadt. Bei Hausnummer 20 können wir mit dem Büchnerschen Hinterhaus eines der ältesten Häuser Meiningens bewundern. Das 1595 erbaute Fachwerkgebäude hat zwar den Stadtbrand von 1874 nahezu unbeschadet überstanden, befand sich aber zu Beginn des 20. Jahrhunderts in einem sehr schlechten Zustand. Herzog Georg II. ließ es daher 1904 von Grund auf sanieren. Bemerkenswert ist, dass das Haus seit 1766 durchgehend von der Familie Büchner-Grumbach bewohnt wird, mittlerweile in achter Generation. Die Georgenstraße mündet als eine von neun Straßen und Gassen in den Marktplatz, der von Häusern aus der Gründerzeit umrahmt wird. In seiner Mitte steht der 1873 errichtete Heinrichsbrunnen mit einer Skulptur Kaiser Heinrichs II., Schutzpatron Meiningens. Am südlichen Ende des Platzes dominiert die Stadtkirche Unserer lieben Frauen mit ihren zwei 50 Meter hohen Türmen das Stadtbild. Sie ist romanischen Ursprungs und damit die älteste Kirche der Stadt. Die heutige Gestalt geht aber auf einen Umbau in den Jahren 1884–89 zurück. Im Inneren sind vor allem die erst 1961 in den Chorraum eingefügten Glasfenster sehenswert, dazu der sogenannte Kreuzpfennig am nordöstlichsten Strebepfeiler des Chores mit dem Abbild einer Würzburger Bischofsmütze. Auf der großen Orgel hat der Komponist Max Reger häufig gespielt.

Über die Schlundgasse verlassen wir den Marktplatz und legen beim ehemaligen Gasthof Schlundhaus, heute ein Hotel, einen Halt ein. Seine Fassade mit den reich verzierten Holzerkern ist eine Augenweide. Allerdings handelt es sich dabei um einen »Neubau« aus dem Jahr 1906, von der ursprünglichen Bausubstanz von 1487 ist nichts erhalten. Im Schlundhaus sollen die berühmten Original Thüringer Klöße erfunden worden sein. Sie zu probieren, gehört zum Pflichtprogramm eines Meiningen-Besuches. Über die Fischergasse und die Straße Am Mittleren Rasen kehren wir entlang der Werra zurück zum Schlossplatz.

Nachspiel

Wer ein Faible für morbide Orte hat, besuche unbedingt den in der Südstadt gelegenen Parkfriedhof von Meiningen. Auf geschwungenen Wegen und Alleen mit einem alten Baumbestand lassen sich zahlreiche Grabstätten und Denkmäler berühmter Persönlichkeiten besichtigen. Viele Mitglieder des Hauses Sachsen-Meiningen fanden hier ihre letzte Ruhe, darunter der Theaterherzog Georg II., seine Frau Helene und seine Söhne Friedrich und Ernst. Daneben finden sich die Gräber vieler Künstler (u. a. des Regisseurs Max Grube) und wohlhabender Familien, Unternehmer und Bankiers aus dem 19. Jahrhundert. Der Parkfriedhof kann entweder über das neugotische Eingangsportal an der Berliner Straße oder über einige Nebeneingänge betreten werden.

Die Werra bei Meiningen

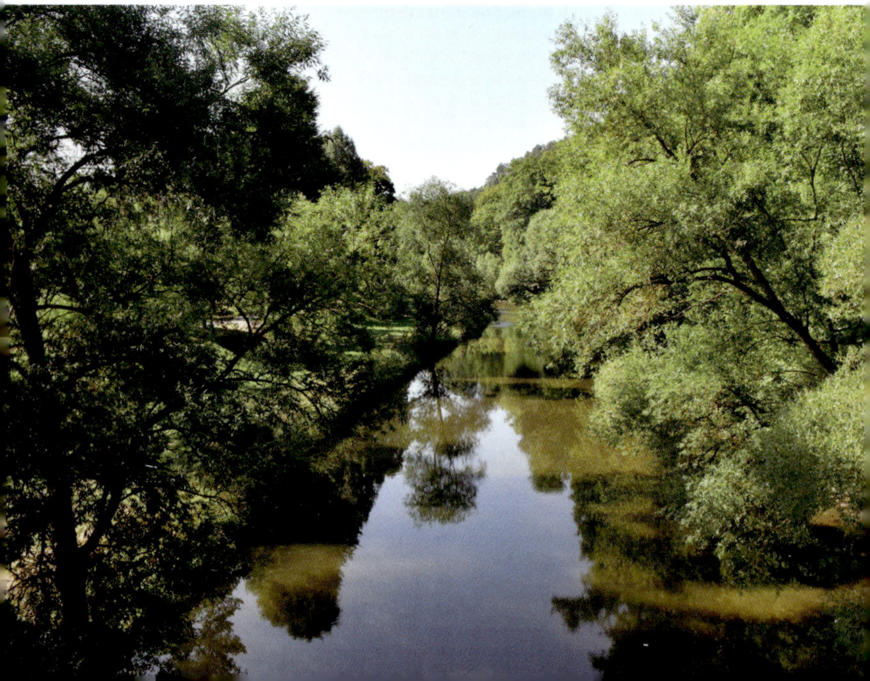

Ausgewählte Adressen und Tipps

Tourist-Information Meiningen, Ernestinerstr. 2, 98617 Meiningen, Tel. 03693/44650, www.meiningen.de. Apr. bis Sep. Mo–Fr 10–18, Sa 9–14 Uhr, Okt. bis März Mo–Fr 10–17, Sa 9–14 Uhr.

Museum im Schloss Elisabethenburg, Schlossplatz 1, 98617 Meiningen, Tel. 03693/881030, www.meiningermuseen.de. Apr. bis Sep. Di–So 10–18 Uhr, Okt. bis März Di–So 11–17 Uhr. Über zwei Schlossetagen verteilt können über 50 Ausstellungsräume besichtigt werden, darunter die original erhaltene Wohnsuite des Theaterherzogs Georg II., dazu Kunstsammlungen und Präsentationen zur Musik- und Theatergeschichte Meiningens. Kindern ermöglicht die Installation »Spielwelt Schloss« spannende Entdeckungsreisen zurück in die Zeit des höfischen Barocks und Rokokos.

Literaturmuseum im Baumbachhaus, Burggasse 22, 98617 Meiningen, Tel. 03693/502848, www.meiningermuseen.de. Apr. bis Sep. Di–Fr 10–13 und 14–18 Uhr, Okt. bis März Di–Fr 11–13 und 14–17 Uhr. Im ehemaligen Wohnhaus des Dichters Rudolf Baumbach (1840–1905), der vor allem durch das Lied »Hoch auf dem gelben Wagen« bekannt geworden ist, geht es nicht nur um dessen Leben und Werk, sondern auch um die Beziehungen seiner Dichterkollegen Friedrich Schiller, Jean Paul und Ludwig Bechstein zu Meiningen.

Theatermuseum »Zauberwelt der Kulisse«, Schlossplatz 2, 98617 Meiningen, Tel. 03693/471290, www.meiningermuseen.de. Die Bühnenbildpräsentationen finden statt: Apr. bis Sep. Di–So jeweils 10, 12, 14 und 16 Uhr, Okt. bis März Di–So jeweils 12, 14 und 16 Uhr. In jährlichem Wechsel wird ein ausgewähltes historisches Bühnenbild des Meininger Hoftheaters präsentiert, unterstützt durch eine moderne Licht-, Audio- und Vorführtechnik. Theaterfreunde werden von dieser Inszenierung begeistert sein!

Meininger Zweiradmuseum, Landsberger Str. 144, 98617 Meiningen, Tel. 03693/42380, www.mzm-ev.de. Mi und So 13–16, Sa 10–16 Uhr. Gezeigt werden Fahrräder, Mopeds und Motorräder, die in der DDR in den Jahren von 1949 bis 1990 hergestellt wurden, das Museum wird von einem Biker-Verein betrieben.

Parkfriedhof, Berliner Str. 13, 98617 Meiningen, zu Fuß erreichbar aus der Innenstadt oder vom Busbahnhof mit Buslinie 11 bis Haltestelle Berliner Straße Friedhof.

Dampflokwerk Meiningen, Am Flutgraben 2, 98617 Meiningen, Tel. 03693/851602, www.dampflokwerk.de. Werksführungen: Apr. bis

Okt. jeden Sa 10 Uhr, Nov. bis März jeden 1. und 3. Sa im Monat 10 Uhr, Dauer ca. 1,5 Std. Unter anderem können die Lokhalle mit den im Werk befindlichen Lokomotiven und Waggons besichtigt werden sowie das Anheizhaus und die Kesselschmiede – ein Eldorado für Eisenbahnfans.

Sandstein- und Märchenhöhle, Marienstr. 6, 98639 Walldorf, Tel. 03693/881277, www.sandsteinhoehle.de. Tägl. geöffnet: Juni bis Aug. 10–18 Uhr, April/Mai und Sep./Okt. 10–17 Uhr. In der durch Sandabbau geschaffenen Höhle werden Szenen aus verschiedenen Märchen der Brüder Grimm, von Hans-Christian Andersen und Ludwig Bechstein dargestellt, nach dem Rundgang kann auch noch die dazugehörige Parkanlage mit Tiergehegen und Vogelvolieren besucht werden.

Götz-Höhle, Am Dietrich 2, 98617 Meiningen, Tel. 0152/53219508, www.goetzhoehle.com. Sa/So und Fei ab 11 Uhr, auch Privatführungen sind möglich, es werden auch Gruselführungen mit Fackellicht und Märchenführungen für Kinder angeboten. Bei der Höhle befindet sich zudem eine etwa 100 Meter lange Murmelbahn, Murmeln gibt es für 1 € am Kiosk oder am Automaten.

Schloss-Stuben, Schlossplatz 1, 98617 Meiningen, Tel. 03693/502344, www.schloss-stuben-mgn.de. Di–So ab 11 Uhr, So nur mittags, Mo Ruhetag. Im Sommer mit Biergarten, gutbürgerliche Küche auf hohem Niveau, regionale Spezialitäten, darunter natürlich die in Meiningen erfundenen Thüringer Klöße (sogenannte Hütesklöße).

Café Neumann, Georgstr. 37, 98617 Meiningen, Tel. 03693/502635, www.cafeneumann.de. Mo–Sa 10–18, So/Fei 14–18 Uhr. Leckere hausgemachte Torten und Thüringer Blechkuchen, Eis aus der Herstellung eines Rhöner Biobauern, die Spezialität des Hauses sind die »Mäninger Hütestrüffel«.

Restaurant Goldener Zwinger, Zwingergasse 8, 98617 Meiningen, Tel. 03693/502801, www.goldenerzwinger.de. Mi–Sa 17–22, So 11–14 Uhr, Mo/Di Ruhetage. Traditionsreiche Gaststätte mit urig-gemütlichem Ambiente, überwiegend Thüringer Spezialitäten und klassische deutsche Gerichte, aber auch Vegetarisches und Veganes stehen auf der Speisekarte, in einem speziellen Weinkeller können alle angebotenen Weine verkostet werden.

Museums-Café »Turmcafé im Hessensaal«, Schloss Elisabethenburg, Tel. 03693/881036, www.meiningermuseen.de. Di–Do 14–17, Sa/So 12–17 Uhr, Mo und Fr Ruhetage. Auch für Nichtmuseumsbesucher zugänglich, bietet in barockem Ambiente einen wunderbaren Ausblick über die Meininger Altstadt, neben diversen Kuchen, Torten und Eiskreationen gibt es auch Bratäpfel und leckere Waffeln.

Berggasthaus zur Spalte, bei der Götz-Höhle, Am Dietrich 2, 98617 Meiningen, Tel. 0152/53219508, www.goetzhoehle.com. Do/Fr 16–22, Sa 11–24, So 11–20 Uhr, Mo–Mi geschlossen. Mit Biergarten, es gibt kleine Vespergerichte, darunter die angeblich besten Thüringer Rostbratwürste in der Stadt.

Altstadt Hotel an der Werra, Baumbachstr. 2, 98617 Meiningen, Tel. 03693/87690, www.altstadthotel-meiningen.de. Schöne Lage im Grünen am Rande der Altstadt, große komfortable Zimmer in drei Preiskategorien, nettes Ambiente.

Altstadthotel Garni Schlundhaus & Rautenkranz, Schlundgasse 4, 98617 Meiningen, Tel. 03693/88190, www.uwe-klein-hotels.de. Hübsches kleines Hotel in einem historischen Fachwerkhaus mit Blick auf den Marktplatz und in direkter Nähe zum Schloss..

Hotel Brückenmühle, Brückenmühle 2, 98617 Meiningen-Walldorf, Tel. 03693/801004, www.restaurant-brueckenmuehle.de. Ruhige Lage am Rand des Meininger Vorortes Walldorf, ideal für Familien mit Kindern, weil die Sandstein- und Märchenhöhle nicht weit entfernt ist. Schöne Zimmer, gute Küche.

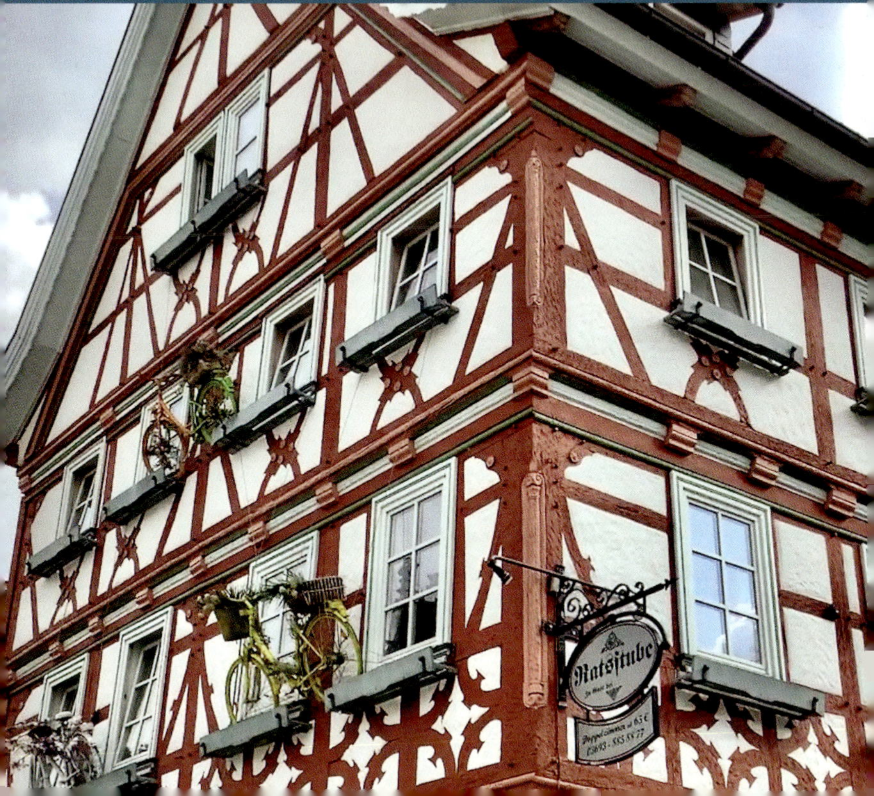

9 Hits für Kids

Noahs Segel auf dem Ellenbogen und Erlebniswelt Rhönwald

Tour: Rundwanderung von Kaltenwestheim zum Ellenbogen (813 m) und zur Erlebniswelt Rhönwald.
Länge/Dauer: 18,6 km/6 Std.
Einstiegspunkt: Kaltenwestheim beim Wetzstein, Ecke Dorfstraße/Am Schlagtor (schräg gegenüber der Bushaltestelle Ortsausgang an der Dorfstraße).
Höhenunterschied: 327 m.
Markierungen: *Rundweg 2, Hochrhöner, Zubringer Hochrhöner (grün), Grenzwanderweg Grünes Band, roter offener Tropfen (Rhön-Höhen-Weg).*
Anfahrt: *ÖPNV:* schlechte Verbindung (per Bahn bis Meiningen, von dort mit Buslinie 411 bis Kaltenwestheim Haltestelle Ortsausgang), man ist mehrere Stunden unterwegs. Es wird die Anreise mit dem Kfz empfohlen. *Kfz:* A 71 Ausfahrt Mellrichstadt, B 285 bis Kaltensundheim, L 1124 nach Kaltenwestheim; oder A 7 Ausfahrt Fulda Mitte, B 458 bis Hilders, B 278 bis Tann-Wendershausen, L 3174 bis Kaltenwestheim; Parkmöglichkeiten Ecke Dorfstraße/Am Schlagtor beim Westheimer Wetzstein.
Saison: Frühjahr bis Herbst.
Familie: Für Kinder lässt diese Tour keine Wünsche offen. Mit der Erlebniswelt Rhönwald inklusive Arche Rhön, dem Tiergehege beim Thüringer Rhönhaus und der Aussichtsplattform Noahs Segel liegen gleich drei Attraktionen am Weg. Da die Tour allerdings etwas lang ist, empfiehlt es sich, mit Kindern nur die Variante abzulaufen (siehe unten) und mit dem Auto über Unterweid zur Erlebniswelt Rhönwald zu fahren.
Anforderungen: Für diese etwas längere Wanderung ist eine gute Kondition nötig, nicht zuletzt, weil ein etwas steilerer Anstieg von Kaltenwestheim auf den Ellenbogen bewältigt werden muss.
Variante: Mit Kindern starten Sie am besten in Oberweid und wandern von dort direkt zum Rupertshauk (Markierungen *Grenzwanderweg Grünes Band, roter offener Tropfen/Rundweg 2*). Dann weiter wie beschrieben zu Noahs Segel auf dem Ellenbogen und über das Thüringer Rhönhaus zurück nach Oberweid (etwa 8 km).

Over the Elbow

Nicht irgendwo über den Regenbogen, wie in dem bekannten Ohrwurm »Over the Rainbow«, führt uns diese Tour, sondern auf den aussichtsreichen Ellenbogen. Häufig wird der unauffällige, weil direkt dem Rücken der Langen Rhön aufsitzende Berg als der höchste der Thüringer Rhön bezeichnet – was aber nicht stimmt, da ihn der benachbarte Schnitzersberg (auch »Drei Spitzen« genannt) um glatte zwei Meter überragt. Das soll uns aber nicht stören, denn uns steht eine höchst abwechslungsreiche Wanderung bevor.

Unser Ausgangspunkt ist der Wetzstein an der Dorfstraße in Kaltenwestheim gegenüber der Bushaltstelle Ortsausgang. Damit lernen wir gleich das Wahrzeichen des Rhöndorfes kennen: eine Ehrensäule der Henneberger Grafen als Dank für die Tapferkeit

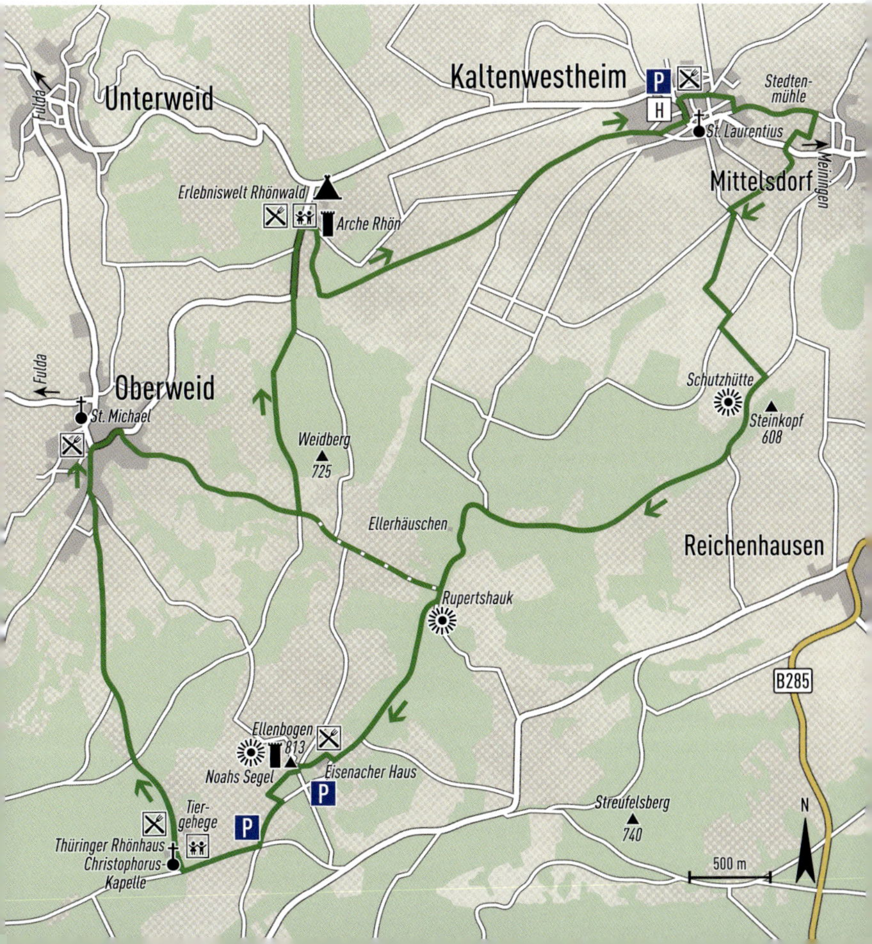

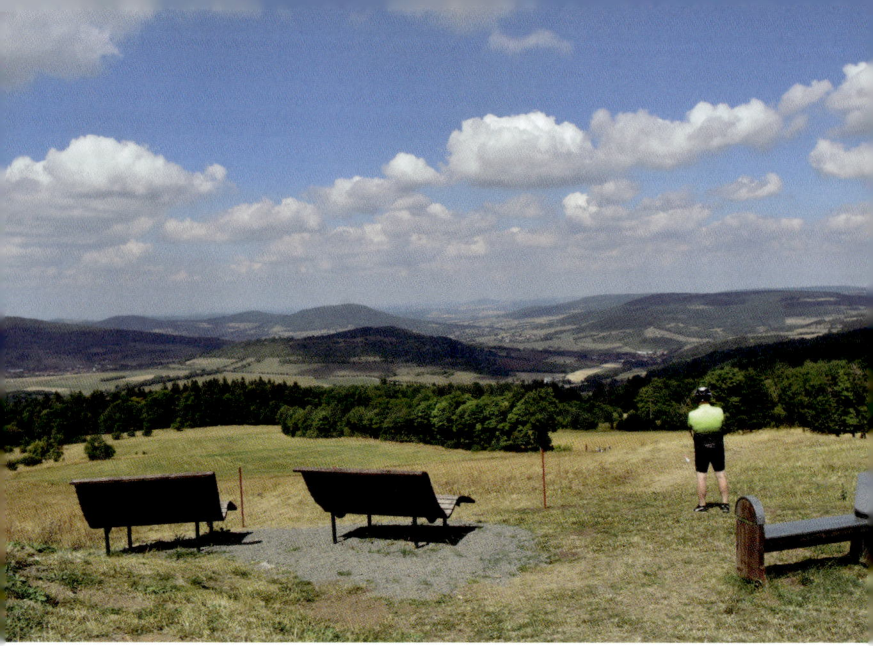

Der Ellenbogen bietet eine famose Aussicht.

der Westheimer Frauen (den Zusatz »Kalten« erhielt der Ortsname erst später), die ihren kämpfenden Männern 1463 in einer Fehde zwischen den Hennebergern und den Herren von Tann zu Hilfe eilten. Eine zweite Sehenswürdigkeit im Ort ist die turmlose St. Laurentius Kirche (erbaut 1799 auf den Grundmauern einer abgebrannten Vorgängerin). Der Torturm und Teile der Ringmauer deuten darauf hin, dass sie einst als Kirchenburg angelegt worden war. Wer die Anlage besichtigen will, muss sie separat aufsuchen, sie liegt nicht an unserer Wanderstrecke. Den Einstieg in selbige gibt uns die Markierung des örtlichen *Rundwegs 2* vor. Wir folgen ihr entlang der Dorfstraße und über den Kaltennordheimer Weg auf die Feldflur, bis wir die Stedtenmühle passiert haben. Dahinter schwenken wir nach rechts auf den *Premiumwanderweg Hochrhöner* ein, der aus Richtung Mittelsdorf zu uns stößt. Ab jetzt steigt das Gelände stetig an, an die 320 Höhenmeter sind bis zum Gipfel des Ellenbogens zu bewältigen.

Bei der Schutzhütte am Steinkopf bietet sich uns erstmals eine Gelegenheit für eine kurze Verschnaufpause und einen Blick ins Umland. Danach tauchen wir in einen Mischwald ein und halten uns darin weiter bergauf. Um die Erhebung des Steinköpfchens

Biosphärenreservat Rhön

Bereits seit 1991 gehört die Rhön zum weltweiten Netz der UNESCO-Biosphärenreservate. Ursprünglich war das Mittelgebirge von dichten Buchenwäldern bedeckt, die jedoch im Laufe der Jahrhunderte durch menschliche Bewirtschaftung und Beweidung in Graslandschaften umgewandelt wurden. Aus dem einstigen »Buchonia« wurde so das »Land der offenen Fernen«. Die während der deutschen Teilung abgeschiedene Lage, naturräumliche Besonderheiten und eine traditionelle Bindung der Bevölkerung an die Landwirtschaft haben in der Rhön eine weitgehend intakte Kulturlandschaft erhalten. Zu deren vielfältigen Landschaftstypen gehören unter anderem artenreiche Bergmähwiesen, Borstgrasrasen, Steilhänge mit Kalkmagerrasen, verschiedene Laubwaldtypen, Blockhalden und Moore. Sie alle stellen für zahllose Tier- und Pflanzenarten, darunter viele gefährdete, einen wichtigen Lebensraum dar. Gründe genug also für die UNESCO, die Rhön in den Kanon ihrer Biosphärenreservate aufzunehmen und damit den Schutz, die Pflege und Entwicklung dieser außergewöhnlichen Mittelgebirgslandschaft zu sichern. Bevor es so weit war, preschte allerdings die damals noch existierende DDR vor und ernannte im September 1990 die Thüringische Rhön zum (nationalen) Biosphärenreservat. Nach der Wiedervereinigung stellten dann die drei Bundesländer Bayern, Hessen und Thüringen separate Anträge auf Anerkennung als UNESCO-Biosphärenreservat. Der damalige Bundesumweltminister Klaus Töpfer machte daraus einen gemeinsamen Antrag, der von der UNESCO am 6. März 1991 angenommen wurde. Auf Wunsch der Landkreise und Gemeinden im bayerischen Teil der Rhön wurde das Biosphärenreservat im Jahr 2014 um 22 Gemeinden erweitert. Im selben Jahr wurde der UNESCO-Status für weitere zehn Jahre bestätigt. Das UNESCO-Biosphärenreservat Rhön ist dezentral organisiert, es gibt je eine Verwaltungsstelle in Bayern, Hessen und Thüringen. Diese arbeiten eng zusammen, wobei jede für einen bestimmten Aufgabenbereich zuständig ist. Gemeinsam arbeiten sie an der Ausgestaltung der UNESCO-Vorgaben.

Was ist ein Biosphärenreservat?

Vielen Besuchern des Biosphärenreservates Rhön ist nicht klar, was dieser Begriff konkret bedeutet. Häufig wird angenommen, es handele sich um einen Nationalpark oder um ein großes Naturschutzgebiet. Das ist allerdings nur die eine Seite der Medaille, denn während der Mensch dort nicht mehr in die Natur eingreift und sie sich selbst überlässt, stehen in einem Biosphärenreservat Mensch und Natur gleichberechtigt nebeneinander. Der Homo sapiens ist genauso Teil der Biosphäre (vereinfacht übersetzt als Lebensraum) wie Tiere und Pflanzen, er lebt von der Natur, verändert sie aber auch. UNESCO-Biosphärenreservate sind daher Regionen, in denen experimentell Methoden entwickelt werden, die einen Ausgleich zwischen den Bedürfnissen des Menschen und denen der Natur herstellen. Man könnte sagen, es sind Regionen, in denen die Einwohner im Einklang mit der Natur leben und arbeiten, um den gemeinsamen Lebensraum zu beider Nutzen zu bewahren. Seit 1976 zeichnet die UNESCO – die Organisation der Vereinten Nationen für Bildung, Wissenschaft, Kultur und Kommunikation – weltweit solche Kulturlandschaften aus, die gemäß den Leitlinien des internationalen Programmes »Der Mensch und die Biosphäre« (Man and Biosphere, kurz MAB) entwickelt werden. Derzeit gibt es 727 UNESCO-Biosphärenreservate in 131 Ländern, davon 16 in Deutschland.

Welche Ziele verfolgt ein Biosphärenreservat?

Auf der Grundlage der genannten UNESCO-Leitlinien und den wechselseitigen Beziehungen zwischen Mensch und Natur verfolgt das Biosphärenreservat Rhön folgende Ziele:
Es leistet einen Beitrag zur Erhaltung von Landschaften, Ökosystemen, Arten und genetischer Vielfalt. Ebenso zählt die Bewahrung der kulturellen Vielfalt mitsamt Geschichte, Dialekten, Riten und Traditionen zum Aufgabenspektrum.
Es fördert eine wirtschaftliche und menschliche Entwicklung, die soziokulturell und ökologisch nachhaltig ist – unter anderem durch Maßnahmen, die zu einer naturnahen Landnutzung, der Verwendung naturverträglicher Technologien und einer umweltschonenden Erzeugung landwirtschaftlicher Produkte beitragen. Unterstützt werden in diesem Zusammenhang auch Projekte eines sanften, umweltverträglichen Tourismus. Letztendlich soll die Wirtschaft im Biosphärenreservat so weiterentwickelt werden, dass Ressourcen schonend und nachhaltig genutzt werden, damit sie auch nachfolgenden Generationen zur Verfügung stehen. Profitieren sollen damit langfristig alle Einwohner des Gebietes.
Weiterhin zählt die logistische Unterstützung zu den Aufgaben des Biosphärenreservates und damit die Förderung von Demonstrationsprojekten

sowie von Umweltbildung und -ausbildung. Bewohnern und Besuchern werden Zusammenhänge durch anschauliche Materialien und zahlreiche Veranstaltungen nähergebracht. Viele Angebote wenden sich eigens an Kinder und Jugendliche. Zu diesem Zweck wurden an fünf Orten Biosphären- und Informationszentren eingerichtet: das Haus der Langen Rhön in Oberelsbach, das Haus der Schwarzen Berge in Wildflecken-Oberbach, die Infostelle am Schwarzen Moor, das Biosphären-Infozentrum Propstei Zella/ Rhön und das Naturerlebniszentrum Rhön in Hammelburg.
Schließlich unterstützt und fördert das Biosphärenreservat Rhön die wissenschaftliche Forschung und Umweltbeobachtung im Rahmen lokaler, regionaler, nationaler und sogar weltweiter Projekte.

Die drei Zonen eines Biosphärenreservates

Um den unterschiedlichen Ansprüchen von Mensch und Natur gerecht zu werden, ist das Biosphärenreservat in drei Zonen eingeteilt. In den Kernzonen bleibt die Natur sich selbst überlassen, der Mensch greift nicht ein. Damit werden besonders wichtige Rückzugsgebiete für bedrohte Tier- und Pflanzenarten geschützt, womit ein Biosphärenreservat einen großen Beitrag zum Erhalt der Artenvielfalt leistet. Die menschliche Nutzung beschränkt sich ausschließlich auf die Bereiche Forschung, Monitoring und Bildung. Für alle Besucher besteht ein striktes Wegegebot. Kernzonen nehmen etwa drei Prozent der Fläche des Biosphärenreservates Rhön ein.
Die Pflegezonen werden vom Menschen umsichtig genutzt, unter anderem für ökologisch orientierte Land- und Forstwirtschaft, Landschaftspflege, Maßnahmen zur Umweltbildung oder für naturschonenden Tourismus. Für den Erhalt der alten Kulturlandschaft ist menschliches Wirken sogar unerlässlich, beispielsweise um die artenreichen Wiesen und Weiden der Rhön vor Verbuschung zu bewahren (u. a. durch Hand-Mahd oder durch Schafbeweidung). Etwa 20 Prozent der Gesamtfläche des Biosphärenreservates entfallen auf die Pflegezonen.
Der Hauptanteil des Gebietes entfällt auf die Entwicklungszonen, in denen sich Landwirtschaft, Gewerbe und Industrie im Rahmen der üblichen gesetzlichen Auflagen frei entfalten dürfen. Auf freiwilliger Basis sollen hier jedoch nachhaltige Nutzungs- und Wirtschaftsformen erprobt, modellhaft umgesetzt und praktiziert werden. Von dieser regionalen Wertschöpfung sollen dann sowohl die Menschen als auch die Natur profitieren.

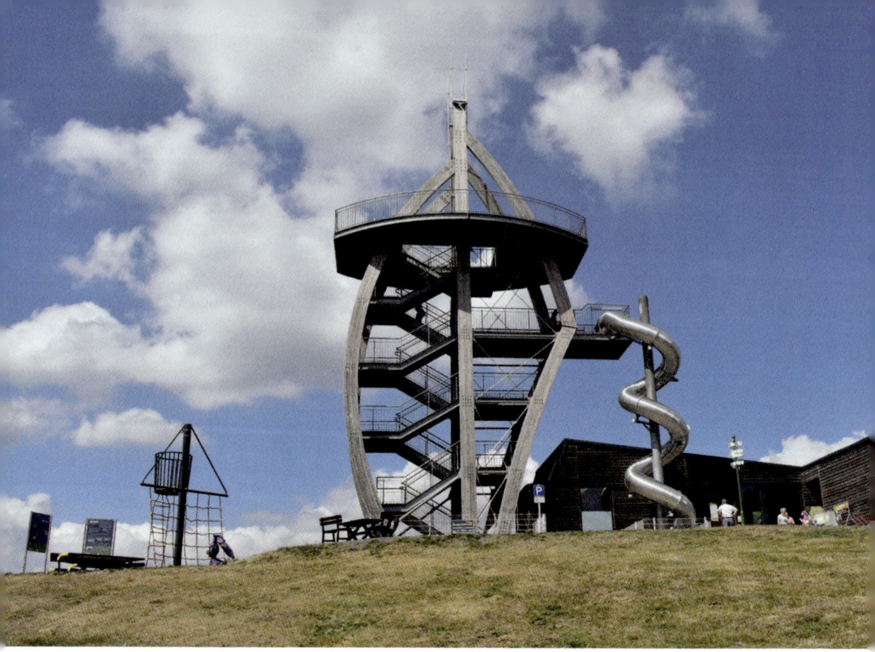

Noahs Segel auf dem Ellenbogen ist ein außergewöhnlicher Aussichtsturm.

macht unsere Route einen Linksbogen und bringt uns, vorbei am Abzweig zum etwas rechts des Weges gelegenen Ellerhäuschens (Schutzhütte mit Rastplatz), hoch zum Rupertshauk. Auch hier steht eine Rasthütte mit Aussicht, die dritte auf unserer Tour. Dem Rhönklub sei es gedankt, dass er auf dieser Aufstiegspassage so viele Ruhepunkte angelegt hat. So können wir getrost den letzten Anstieg hoch auf das Gipfelplateau in Angriff nehmen.

Oben angelangt, erreichen wir zunächst das am Rand einer Waldlichtung gelegene Eisenacher Haus. Wer sich darunter eine zünftige Berghütte vorgestellt hat, wird überrascht sein, denn wir stehen vor einem großen Drei-Sterne-Hotel. Im *Restaurant Bergstübchen* werden aber auch verschwitzte Wanderer nicht abgewiesen. Im Sommer hat der Biergarten geöffnet.

Hinter der Hotelanlage rechts abbiegend verlassen wir den Wald und haben sogleich ein Erlebnis der besonderen Art. Vor uns tut sich ein wunderschönes Panorama auf, das von der Kuppenrhön im Westen über das Ulstertal bis in die Vordere Rhön im Osten reicht. Noch sind es aber ein paar Meter zum höchsten Punkt auf dem 813 Meter hohen Ellenbogen. Verfehlen kann man ihn nicht, seit dort 2017 mit Noahs Segel der mit Abstand originellste Aussichtsturm in der gesamten Rhön errichtet wurde. Dabei handelt es sich um eine Stahl- und Holzkonstruktion in Form einer Elle und eines Bogens, aber man braucht ein bisschen Fantasie, um das zu erkennen. Die Aussicht von der Besucherplattform in 21 Metern Höhe (auf knapp 840 Metern über dem Meer) ist noch beeindruckender als vom Boden. Die ganze Rhön liegt uns zu Füßen. Kinder lieben den Turm, weil für sie für den Abwärtsweg eine Erlebnisrutsche installiert wurde. Erwachsene sollten aber besser auch abwärts die Treppe benutzen. Noahs Segel steht täglich für Besucher offen, allerdings nur, wenn beim Drehkreuz am Eingang zwei Euro eingeworfen werden (also unbedingt Kleingeld mitnehmen). Der Eintritt zum kleinen Ausstellungsgebäude mit Informationstafeln zu Geologie, Geschichte und Flora der Rhön ist dagegen frei. In unmittelbarer Nähe zum Turm gibt es eine Snowtubing-Bahn, auf der man im Winter auf Reifenrutschen den Hang hinunterdüsen kann. Vorbei am großen Parkplatz und um ein Waldeck herum treffen wir auf das Zufahrtssträßchen und folgen ihm nach rechts bis zu einer Wegkreuzung. Dort verlassen wir den *Hochrhöner* und biegen stattdessen mit seinem *Zubringer (grün)* rechts ab.

Zum Ararat der Rhön

Am Waldrand biegen wir bei erster Gelegenheit rechts in den Forst hinein ab und gelangen kurz danach hinunter zum Thüringer Rhönhaus, einem schön gelegenen urigen Gasthof mit Biergarten. Davor steht die hauseigene Christophorus-Kapelle, vor der einmal im Jahr ein Open-Air-Gottesdienst abgehalten wird. Kinder werden jedoch in erster Linie vom Tiergehege begeistert sein, in dem sich allerlei Haustiere wie Ziegen, Schafe und Kaninchen tummeln. Zu dem weitläufigen Gelände gehören auch ein kleiner Ententeich und ein munter plätschernder Bach, dazu ein Bienenhaus, in dessen reges Innenleben man durch eine Glasscheibe blicken kann. Für die Kleinen steht neben diversen Spielgeräten auch eine eigene kleine Berghütte, das Rhönpaulus-Häuschen, zur Verfügung. Da werden die Eltern all ihre Überredungskünste aufwenden müssen, um den Nachwuchs zum Weiterwandern zu bewegen.

Halbwegs steil geht es bergab durch den Wald nach Oberweid im idyllischen Talgrund des Weidbaches. In dem kleinen netten

Ort, in dem immer noch das traditionelle Handwerk der Holzschnitzerei betrieben wird, ist die Wehrkirche St. Michael von 1607 sehenswert. Besonders bemerkenswert sind einige alte Sühnekreuze an der Friedhofsmauer. Rechts abbiegend in den Löcherweg gibt uns nun die Markierung des *Grenzwanderweges Grünes Band,* wenn auch etwas lückenhaft, die Richtung vor. Nochmals geraten wir auf unserer Tour etwas ins Schwitzen, denn wir müssen den Anstieg auf den Rücken des Weidberges hinter uns bringen. Oben halten wir uns bei einem Wegkreuz links, wobei wir uns an den Markierungen des *Rhön-Höhen-Wegs (roter offener Tropfen)* und des *Rundwegs 2* orientieren. In einer längeren Abwärtspassage gelangen wir zu einem Fahrweg, dem wir ohne Markierung geradeaus zur Erlebniswelt Rhönwald folgen.

Das etwa zwei Hektar große Gelände (Eintritt zwei Euro) bietet so ziemlich alles, was Kinderherzen höherschlagen lässt: ein Feuchtbiotop, eine Fledermaushöhle, einen Barfußpfad, einen Baum- und Strauchlehrpfad, ein Labyrinth, dazu Themenhütten und Spiel- und Sportelemente, die zum Anschauen, Anfassen und Mitmachen einladen. Es gibt auch einen Himmelsguckplatz mit einem Sonnenteleskop und einer Sternenrutsche. Den Blickfang des Geländes stellt jedoch die Arche Rhön dar, ein hölzernes Gebäude in postmoderner Architektur, in das ein Aussichtsturm (mit einer Erlebnisrutsche) integriert ist. Mithin eine sehr freie Interpretation der biblischen Arche Noah. Aber da sie nun einmal hier steht, darf der Weidberg mit Fug und Recht als der Ararat der Rhön bezeichnet werden, benannt nach dem höchsten Berg der Türkei, auf dem Noahs Schiff nach dem Rückgang der Sintflut angeblich gestrandet ist. In Inneren der Arche Rhön ist ein interaktives Besucherzentrum des Biosphärenreservates Rhön untergebracht. Dort wird spielerisch Wissen über die Rhön und ihre geologischen Phänomene sowie über regionales Handwerk vermittelt. Hunger und Durst von Klein und Groß können beim Imbiss *Zum Kleinen Wetzstein* gestillt werden. Bewusst haben wir dieses Highlight für Kinder ans Ende der Tour gestellt, damit diese ausgiebig dort spielen und herumtoben können.

Zurück zu unserem Ausgangsort ist es nicht mehr weit; zunächst auf einem Fußweg, der parallel zum Fahrweg verläuft, zurück auf den *Rhön-Höhen-Weg* bzw. den *Rundweg 2,* und dann den beiden nach links folgend immerzu abwärts hinunter nach Kaltenwestheim zu unserem Startpunkt beim Wetzstein.

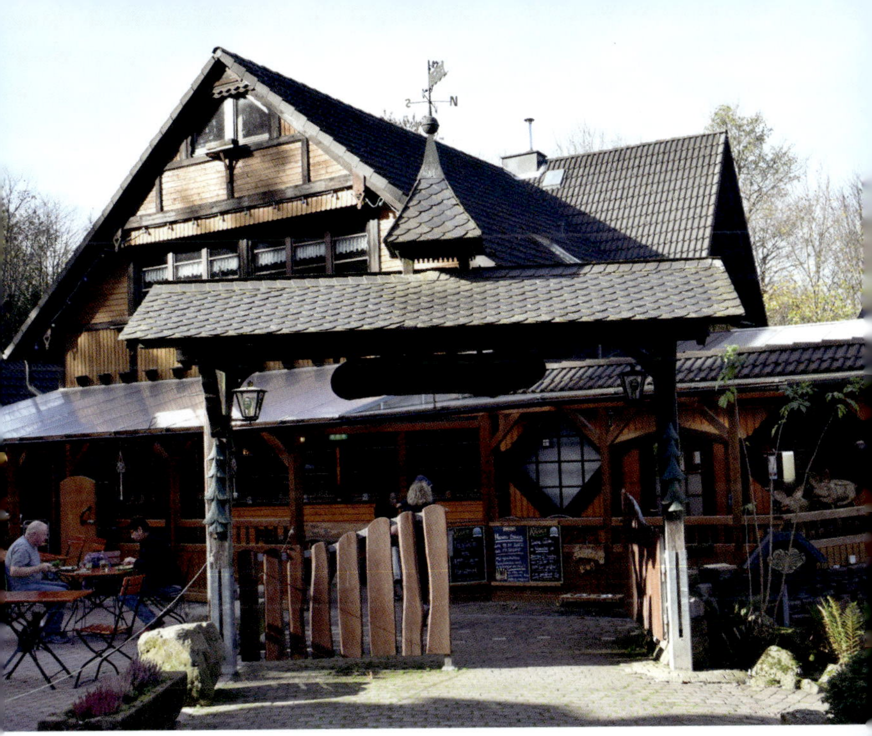

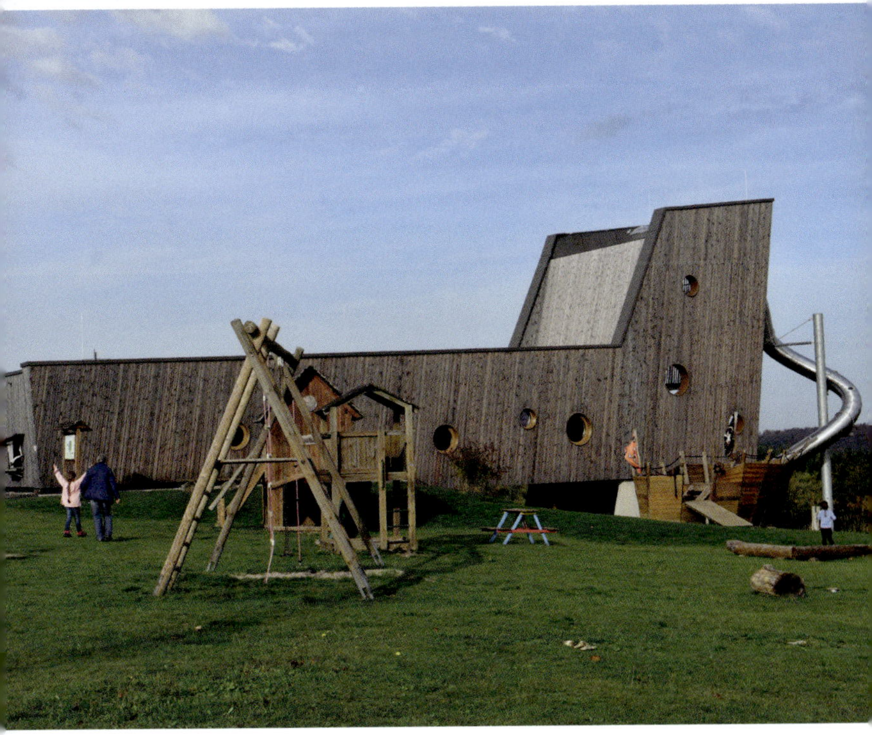

Zwei Ziele auf der Tour sind das Thüringer Rhönhaus und die Arche Rhön auf dem Weidberg.

Ausgewählte Adressen und Tipps

Touristen-Information, Verwaltungsgemeinschaft Hohe Rhön, Hauptstr. 18, 98634 Kaltennordheim, Tel. 036946/21616, www.vgrhoen.de/touristinformation.

Erlebniswelt Rhönwald mit Arche Rhön, Auf dem Rosengarten 3, 36452 Kaltennordheim-Kaltenwestheim, Tel. 036946/21616, www.rhön-aktiv.de. Das Gelände ist auch außerhalb der Öffnungszeiten der Arche Rhön durch ein Drehkreuz erreichbar. Mo–So 10–17 Uhr, in den Wintermonaten geschlossen, Eintritt 2 €.

Noahs Segel auf dem Ellenbogen, www.noahs-segel.de. Eintritt 2 €.

Das Tiergehege beim Thüringer Rhönhaus kann jederzeit ohne Eintrittsgebühr besucht werden.

Restaurant Bergstübchen im PRIMA Hotel Eisenacher Haus, Eisenacher Haus 1, 98634 Erbenhausen, Tel. 036946/247980, www.primahotel-eisenacherhaus.de. Mi–Sa 11–20, So 11–18 Uhr, Mo/Di Ruhetage. Häufig wechselnde Speisekarte, Mischung aus regional-thüringischer und internationaler Küche, für Wanderer gibt es eine spezielle Imbiss-Wanderkarte. Einzel- und Doppelzimmer in gehobener Standard-Ausstattung, im Haus befindet sich eine Sauna, Hunde willkommen (natürlich nicht in der Sauna).

Thüringer Rhönhaus, Thüringer Rhönhausstr. 1, 98634 Oberweid, Tel. 036946/32060, www.thueringer-rhoenhaus.de. Mai bis Okt. tägl. 11–18 Uhr, Dez. bis Feb. und Apr. Mi–Fr 11.30–16.30, Sa/So 11–18 Uhr, Nov. und März Sa/So 11–18 Uhr. Traditionelle Rhöner Gerichte in frischer Zubereitung, die Speisekarte richtet sich nach den Jahreszeiten, nettes Ambiente. Es gibt zwei gemütlich eingerichtete Gästezimmer, eines für zwei, das andere für vier Personen, Pferde und Hunde sind willkommen.

Imbiss Zum kleinen Wetzstein, in der Erlebniswelt Rhönwald. Mi–So 11–18 Uhr. Für den kleinen Hunger, es gibt auch Kaffee, Kuchen und Eis.

Landgasthof & Hotel Zur Guten Quelle, Hauptstr. 7–9, 36452 Kaltennordheim OT Kaltensundheim, Tel. 036946/3850, www.gute-quelle.de. Di 17–22, Mi/Do 11–14 und 17–22, Fr–So 11–22 Uhr, Mo Ruhetag. Auch eine Ferienwohnung ist im Angebot, zudem hat das Haus für seine Übernachtungsgäste einige Aktionspakete in petto, u. a. Lama-Trekking oder Hundeschlittentouren.

Gasthaus Silberdistel, Anzenweg 4, 98634 Oberweid, Tel. 036946/22124, www.gasthof-silberdistel.de. Di–Fr 17–22, Sa/So 10–13 und 17–22 Uhr. Rhöner Spezialitäten und gutbürgerliche Küche, mit Wintergarten und Biergarten. Vier einfache, dafür preiswerte Gästezimmer.

Gaststätte Schweinebucht, Angerweg 20, 98634 Frankenheim/Rhön, Tel. 036946/32036. Tägl. außer Fr ab 11 Uhr. Gutbürgerliche Küche, Spezialitäten des Hauses sind große, leckere Schnitzel sowie hausgemachte Kuchen und Torten.

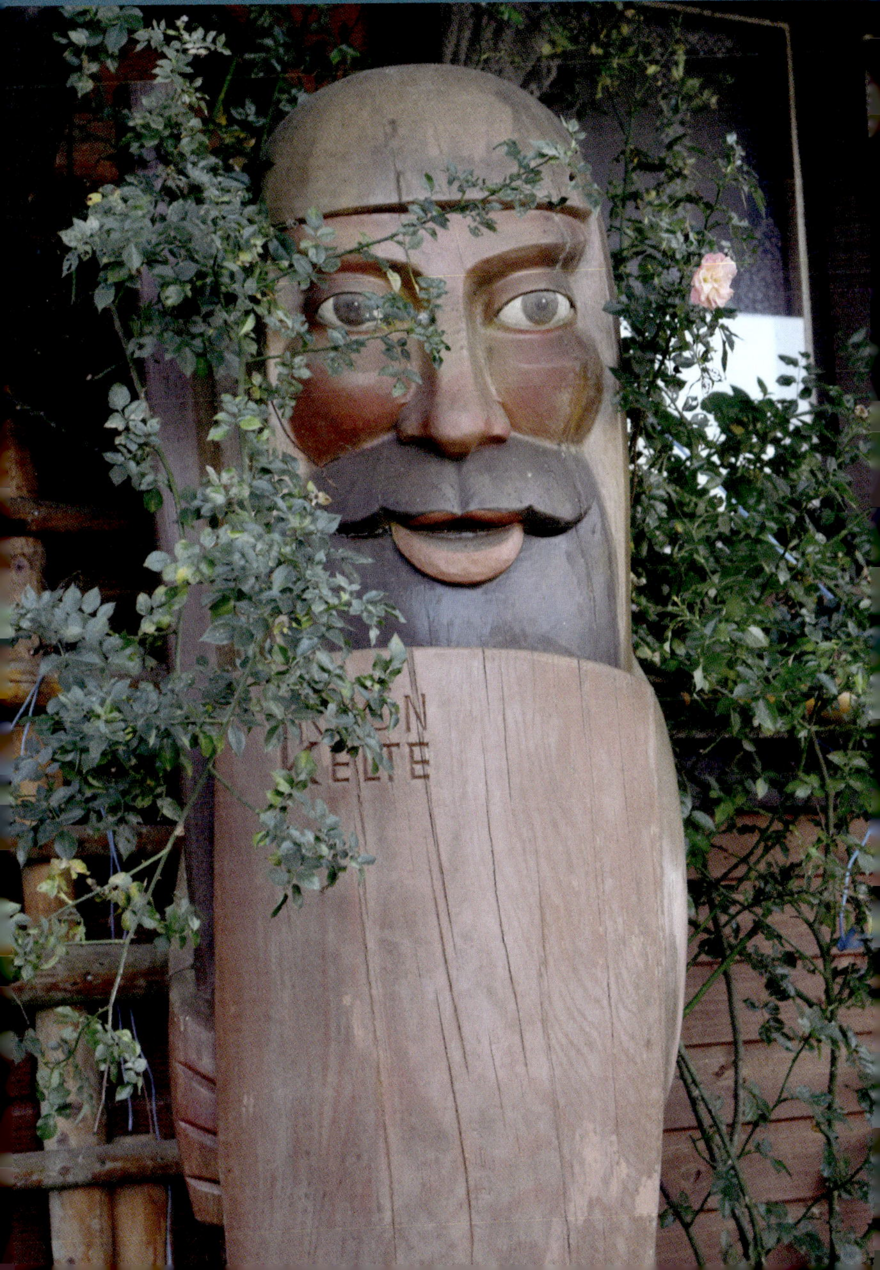

10 Wie aus dem Bilderbuch

Von Tann (Rhön) hinauf zum Habelstein

Tour: Rundwanderung von Tann zum Habelstein.
Länge/Dauer: 16,9 km/5 Std.
Einstiegspunkt: Marktplatz in Tann.
Höhenunterschied: 330 m.
Markierungen: *Rhön-Rundweg 1.*
Anfahrt: *ÖPNV:* mit der Bahn bis ICE-Bahnhof Fulda, von dort (ZOB) mit Buslinie 20 bis Haltestelle Tann Stadttor. *Kfz:* A 71 Ausfahrt Bad Neustadt/Saale, von dort B 279 bis Bischofsheim/Rhön, B 278 bis Tann; oder A 7 Ausfahrt Fulda-Süd, von dort B 27 bis Döllbach und weiter auf der B 279 bis Bischofsheim/Rhön, von dort B 278 bis Tann; Parkplätze bei der Rhönhalle in der Schulstraße.
Saison: ganzjährig, am besten Frühjahr bis Herbst.
Familie: Mit Kindern empfiehlt sich der direkte Aufstieg zum Aussichtspunkt Habelstein vom Ortsteil Habel aus und anschließend ein Besuch im RhönRäuberPark.
Anforderungen: Zwei längere, steile Anstiege sind zu bewältigen, festes Schuhwerk und eine gute Kondition sind wünschenswert.
Besonderheiten: Im malerischen Städtchen Tann in der Rhön gibt es auf kleinstem Raum unglaublich viel zu sehen und zu entdecken. Man sollte daher für den Besuch inklusive Wanderung einen ganzen Tag einplanen.

Spaziergang durch Tann

Wer die schönsten Sehenswürdigkeiten Tanns kennenlernen möchte, beginnt seinen Rundgang beim prächtigen Stadttor, das 1557 als Teil der Stadtmauer gebaut wurde. In der ehemaligen Wachstube mit Kerker befindet sich ein kleines stadtgeschichtliches Museum mit Schwerpunkt auf der Baugeschichte von Tor und Mauer. An der Marktstraße entlangflanierend gelangen wir dann zum Marktplatz, dem Mittelpunkt des historischen Städtchens. Seit Kaiser Karl V. dem Ort im Jahr 1541 das Marktrecht verliehen hat, werden hier Markttage abgehalten. Früher waren es zwei, heute finden sogar viermal im Jahr Märkte statt, darunter das beliebte Rhöner Wirtefest am zweiten Septemberwochenende.

Dominiert wird der Platz vom Denkmal des Generals Ludwig von und zu der Tann-Rathsamhausen, der im Deutsch-Französischen Krieg 1870/71 eine Einheit der bayerischen Armee befehligte. Etwas weniger militärischen Pomp strahlt dagegen der 1710 errichtete Marktbrunnen mit seinem runden Sandsteintrog mit Vorbecken aus.

Über die Rathausgasse geht es dann zur evangelischen Stadtkirche am Kirchplatz. Sie wurde 1886–1889 im neugotischen Stil erbaut, nachdem der barocke Vorgängerbau durch den großen Stadtbrand im Jahr 1879 zerstört worden war. Der 72 Meter hohe Turm des sakralen Bauwerkes ist eines der Wahrzeichen der Rhönstadt. Im Innenraum sind die kunstvollen Kreuzgewölbe, die große umlaufende Empore und die farbigen Glasfenster sehenswert. Auf einem der Fenster ist unter anderem Eberhard von der Tann, der die Reformation in Tann eingeführt hat, neben

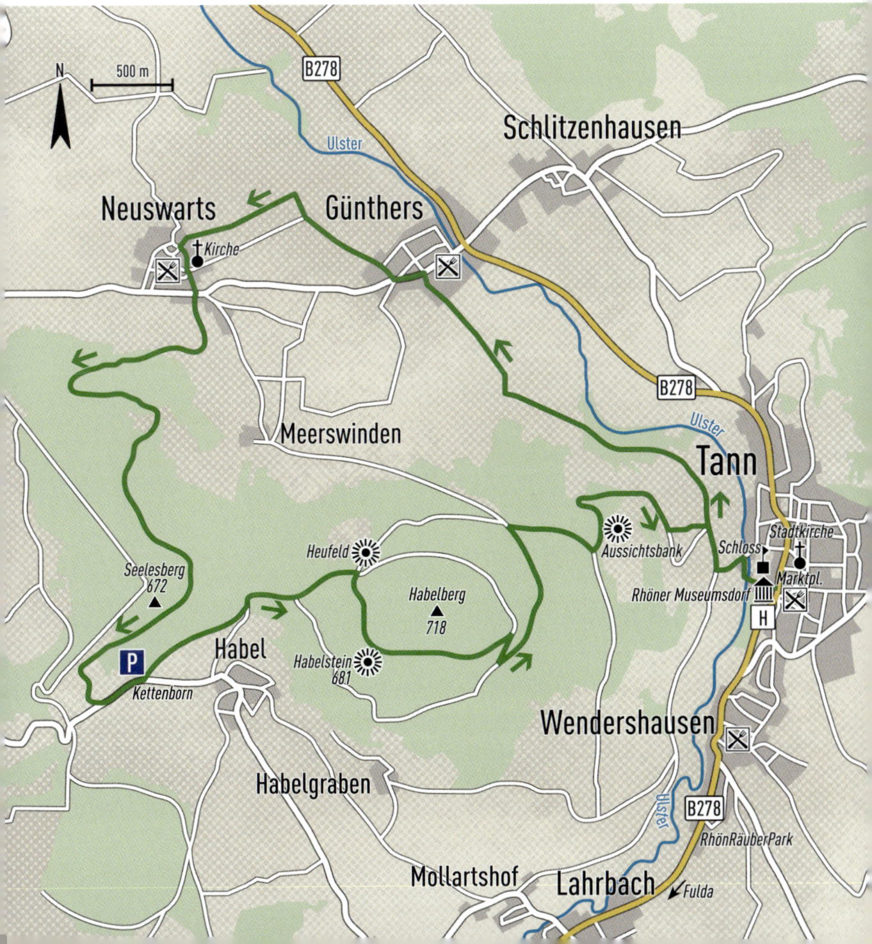

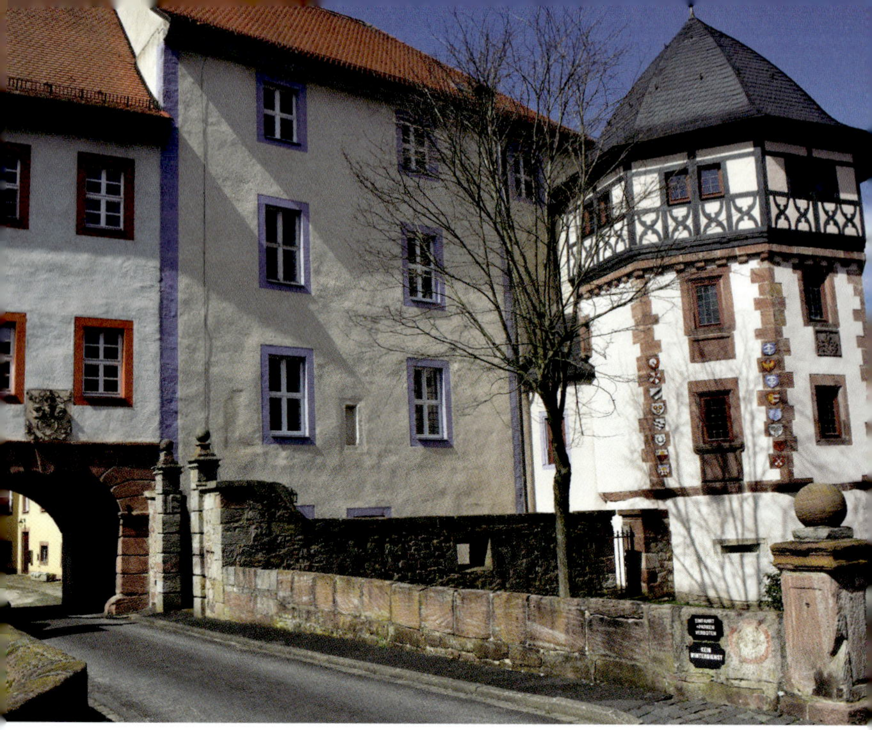

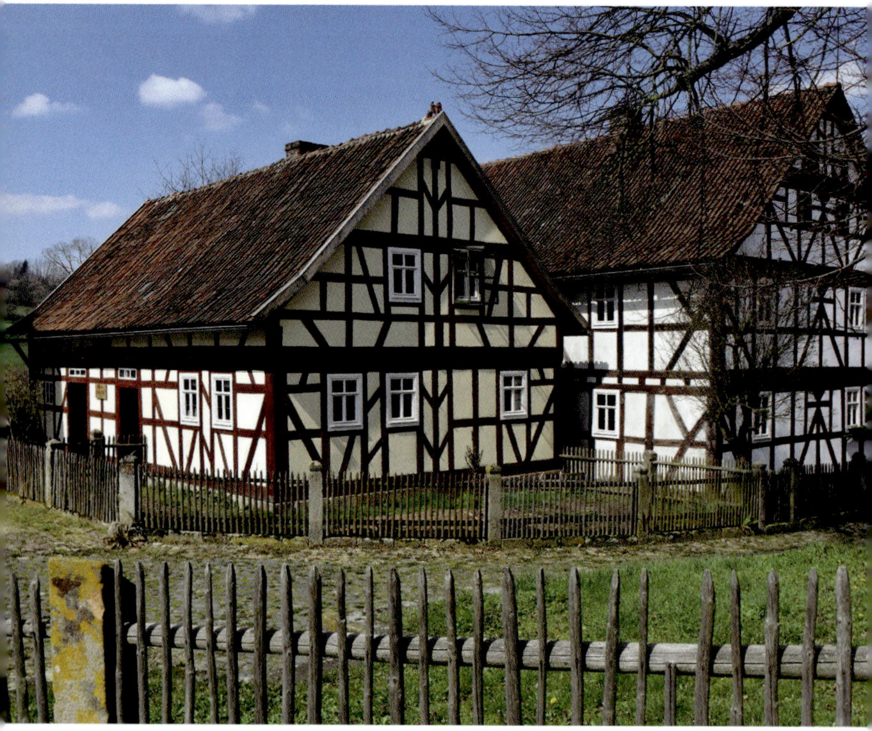

Schloss und Museumsdorf in Tann

Geschichte des Städtchens Tann

Das historische Städtchen Tann im Ulstertal ist viel zu schön, um es nur als Ausgangsort für eine Wanderung aufzusuchen. Wer erst einmal da ist, merkt schnell, dass er es mit einem wahren Juwel in der Kulturlandschaft Rhön zu tun hat. In der gesamten Altstadt wandelt man auf Schritt und Tritt auf den Spuren der Geschichte, die weitgehend vom Adelsgeschlecht derer von der Tann bestimmt wurde. Ende des 12. Jahrhunderts ließ sich das aus den Herren von Schlitz hervorgegangene Rittergeschlecht in Tann nieder und leitete in der Folge seinen Familiennamen vom neuen Stammsitz ab. Die damals gebaute Stammburg ist heute noch, mittlerweile zu einer Schlossanlage umgebaut, der Hauptsitz der Familie. Im 16. Jahrhundert führte Eberhard von der Tann, ein Vertrauter Martin Luthers, in seinem Territorium die Reformation ein. Daraufhin ließ er die Stadt Tann mit einer Mauer befestigen, um vor Angriffen der Fuldaer Äbte gewappnet zu sein, denen der Konfessionswechsel naturgemäß ein Dorn im Auge war. Den Bauernkrieg überstand der Ort ohne Schaden, da die Herren von der Tann den aufständischen Bauern Zugeständnisse machten. Dafür war der Dreißigjährige Krieg verheerend, mehrmals mussten Stadt und Umland Brandschatzungen und Plünderungen über sich ergehen lassen. Nach dem Wiener Kongress wurde Tann 1806 bayerisch, nach dem Deutschen Krieg 1866 preußisch und schließlich nach dem Zweiten Weltkrieg hessisch.

seinem Mentor Martin Luther bildlich verewigt. Auf der Schuhgasse gehen wir zum Steinweg, der nach links in die Marktstraße übergeht. Zuerst kommen wir am Ochsenbäckerhaus vorbei, einem Fachwerkgebäude von 1592 mit der Darstellung eines liegenden Ochsen über der Tür. Wenige Meter weiter erwartet uns mit dem um 1500 erbauten Elf-Apostel-Haus das vielleicht schönste Bürgerhaus der Stadt Tann. Seine reichlich mit Schnitzereien verzierte Fachwerkfassade weist im ersten Stock einen Fries mit Darstellungen der elf Apostel auf, der dem Haus den Namen gegeben hat. Wer genau hinsieht, wird aber feststellen, dass nicht elf Apostel dargestellt sind, sondern Christus mit zehn seiner Jünger. Die elfte Figur ist wohl im Laufe der Zeit verloren gegangen. Auf den zwölften Apostel Judas, der seinen Herrn verraten hat, hat der Künstler seinerzeit bewusst verzichtet.

Nur einen Katzensprung ist es nun zum Tanner Schlosskomplex, der sich aus drei Gebäuden zusammensetzt – dem Roten Schloss von 1558, dem Blauen Schloss von 1574 und dem Gelben

Schloss von 1699. Die drei Farben symbolisieren die drei Linien des Tann'schen Adelsgeschlechtes. Die Gebäude befinden sich nach wie vor im Privatbesitz derer von der Tann und können deswegen nur von außen betrachtet werden. Nur der Ahnensaal mit seiner prachtvollen barocken Decke und seinem kostbaren Inventar an Porträts, Möbeln, Waffen und Fahnen kann während der Saison einmal wöchentlich im Rahmen einer Führung besichtigt werden.

Ein Besuch des nahe gelegenen Rhöner Museumsdorfes beendet unseren Stadtspaziergang durch Tann. Das kleine Freilichtmuseum besteht nur aus drei Gebäuden, die einen lebendigen Eindruck davon vermitteln, wie früher die Landbevölkerung in der Rhön lebte und arbeitete. Naturkundlich Interessierte sollten aber auch im Naturmuseum nebenan vorbeischauen. Die Art und Weise, wie dort Präparate von verschiedensten Tieren in diversen Dioramen ausgestellt werden, ist einmalig und spannend zugleich – besonders für Familien mit Kindern. Wer jetzt Hunger und Durst verspürt, den erwartet in Tann ein reichhaltiges gastronomisches Angebot, auch mit Rhöner Spezialitäten.

Rhöner Spezialitäten

Auf den Speisekarten vieler Gastwirte finden sich Rhöner Spezialitäten aus Großmutters Zeiten, darunter der »Zwibbelsploatz«, also der original Rhöner Zwiebelkuchen, dem frische Zwiebeln, würziger Schinken oder Speck sowie Schmand eine herzhafte Note verleihen. Zunehmender Beliebtheit erfreut sich zudem das einstige Arme-Leute-Essen »Porreebröh«, ein mit Mehl angedicktes Porree-/Lauchgemüse. Als »Naesterhödes« wird es mit gefüllten Kartoffelklößen angeboten oder als »Duutsch« in einer Auflaufform mit Kartoffelmasse oder Hackfleisch vermischt im Ofen zubereitet. Dazu passt ein gutes Bier.

Ein Felsen mit Aussicht

Auf unserer Wanderung zum Habelstein gibt uns durchgängig die Markierung des *Rhön-Rundwegs 1* die Richtung vor, was uns die Orientierung erheblich erleichtert. Wir starten auf dem Marktplatz von Tann und verlassen die historische Altstadt durch das pitto-

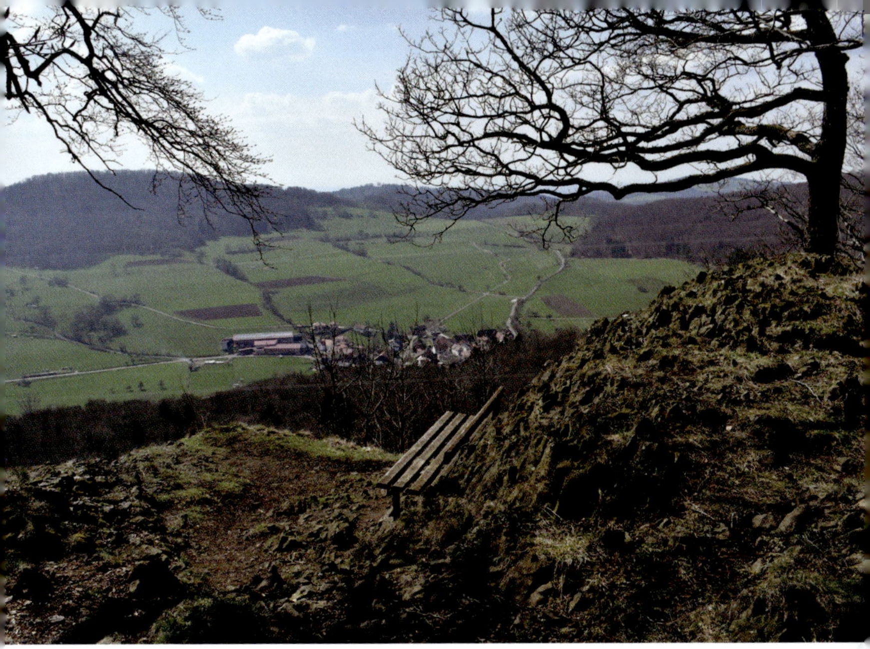

Der aussichtsreiche Habelstein bietet sich für eine kleine Rast an.

reske Stadttor. Dahinter schwenken wir rechts in die Straße Am Graben ein; auf ihr entlangspazierend, bietet sich uns ein schöner Blick nach rechts hinüber zur Schlossanlage derer von der Tann, bevor wir das Flüsschen Ulster überqueren. Wer denkt bei diesem Namen nicht an die gleichnamige Provinz in Nordirland, die über Jahrzehnte wegen eines blutigen Bürgerkrieges für Schlagzeilen sorgte? Tatsächlich sollen irische Mönche im frühen Mittelalter das kleine Fließgewässer nach ihrer Heimat benannt haben, als sie im Land Buchonia (wie die Rhön damals genannt wurde) die heidnischen Stämme zum Christentum bekehren wollten.

Ohne größere Anstrengung erreichen wir nach etwa drei Kilometern über die Feldflur das Dorf Günthers, wo es zwar einen Gasthof gibt, doch für eine Einkehr ist es noch zu früh. So wandern wir weiter nach Neuswarts. Uns erwartet ein kleines verträumtes Dorf wie aus dem Bilderbuch mit einer Kirche mit Zwiebelturm. Die Zeit scheint hier ein bisschen stehengeblieben zu sein. Auch das hiesige Gasthaus lassen wir links liegen, es hat eh meist nur abends geöffnet.

Nach dem schmucken Ort beginnt der anstrengende Teil unserer Wanderung, denn es geht steil bergauf durch dichten

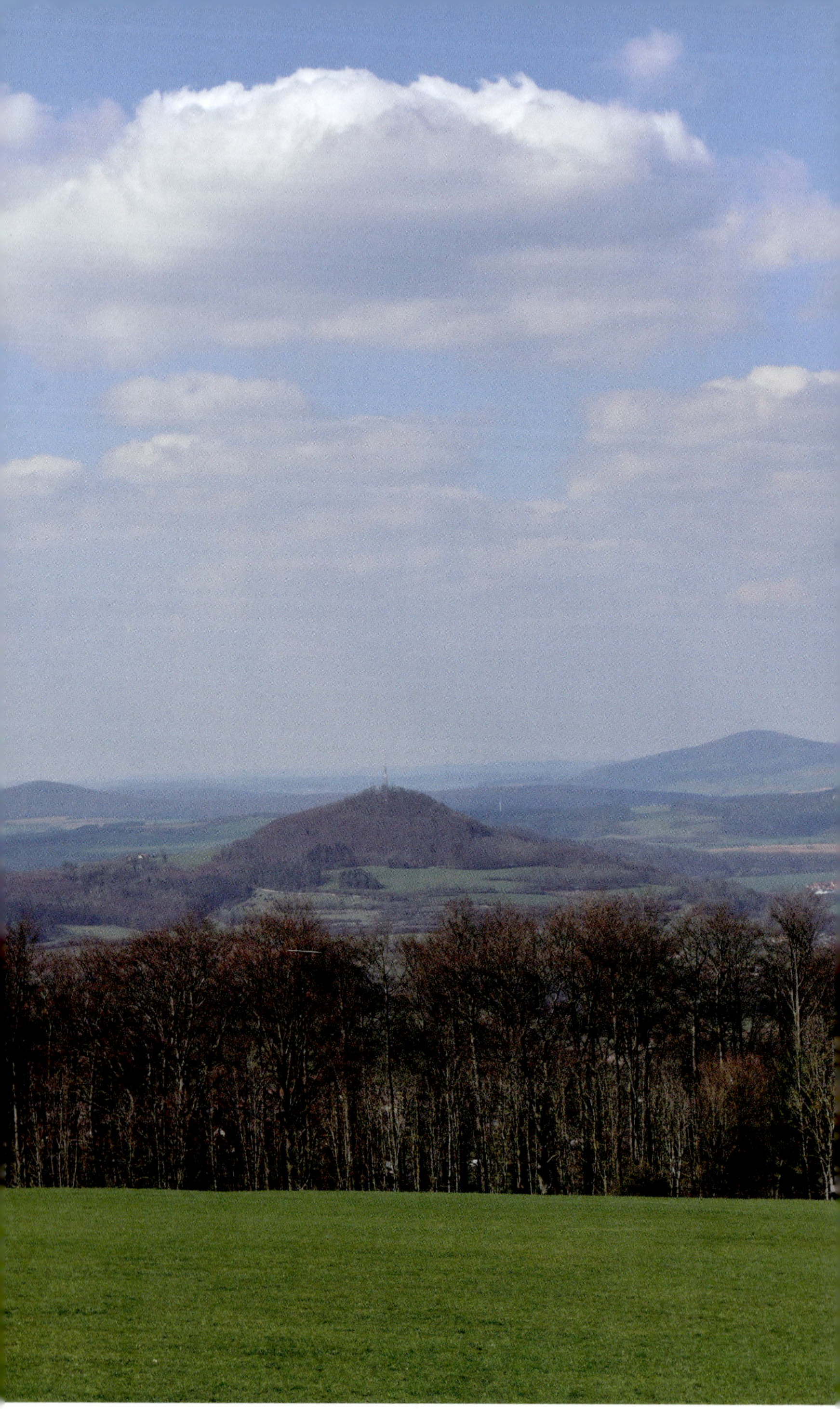

Blick von Heufeld ins Hessische Kegelspiel

Buchenwald. Zunächst führt uns unser Weg eine Zeitlang an den Bergkuppen des Kothenberges und des Seelesberges entlang. Dann folgt ein halbwegs steiler Abstieg hinunter ins Tal des Habel-Baches, wo wir uns auf einem Querweg nach links wenden. Am Wanderparkplatz Kettenborn kommt von rechts der Premiumwanderweg *Hochrhöner* zu uns und begleitet uns nun bis ans Ende unserer Tour. Mit Erreichen des Waldes wird es erneut ziemlich steil. Nach etwa 800 Metern kontinuierlichen Anstiegs treffen wir bei einem querenden Weg auf einen Wegweiser. Dort gehen wir etwa 50 Meter nach links zum Heufeld, einer Freifläche, die einen famosen Blick auf das Hessische Kegelspiel und die Kalihalden an der Werra bietet. Zurück am Wegweiser steigen wir nun an der Westflanke des Habelberges hoch zum etwas abseits des Weges gelegenen Habelstein (681 m), dem Ziel unserer Tour.

Der exponierte, über einem vom Wald verdeckten Blockmeer gelegene Basaltfelsen ist ein wunderschöner Aussichtspunkt mit freiem Blick auf die Milseburg und die Wasserkuppe. Eine Rastbank lädt dazu ein, etwas länger zu verweilen und die Stille des Waldes zu genießen. Wer an ausreichende Rucksackverpflegung gedacht hat, kann hier oben auch seine Brote auspacken. Ein Picknick mitten in der Natur hat durchaus seine Vorzüge.

Unser Rückweg nach Tann führt uns in einem steilen Abstieg um den Habelberg herum, an dessen Fuß Reste eines wohl nie zu Ende gebauten keltischen Ringwalles gefunden wurden. Bei einer T-Kreuzung folgen wir dem Wegweiser nach rechts hinunter ans Waldende, wo wir von einer Aussichtsbank einen schönen Blick auf das im Tal liegende Tann werfen. Weiter über die Feld- und Wiesenflur abwärts wandernd gelangen wir zurück zu unserem Ausgangspunkt auf dem Marktplatz.

Ausgewählte Adressen und Tipps

- Tourist-Information Tann (Rhön), Marktplatz 6, 36142 Tann (Rhön), Tel. 06682/961111, www.tann-rhoen.de/tourismus-und-kultur.
- Freilichtmuseum Rhöner Museumsdorf & Naturmuseum, Schlossgasse, 36142 Tann, Tel. 06682/961127. Apr. bis Nov. Di–So 10–17 Uhr.
- SteinReich und Alte Schmiede, Apr. bis Okt. Di–So 10–17 Uhr. Freier Eintritt. Kleines Fossilien- und Mineralienmuseum in der Nähe des Schlosses.
- Grenz-Informationsstelle zur ehemaligen DDR, Rhönhalle, Am Kalkofen 6, 36142 Tann, Tel. 06682/961111. Apr. bis Okt. jeden Fr um 10.30 Uhr, ca. 1 Std. über die ehemalige Grenze zur DDR, Führung und Filmvortrag.
- Ausstellung im Stadttor, Ende März bis Anfang Nov. Di–So 10–17 Uhr, Mo geschlossen. Kontakt über die Tourist-Information.
- RhönRäuberPark, Hauptstr. 6, 36142 Tann, Tel. 06682/970944, www.rhoen-dorf.de. Do/Fr 14–19, Sa/So und Fei 11–19 Uhr, in den Ferien keine Ruhetage. Indoor-Spielplatz, auch Hochseilgarten.
- *Landgasthof Zur Ulsterbrücke,* Brückenstr. 1, 36142 Tann-Günthers, Tel. 06682/9704046, www.landgasthof-ulsterbruecke.de. Ländlich-rustikal eingerichtete Zimmer, Hunde sind erlaubt.
- *Gasthaus Zum weißen Roß,* Thüringer Str. 19, 36142 Tann-Neuswarts, Tel. 06682/722. Öffnungszeiten bitte telefonisch erfragen.
- *Gasthaus Das Lämmchen,* Rossbergstr. 2, 36142 Tann, Tel. 06682/466, www.das-laemmchen.de. Das Restaurant wird nur noch für Veranstaltungen geöffnet, aber in der Pension kann man preiswert übernachten.
- *Café Fabula* (direkt am Museumsdorf), Schlossstr. 3, 36142 Tann, Tel. 06682/917142, www.sagen-keller.de. Apr. bis Okt. Fr–So und Fei 12–18 Uhr, Nov. bis März Sa/So 12–17 Uhr.
- *Rhön-Dorf-Café,* Hauptstr. 6, 36142 Tann-Wendershausen, Tel. 06682/9708911, www.rhoen-dorf.de. Zu den Öffnungszeiten des RhönRäuberParks.
- *Wirthaus und Metzgerei Zum Zobel,* Marktplatz 12, 36142 Tann, Tel. 06682/244, www.zum-zobel.de. So 11–14 und 17–21 Uhr.
- *Landhaus Kehl,* Eisenacher Str. 15, 36142 Tann-Lahrbach, Tel. 06682/387, www.landhaus-kehl-rhoen.de. Mi–So 11.30–13.30 und 17.30–22 Uhr, Mo nur abends, Di Ruhetag. Bekannt für seine hervorragende Küche, Fleisch, Fisch und Gemüse stammen ausschließlich von Bauern und Erzeugern aus der Rhön.

Höhepunkte der Kuppenrhön 11

Milseburg, Steinwand und Maulkuppe

Tour: Rundwanderung von Kleinsassen auf die Milseburg, zurück über die Steinwand und die Maulkuppe.
Länge/Dauer: 20,4 km/6–7 Std.
Einstiegspunkt: Kunststation in Kleinsassen.
Höhenunterschied: 347 m.
Markierungen: *Zubringer Hochröner (grün), rotes M (Extratour Milseburg), Rundweg 14.*
Anfahrt: *ÖPNV:* mit der Bahn bis ICE-Bahnhof Fulda, vom ZOB Fulda mit Buslinie 30 nach Dipperz Haltestelle Gasthaus Kircher, von dort Buslinie 34 nach Kleinsassen Haltestelle Rhönringstraße (allerdings schlechter Takt), an Sa/So verkehrt der RhönRadBus von Fulda bis Haltestelle Kleinsassen Kunststation. *Kfz:* A 7 Ausfahrt Fulda Mitte, B 458 bis Kreuzung mit dem Hochrhönring, auf dem Hochrhönring nach Kleinsassen; Parkmöglichkeiten bei der Kunststation.
Saison: Frühjahr bis Herbst.
Familie: Für Kinder ist diese Tour zu lang. Empfohlen seien daher zwei Varianten, die den Kids sicherlich Spaß machen: a) mit dem Auto von Poppenhausen auf dem Hochrhönring bis zum *Gasthaus Zur Steinwand;* von dort um die Steinwand (etwa 1,8 km) und gegebenenfalls weiter hoch zum Fuldaer Haus auf der Maulkuppe (hin und zurück etwa 2 km); b) vom Wanderparkplatz unterhalb der Milseburg (ab Kleinsassen ausgeschildert) mit der *Extratour Milseburg* bzw. dem *Hochrhöner* hoch auf die Milseburg; vom Gipfel mit dem *Hochrhöner* hinunter zum Himmelsschauplatz beim Weiler Danzwiesen und von dort links mit dem *roten Dreieck* des *Milseburgweges* zurück zum Wanderparkplatz (etwa 3,5 km mit einem steilen An- und Abstieg).
Anforderungen: Für diese sehr lange Tour mit einigen steileren Anstiegen ist neben einer guten Kondition auf manchen Passagen Trittsicherheit erforderlich (eventuell Wanderstöcke mitnehmen).
Besonderheiten: Jährlich im August findet die Straßenausstellung Kunstwoche Kleinsassen statt. Künstler aus ganz Deutschland und vielen anderen Ländern präsentieren ihre Objekte aus den Bereichen Malerei, Grafik und Bildhauerei an Ständen, die im ganzen Ort verteilt sind. Musiker und Kleinkünstler sorgen für die Unterhaltung der zahlreichen Besucher. Eine schöne Möglichkeit, einmal mit Künstlern ins Gespräch zu kommen (www.malerdorf-kleinsassen.de).

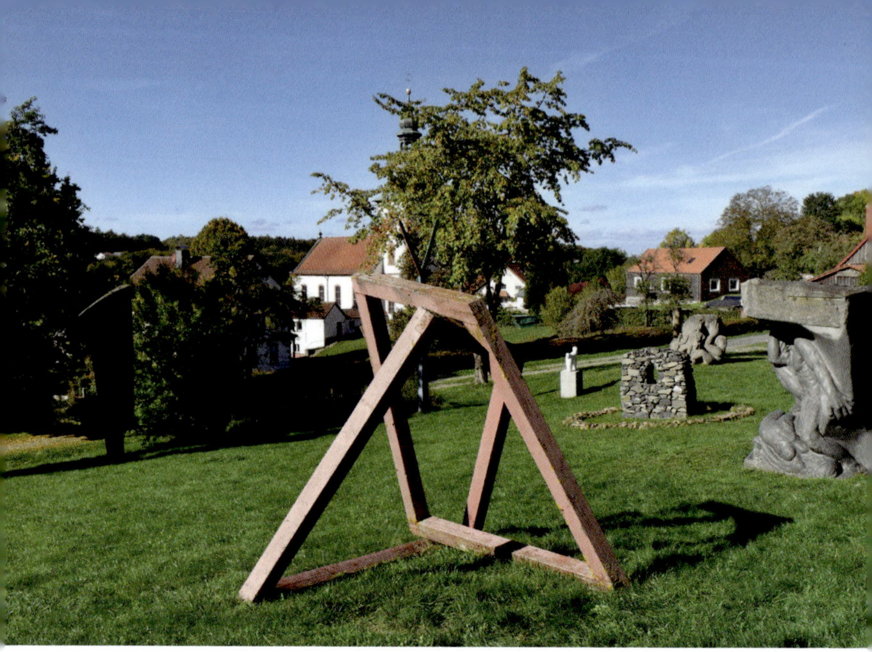

Skulpturengarten der Kunststation im Malerdorf Kleinsassen

Ein »malerisches« Dorf

Dank seiner von einer Haube gekrönten Barockkirche und seiner romantischen Lage am Fuße der Milseburg ist Kleinsassen ein Rhöndorf wie aus dem Bilderbuch. Diesem Umstand ist es wohl zu verdanken, dass Mitte des 19. Jahrhunderts Maler den kleinen Ort und seine reizvolle Umgebung als Betätigungsfeld für ihre Naturstudien entdeckten. Als einer der ersten kam 1858 der Dresdner Künstler Friedrich Preller der Jüngere (1838–1901) hierher, um der damals beliebt gewordenen Landschaftsmalerei zu frönen. Ihm folgten Kunstprofessoren der Akademien in Dresden, Weimar, Leipzig, Düsseldorf und München, die mit ihren Studenten in der Rhön auf Motivsuche gingen. Kleinsassen entwickelte sich in der Folge zu einer Künstlerkolonie ähnlich wie Worpswede in Niedersachsen. Der Düsseldorfer Maler Julius von Kreyfelt (1863–1947) wurde hier sesshaft und lebte bis zu seinem Tod mit seiner Frau, die wegen ihrer Schönheit »Das Rhönröschen« genannt wurde, im Malerdorf. Mit Paul Klüber (1904–1945) brachte Kleinsassen sogar einen eigenen Maler von Rang hervor. Er gilt als einer der bekanntesten Rhönmaler, sein Lieblingsmotiv war die Milseburg und von ihm stammt das schöne Zitat: »Entweder hat man das Talent, dann braucht man das Studium nicht, oder man hat es nicht, dann nützt der akademische Unterricht auch nicht«. Er hatte übrigens beides – Talent und Studium. Nach dem Zweiten Weltkrieg und dem Tod von Julius von Kreyfelt, der prägenden Gestalt des Malerdorfes, geriet die Künstlerkolonie in Vergessenheit. Erst 1979 wurde die Tradition des Malerdorfes auf Initiative einiger Kleinsassener Bürger neu belebt und es kam in Zusammenarbeit mit der Volkshochschule Fulda zur Gründung der Kunststation Kleinsassen in der ehemaligen Dorfschule. Seitdem werden dort auf über 1200 Quadratmetern in drei großen Hallen und einem Studioraum für kleinere Projekte ständig wechselnde Ausstellungen präsentiert. Das Haus steht allen Kunstgenres und -stilen offen, es bietet jungen und etablierten Künstlern aus aller Welt ein Fo-

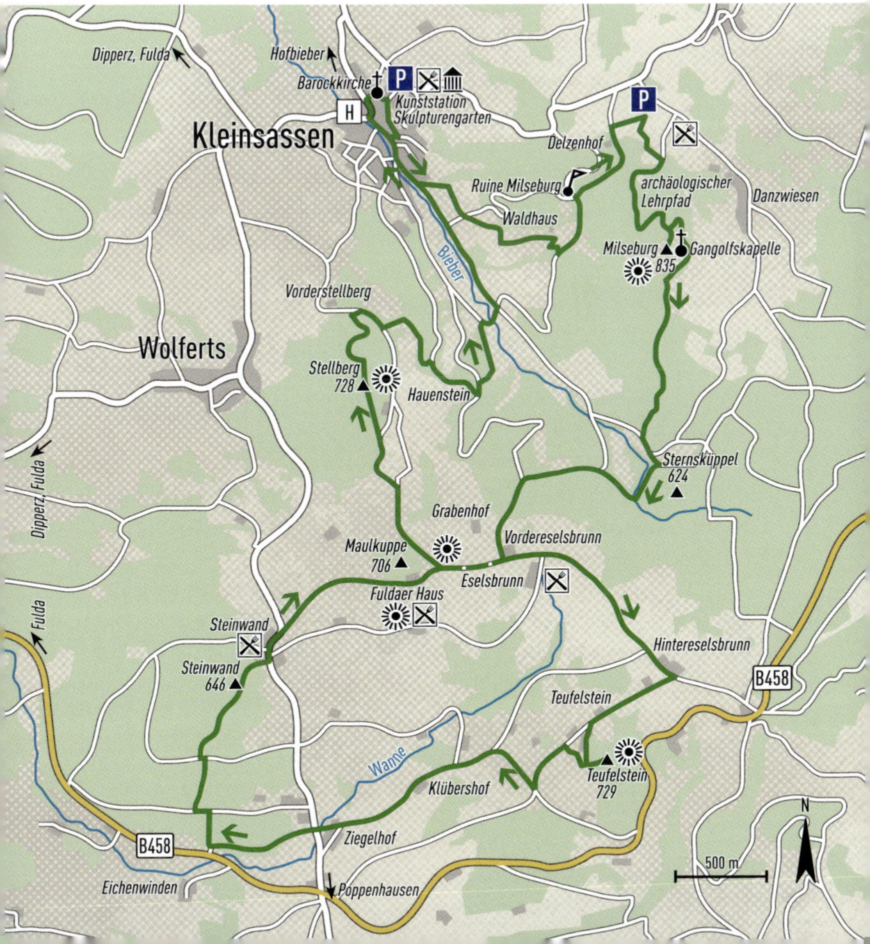

rum. Ein wichtiges Anliegen ist es den Machern darüber hinaus, den Austausch und die Begegnung zwischen Kunstschaffenden und Kunstinteressierten zu ermöglichen. Dazu gehören vielfältige Aktionen und das offene Atelier, aber auch Künstlertreffen zu gemeinsamen Arbeiten, Bildhauersymposien und Künstleraufenthalte. Der im Außenbereich jederzeit frei zugängliche Skulpturengarten vermittelt einen Eindruck von dem, was Bildhauer und Installationskünstler in den vergangenen Jahren vor Ort geschaffen haben. Besonders eindrucksvoll ist die Plastik »Sage der Milseburg« des Künstlers Numan Huseinbegović aus Bosnien-Herzegowina. Der Garten ist aber keine abgeschlossene Anlage, er wächst weiter und verändert sich. Weitere künstlerische Aktivitäten entfaltet seit seiner Gründung im Jahr 1987 der Verein Malerdorf Kleinsassen e. V. – darunter die jährliche stattfindende Kunstwoche Kleinsassen. So wird Kleinsassen seinem Ruf als Malerdorf und Mekka für Kunstliebhaber nach wie vor gerecht.

Zur Perle der Rhön

Ausgangspunkt unserer Tour ist die Kunststation Kleinsassen. Da das darin befindliche *Café* erst am Nachmittag geöffnet ist, machen wir uns ohne Stärkung auf den Weg. Zunächst gehen wir ohne Markierung hinunter in Richtung Dorfmitte, wo wir bei der Rhönringstraße auf den *Hochrhöner-Zubringer (grün)* stoßen. Ihm folgen wir nach links über den Alten Weg aus dem Ort hinaus und halten längs der Bieber auf eine Weggabelung zu. Dort treffen wir auf die *Extratour Milseburg*, mit deren *rotem M* wir uns nach links orientieren.

Es geht nun stetig bergauf, mehr als 350 Höhenmeter wollen hoch zur Kreuzigungsgruppe auf dem Gipfel der Milseburg bewältigt sein. Nach der Zufahrt zu einem »Waldhaus« genannten Privatgrundstück biegen wir links ab und gelangen in den Bergwald. Er setzt sich überwiegend aus Buchen, im Bereich der Basaltblockhalden auch aus Bergulmen und Sommerlinden zusammen. Seit 1997 ist das gesamte Bergmassiv als Naturschutzgebiet ausgewiesen, nicht zuletzt wegen vieler einzigartiger Moose und Flechten auf den Felsen und Kostbarkeiten wie der Pfingstnelke, der Roten Fetthenne und dem Wimpernfarn, die im Gipfel-

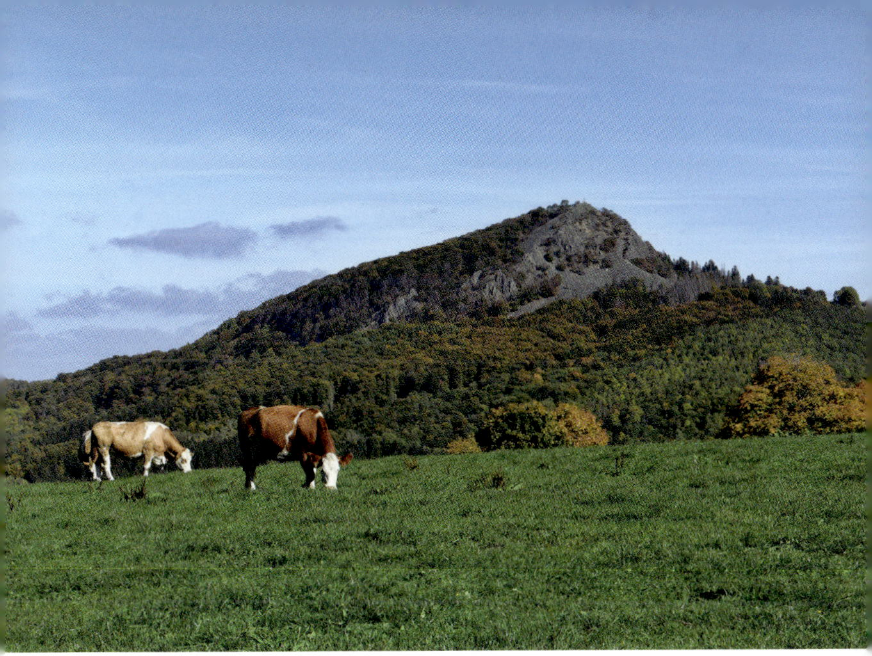

Blick von der Maulkuppe auf die Milseburg

bereich anzutreffen sind. Weiter bergauf passieren wir links des Weges die auf dem vorgelagerten Bergkegel des Liedenküppels gelegene Ruine der Milseburg. Ein Abstecher dorthin lohnt sich nicht, außer ein paar Mauerfundamenten gibt es nicht viel zu sehen. Die Festung entstand vermutlich im frühen Mittelalter und wurde um 1120 vom Abt von Fulda zerstört und nicht mehr aufgebaut.

Nach wie vor in steilerem Anstieg gelangen wir, vorbei am Delzenhof, aus dem Wald hinaus auf die Wiesenhochfläche. Rechts abbiegend ist es nicht weit zum Wanderparkplatz an der L 3379, wo ein archäologischer Lehrpfad beginnt. Dessen Informationstafeln begleiten uns im weiteren Verlauf unseres Anstieges. Sie verraten uns, dass in der späten Eisenzeit vor etwa 2500 Jahren auf der Milseburg ein keltisches Oppidum errichtet wurde. Mit einem Ausmaß von 32 Hektar und einem etwa 1,3 Kilometer langen Steinwall gilt die frühgeschichtliche Wehranlage als das größte archäologische Denkmal der Rhön.

Neben unserem *roten M* führen auch der *Hochrhöner* und der *Milseburgweg (rotes Dreieck)* zum Gipfel. Schritt für Schritt nimmt die Steigung zu, dazu ist der Weg, jetzt eher ein Pfad,

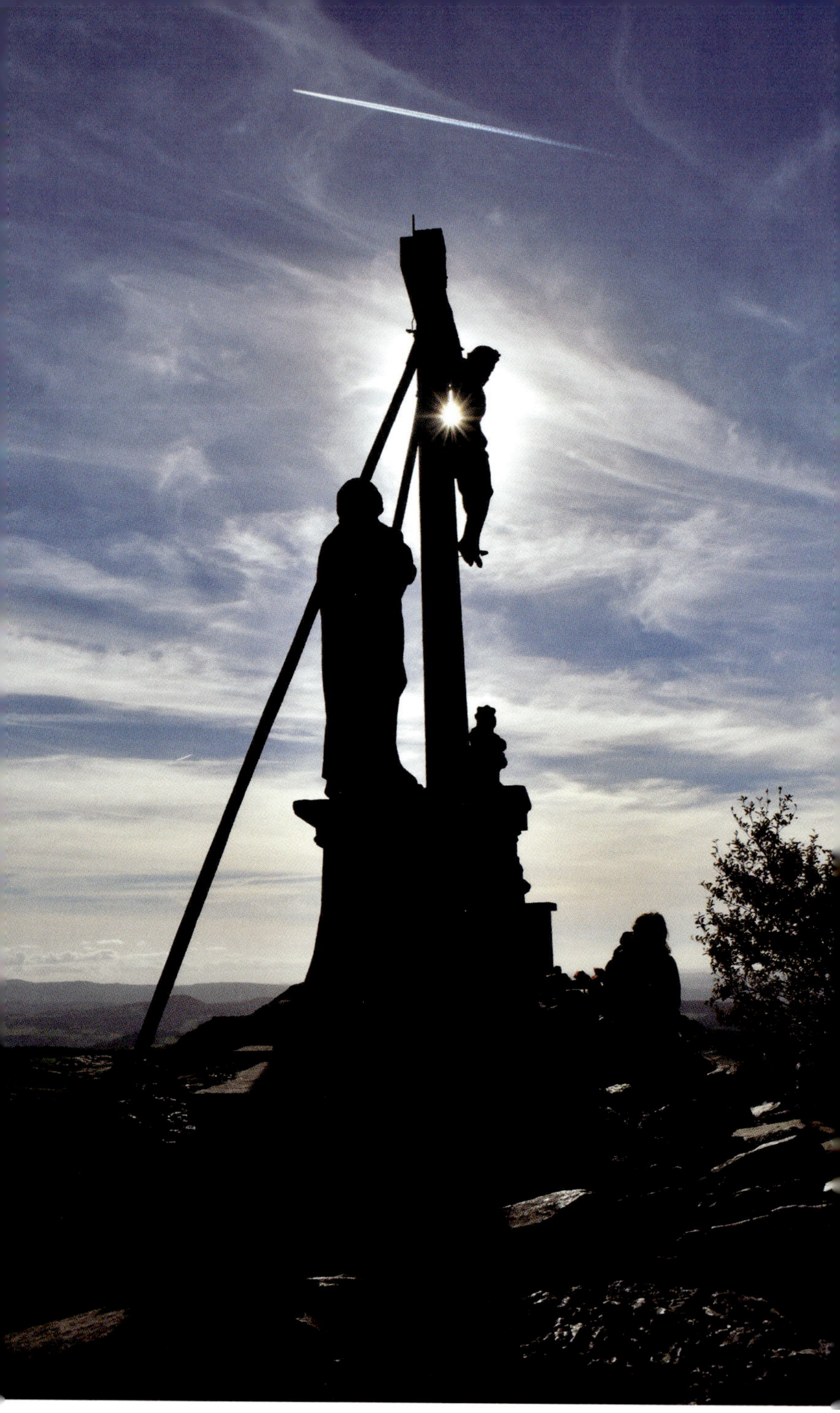

Die imposante Kreuzigungsgruppe auf dem Gipfel der Milseburg

steinig und von Wurzeln übersät. Gut, dass hin und wieder eine Tafel des Lehrpfades auftaucht, um die Lektüre für eine kleine Pause zu nutzen. Auch geübte und durchtrainierte Wanderer kommen hier ins Schwitzen.

Endlich haben wir es geschafft und sind fast ganz oben angelangt – doch dann Enttäuschung pur: Die knapp unterhalb des Gipfels gelegene Milseburghütte wurde abgerissen, sie soll ab 2023 neu gebaut werden. Statt eines frisch gezapften Biers und einer zünftigen Hüttenbrotzeit ist also Rucksackverpflegung und ein Schluck aus der (lauwarmen) Wasserflasche angesagt. Trüben soll das unsere Gipfelfreuden allerdings nicht, denn der unvergleichliche Panoramablick vom steinigen Gipfelgrat auf 835 Metern Meereshöhe entschädigt vollauf für die entgangenen kulinarischen Genüsse. Weit schweift der Blick in die Hohe Rhön und in die Kuppenrhön, die Milseburg ist der vielleicht schönste Aussichtsberg im ganzen Vulkangebirge (noch dazu ohne Aussichtsturm). Eben eine »Perle der Rhön«, wie der Berg gerne genannt wird. Statt eines banalen Gipfelkreuzes schmückt ihn die 1756 errichtete imposante Kreuzigungsgruppe, die auch ungläubigen Wanderern eine gewisse Ehrfurcht einflößt. Sie ist eines der beliebtesten Fotomotive in der Rhön.

Beim Abstieg vom Gipfel werfen wir einen Blick in die schlichte Gangolfskapelle, an der wir schon auf dem Hinweg vorbeigekommen sind. Sie wurde 1932 neu gebaut, nachdem das in das 15. Jahrhundert zurückreichende Vorgängergebäude einem Blitzeinschlag zum Opfer gefallen war. Der Heilige Gangolf spielt eine wichtige Rolle in der Milseburgsage (siehe Kasten »Die Milseburgsage«). Dass furchtsame Gemüter in der Form des Berges eine Totenlade bzw. einen Sarg erkennen, mag angesichts der Sage nachvollziehbar sein.

Wir setzen unseren Weg unbeeindruckt fort und steigen durch ein Basaltblockmeer an der Ostflanke hinab. Unten auf einem Querweg rechts abbiegend, folgen wir unserem *roten M* stetig weiter bergab durch den Laubmischwald in den Talgrund der Bieber. Dann geht es wieder bergauf auf eine Hochebene, wo wir auf Höhe des Grabenhofes den Wald verlassen. Im Weiler Vordereselsbrunn halten wir uns links und folgen ab jetzt der Markierung des *Rundwegs 14* (wer mag, kann die Tour hier abkürzen und mit der *Extratour Milseburg* rechts zum Fuldaer Haus abbiegen). Kurz danach hält in Eselsbrunn in den Sommermonaten (außer

Die Milseburgsage

Einst lebte in der Rhön ein Riese namens Mils in seiner auf einem mächtigen Berg errichteten Felsenburg. Da er mit dem Teufel im Bunde war, sah er mit Missfallen, dass heilige und gottesfürchtige Männer die Heiden der Umgebung zum christlichen Glauben bekehrten. Mils verfolgte die Neugetauften und quälte und bedrückte sie und ihre frommen Lehrer. Da trat der Heilige Gangolf mit seinen Rittern auf den Plan, um den Riesen in seiner Burg zu bezwingen. Die Belagerer hatten nur eine einzige Wasserquelle zur Verfügung, die einem geizigen Bauern gehörte. Da die Kämpfer den geforderten Wucherpreis nicht mehr zahlen konnten, schöpfte Gangolf mit seinem Helm letztmals Wasser und schüttete es, zurück bei seinen Männern, auf den Boden. Sofort entsprang dort eine Quelle, die heute noch Gangolfsbrunnen heißt, der Brunnen des geizigen Bauern versiegte im selben Augenblick. Als der Riese Mils erkannte, dass er nun seine Gegner nicht mehr loswerden würde, beging er vor Verzweiflung Selbstmord. Der Teufel, dem Mils sein Leben lang gedient hatte, häufte über dessen Leichnam einen riesigen Grabhügel auf – die Milseburg.

Juli) an den Wochenenden ein *Jausenhof* Speis und Trank für uns bereit. Hinweg über Wiesenmatten biegen wir in Hintereselsbrunn rechts ab und machen hinter dem Weiler Teufelstein einen Abstecher nach links auf den nahe gelegenen Gipfel des Teufelsteins. Ein schmaler Pfad führt hoch zum Felsen, der durch die Bäume eine schöne Aussicht in Richtung Wasserkuppe bietet. Zurück auf unserem *Rundweg 14* geht es nun immerzu bergab, wobei wir die Weiler Klübershof und Ziegelhof durch- und dann die Straße Hochrhönring überqueren.

Immer an der Wand lang

Kurz vor der B 458 wenden wir uns nach rechts und erreichen in einer Aufwärtspassage durch einen lichten Laubmischwald einen der Top-Geotope der Hessischen Rhön – die Steinwand. Sie gehört mit einer Länge von knapp 600 Metern und einer maximalen Höhe von 25 Metern zu den beeindruckendsten Felsformationen der Rhön. Wie die Milseburg besteht sie aus dem vulkanischen Gestein Phonolith, das auch Klingstein genannt wird. Schlägt man es mit dem Hammer an, entsteht ein hell klingender Ton

(Basalt dagegen erzeugt ein dumpfes Geräusch). Deutlich sind beim Flanieren längs der Wand die zackenförmigen Säulen zu erkennen. Oft kann man hier an Wochenenden Kletterer beobachten, die sich an den steilen Felsen an Aufstiegen der Schwierigkeitsgrade eins bis acht versuchen. Und dies ganz legal – die Steinwand ist ein offizieller Klettergarten der Sektion Fulda des Deutschen Alpenvereins. Am Ende von Wand und Wald lässt es sich im *Gasthaus Zur Steinwand* bestens einkehren.

Danach nehmen wir den Anstieg auf die Maulkuppe in Angriff, wobei das Fuldaer Haus unser nächstes Ziel ist. Auf dem Weg dorthin begleiten uns auf der letzten Etappe zahlreiche Skulpturen der Poppenhauser Kunstmeile, die von namhaften Künstlern aus dem In- und Ausland geschaffen wurden. Auf der Terrasse des im Rundbaustil errichteten Fuldaer Hauses sollte man bei einem Kaffee den herrlichen Blick in die Hohe Rhön genießen. Wieder on tour bietet sich uns zudem etwa 150 Meter hinter dem gastlichen Ort bei einer Viehweide ein wunderschöner Blick hinüber zur Milseburg. Sie zeigt uns von dort ihre steile, von einem Blockmeer umgebene Südflanke und wirkt dadurch etwas unheimlich. Für den berühmten Naturforscher Alexander von Humboldt war sie aber »der schönste Berg Deutschlands«. Dort

Gigantische Aussicht vom Berg des Riesen Mils

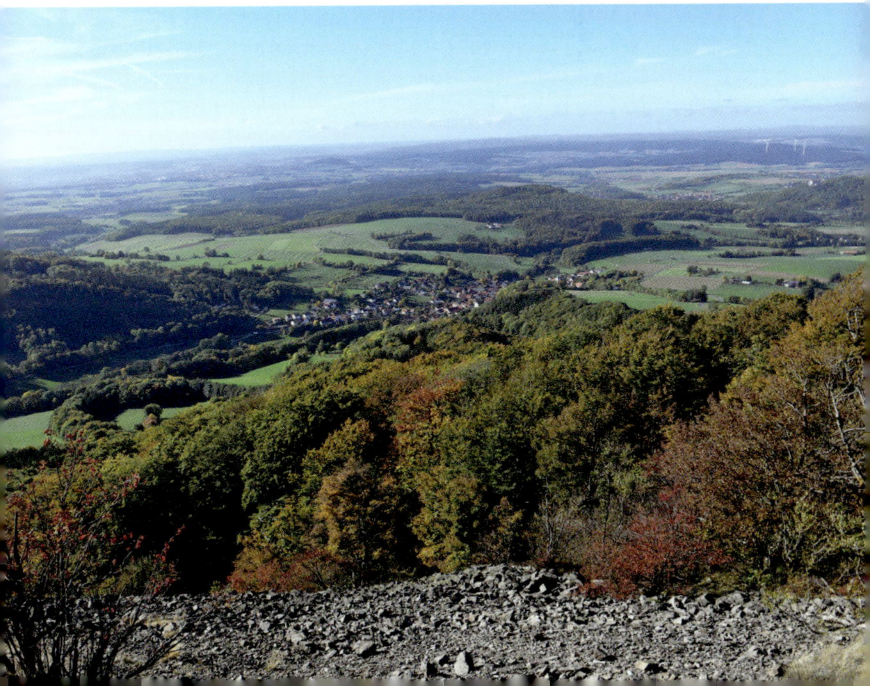

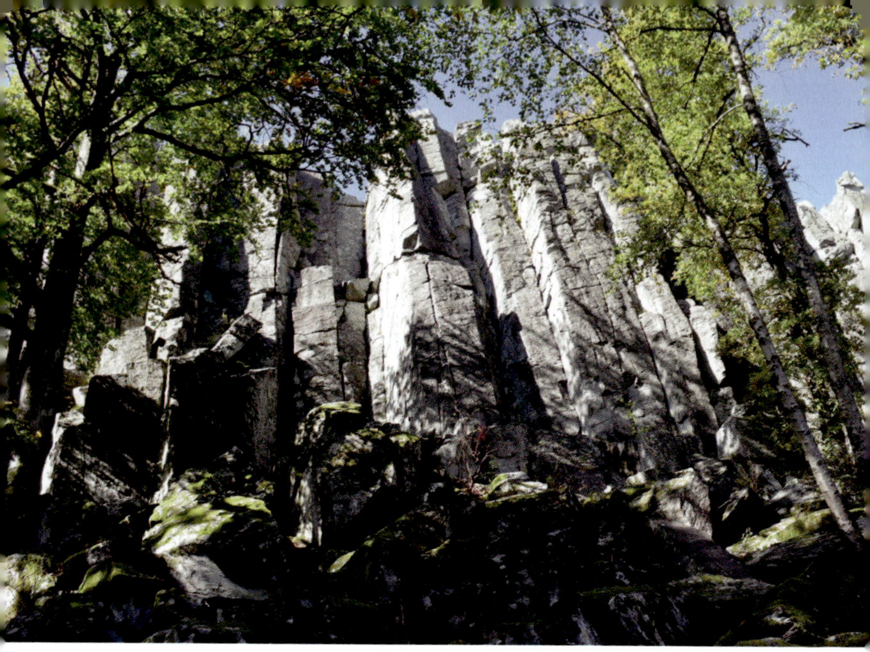

Die Steinwand ist ein außergewöhnlicher Geotop.

treffen wir wieder auf die *Extratour Milseburg* und halten uns mit ihr links leicht abwärts auf ein Waldgebiet zu. Darin überschreiten wir in der Folge den Stellberg, der von seinem Gipfel über eine Blockhalde hinweg Aussicht nach Westen bis zum Vogelsberg und nach Osten zur Milseburg bietet. An seinem Fuß wenden wir uns vor dem Weiler Vorderstellberg nach rechts und folgen unserem *roten M* hinunter zum Hauenstein, einer Phonolithkuppe mit wenig Aussicht, dafür mit einem Rastplatz. Weiter bergab ist bald darauf der Waldrand erreicht, an dem wir uns links entlang halten. Nach Überqueren eines Bachgrundes gelangen wir zu der Weggabelung, wo wir in die *Extratour Milseburg* eingestiegen sind. Von dort wandern wir wie auf dem Hinweg zurück nach Kleinsassen, wobei wir dort jetzt rechts in die Julius-von-Kreyfelt-Straße abbiegen und dann links einschwenkend auf einer Gasse zur Kunststation zurückkehren.

Ausgewählte Adressen und Tipps

Tourist-Information Hofbieber, Schulweg 5, 36145 Hofbieber, Tel. 06657/9870, www.hofbieber-tourismus.de. Mo–Fr 8.30–12, Di auch 16.30–17.30 Uhr.

Tourist-Information Poppenhausen (Wasserkuppe), Von-Steinrück-Platz, 36163 Poppenhausen (Wasserkuppe), Tel. 06658/960013, www.poppenhausen-wasserkuppe.de. Mo–Fr 8–12.30, Mo und Mi/Do auch 13.30–16.30, Di auch 13.30–17.30 Uhr, Sa Mai bis Okt. 10–12 Uhr.

Kunststation Kleinsassen (mit Skulpturengarten), An der Milseburg 2, 36145 Hofbieber-Kleinsassen, Tel. 06657/8002, www.kunststation-kleinsassen.de. Di–Sa 13–18, So und Fei 11–18 Uhr; Winterzeit Do–So 13–17 Uhr; der Skulpturengarten ist jederzeit frei zugänglich.

Pfunds-Museum Kleinsassen e. V., Julius-von-Kreyfelt-Str. 1, 36145 Hofbieber-Kleinsassen, Tel. 06657/1607, www.pfunds-museum.de. Apr. bis Okt. Sa/So 13–17 Uhr, erster Do im Monat 18–20 Uhr; Nov. bis März geschlossen. Eine Sammlung zur Kulturgeschichte der Waagen, Maße und Gewichte, mehr als 40.000 Objekte von der Antike bis zur Gegenwart können besichtigt werden.

In der Kunststation Kleinsassen gibt es jeden zweiten So im Monat kostenlose Malaktionen für Kinder. Eine Anmeldung ist nicht erforderlich.

Café in der Kunststation Kleinsassen (s. o.). Leckere Kuchen und Torten aus eigener Herstellung, dazu deftige Snacks, auch vegan; biozertifiziert.

Milseburghütte, die alte Hütte wurde abgerissen, der Neubau soll 2023 fertig werden. Infos in der Tourist-Info Hofbieber.

Milseburgstube, Gangolfsweg 1, 36145 Hofbieber-Kleinsassen, Tel. 06657/608565, www.milseburgstube.de. Mai bis Okt. Mi–So 11–19 Uhr, Mo/Di Ruhetage; Nov. bis Apr. Do–So 11–18 Uhr, Mo–Mi Ruhetage. Gutbürgerliche Küche, wobei die Fleischgerichte überwiegen, es steht auch eine Ferienwohnung zur Verfügung.

Jausenhof Eselsbrunn, Eselsbrunn 4, 36163 Poppenhausen (Wasserkuppe), Tel. 0170/2323776, www.jausenhof-eselsbrunn.de. Ab Apr. Sa/So und Fei 13–18 Uhr, nicht durchgängig jedes Wochenende, bitte Webseite beachten. Es gibt selbst gebackene Kuchen, Torten und Waffeln, dazu deftige Jausen-Brotzeiten, mit Biergarten.

Gasthaus zur Steinwand, Steinwand 5, 36163 Poppenhausen (Wasserkuppe), Tel. 06658/328, www.gasthaus-zursteinwand.hpage.com. Apr. bis Okt. Mo und Do/Fr 11.30–14 und ab 18 Uhr, Sa/So und Fei durchgehend ab 11.30 Uhr, Ruhetage Di/Mi; Nov. bis März nur Sa/So ab 11.30 Uhr. Mit Biergarten und Zeltplatz!

Fuldaer Haus, Maulkuppe 1, 36163 Poppenhausen (Wasserkuppe), Tel. 06658/242, www.fuldaer-haus.de. Di–Sa 10.30–23, So 10.30–17 Uhr, Mo Ruhetag. Gutbürgerliche Küche aus regionalen Produkten. Es gibt Doppelzimmer, Hütten-Zweibett-Zimmer mit Etagendusche/WC sowie eine Ferienwohnung. Hunde sind willkommen, Vorabbuchung erforderlich.

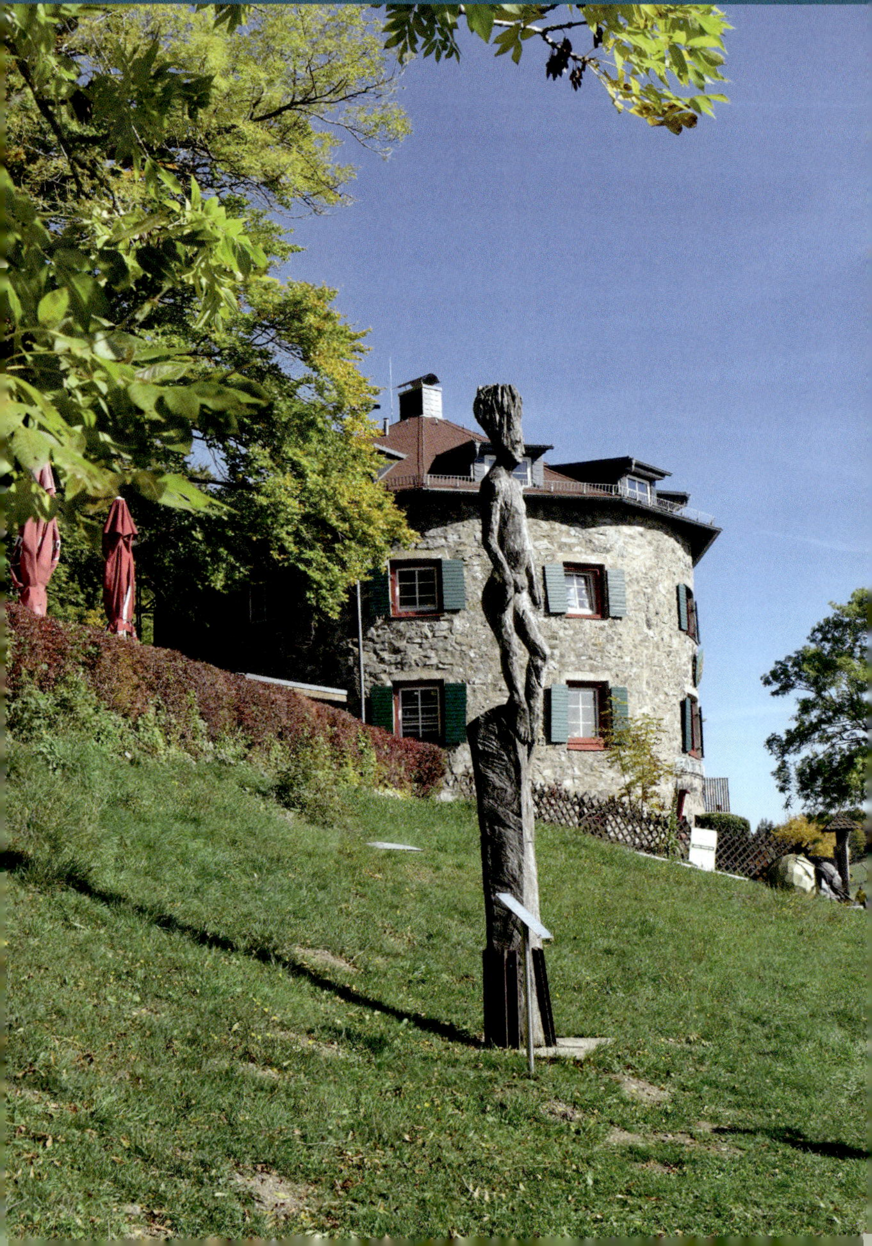

Abhében auf Hessens höchstem Gipfel

12

Rund um die Wasserkuppe

Tour: Rundwanderung Wasserkuppe–Abtsrodaer Kuppe–Fliegerdenkmal–Pferdskopf–Guckaisee–Fuldaquelle–Schafstein–Wasserkuppe (950 m).
Länge/Dauer: 14,9 km/ca. 4,5 Std.
Einstiegspunkt: Deutsches Segelflugmuseum auf der Wasserkuppe.
Höhenunterschied: 250 m.
Markierungen: *Extratour Guckaisee, Hochrhöner, Rhön-Rundweg 4.*
Anfahrt: *ÖPNV:* mit der Bahn bis Fulda, von dort (ZOB) mit Buslinie 35 bis zur Bushaltestelle Wasserkuppe oder mit der Bahn bis Gersfeld und von dort mit Buslinie 37 oder 90 bis zur Bushaltestelle Wasserkuppe. *Kfz:* auf der A 71 bis Bad Neustadt und weiter auf der B 279 über Bischofsheim/Rhön nach Gersfeld, von dort über die B 284 und die L 3066 (Hochrhönring) zur Wasserkuppe; oder auf der A 7 (Würzburg–Kassel) bis Dreieck Fulda, dort auf die A 66 Richtung Frankfurt a. M. und dann die Ausfahrt Fulda-Süd nehmen, auf der B 27 bis Döllbach und von dort auf der B 279 bis Gersfeld, von dort über die B 284 und die L 3066 (Hochrhönring) zur Wasserkuppe; Parkplätze bei der Fuldaquelle und beim Flugplatz (2 €/Tag, Parkautomat und Pay by Phone).
Saison: das ganze Jahr über, am schönsten aber ab Frühling bis in den Herbst.
Familie: Kinder ab 10 Jahren haben Spaß an dieser Wanderung.
Anforderungen: Für diese Tour ist festes Schuhwerk unerlässlich, da einige steilere An- und Abstiege, teils auf felsigem Untergrund, bewältigt werden müssen.
Besonderheiten: Die Wasserkuppe zählt im Winter zu den wenigen schneesicheren Bergen in Deutschland außerhalb der Alpen. Es bestehen zahlreiche Möglichkeiten für Schneewanderungen, Skilanglauf sowie alpine Skiabfahrten und Snowboards. Im Sommer Badesachen nicht vergessen für die Abkühlung im Guckaisee.

Die Wiege des deutschen Segelfluges

Die Tausend-Meter-Höhenmarke wird in der Rhön zwar nicht erreicht, aber mit 950 Meter ist die Wasserkuppe dennoch der höchste Berg im Land der offenen Fernen. Damit nicht genug,

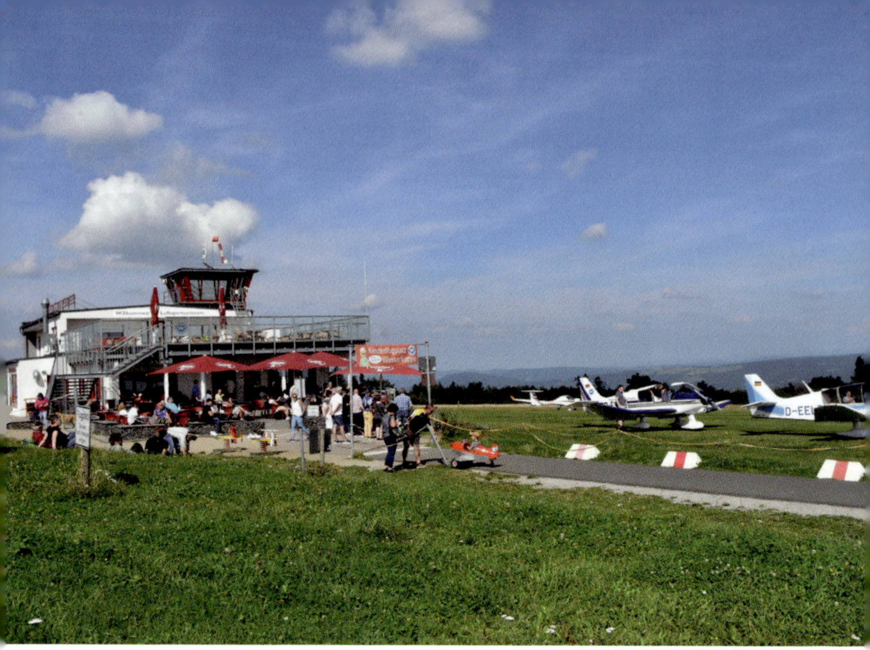

Reges Treiben auf dem Flugplatz auf der Wasserkuppe

ist sie sogar noch Höhenrekordhalter im Bundesland Hessen, das sich die Rhön mit Bayern und Thüringen teilt. Der Name Wasserkuppe geht vermutlich darauf zurück, dass rund um den Berg zahlreiche Quellen entspringen. Hätte die Namensgebung etwas mit ihrer Entstehung zu tun, müsste die Wasserkuppe eher »Feuerkuppe« heißen, denn wie die meisten Rhönberge ist sie vulkanischen Ursprungs und besteht aus basaltischen Gesteinen. Nur von einem Berg zu sprechen ist sowieso fast untertrieben, denn die Wasserkuppe ist eher ein lang gezogenes Bergmassiv mit einem Haupt- und mehreren Nebengipfeln. In jedem Fall ist sie ein Aussichtsberg par excellence, ihr baumloses Hochplateau ermöglicht traumhafte Ausblicke in alle Himmelsrichtungen. Wer hier oben steht, fühlt sich dem Himmel nahe und möchte abheben. Tatsächlich ist die Wasserkuppe ein Berg der Flieger und gilt gar als die Wiege des deutschen Segelfluges. Seit 1911 kommen Flugbegeisterte hier herauf und 1924 wurde bereits die erste Flugschule gegründet. Heute herrscht auf dem Flugplatz der Fliegerschule Wasserkuppe bei günstigen Wind- und Wetterbedingungen reges Treiben. Aber auch abseits der Piste erheben sich vom Plateaurand Paraglider sowie Drachen- und

Gleitschirmflieger in die Luft, dazu frönen die Anhänger des Modellflugs ihrem Hobby. Auch wer lieber am Boden bleibt, hat Spaß daran, den Flugsportlern aller Art bei ihren Start- und Landemanövern zuzusehen. Dies gehört zum besonderen Flair dieses Berges.

Da ist es naheliegend, dass wir unsere Wanderung beim Deutschen Segelflugmuseum beginnen. Von dort folgen wir der Wegführung der *Extratour Guckaisee* durch das pralle touristische Treiben in der Ladengasse, dann in ein Wäldchen, wo zahlreiche Verlockungen für Kinderherzen das Weitergehen schwierig machen. Unter den Attraktionen befinden sich ein Kletterwald sowie die Bergstationen der Sommerrodelbahn und des Rhönbobs. Spätestens bei der Märchenwiesenhütte brauchen Eltern starke Nerven (oder einen gut gefüllten Geldbeutel), um die lieben Kleinen zum Weitergehen zu bewegen. Nachdem wir den Rum-

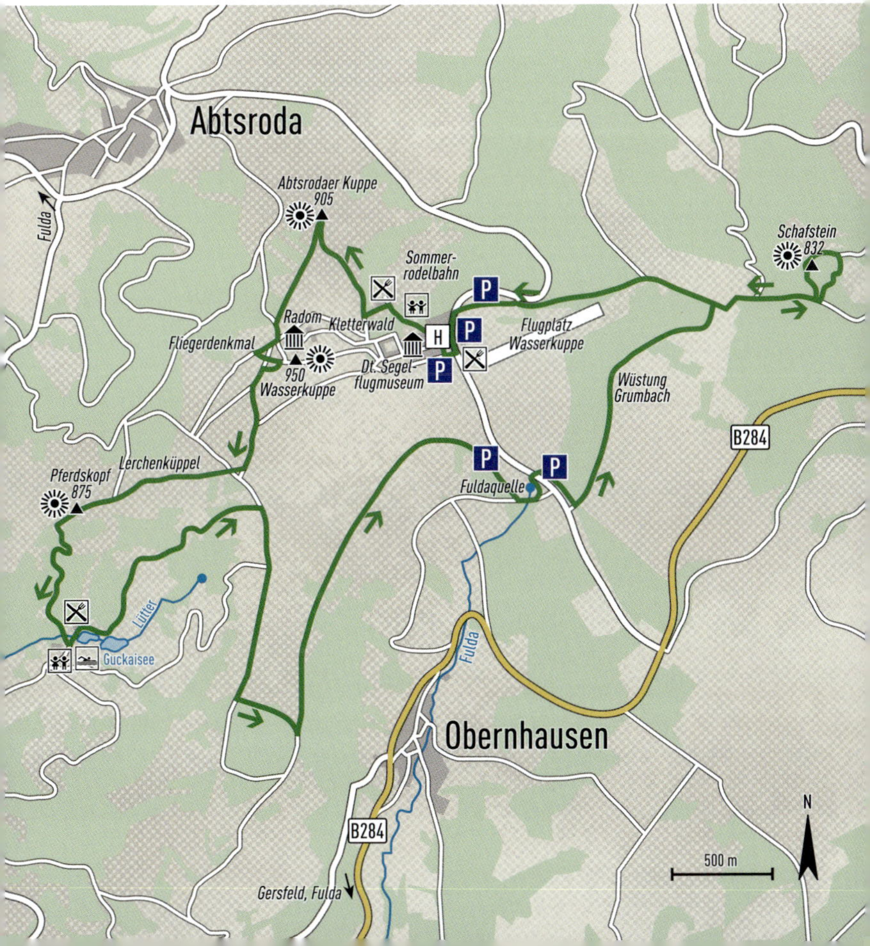

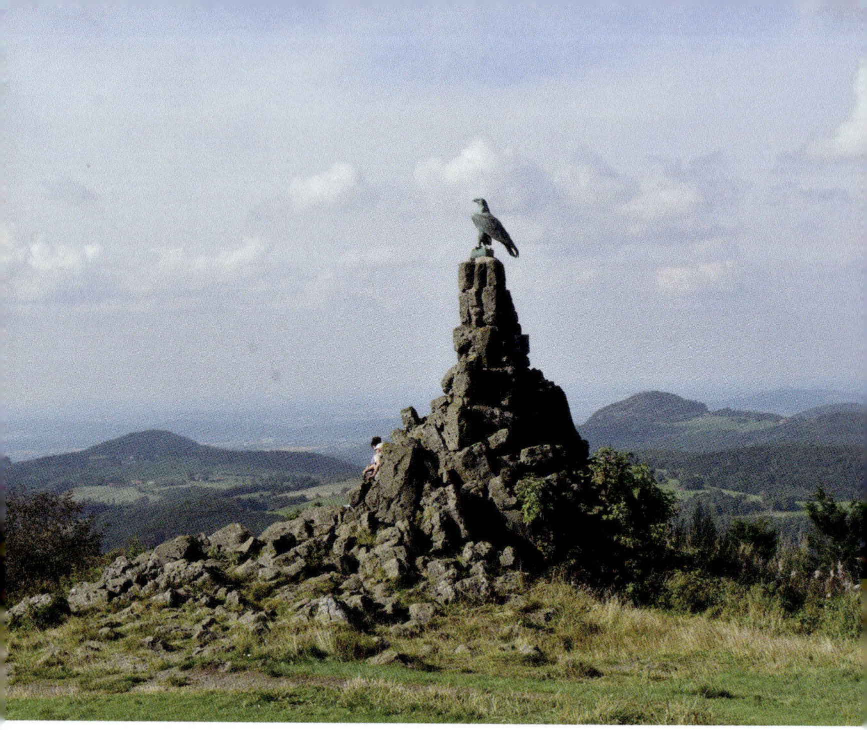

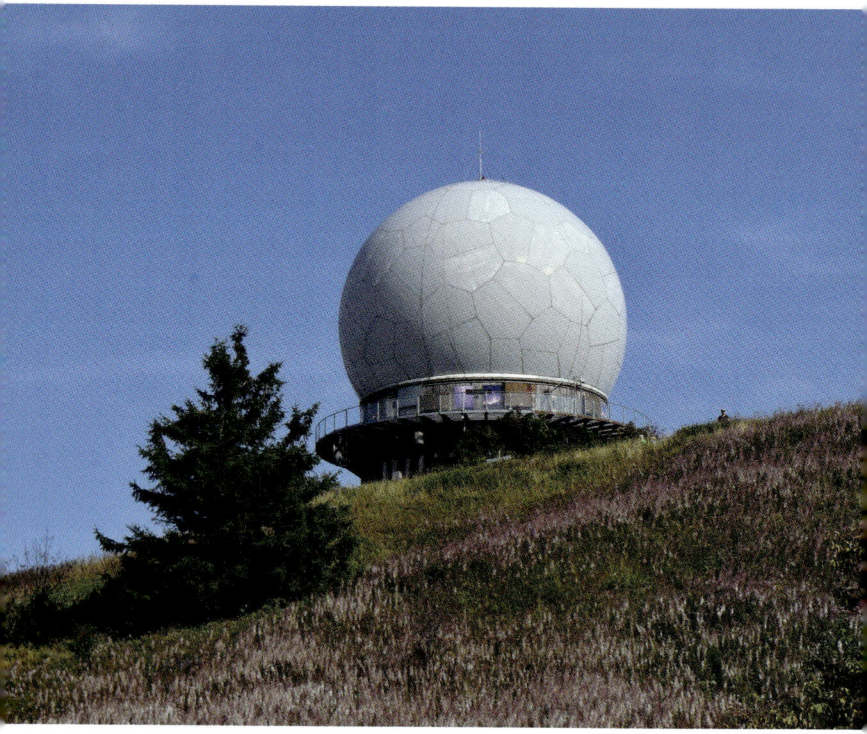

Das Fliegerdenkmal und das Radom sind die Wahrzeichen der Wasserkuppe.

mel hinter uns gelassen haben, wird es am Waldrand merklich stiller. Mit jedem Schritt hinaus auf das offene Hochplateau zeigt sich nun die Wasserkuppe von ihrer besten Seite. Über eine für die Rhön typische Bergmähwiese steuern wir auf die dem Gipfelplateau vorgelagerte Abtsrodaer Kuppe zu. Von hier reicht der Blick nach Norden bis zu den Abraumhalden im Werra-Kali-Revier. Längs der Plateaukante gehen wir in südlicher Richtung weiter zu den zwei berühmtesten Sehenswürdigkeiten auf der Wasserkuppe.

Fliegerdenkmal und Radom

Es gehört zum Pflichtprogramm eines Wasserkuppen-Rundgangs, sich vor dem Fliegerdenkmal fotografieren zu lassen oder mit dem Smartphone ein Selfie zu machen. Kaum jemandem fällt dabei auf, dass der auf einem Basaltschlot errichtete Bronzeadler grimmig gen Westen blickt. Errichtet wurde das Monument nämlich zu Ehren der im Ersten Weltkrieg an der Westfront gefallenen deutschen Piloten. Die Initiative dazu ging vom Ring Deutscher Flieger e. V. aus, dessen Mitglieder ausschließlich ehemalige Piloten der Deutschen Reichswehr waren. Ihnen erschien die Wasserkuppe als »Berg der Flieger« als idealer Standort für ihr Vorhaben, zumal ihnen nach dem verlorenen Krieg durch den Versailler Vertrag nur noch Segelflug erlaubt war. Eingeweiht wurde das Fliegerdenkmal am 30. August 1923 vor mehr als 30.000 Menschen mit militärischem Prunk und nationalem Pathos. Beides hat in unserer Zeit glücklicherweise keine Bedeutung mehr, das Ehrenmal versteht sich heute als Mahnmal gegen Krieg, Hass und Gewalt. Und dies vor der beeindruckenden Kulisse der Kuppenrhön.

Schräg gegenüber dem Fliegerdenkmal befindet sich auf dem höchsten Punkt der Wasserkuppe das Radom mit seiner weit sichtbaren weißen Kuppel. Zu Zeiten des Kalten Krieges beherbergte es ein Radargerät zur Überwachung des Luftraumes, das zunächst von der US-Armee, später von der Bundeswehr betrieben wurde. Heute wird das denkmalgeschützte Gebäude rein zivil als Museum und Veranstaltungsort für Ausstellungen und Konzerte genutzt. Heiratswillige können sich hier zudem in Hessens höchstgelegenem Standesamt das Ja-Wort geben.

Alpines Feeling auf dem Pferdskopf

Über mit Borstgras bewachsene Matten führt uns unser Weiterweg hinunter in einen Sattel, wo uns die *Extratour-Markierung* nach rechts weist. Vorbei am Lerchenküppel, dem Rest eines ehemaligen Vulkanschlotes, nehmen wir dann den Anstieg auf den Pferdskopf in Angriff. Dabei kommen wir zum ersten Mal auf unserer Tour so richtig ins Schwitzen. Oben beim Gipfelkreuz werden unsere Mühen mit einer phänomenalen Rundsicht belohnt und der felsige Grat mit seinen steil abfallenden Flanken lässt alpines Feeling aufkommen.

Der Abstieg führt uns am Gedenkkreuz vorbei hinunter zu einer vorgelagerten Felsgruppe am Bergsporn ganz im Westen. Unnötig zu erwähnen, dass auch von hier die Aussicht ins Umland grandios ist. Anschließend geht es auf einem steileren Pfad weiter abwärts durch einen Laubwald. Für diese etwas beschwerliche Passage ist unbedingt Trittsicherheit erforderlich, kleine Kinder sollten an der Hand geführt werden.

Wanderpause am Badesee

Nachdem wir knapp 170 Höhenmeter abwärts bewältigt haben, gelangen wir in einem idyllischen Tal zum Guckaisee. Der einzige natürliche See der Rhön verdankt seine Entstehung einem Bergrutsch, der einst den Bach Lütter aufgestaut hat. Ein großer Badesteg und eine schwimmende Floßinsel verführen zum Sprung ins kalte Nass. Oder zumindest dazu, den müden Füßen Kühlung zu verschaffen. Wem nach Rudern zumute ist, findet beim mit einem Damm abgegrenzten oberen Teil des Sees einen Bootsverleih. Ansonsten zieht es uns zu einem kühlen Bier ins Ausflugslokal *Guckai-Stuben* mit seiner sonnigen Terrasse. Für die Kleinen gibt es einen Spielplatz an Land und einen im Wasser! Aber auch die schönste Rast geht einmal zu Ende und wir machen uns wieder auf den Weg.

Wir wechseln von der *Extratour Guckaisee* auf den Premiumwanderweg *Hochrhöner*, der uns auf einem schönen Wiesenweg wieder bergauf zum Sattel am Südhang der Wasserkuppe bringt. Nun biegen wir rechts ab und halten stetig bergab auf ein Waldgebiet zu. Dort stoßen wir wieder auf die *Extratour* und folgen

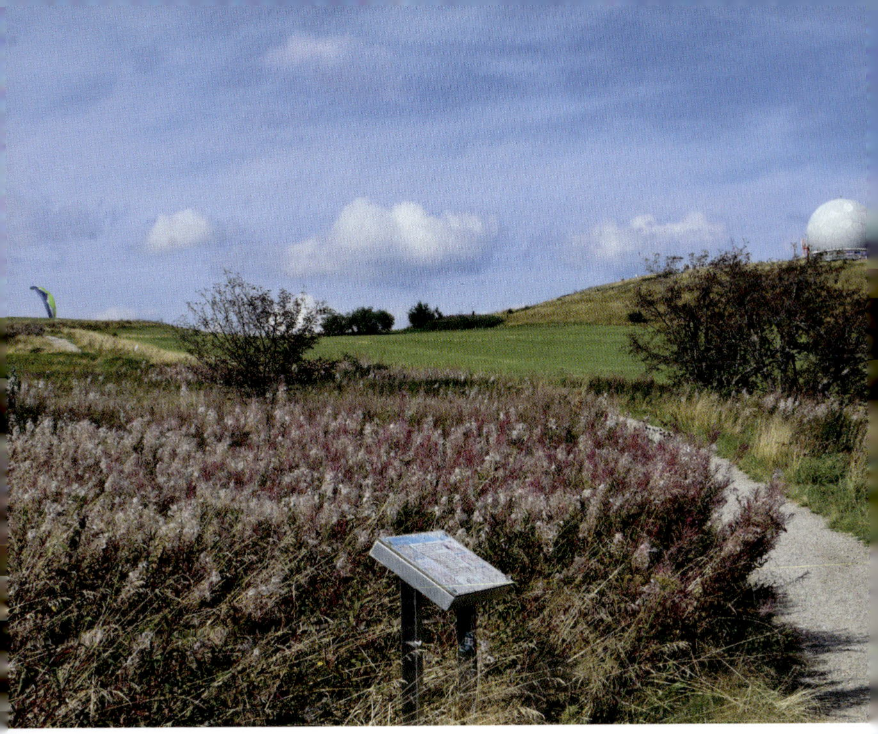

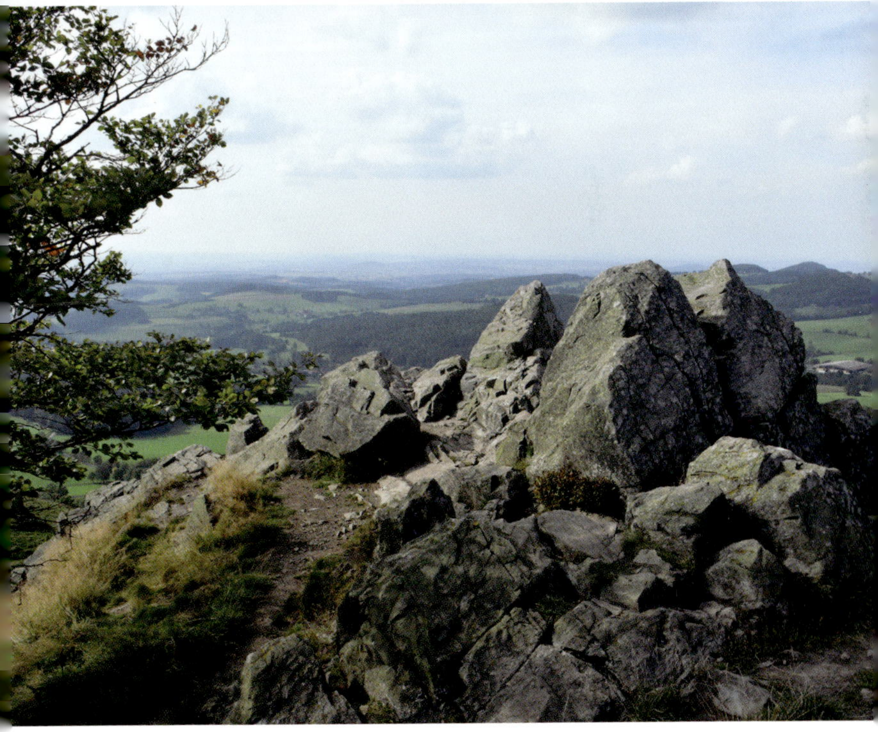

Über das Plateau der Wasserkuppe geht es weiter zum Pferdskopf.

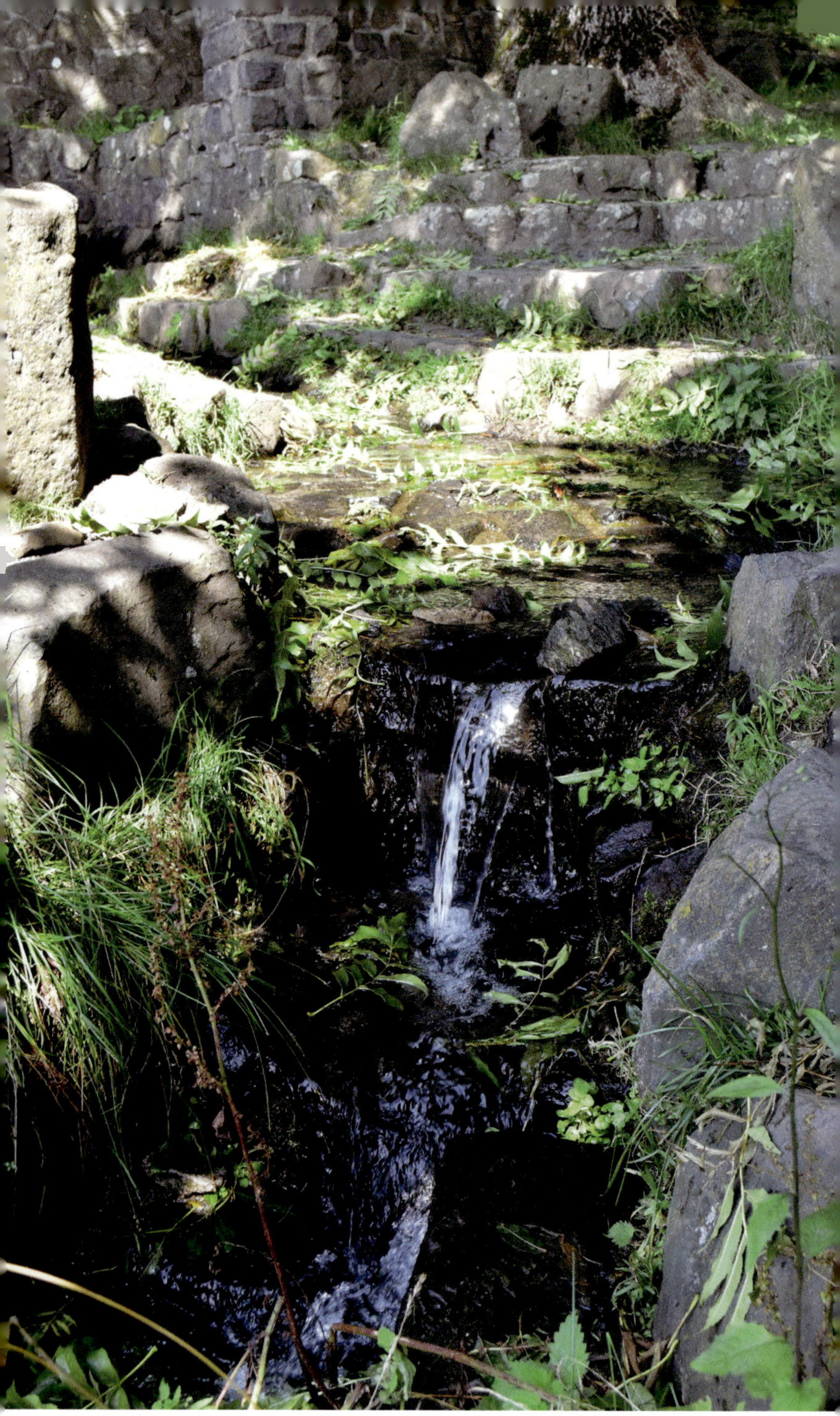

An der Wasserkuppe entspringt die Fulda.

ihr links am Wald entlang bis zu einem Querweg. Auf diesem halten wir uns links und bleiben bei der folgenden Weggabelung auf Höhe des Hemhaucks weiter geradeaus. Die *Extratour* biegt hier nach rechts ab, unsere Markierung ist jetzt die *4* für den *Rhön-Rundweg 4,* der uns über die offenen Matten leicht bergauf zur Fuldaquelle bringt.

Von der Fuldaquelle zu einem Meer aus Stein

Unterhalb der Straße Hochrhönring entspringt aus einer mit Basaltsteinen eingefassten Quelle der Fluss Fulda. Nach 220 Kilometern vereinigt sie sich mit der Werra bei Hannoversch-Münden zur Weser, wie eine vom Rhönklub angebrachte Tafel besagt:

> Hier halte Rast! Dich labt die Quelle
> der Fulda, die mit klarer Welle
> den Berggruß rauschend trägt einher,
> sie wächst zur Werra hingezogen,
> zum Deutschen Strom und senkt die Wogen
> als Weser schiffbelebt ins Meer.

Bei der Quelle stoßen wir wieder auf die *Extratour* und folgen ihr über den Hochrhönring hinweg (Vorsicht, starker Autoverkehr!) vorbei an der Wüstung Grumbach bis zum Schafstein. Weit schweift der Blick von seinem Gipfelplateau über die größte Blockhalde in der Rhön. Ein gigantisches Meer aus Stein, das seine Entstehung der letzten Eiszeit verdankt, als das harte Basaltgestein durch Frostsprengung zu Brocken in unterschiedlicher Größe zertrümmert wurde. Betreten werden darf die Halde jedoch nicht, sie ist als Kernzone des Biosphärenreservates ausgewiesen und steht unter Naturschutz.

Von diesem einmaligen Naturdenkmal ist es nicht mehr weit zurück zu unserem Startpunkt auf der Wasserkuppe. Zuverlässig bringt uns die Markierung der *Extratour Guckaisee* dorthin zurück.

Ausgewählte Adressen und Tipps

- Rhön GmbH – Kompetenzzentrum Wasserkuppe, Wasserkuppe 1, 36129 Gersfeld/Rhön, Tel. 06654/917120, www.rhoen.de.
- Tourist-Information Stadt Gersfeld, Brückenstr. 1, 36129 Gersfeld/Rhön, Tel. 06654/1781, www.gersfeld.de. Mo–Fr 8–12.30 und 14–17, Sa 10–12 Uhr, So/Fei geschlossen.
- Deutsches Segelflugmuseum mit Modellflug, Wasserkuppe 2, 36129 Gersfeld/Rhön, Tel. 06654/7737, www.segelflugmuseum.de. Apr. bis Okt. sowie 20. Dez. bis 10. Jan. tägl. 10–17 Uhr, Nov. bis 19. Dez. und 11. Jan. bis 31. März nur Sa/So 10–17 Uhr.
- Luftsportzentrum Wasserkuppe, Fliegerschule Wasserkuppe, Wasserkuppe 1A, 36129 Gersfeld/Rhön, Tel. 06654/364, www.fliegerschule-wasserkuppe.de. Rundflüge über die Rhön.
- Für Familien mit Kindern gibt es ein großes Angebot an Freizeiattraktionen, u. a. Rhönbob- und Doppel-Sommerrodelbahn, Mini-Kart-Bahn, Kletterwald und Rutschenparadies. Für Ski- und Snowboard-Fahrer stehen Skipisten und Schlepplifte zur Verfügung, ebenso eine Winterrodelbahn mit Schlepplift und Langlaufloipen. www.wasserkuppe-rhoen.de und www.ski-und-rodelarena-wasserkuppe.de.
- Fahrten im Heißluftballon über Wasserkuppe und Rhön bietet das Ballonteam Rhönlerche in Gersfeld an, www.ballonpilot-mm.de.
- Radom Flug gGmbH, Wasserkuppe 950, 36129 Gersfeld/Rhön, Tel. 0661/49988996, www.radom-wasserkuppe.de. Heiraten in Hessens höchstgelegenem Standesamt, Ausstellungen und Konzerte.
- *Hotel Restaurant Café Peterchens Mondfahrt*, Wasserkuppe 46, 36129 Gersfeld/Rhön, Tel. 06654/381, www.peterchens-mondfahrt.de. Restaurant/Café Mo und Do/Fr 17–21, Sa/So 12–21 Uhr, Di/Mi Ruhetage. Hier übernachtete u. a. Neil Armstrong, der erste Mensch auf dem Mond, der am 9. August 1970 die Wasserkuppe besuchte.
- *Berghotel Deutscher Flieger* – mit Café und SB-Restaurant, Wasserkuppe 48, 36129 Gersfeld/Rhön, Tel. 06654/381, www.deutscher-flieger.de. Restaurant tägl. 6.30–18 Uhr.
- *Flugplatz-Restaurant-Café Weltensegler*, Wasserkuppe 1A, 36129 Gersfeld/Rhön, Tel. 06654/321, www.fliegerschule-wasserkuppe.de.
- *Märchenwiesenhütte*, Wasserkuppe 60, 36129 Gersfeld/Rhön, Tel. 06654/8640, www.sommerrodelbahnen-wasserkuppe.de/maerchenwiesenhuette/.

Guckai-Stuben, Guckai 5, 36163 Poppenhausen, Tel. 06658/9180048, ww.guckai-stuben.de. Do–Mo ab 12 Uhr, Di/Mi Ruhetage (außer in der Ferienzeit), Betriebsferien beachten.

Feriendorf Wasserkuppe, Wasserkuppe 46, 36129 Gersfeld, Tel. 06654/9175820, www.feriendorf.wasserkuppe.de. Traumhaft schöne Ferienhäuser aus Holz, topmodern und nachhaltig, auch Gruppenhaus oder Sternenpark-Haus mit aufschiebbarem Dach für freien Blick in den Sternenhimmel.

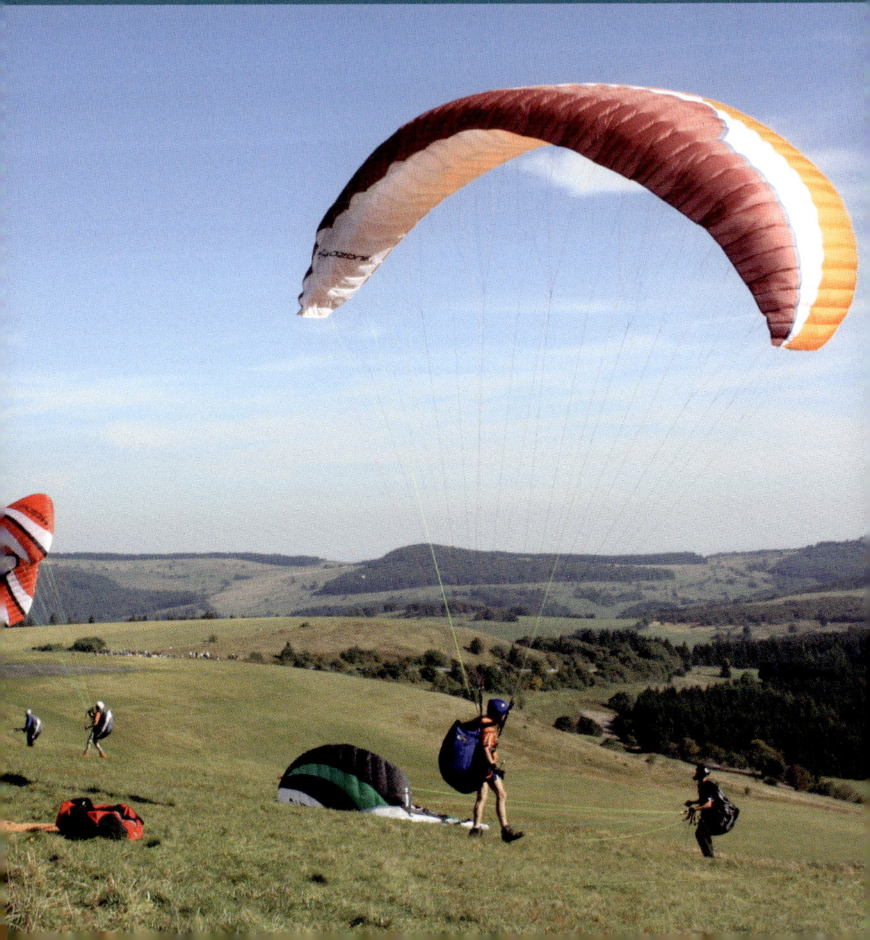

13 Froschkonzert und weite Blicke

Rotes Moor und Heidelstein

Tour: Rundwanderung durch das Rote Moor und über den Heidelstein (926 m).
Länge/Dauer: 18 km/6 Std.
Einstiegspunkt: Wanderparkplatz »Moordorf« an der B 287 zwischen Bischofsheim und Wüstensachsen.
Höhenunterschied: 244 m.
Markierungen: *Rotes R* für die *Extratour Rotes Moor.*
Anfahrt: *ÖPNV:* Mit öffentlichen Verkehrsmitteln ist der Wanderparkplatz nicht zu erreichen. Die Tourist-Information Gersfeld bietet aber zwischen April und Oktober einen kostenpflichtigen Wanderbus an, mit dem man nach Voranmeldung vom Bahnhof Gersfeld zum Wanderparkplatz »Moordorf« gebracht wird. Weitere Informationen gibt es bei der Tourist-Info unter der Telefonnummer 06654-1780.
Kfz: A 71 Ausfahrt Bad Neustadt, B 279 bis Bischofsheim/Rhön, B 278 Richtung Wüstensachsen bis Wanderparkplatz »Moordorf« oder A 7 bis Dreieck Fulda, A 66 bis Ausfahrt Fulda-Süd, B 27 bis Döllbach, B 279 bis Bischofsheim/Rhön, B 278 Richtung Wüstensachsen bis Wanderparkplatz »Moordorf« (kostenpflichtig).
Saison: das ganze Jahr über, am besten Frühjahr bis Herbst.
Familie: Mit Kindern sollte man nur den *Rundweg Rotes Moor* (3,3 km) ablaufen und danach über den Heidelstein bis zur Rhönklub-Gedenkstätte auf dem Schwabenhimmel und wieder zurück. Die gesamte Tour ist etwas zu lang.
Anforderungen: Aufgrund ihrer Länge erfordert die Tour eine gute Kondition, es sind auch einige mäßige, dafür längere Anstiege zu bewältigen.
Besonderheiten: Da es außer am Startpunkt beim NABU-Haus am Moor unterwegs keine Einkehrmöglichkeiten gibt, ist es ratsam, an ausreichend Getränke und einen Rucksackproviant zu denken.

Rot ist das Moor

Zu unserer zwar langen, dafür aber äußerst abwechslungsreichen Tour brechen wir auf dem Parkplatz Moordorf beim NABU-Haus am Roten Moor auf. Sie ist identisch mit der Wegführung der

Extratour Rotes Moor, die bestens mit einem *roten R* markiert ist. Orientierungsprobleme gibt es somit keine, wir können uns unterwegs voll auf die vielfältigen Landschaftseindrücke konzentrieren.

Natürlich zieht es uns gleich in den Namensgeber unserer Wanderstrecke, ins Rote Moor. Vorher empfiehlt sich aber ein Besuch der äußerst lebendig gestalteten, interaktiven und hochinteressanten Ausstellung »Moorfibel« im NABU-Haus. Mit dem Wissen, das dort über die Entstehung und die biologische Vielfalt des Roten Moores vermittelt wird, können wir uns dann auf den Weg machen.

Über die B 278 hinweg folgen wir einem Schotterweg durch einen Fichtenwaldsaum in das Naturschutzgebiet. Bei der bläulich-braun schimmernden Wasserfläche des Moorsees, der von einem halbhohen Holzzaun umgeben ist, bleiben wir erstmals

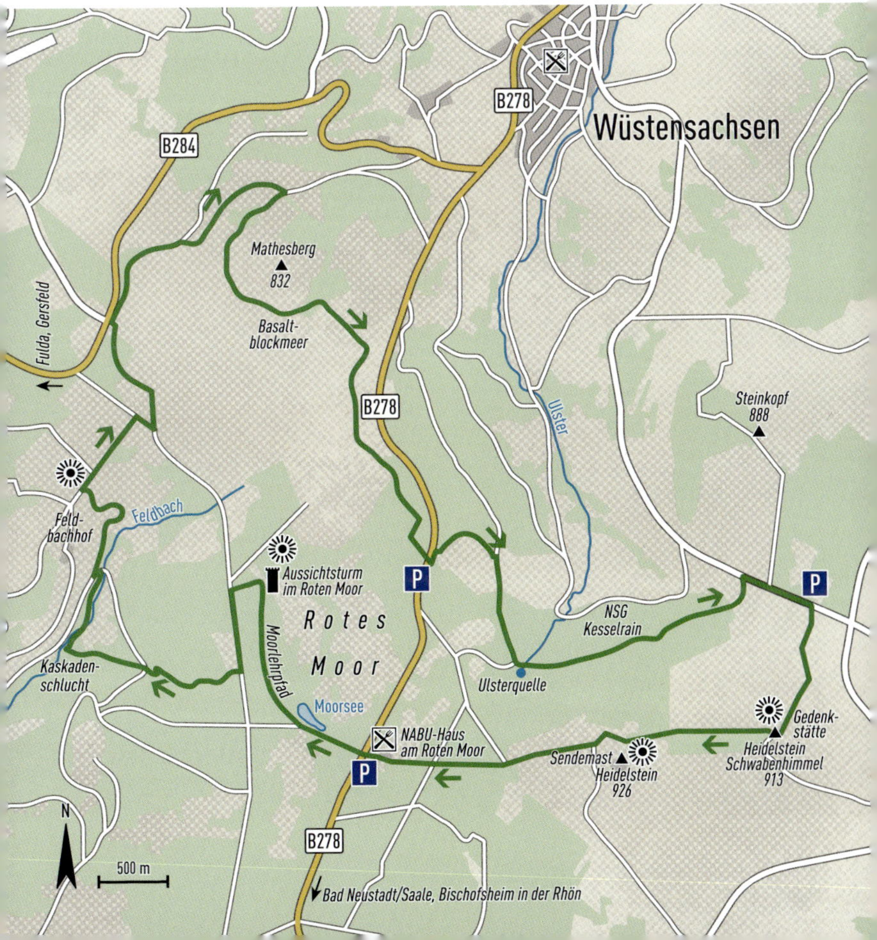

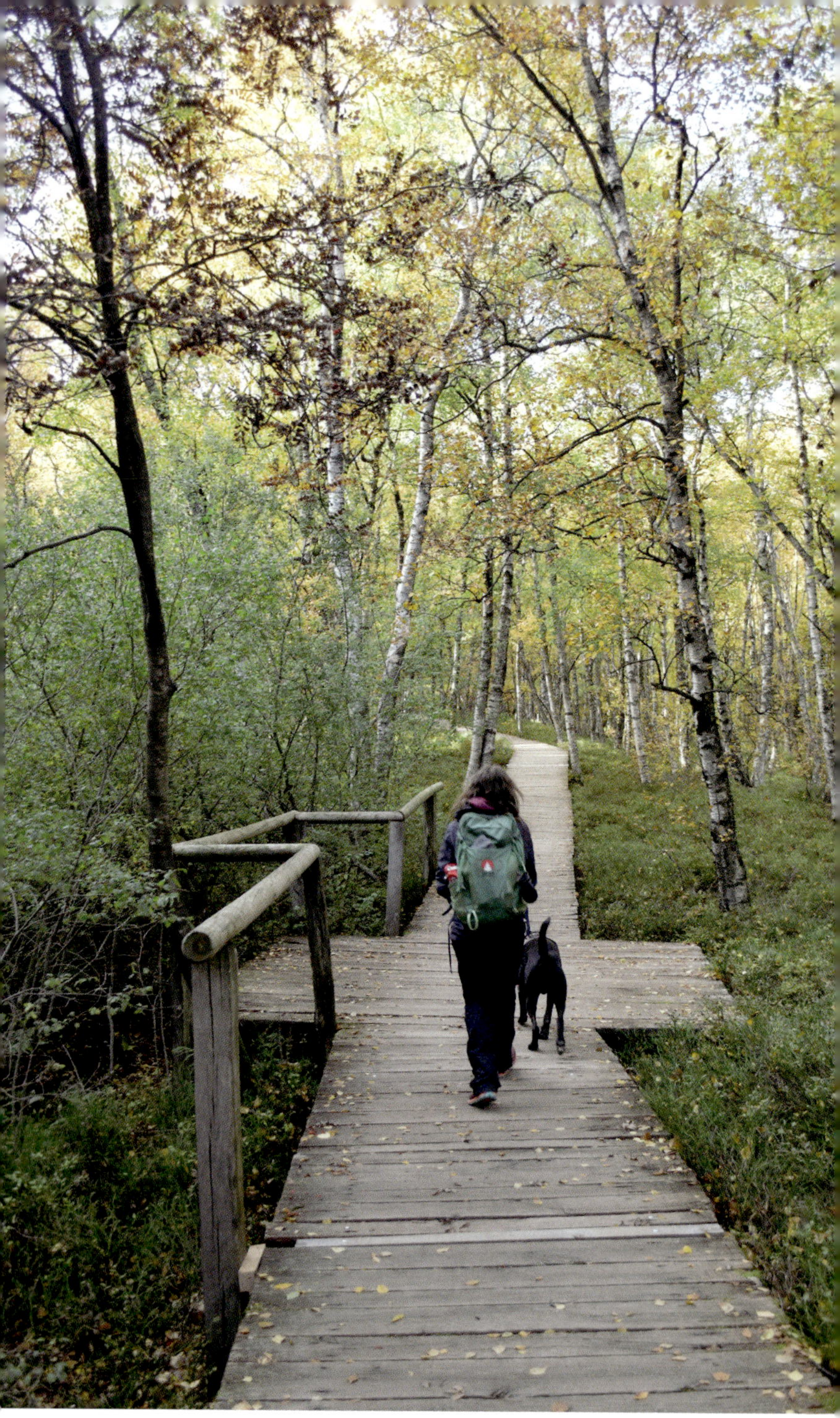

Ein Bohlenpfad führt durch das Rote Moor.

stehen. An seinen schilfbestandenen Ufern wächst ein dichter Wald aus Moor- oder Karpatenbirken, im Frühjahr quaken hier während der Paarungszeit Frösche so laut, dass man sein eigenes Wort nicht mehr versteht. Das Idyll ist jedoch vom Menschen gemacht, der See wurde erst 1972/73 angestaut, um dem damals nahezu toten Roten Moor wieder neues Leben einzuhauchen. Von der ursprünglichen Hochmoorfläche mit ihrer typischen Moorvegetation sind nämlich nur noch kümmerliche, entwässerte Reste erhalten, die ein massiver Torfabbau übrig gelassen hat. Zu Beginn des 19. Jahrhunderts wurde Torf vor allem als Brennstoff gestochen, später auch als Grundstoff für Moorbäder in den Kurorten der Rhön (u. a. in Bad Kissingen, Bad Brückenau und Bad Salzungen). Mit dem Einsatz eines Greifbaggers ab 1960 schritt die Abtorfung mit rasanter Geschwindigkeit voran und wurde erst 1984 endgültig eingestellt. Seitdem tragen verschiedene Renaturierungsmaßnahmen dazu bei, das Torfwachstum wiederzubeleben und die verbliebenen fünf Hektar Hochmoor zu erhalten. Die Randgebiete des Roten Moores sind dagegen vom Torfabbau weitgehend verschont geblieben und haben sich daher in ihrem ursprünglichen Erscheinungsbild erhalten. Bereits seit 1979 steht das größte Hochmoor Hessens und das nach dem Schwarzen Moor zweitgrößte Hochmoor der Rhön auf einer Fläche von etwa 50 Hektar unter Naturschutz.

Bei einem Infohäuschen hinter dem Moorsee beginnt der etwa drei Kilometer lange Moorlehrpfad, der als Rundweg hier auch wieder endet. Wir biegen rechts ab und durchschreiten auf einem 1,2 Kilometer langen Bohlenpfad den Bereich des Übergangsmoores, in dem sich ein ausgedehnter Wald aus Karpatenbirken breitmacht. In seinem Unterholz wachsen Heidekraut, Heidelbeere und Rauschbeere, hin und wieder tut sich zwischen den Birken ein kleines Moorloch auf. Eine Szenerie, die ein bisschen an Skandinavien erinnert. Längs des Weges vermitteln einige Hinweistafeln zahlreiche Informationen über das Rote Moor und seine Tier- und Pflanzenwelt. Der Bohlenpfad endet schließlich bei einem hölzernen Aussichtsturm, den wir natürlich besteigen. Er bietet einen schönen Blick über das gesamte Moor: Man erkennt deutlich die ehemaligen Abbauflächen und nördlich davon den Rest des Hochmoores. Es liegt in der geschützten Kernzone des Naturschutzgebietes und ist für Besucher unzugänglich. Dort gedeiht neben anderen Torfmoosen das Rote

Die Moore der Rhön

In früheren Zeiten hatten Moore keinen guten Ruf. Sie galten als unwirtliche, unheimliche Landstriche, die von Menschen eher gemieden wurden. Dunkle Gestalten und Geister trieben dort angeblich ihr Unwesen und führten den verirrten Wanderer bei Nacht mit Irrlichtern ins Verderben. Dass tatsächlich immer wieder Menschen im Moor versunken sind, beweisen die Funde von teils jahrtausendealten Moorleichen. Seit man weiß, dass Moore weit mehr klimaschädliches Kohlendioxid speichern als alle Wälder unseres Planeten, hat sich ihr Image grundlegend geändert. Schon lange zuvor wurde ihr Wert als einmaliger und schützenswerter Lebensraum für viele bedrohte Tier- und Pflanzenarten erkannt. Mancherorts kam diese Erkenntnis leider zu spät: Durch massiven Torfabbau wurde den Mooren das Wasser abgegraben und sie trockneten aus. Heute stehen Moorgebiete in Deutschland unter Naturschutz, im Biosphärenreservat Rhön gehören sie zudem zur besonders schützenswerten Kernzone. Mit dem ***Schwarzen Moor*** und dem ***Roten Moor*** verfügt die Rhön gleich über zwei Moore von überregionaler Bedeutung. Beide verdanken ihre Entstehung der letzten Eiszeit vor etwa 12.000 Jahren. Durch vom Schmelzwasser des Altschnees (Firns) verursachtes Bodenfließen bildeten sich auf der Hochfläche der Hohen Rhön Hangmulden. Wo diese durch Tone und verwitterte Basalte des Tertiärs im Untergrund abgedichtet waren, staute sich Regenwasser an und setzte damit die Moorgenese in Gang. Wichtige Voraussetzungen dafür waren hohe Niederschlagsmengen und niedrige Bodentemperaturen, wie sie in der Rhön noch heute vorzufinden sind (1000 mm Jahresniederschlag, 4,7 Grad Celsius Jahresmitteltemperatur, dazu zahlreiche Schnee-, Frost- und Nebeltage). In ständig nassen Böden können aufgrund des Sauerstoffmangels abgestorbene Pflanzenreste nicht verwesen. In der Folge reichert sich das organische Material an – es entsteht Torf. Bei der Moorentstehung werden verschiedene Stadien unterschieden: Zunächst bilden sich in Senken oder durch die Verlandung von Seen ***Niedermoore,*** die vom Grundwasser gespeist werden. Bei günstigem Feuchtklima wächst das Moor durch fortschreitende Torfbildung in die Höhe und verliert den Kontakt zum Grundwasser. Die dadurch entstehenden ***Hochmoore*** beziehen ihr Wasser ausschließlich aus Niederschlägen (Regen, Nebel, Tau). Wasserspeichernde Torfmoose, die bevorzugt im Zentrum des Moors wachsen, tragen dazu bei, dass Hochmoore ihre charakteristische uhrglasförmig aufgewölbte Form entwickeln. Zwischen Hoch- und Niedermooren befinden sich häufig ***Übergangsmoore,*** die relativ trocken sind und dadurch einen spärlichen Baumbewuchs (z. B. Birken) ermöglichen. In den beiden großen Mooren der Rhön können alle drei Stadien beobachtet werden.

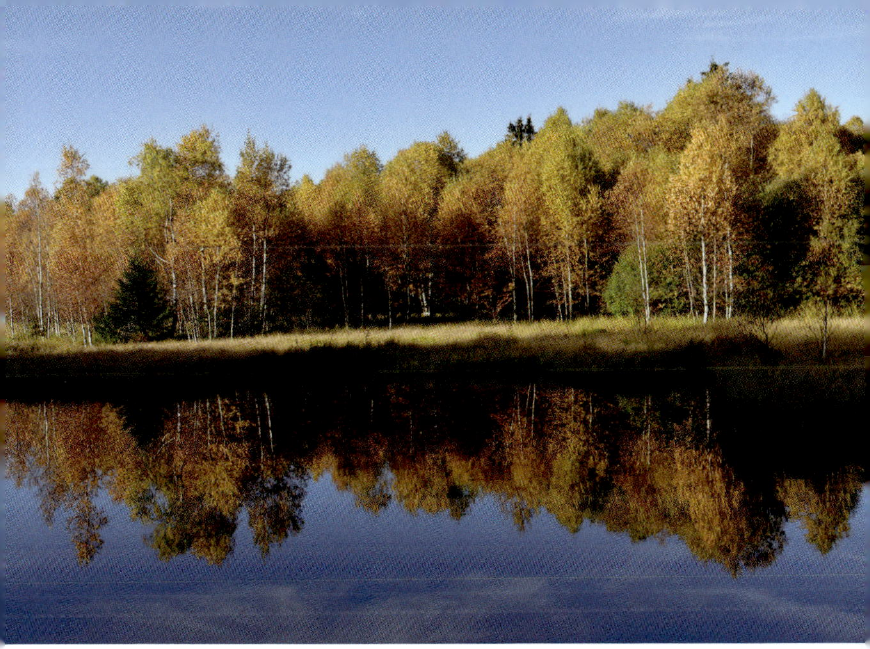

Herbstliche Spiegelung im Moorsee

Ihre Flora wird von Torfmoosen dominiert, rund 35 verschiedene Arten kommen dort jeweils vor. Ferner bietet der Lebensraum Moor ideale Bedingungen für kälteunempfindliche Pflanzen wie das Wollgras, die Sumpfcalla oder den fleischfressenden Sonnentau. Dazu gedeihen die an Kälte und Nässe angepassten Grasarten Binse und Segge, an weniger feuchten Stellen sogar Bäume wie die Karpatenbirke. Zur Tierwelt der Moore zählen neben diversen Faltern, Libellen, Heuschrecken und Amphibien vor allem Vögel, darunter das selten gewordenen Birkhuhn, die Bekassine, die Zwergschnepfe und der Wiesenpieper. Auch Kleinsäuger wie die Sumpf- oder Alpenspitzmaus, der Baummarder und sechs verschiedene Fledermausarten bevölkern die Moorlandschaft. Deren ökologischer Rang kann daher nicht hoch genug eingeschätzt werden. Damit nicht genug, sind Moore ***wertvolle Klima-Archive*** der jüngsten Erdgeschichte. Durch Pflanzenpollen, die während der Phase der Torfbildung aus dem Umfeld ins Moor geweht wurden, lassen sich heute Rückschlüsse auf die Vegetation und das Klima vergangener Zeiten ziehen. Und besonders die bereits erwähnte Tatsache, dass Moore die weltweit besten Speicher des klimaschädlichen Treibhausgases CO_2 sind, belegt deren wichtige Rolle für den Klimaschutz. Wer sich daher für den Schutz der Moore einsetzt, tut gleichzeitig etwas gegen den Klimawandel.

Magellans Torfmoos, dessen Blütenfarbe dem Roten Moor seinen Namen gegeben hat. Im späten Frühjahr lässt sich von hier oben auch das blühende Wollgras bestaunen. Weiter schweift das Auge über die Feuchtwiesen der Niedermoorzone, wo unter anderem die Trollblume und die bedrohte Moosbeere gedeihen, ferner über den Saum der Karpatenbirkenwälder hinweg bis zur Wasserkuppe und hinüber zum Heidelstein mit seinem hohen Sendemast. Wieder am Boden, folgen wir dem Moorlehrpfad, jetzt in Gestalt eines normalen Pfades, nach links und schwenken dann erneut links auf einen Schotterweg ein. Nach etwa 500 Metern geht es mit unserem *roten R* rechts auf einen Pfad, der uns im Wald entlang eines Bächleins hinunter in den Einschnitt des Feldbaches bringt.

Im Grand Canyon der Rhön

Genau genommen erwartet uns unten eine breite Schlucht, die der Feldbach im Laufe der Zeit in den hier anstehenden Buntsandstein geschnitten hat. Weil das Wasser kaskadenartig über mehrere Sandsteinfelsen talwärts fließt, nennt man sie auch die Kaskadenschlucht. Ihre Wände sind teilweise stark zerklüftet und erodiert, was erheblich zu ihrem wildromantischen Gesamtbild beiträgt. Damit ist sie vielleicht nicht die größte, auf jeden Fall aber die schönste Schlucht in der ganzen Rhön. Wer sie in ihrer gesamten Länge durchwandern möchte, sollte im Gersfelder Ortsteil Sandberg starten und der entsprechenden Ausschilderung folgen. Der Weg führt über einige kleine Brücken und Treppen und ist teils mit Wurzeln übersät. Ohne festes Schuhwerk ist er kaum zu bewältigen. Ein besonderes Erlebnis ist die Durchquerung der Kaskadenschlucht im Winter, wenn der Bach an Frosttagen Eisschollen bildet und das Wasser an den Sandsteinstufen zu Eiszapfen gefriert.

Wir wenden uns allerdings nach rechts und durchwandern nur den kürzeren oberen Abschnitt der Schlucht. Aber auch der hat es in sich, denn es geht entlang des Baches etwas steiler bergauf. Dabei überqueren wir mehrmals das munter dahinplätschernde Gewässer auf Holzstegen, bis wir oben das Ende bzw. den Anfang der Schlucht erreicht haben. Auf Höhe des am Fuß des Feldberges gelegenen Feldbachhofes treten wir aus dem Wald

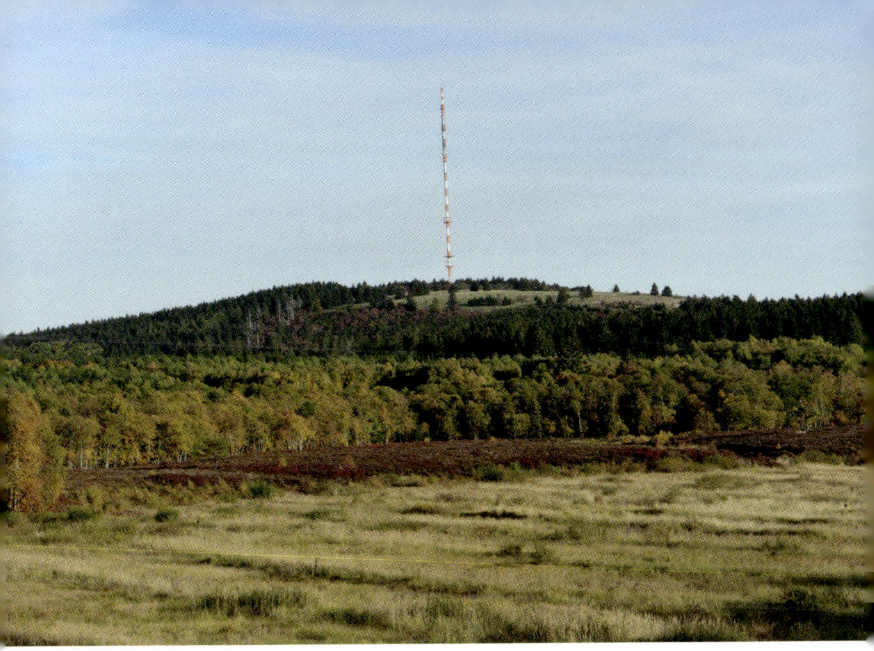

Blick vom Roten Moor zum Heidelstein

hinaus auf die Feldflur und orientieren uns stetig bergauf nach rechts. Mit zunehmender Steigung haben wir freien Blick hinüber zur Wasserkuppe mit ihrer markanten Radarkuppel. Endlich stehen wir auf dem Hochplateau, das sich zwischen dem höchsten Berg der Rhön und dem Roten Moor ausdehnt. Dort führt uns unsere Route ein kurzes Stück an der B 284 entlang, dann wieder abwärts über den Grumbach hinweg an den Nordabfall des Mathesberges.

Ein unterschätzter Berg

Seine fast baumlose, immerhin 832 Meter hohe Kuppe gehört zu den eher unbekannten Bergen in der Rhön. Kein Wanderweg führt auf seinen Gipfel, auch unsere *Extratour* zieht sich nur an seiner West- und Südflanke entlang. Sie verläuft als schmaler Pfad zwischen Viehweiden und kurios aussehenden Hutebuchen um den Mathesberg herum, wobei sich uns schöne Ausblicke auf Wüstensachsen und ins Ulstertal bieten. Trotz der vielen am Hang verstreuten Basaltbrocken überrascht uns ein

Basaltblockmeer, das sich an seiner südlichen Flanke ausdehnt. Es ist zwar nicht so eindrucksvoll wie das am benachbarten Schafstein (siehe Tour 12), aber für diesen unscheinbaren Berg ist es aller Ehren wert. Danach führt uns unser *rotes R* stetig bergab und knickt in der Folge vor der B 278 nach rechts in Richtung Süden ab. Unser Weg verläuft dann eine Zeitlang parallel zur Bundesstraße, die wir beim Wanderparkplatz Moorwiese überqueren. Der dortige Rastplatz bietet sich für eine kleine Pause an. In der Folge beschreibt unsere Wanderroute eine weite Rechtskurve am Waldrand entlang hinein ins Naturschutzgebiet Kesselrain.

Im Quellgebiet der Ulster

Der Kesselrain bildet den Übergang vom Ulstertal zum Hochplateau der Langen Rhön. Das Areal ist aufgrund der Quellerosion der zahlreichen hier entspringenden Bäche besonders im Oberhangbereich extrem steil und teilweise schluchtartig ausgeprägt. Aufgrund der Nordausrichtung des bewaldeten Hangbereiches ist das Klima kühl-feucht. Dies ermöglicht eine Vegetation, die sich aus einer Vielfalt von Waldgemeinschaften zusammensetzt, von Bergahorn-Eschenwäldern bis hin zu Erlensumpfwäldern. Einmalig für die gesamte Rhön ist zudem das Vorkommen alpinmontaner Waldbodenpflanzen wie des Alpen-Milchlattichs, der Breitblättrigen Glockenblume oder auch vereinzelt des Gelben Eisenhuts. Zudem bietet das Waldgebiet einen Lebensraum für viele seltene und gefährdete Tierarten. Neben der Wasserspitzmaus und der Alpenspitzmaus sind einige Tagfalter, darunter der Schwarze Apollo, und zahlreiche Schnecken und Steinfliegen im Kesselrain heimisch. Das direkt an der hessisch-bayerischen Landesgrenze gelegene Gebiet gehört zur Kernzone des Biosphärenreservates und steht seit 1968 unter Naturschutz.

Bei einem Rastplatz mit einer Schutzhütte an der Ulsterquelle legen wir einen Halt ein. Hier entspringt also das Flüsschen, das wir bereits auf der Tour 10 kennengelernt haben. Es ist eines der größten Fließgewässer in der Rhön, dazu eines, das sich seinen naturnahen Charakter weitgehend bewahren konnte. In seinem Oberlauf finden sich Larven des Feuersalamanders, dazu Exemplare der seltenen Rhön-Quellschnecke. Weiter flussabwärts jagt die Wasseramsel nach Stein- und Köcherfliegen und der Eisvogel legt in den Ufersteilhängen am Unterlauf seine Bruthöhlen an. Ein Stückchen heile Natur, bis die Ulster nach etwa 57 Kilometern bei Phillipsthal in die Werra mündet. Wir setzen unseren Weg fort und wandern noch eine Zeitlang durch das eindrucksvolle Waldgebiet. Über eine kurze Wiesenpassage gelangen wir zur Landstraße L 3395, die wir überqueren und dann an ihr entlang auf den Wanderparkplatz Schornhecke zusteuern.

Über den Heidelstein

Dort wenden wir uns nach rechts, überqueren ein zweites Mal die Landstraße (und die unsichtbare Landesgrenze zwischen Hessen und Bayern) und erklimmen auf einem schönen Grasweg den Steilanstieg hoch zum Schwabenhimmel. Hobbybotaniker kommen beim Gang durch die artenreichen Borstgrasmatten voll auf ihre Kosten. Mit Glück entdeckt man sogar eine der seltenen Türkenbundlilien, die hier vorkommen. Der Schwabenhimmel, der kleinere, 913 Meter hohe Gipfel des Heidelsteinmassivs, bietet eine wunderbare Aussicht ins östliche Rhönvorland mit den beiden Gleichbergen und dem Höhenzug der Hassberge.

Auf dem Plateau des Heidelsteins eröffnen sich wunderbare Blicke ins Umland.

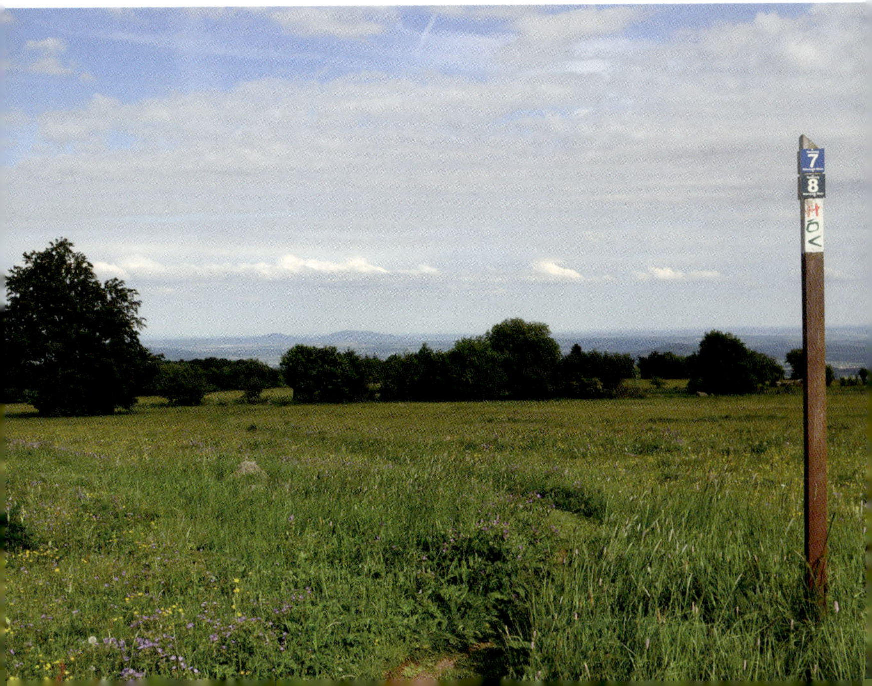

In einem Wäldchen hat der Rhönklub am Rande eines kleinen Felsenmeeres eine Gedenkstätte eingerichtet. Ein steinernes Kreuz auf einem massiven Basaltblock trägt die Inschrift: »Den gefallenen Brüdern des Rhönklubs«. Das Denkmal wurde im Oktober 1923 zum Gedenken an die Toten des Ersten Weltkrieges eingeweiht. Seitdem treffen sich bis heute jährlich am dritten Sonntag im September die Mitglieder des Rhönklubs zahlreich hier oben, um eine Trauerfeier für ihre verstorbenen Kameraden abzuhalten. Unweit der Gedenkstätte erinnert ein Gedenkstein an den »Rhönvater« Karl Straub (1873–1949), den damaligen Vorsitzenden des Vereins, der sich persönlich sehr stark für die Errichtung des Denkmals eingesetzt hatte. Seit 1991 ziert die Stätte zudem ein Kreuz aus dem Stacheldraht eines ehemaligen Grenzzaunes als Symbol für die Überwindung der deutschen Spaltung in Frieden und Freiheit.

Entlang eines Waldstreifens wandern wir über das langgestreckte Gipfelplateau, wobei wir freie Sicht nach Nordwesten zur Wasserkuppe und zum Schafstein haben. Schließlich erreichen wir den 218 Meter hohen Sendemast der Telekom, der genau auf dem höchsten Punkt des Heidelsteins, auf 926 Metern Meereshöhe, aufgestellt wurde. Ihm ist es zu verdanken, dass der Berg einen der markantesten und von Weitem sichtbaren Geländepunkte der Rhön verkörpert. Obwohl nach Wasserkuppe, Kreuzberg und Dammersfeldkuppe der vierthöchste Gipfel des Vulkangebirges, kommt der Heidelstein eher unspektakulär daher. Er hebt sich nur unwesentlich vom Hochplateau der Langen Rhön ab, dem er aufsitzt. Ein Aussichtsberg par excellence ist er trotzdem. An unserem jetzigen Standort können wir das Panorama in Richtung Süden bis zum Kreuzberg und in Richtung Westen ins Fuldatal und bis zur Kalihalde bei Neuhof komplettieren. Dann steigen wir an seiner westlichen Flanke hinunter und wechseln kurz danach unmerklich wieder hinüber nach Hessen. Durch einen Fichtenwald ist es nicht mehr weit zu unserem Ausgangspunkt beim NABU-Haus am Roten Moor. Gut, dass dort eine Gastwirtschaft ein kühles Getränk und eine warme Mahlzeit für uns bereithält.

Ausgewählte Adressen und Tipps

NABU-Haus am Roten Moor, Wanderparkplatz Moordorf, 36129 Gersfeld/Rhön, www.nabuhausamrotenmoor.de. Mi–So 11–18 Uhr. Die Dauerausstellung »Moorfibel« mit sechs interaktiven Stationen auf 80 qm Fläche informiert über die Geschichte des Roten Moores und seine besondere biologische Vielfalt. Die Präsentationen sind für alle Altersgruppen geeignet und können kostenfrei besucht werden.

An ausgewählten Sonntagen bietet das NABU-Haus kostenlose Führungen durch das Rote Moor an.

Gastwirtschaft im NABU-Haus am Moor, Mi–So 11–18 Uhr, Mo/Di Ruhetage. Es gibt original Rhöner Speisen und Getränke, außerdem können regionale Marmeladen und Honig, Fruchtweine und weitere Spezialitäten an der Theke gekauft werden.

Rhönhäuschen, Rhönhaus 1, 97653 Bischofsheim/Rhön, Tel. 09772/322, www.rhoenhaeuschen.de. Liegt direkt an der B 278 zwischen Bischofsheim und dem Wanderparkplatz »Moordorf« im Grünen, das historische Gebäude fungierte früher als Grenzstation zwischen den Königreichen Bayern und Preußen. Schöne, im rustikalen Stil eingerichtete Zimmer. Restaurant Mi–Sa ab 11.30 Uhr.

Jagdschloss Holzberghof, Holzberg 1, 97653 Bischofsheim/Rhön, Tel. 09772/1207, www.holzberghof.de. Angeboten werden 13 Zimmer mit eigenem Bad sowie fünf Zimmer mit Etagenbad, dazu fünf Ferienwohnungen und ein Ferienhäuschen. Erreichbar über die St 2288 von Bischofsheim in Richtung Fladungen, von dort kann man auf dem *Rundweg 1* und mit der Markierung *offenes blaues Dreieck* zum Heidelstein wandern und in die *Extratour Rotes Moor* einsteigen. Restaurant tägl. 11.30–22 Uhr.

Rhöner Landhotel Haus zur Wasserkuppe, Schafsteiner Str. 25, 36115 Ehrenberg-Wüstensachsen, Tel. 06683/600, www.haus-zur-wasserkuppe.de. Nettes, familiengeführtes Hotel am Ortsrand, preiswerte Zimmer, großer Spielplatz für Kinder und ein Stellplatz für Wohnmobile, Hunde sind nicht erlaubt. Mit Restaurant.

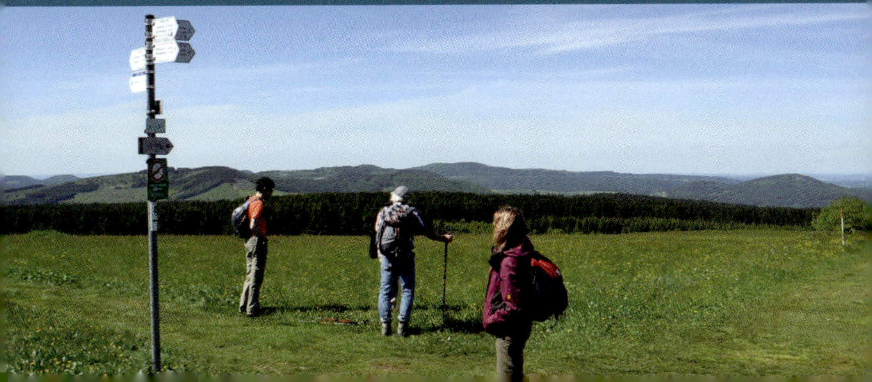

14 Drei auf einen Streich

Simmelsberg, Himmeldunkberg und Hohe Hölle

Tour: Rundwanderung von Gersfeld über den Simmelsberg (843 m) zum Himmeldunkberg (888 m) und der Hohen Hölle (893 m).
Länge/Dauer: 18,4 km/6 Std.
Einstiegspunkt: Marktplatz in Gersfeld.
Höhenunterschied: 400 m.
Markierungen: *schwarzes W (Wasserkuppen-Rundweg), Rundweg 1, Rundweg 4, Hochrhöner, offener roter Tropfen (Rhön-Höhen-Weg).*
Anfahrt: *ÖPNV:* mit der Bahn bis Bahnhof Gersfeld. *Kfz:* A 7 bis Dreieck Fulda, A 66 bis Ausfahrt Fulda-Süd, B 27 bis Döllbach, B 279 bis Gersfeld/Rhön oder A 71 bis Ausfahrt Bad Neustadt, B 279 bis Gersfeld; kostenfreie Parkplätze am Bahnhof oder an der Wasserkuppenstraße direkt an der Ampelkreuzung mit der B 279.
Saison: Frühjahr bis Herbst.
Familie: Mit Kindern empfiehlt sich ein ausgiebiger Besuch im Wildpark Gersfeld. Neben Rot-, Dam- und Rehwild sind in den Gehegen auch Schwarzwild, Steinböcke, Gämsen, Wildkatzen, Tarpanpferde und zahlreiche Kleintierarten zu sehen. Alle Tiere dürfen gefüttert werden, aber nur mit Futter, das die Parkverwaltung an Futterstellen bereitstellt. Hunde an der Leine dürfen mit in den Park (außer ins begehbare Damwildgatter).
Anforderungen: Die anspruchsvolle Tour mit einigen steileren Anstiegen erfordert sehr gute Kondition und stellenweise Trittsicherheit, ferner ein gutes Orientierungsvermögen, da die Markierungen oft wechseln und ein Wegabschnitt ganz ohne Markierungen bewältigt werden muss.
Besonderheiten: Wegen seiner guten Luftqualität erhielt Gersfeld das Prädikat »Heilklimatischer Kurort«. Neben einem umfangreichen Angebot ambulanter und klinischer klimatherapeutischer Behandlungen bietet die Tourist-Information Heilklimawandern an. Es findet jeden letzten Freitag im Monat (April bis Oktober) statt, eine Anmeldung ist nicht erforderlich, Treffpunkt ist die Tourist-Information in der Brückenstr. 1, Unkostenbeitrag 2 € pro Person.

Durchatmen!

Das nette Städtchen Gersfeld ist nicht nur das Tor zur Wasserkuppe, sondern bietet sich auch als Ausgangspunkt für weitere reizvolle Bergtouren in der Hohen Rhön an. Mit dem Simmelsberg, dem Himmeldunkberg und der Hohen Hölle sind gleich drei aussichtsreiche Gipfel im Grenzbereich zwischen Hessen und Bayern unser Ziel. Bevor wir uns auf den Weg machen, wollen wir erst einmal kräftig durchschnaufen, denn der Ort an der jungen Fulda ist für seine gute Luft bekannt. Vom Deutschen Wetterdienst durchgeführte Messungen belegen regelmäßig eine nur geringe Konzentration an Fein- und Makrostaub sowie an Pollen in der Luft. Seit 2015 darf sich Gersfeld daher mit dem Prädikat Heilklimatischer Kurort schmücken – eine Bezeichnung, die nur an Kurorte mit einem entsprechenden therapeutischen

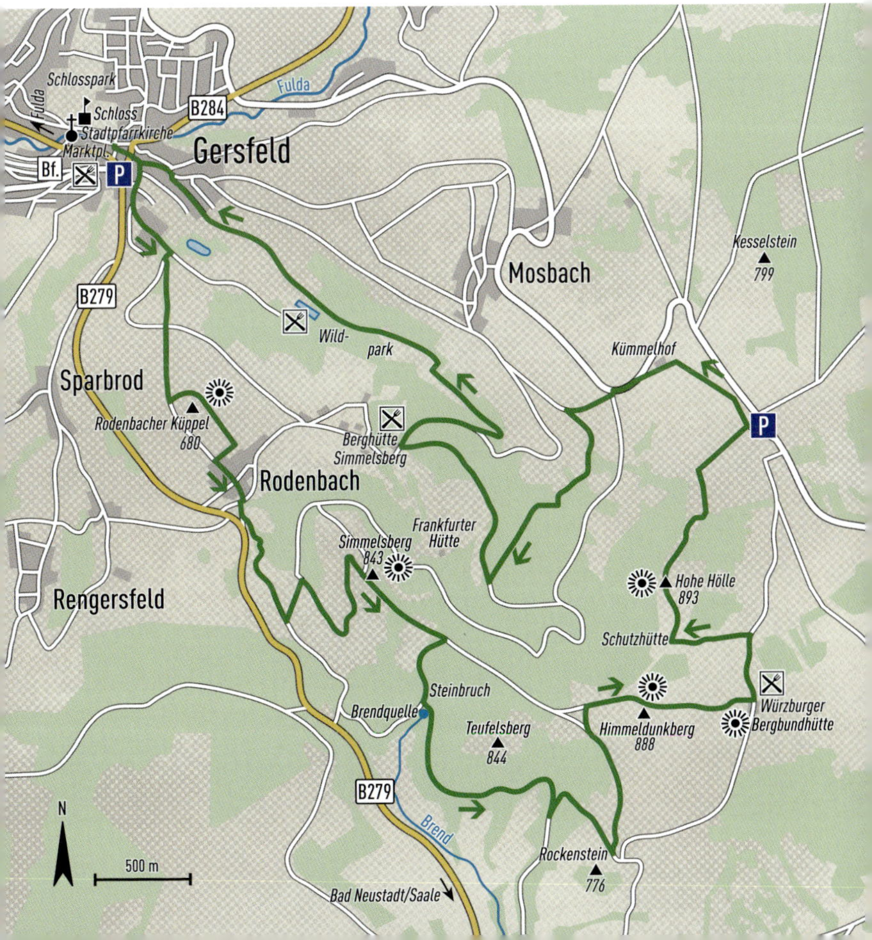

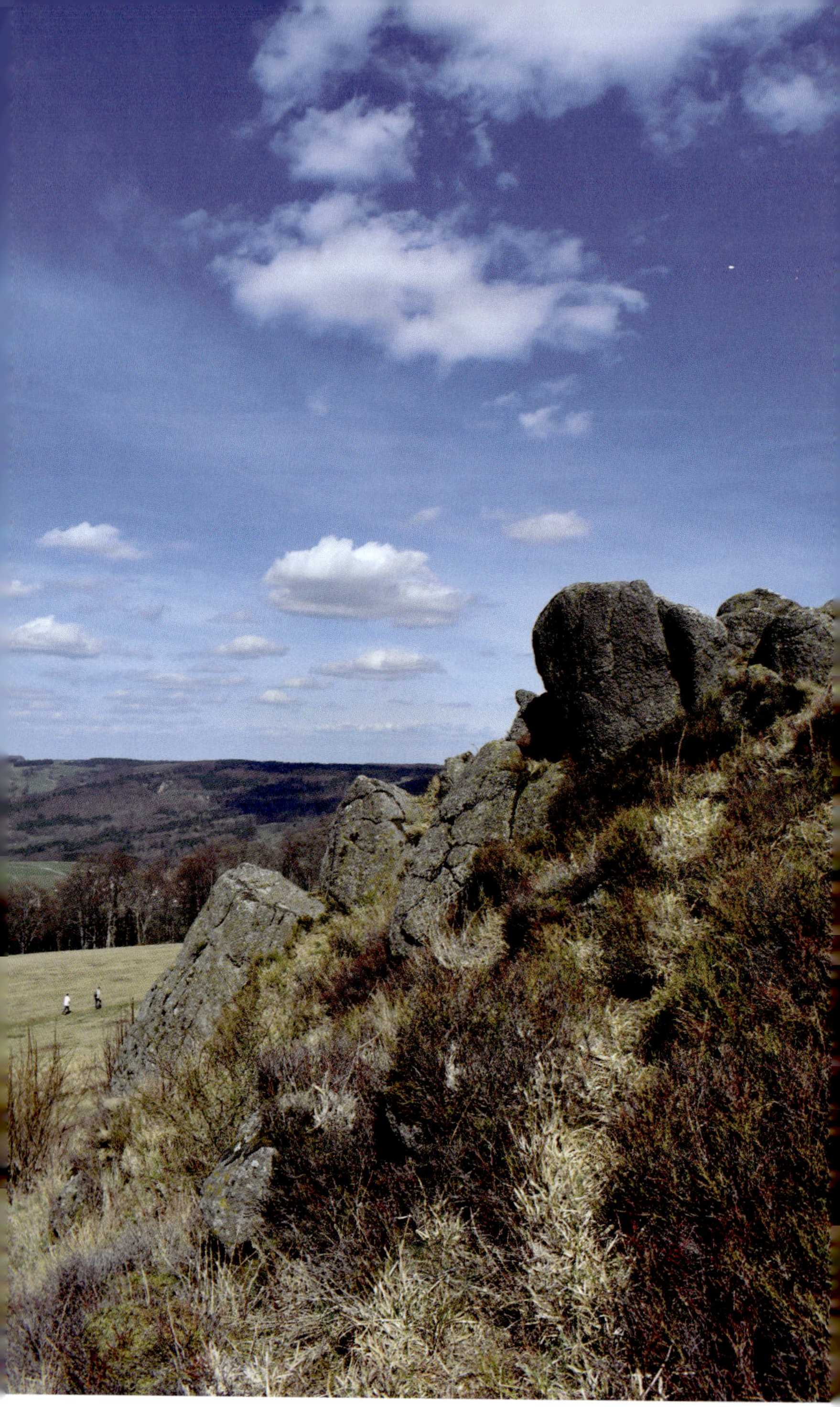

Basaltfelsen am Simmelsberg

Bioklima vergeben wird. Ein Heilklima dient der Stärkung des Organismus sowie der Regeneration und Behandlung akuter Erkrankungen. Während der Klimatherapie sollen Gesundheit und Lebensqualität positiv beeinflusst werden. Um dies zu gewährleisten, hat die Stadt ein medizinklimatologisches Kurkonzept entwickelt, das verschiedene ambulante und klinische Verfahren beinhaltet. Dazu gehören auch spezielle Klimaterrainwege für »kurmäßig dosiertes Gehen auf ansteigenden Wegen«.

Bereits Mitte des 19. Jahrhunderts war Gersfeld als »Sommerfrische« bekannt und entwickelte sich seitdem zu einem der beliebtesten Urlaubsorte der Rhön. Heute ist der Tourismus ein wichtiger Wirtschaftsfaktor des Städtchens mit seinen gerade einmal 5500 Einwohnern. Es gibt zahlreiche Hotels, Pensionen und sonstige Übernachtungsmöglichkeiten, dazu eine lebendige Gastronomieszene. Beim Bummel durch die Altstadt fällt dennoch wohltuend auf, dass von touristischem Rummel oder gar Nepp nichts zu spüren ist. Man kann gemütlich durch die Gassen flanieren und in einem der Straßencafés findet sich sicherlich ein freies Plätzchen.

Im Ort gesehen haben sollte man auf jeden Fall den von vielen schmucken Gebäuden umgebenen Marktplatz. Eines davon ist das 1814 im klassizistischen Stil erbaute Generalshaus, ein anderes das *Hotel Krone Post,* einst eine Station der 1835 eingerichteten

Die Gründung des Rhönklubs

Am 8. August 1876 folgten 150 Rhönfreunde der Einladung des Fuldaer Sanitätsrates Dr. Julius Schneider, in der zu lesen war: »Die Reisenden halten die Rhön für unwirtlich, rau und kalt und scheuen wegen Mangels an Verkehrswegen und komfortablen Gasthäusern den Besuch. Wir halten es als Freunde des Gebirges für unsere Pflicht, den vermeintlichen und wirklichen Missständen, die sich dem Besuche der Touristen hinderlich zeigen, entgegen zu treten und suchen dieses durch Bildung eines ›Rhönclubs‹ zu erreichen«. Damit war der Tourismus-Verein Rhönklub geboren mit Julius Schneider als erstem Vorsitzenden. Heute kümmert sich der Verein vor allem um das umfassende Wanderwegenetz und engagiert sich für Brauchtumspflege und Naturschutz. Ohne die ehrenamtliche Tätigkeit der Wegewarte des Rhönklubs wäre Wandern in der Rhön weit umständlicher und schwieriger.

königlich-bayerischen Postkutschenverbindung von Bischofsheim nach Fulda. Tatsächlich gehörte Gersfeld von 1815 bis 1866 zu Bayern, danach wurde es von Preußen annektiert und kam nach dem Zweiten Weltkrieg zu Hessen.

Etwas abseits zum Flüsschen hin gelangt man zum *Gasthaus Zum Hirsch,* in dem am 8. August 1876 der Rhönklub gegründet wurde (siehe Kasten »Die Gründung des Rhönklubs«).

Dann begeben wir uns auf die Spuren der Herren von Ebersberg, die über Jahrhunderte die Geschicke der Stadt bestimmt haben. Sie haben drei Schlösser hinterlassen, das prächtigste davon ist das 1740 erbaute Barockschloss. Alle befinden sich in Privatbesitz und können nicht besichtigt werden. Dafür darf man nach Lust und Laune durch den romantischen Schlosspark flanieren. In der evangelisch-lutherischen Stadtpfarrkirche (erbaut 1780–85) kann das Grabmal des Ritters Christopher von Ebersberg und seiner Gemahlin Kunigunde aus dem frühen 16. Jahrhundert besichtigt werden, dazu weitere Grabsteine der Ebersberger. Das Geschlecht bekannte sich 1537 zum lutherischen Glauben und seitdem ist Gersfeld bis heute mehrheitlich evangelisch in einer sonst überwiegend rein katholischen Gegend.

Eine besondere Attraktion des Städtchens ist schließlich der außerhalb gelegene Wildpark. Ein Muss für Familien mit Kindern.

Auf den hessischen Türsteher

Wer auf der B 279 vom bayerischen Bischofsheim nach Gersfeld fährt und den Pass der Schwedenschanze passiert hat, sieht als ersten Berg auf hessischer Seite den Simmelsberg. Er wird daher gerne als hessischer Türsteher bezeichnet. Ihn zu besteigen, ist das erste Ziel auf unserer anspruchsvollen Bergtour.

Wir starten auf dem Marktplatz von Gersfeld, wo uns das *schwarze W* für den *Wasserkuppen-Rundweg* die Richtung vorgibt. Hinter der Rhönschule verlassen wir das Städtchen und biegen rechts ab. Aufwärts über Wiesen erwartet uns mit dem Rodenbacher Küppel gleich ein erster »Höhepunkt« auf unserer Wanderung. Der Rundblick von seiner baumlosen Basaltkuppe hat es in sich – wir sehen den Simmelsberg, die Dammersfeldkuppe, die Große Nalle, den Wachtküppel, die Wasserkuppe und den Heidelstein, dazu Gersfeld zu unseren Füßen. Das macht süchtig

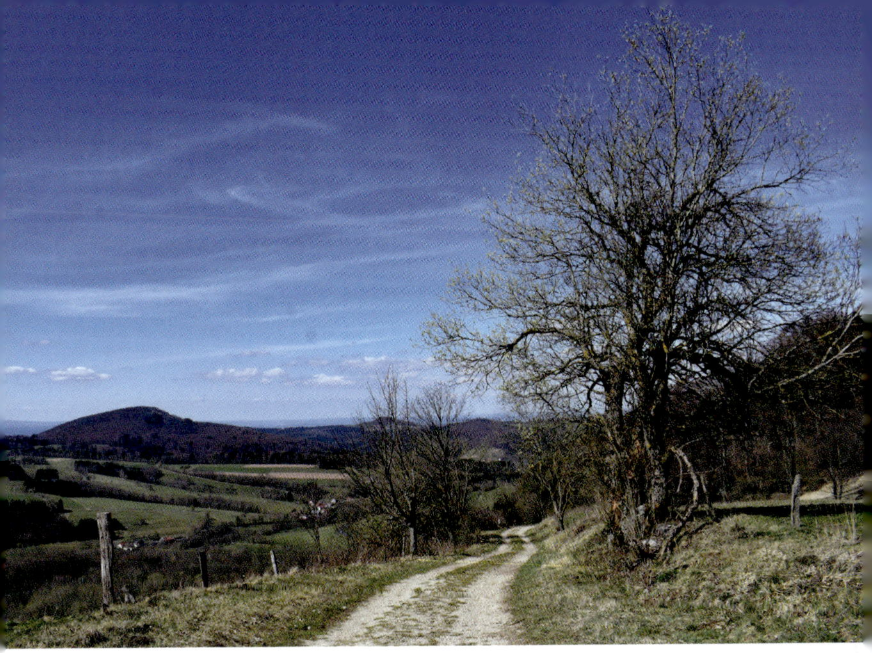

Blick vom Simmelsberg zur Großen Nalle

nach noch grandioseren Panoramen, daher drängt es uns weiter. Nachdem wir Rodenbach durchquert haben, steigt unser Schotterweg, der eine Weile in etwa parallel zur nahen Bundesstraße verläuft, zunehmend an. Einem links abzweigenden Pfad folgend, kommen wir zum ersten Mal so richtig ins Schwitzen. Steil geht es den von Trockenrasen bewachsenen und hin und wieder mit Büschen bestandenen Berghang hinauf, wobei stellenweise Trittsicherheit gefragt ist. Wer im Frühjahr unterwegs ist, entdeckt am Wegesrand gelegentlich ein Büschel der violett blühenden Küchenschelle. Oben am Plateaurand erregt ein Klippenzug aus dunklen Felssäulen unsere Aufmerksamkeit. Er ist wie die überall herumliegenden Felsbrocken Rest einer mächtigen Basaltdecke, die von den Kräften der Erosion zernagt wurde.

Dann haben wir es geschafft und wir stehen auf der weiten Hochfläche des Simmelsberges. Weder ein Baum noch ein Strauch beeinträchtigen das famose Panorama, das sich uns von hier oben auf 843 Metern Meereshöhe bietet. Die Idee, die Rhön als »Land der offenen Fernen« zu bezeichnen, könnte auf diesem wunderbaren Aussichtsberg entstanden sein. So ziemlich alles, was in der Hessischen Rhön Rang und Namen hat, baut sich vor unseren Augen auf, sogar hinein in die Bayerische Rhön reicht der Blick. Eine Tafel am Nordabfall des Simmelsberges erläutert diese spektakuläre Rundsicht. Hin und wieder kommen Wanderreiter hier vorbei, an sonnigen Tagen mit ausreichend Thermik kann man auch Modellflugbegeisterten zusehen, die ihre Miniaturflieger in die Lüfte steigen lassen. Am Nordhang befinden sich außerdem zwei Skilifte.

Vom Gipfel steigen wir an der Südostflanke des Berges hinunter und gelangen, nach wie vor geleitet von unserem *schwarzen W*, in ein Waldgebiet. Darin biegen wir bei erster Gelegenheit rechts ab und folgen nun dem *Rundweg 1* weiter bergab.

Himmel und Hölle

Nach etwa 300 Metern passieren wir einen Steinbruch, in dem die gelblich-weißen Kalk- und Mergelschichten des Unteren Muschelkalks aufgeschlossen sind. Sie sind das eigentliche »Baumaterial« der Berge auf unserer Tour, das sie überlagernde vulkanische Basaltgestein bildet lediglich die Gipfelplateaus in Form einer Decke aus. Wenn wir bei der Brendquelle anlangen, haben wir kurz zuvor unmerklich die Landesgrenze hinüber nach Bayern überschritten. Immerzu bergab umrunden wir dann auf einer breiten Waldfuhre die Kuppe des Teufelsberges links von uns. Nach einer weiten Rechtskurve unseres Weges biegen wir scharf links ab und folgen nun dem *Rundweg 4* aus dem Wald hinaus.

Bergab über Wiesenmatten erreichen wir die Nordostflanke des Rockensteins, dessen Gipfel allerdings ein Stück rechts unseres Weges liegt. Er gilt als eine der jüngsten vulkanischen Bildungen der Rhön; die in seinem Schlot anstehende Tuffbrekzie weist ihn zudem als einen einst explosiven Vulkan aus, denn Tuff entsteht bei Vulkanausbrüchen als lockeres Auswurfprodukt.

Links einschwenkend auf den Premiumwanderweg *Hochrhöner* geht es dann halbwegs steil bergauf. Manchmal halten wir kurz inne, um eine der malerischen Hexenbuchen näher zu betrachten, die etwas gebückt und windzerzaust am Wegesrand stehen. Über eine Verebnung hinweg und nach einem letzten kurzen Steilanstieg ist schließlich der höchste Punkt des Himmeldunkberges auf 888 Metern Meereshöhe erreicht. Die Aussicht von seinem Gipfel gehört zu den schönsten in der ganzen Rhön. Im Südwesten erblicken wir die Dammersfeldkuppe und den Eierhauk, im Süden das Ensemble aus Arnsberg, Käuling, Kreuzberg und den Schwarzen Bergen, im Osten Bauersberg, Münzkopf und Heidelstein. Im Westen grenzt der vorgelagerte Teufelsberg, im Norden die Hohe Hölle die Sicht ein. Wohltuend still ist es hier oben, kein Rummel wie auf der Wasserkuppe oder auf dem Kreuzberg lenkt von dem prächtigen Panorama ab. Keine Straße führt hier herauf, der Himmeldunkberg will erwandert sein.

Statt weiter dem *Hochrhöner* zu folgen, biegen wir rechts auf einen unmarkierten Pfad ab, der uns über offene Matten hinunter zur Würzburger Bergbundhütte bringt. Sie ist zwar nur an den Wochenenden bewirtschaftet, aber eine Rast lohnt sich dennoch. Einmal des frischen Wassers wegen, das man dort aus einer Quelle schöpfen kann, zum anderen wegen des herrlichen Ausblicks auf Bischofsheim unten im Tal der Brend. Über einen geschotterten Weg kehren wir zum *Hochrhöner* zurück und halten uns auf ihm links.

Bei einer Schutzhütte biegen wir mit der Markierung *offener roter Tropfen* für den *Rhön-Höhen-Weg (RHW)* rechts ab und steigen entlang der unsichtbaren Landesgrenze zwischen Bayern

Der Himmeldunkberg – dem Himmel sei Dank für diesen Berg

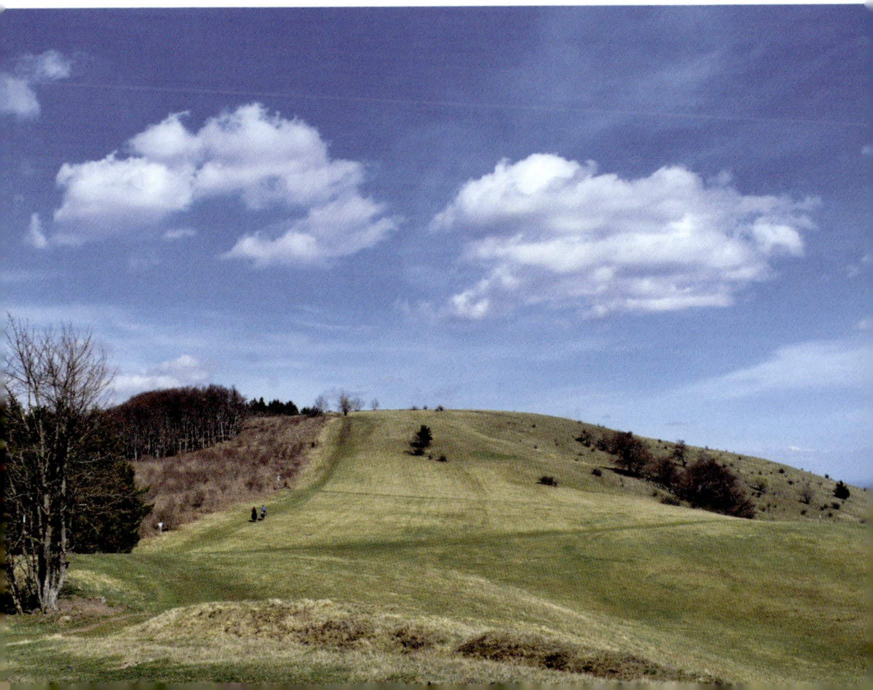

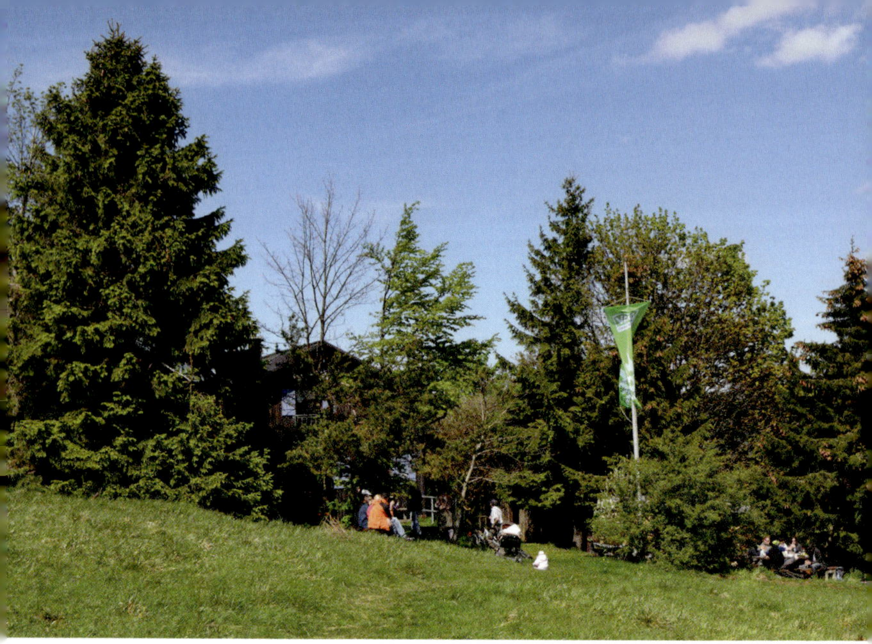

Sonnige Rast bei der Würzburger Bergbundhütte

und Hessen hoch zum Gipfel der Hohen Hölle. Immer wieder stoßen wir unterwegs auf alte Grenzsteine aus der Zeit, als hier noch die Königreiche Bayern und Preußen aneinanderstießen. Obwohl etwas höher als der Himmeldunk, bietet die Hohe Hölle (893 m) aussichtsmäßig wenig Neues (toller Blick nach Osten über das Brendtal hinweg). Dafür dürfen wir uns glücklich schätzen, drei der schönsten Rhönberge auf einen Streich erklommen zu haben.

Alter Schwede

Wir verlassen den Gipfel über den von einem Waldstreifen gesäumten Nordabfall und passieren dabei rechter Hand den kaum zwischen den Bäumen erkennbaren Schwedenwall. Über Wiesen geht es dann hinunter zum Wanderparkplatz Schwedenwall an der Landstraße zwischen Gersfeld und Bischofsheim, der bereits wieder in Hessen liegt.

Unseren Verdacht, dass der Name Schwedenwall aus der Zeit des Dreißigjährigen Krieges stammt, bestätigt eine dort angebrachte Infotafel. Truppen des Schwedenkönigs Gustav Adolf sollen damals einen Wall als Stellung für ihre Geschütze angelegt haben. Allerdings lässt sich das historisch nicht einwandfrei belegen. Es ist wahrscheinlicher, dass es sich bei dem Gebilde um einen Abschnitt einer mittelalterlichen Landwehr (auch Hähl oder Höhl genannt) handelt, die zu Zwecken der Grenzsicherung in der östlichen Rhön angelegt wurde. Man kennt solche Grenzanlagen auch aus anderen Gegenden, beispielsweise aus dem Rheingau oder aus dem Rothenburger Land in Westmittelfranken. Sie alle gleichen sich in ihrer Bauweise: ein Wall mit beidseitigen Gräben, wobei die Wallkrone dicht mit Sträuchern bepflanzt wurde, deren Äste durch Knickung ineinander verwoben wurden. Für einen Feind gab es da kaum ein Durchkommen.

Zunächst folgen wir noch knapp 200 Meter weiter unserem *offenen roten Tropfen,* bis er sich nach rechts verabschiedet. Wir bleiben weiter geradeaus und orientieren uns nun an der *Radweg-Ausschilderung* in Richtung Gersfeld. Vorbei am Kümmelhof geht es dann ein Stück an der Landstraße L 3396 entlang. In einer weiten Rechtskurve des Radweges biegen wir scharf links ab und folgen diesem nicht markierten Weg kontinuierlich bergauf in einen Wald. Darin biegen wir auf dem ersten Querweg links ab und halten uns bei der folgenden Gabelung rechts. Kurz darauf erreichen wir den Scheitelpunkt unseres Weges, ab jetzt geht es nur noch bergab. Dem nächsten Querweg folgen wir nur etwa 50 Meter nach links und biegen dann gleich wieder rechts ab. Dieser Weg bringt uns schließlich in einer längeren Abwärtspassage hinunter zur am Waldrand gelegenen Berghütte Simmelsberg. Endlich haben wir Gelegenheit, unseren Hunger und Durst zu stillen, allerdings nicht von Montag bis Mittwoch, denn da ist die Hütte nicht geöffnet.

Der Rückweg nach Gersfeld ist jetzt nur noch Formsache, nun steht uns auch wieder eine Markierung zur Verfügung. Der *Rundweg 4* führt uns zuverlässig weiter abwärts und in der Folge links am Ehrengrundgraben entlang. Vorbei am Gelände des Wildparks ist der Marktplatz von Gersfeld bald wieder erreicht.

Ausgewählte Adressen und Tipps

- Tourist-Information Gersfeld (Rhön), Brückenstr. 1, 36129 Gersfeld/Rhön, Tel. 06654/1780, www.gersfeld.de. Mo–Fr 8–12.30 und 14–17, Sa 10–12 Uhr.
- Wildpark Gersfeld, Wildpark 1, 36129 Gersfeld/Rhön, Tel. 06654/680, www.wildpark-gersfeld.de. April bis Okt. tägl. 9–18 Uhr, Nov. bis März 10–16 Uhr. Mit Gaststätte.
- Freibad Gersfeld im Ehrengrund, Tannenstr. 10, 36129 Gersfeld/Rhön, Tel. 06654/388, www.gersfeld.de/freibaeder. In der Badesaison tägl. 9.30–19.30 Uhr (auch bei schlechtem Wetter), Hauptattraktionen sind u. a. eine 60-Meter-Röhrenrutsche und ein Wärmebereich mit Durchschwimmkanal, ferner gibt es einen Beachvolleyballplatz.
- *MandelRose – Café am Marktplatz*, Marktplatz 11, 36129 Gersfeld/Rhön, Tel. 06654/225, www.mandelrose-gersfeld.de. Di–Fr 13–17.30, Sa 9–18, So/Fei 12–18 Uhr, Mo Ruhetag. Große Auswahl an Kuchen und Torten.
- *Kaufmann's Restaurant am Schlosspark*, Schlossplatz 11, 36129 Gersfeld/Rhön, Tel. 06654/9178055, www.kaufmanns-am-schlosspark.de. Do/Fr 17–23, Sa 11.30–14 und 17–23, So 11.30–14 und 17–20 Uhr, Mo–Mi Ruhetage. Gehobene Landküche mit wechselnder Speisekarte.
- *Gaststätte im Wildpark* (s. o.), angeboten werden Kaffee und Kuchen sowie kleine Gerichte, im Sommer auch auf der Terrasse.
- *Berghütte Simmelsberg*, Dammelhof 62, 36129 Gersfeld/Rhön, Tel. 06654/918780, www.simmelsberg-huette.de. Do/Fr 14–20, Sa 11.30–20, So 11.30–18 Uhr, Mo–Mi Ruhetage, Jan. bis März nur Sa/So geöffnet. Brotzeiten und einfache, aber dennoch schmackhafte warme Gerichte, für Übernachtungen stehen Doppel-, Dreibett- und Mehrbettzimmer zur Verfügung.
- *Würzburger Bergbundhütte*, auf dem Himmeldunkberg, wird betrieben von der Sektion Würzburg des DAV. Sie ist nur an den Wochenenden bewirtschaftet, allerdings nur Getränkeverkauf, die Hütte kann für Übernachtungen gemietet werden. Infos über Evelyn Herler, Bergbund Würzburg Hüttenverwaltung, Tel. 0931/7849232, www.bergbund-wuerzburg.de.
- *Hotel Gersfelder Hof*, Auf der Wacht 14, 36129 Gersfeld/Rhön, Tel. 06654/1890, www.gersfelder-hof.de. Schön gelegen auf einer Anhöhe am Ortsrand, mit Schwimmbad und Wellnessbereich sowie eigenem Restaurant, im Haus Sternkuppe können zudem Appartements und Suiten gebucht werden.

Hotel Restaurant Krone Post, Marktplatz 30,36129 Gersfeld/Rhön, Tel. 06654/622, www.kronepost-gersfeld.de.

Frankfurter Hütte am Simmelsberg, 36129 Gersfeld/Rhön-Rodenbach, betrieben vom Rhönklub Zweigverein Frankfurt am Main, auch Nichtmitglieder können Zimmer buchen, allerdings ist die Hütte nicht bewirtschaftet, sie ist für Selbstversorger gedacht. Kontakt: Thorsten Bach, E-Mail: anfrage_huette@rhoenklub.de.

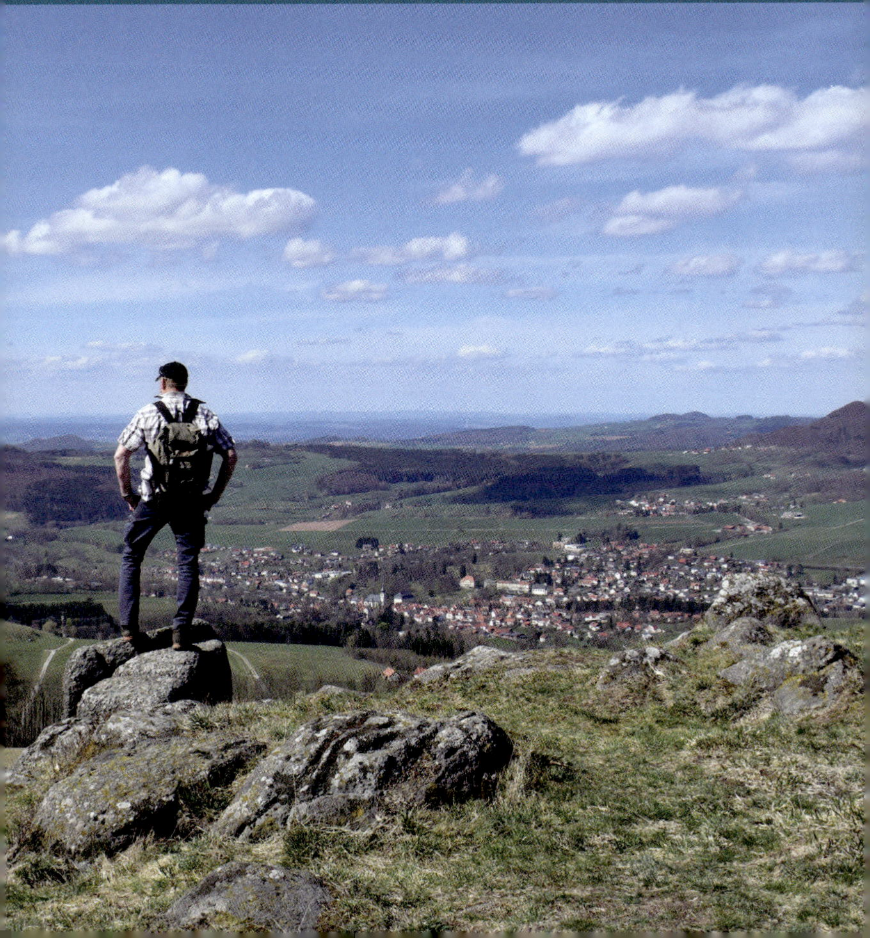

15 Zum Heiligen Berg der Franken

Von Bischofsheim über die Osterburg zum Kreuzberg

Tour: Rundwanderung von Bischofsheim über die Osterburg zum Kreuzberg (928 m).
Länge/Dauer: 13,4 km/4 Std.
Einstiegspunkt: Marktplatz in Bischofsheim.
Höhenunterschied: 487 m.
Markierungen: *rotes Dreieck (Klosterweg HW06)* bzw. *Hochrhöner-Zubringer (grün), Rundweg 2, Rundweg 6, Hochrhöner (gelb), rotes K (Extratour Kreuzbergtour), Rundweg 3, rotes NH (Neustädter-Haus-Weg).*
Anfahrt: *ÖPNV:* mit der Bahn bis Bahnhof Bad Neustadt/Saale, von dort mit Buslinie 8305 bis Bischofsheim, Haltestelle Marktplatz.
Kfz: A 71 Ausfahrt Bad Neustadt/Saale, von dort B 279 bis Bischofsheim; oder A 7 Ausfahrt Fulda Süd, von dort B 27 bis Döllbach und weiter auf der B 279 bis Bischofsheim; Parkmöglichkeit auf dem Altstadt-Parkplatz (Am Pfarrgrund) beim Friedhof.
Saison: das ganze Jahr über.
Familie: Für kleine Kinder ist die Tour eventuell etwas zu lang; mit ihnen empfiehlt sich eine kürzere Wanderung hoch zur Osterburg, dann mit dem Auto zum Kloster und von dort über den Gipfel zur Gemündener Hütte (oder zum Klettergarten beim Neustädter Haus) und wieder zurück.
Anforderungen: Kondition und Durchhaltevermögen sind gefordert, da es längere Zeit, teils auch steiler, bergauf geht.
Besonderheiten: Der Kreuzberg ist zu allen Jahreszeiten ein lohnendes Ausflugsziel, im Winter ist er ein Zentrum des Skisports in der Rhön (wenn Schnee liegt …).

Im Mekka der Holzschnitzer

Der Heilige Berg der Franken soll das Ziel unserer Wanderung sein. Eigentlich heißt er ja Kreuzberg und ist nach der Wasserkuppe und der Dammersfeldkuppe die dritthöchste Erhebung des alten Vulkangebirges. Dazu ist er einer der markantesten Berge der Rhön, der auch aus der Ferne deutlich zu erkennen ist. Dies nicht zuletzt dank des 227 Meter hohen Sendemastes des Bayerischen Rundfunks auf seinem Gipfel. Man kann ihn also kaum verfehlen und es führen neben einer Autostraße viele bestens markierte Wege zu ihm hoch.

Als »Basislager« für eine Kreuzbergbesteigung bietet sich das nette Rhönstädtchen Bischofsheim an. Es wurde wohl in der Zeit der Landnahme durch die Franken im 8. Jahrhundert gegründet; angeblich soll der Heilige Bonifatius den Anstoß dazu gegeben haben. Im Mittelalter bekam der Ort seine kreisrunde, von einer Stadtmauer umgebene Form, die bis heute das Stadtbild prägt. Der Marktplatz mit seinen beiden gusseisernen Brunnen und dem Nerbelstein, einem historischen Getreideeichmaß, wird von vielen Geschäften und Gaststätten flankiert. Es macht Spaß, sich hier im Sommer in ein Straßencafé zu setzen und dem geschäftigen Treiben zuzusehen. Überragt wird die historische Altstadt vom pittoresken Zentturm mit seinem Obergeschoss aus Fachwerk sowie vom Kirchturm der katholischen Stadtpfarrkirche St. Ge-

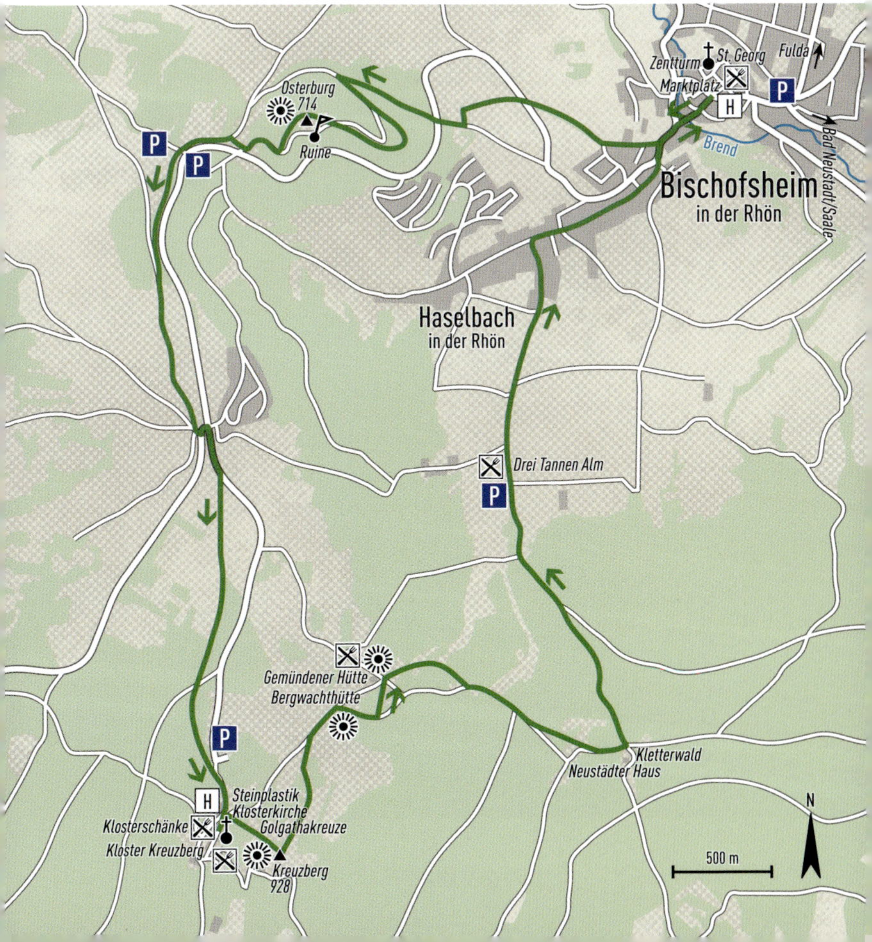

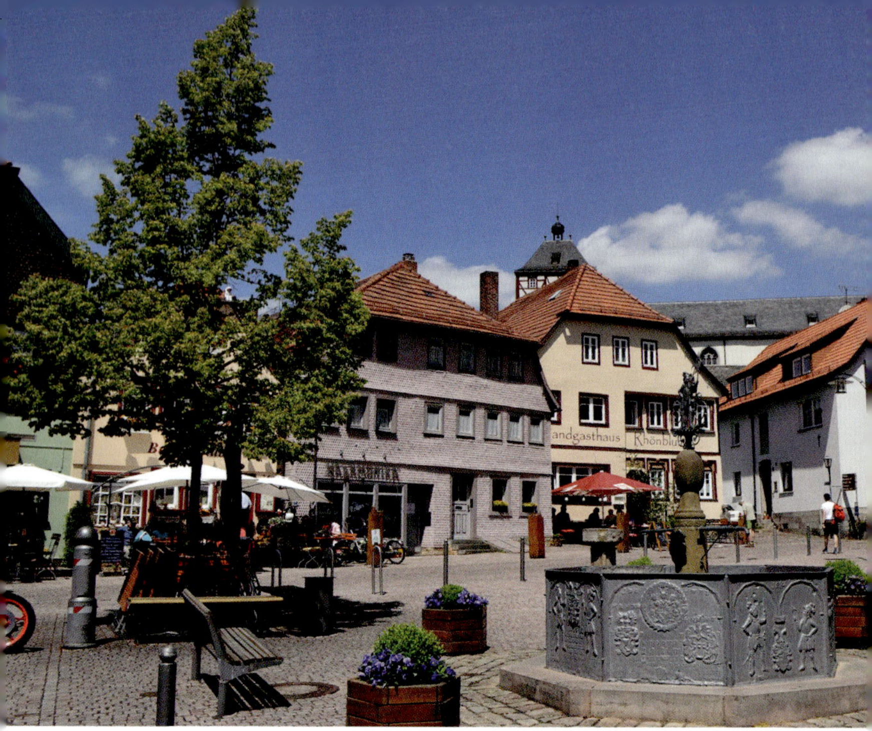

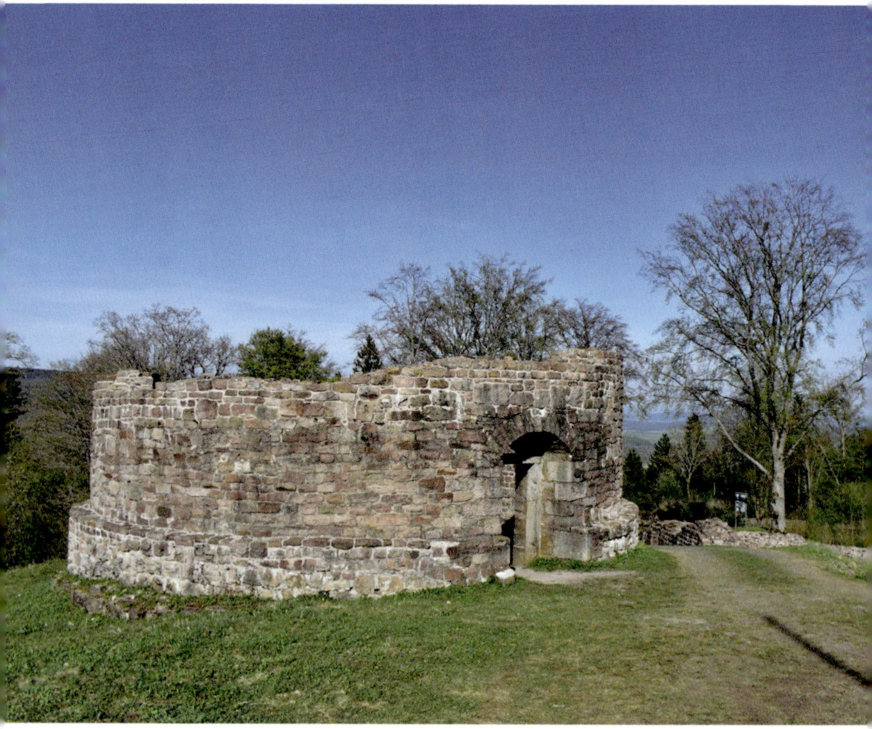

Vom Marktplatz in Bischofsheim geht es hinauf zur Burgruine Osterburg.

org. Im Ort gibt es noch eine evangelische und sogar eine orthodoxe Kirche, dazu außerhalb der Stadtmauer beim Friedhof die sehenswerte Josefskapelle.

Beim Bummel durch die alten Gassen stößt man immer wieder auf kunstvolle Holzplastiken, die von Absolventen der in Bischofsheim ansässigen Staatlichen Berufsfachschule für Holzbildhauer angefertigt wurden. Die Holzschnitzerei hat in der Rhön eine lange Tradition und auch die Geschichte der Schule reicht bis 1852 zurück. Neun Holzbildhauerwerkstätten gibt es heute noch in der Stadt; die Schnitzer lassen sich gerne bei der Arbeit von Besuchern über die Schulter schauen, manche bieten sogar Schnitzkurse für Anfänger und Fortgeschrittene an. Eine Liste der Betriebe gibt es in der Tourist-Information am Kirchplatz, man findet sie aber auch auf der Webseite von Bischofsheim. Uns drängt es jetzt aber ins Freie, der Kreuzberg will in einem längeren Anstieg von uns erklommen werden.

Wir starten am Marktplatz und folgen der Markierung *rotes Dreieck* des *Klosterweges (HWO6)* auf der Löwenstraße aus der Altstadt hinaus. In die querende Kreuzbergstraße schwenken wir links ein, jetzt auch begleitet vom Wegzeichen des *Hochrhöner-Zubringers (grün)*. Direkt zum Kreuzberg müssten wir uns geradeaus nach Haselbach hinein halten, wir erlauben uns jedoch einen kleinen Umweg und biegen mit beiden Markierungen rechts in den Zentweg ab.

Eine Burgruine mit Aussicht

Über Wiesen geht es dann in mäßigem Anstieg hoch an den Fuß einer bewaldeten Bergkuppe; zweimal müssen wir dabei die kurvige Zufahrtsstraße zum Kreuzberg überqueren. Es folgt eine etwas steilere Passage, die uns durch lichten Buchenwald zur Burgruine Osterburg bringt. Sie ist der Grund für unsere Routenplanung, denn die Aussicht von hier oben hinüber zum Kreuzberg im Süden sowie zum Himmeldunkberg im Norden wollen wir uns nicht entgehen lassen. Auch nach Osten hat man einen schönen Blick über das Tal der Brend hinweg ins östliche Rhönvorland. Von der Burg selbst, die erstmals um 1200 urkundlich erwähnt wurde, sind nur noch Mauerfundamente und Reste eines Turmes übrig. Sie war im Hochmittelalter als sogenannte

Ganerbenburg ein Verwaltungszentrum der Würzburger Fürstbischöfe im Brendtal und zugleich eine Grenzbefestigung gegen das benachbarte Hochstift Fulda. Um 1270 soll die Festung in einer Fehde der beiden konkurrierenden Territorialmächte zerstört worden sein, wofür es aber keine historischen Belege gibt. Wahrscheinlich existierte sie noch bis ins 16. Jahrhundert, geriet dann aber in Vergessenheit und verfiel. Als 1897 ihre Reste beim Forstwegebau zufällig wiederentdeckt wurden, änderte dies zunächst nichts am Dornröschenschlaf der Ruine. Erst 2005 erfolgten Maßnahmen zum Erhalt der verbliebenen Bausubstanz und ihrer touristischen Erschließung. Seitdem informieren Schautafeln über die Geschichte und das einstige Aussehen der Burg. Für Kinder eignet sich das Areal hervorragend zum Ritter- oder Versteckspielen, die Eltern können ihnen dabei beim Kaffeetrinken (muss man aber dabei haben) vom Rastplatz aus zusehen.

Weiter unseren beiden Markierungen folgend, steigen wir hinunter zu einem Wanderparkplatz an der Kreuzbergstraße. Dort verabschieden wir uns von ihnen und biegen stattdessen mit dem *Rundweg 6* links ab. Nach etwas mehr als 500 Metern mündet unser Weg in den Premiumwanderweg *Hochrhöner,* der rechts vom Tal heraufkommt. Auf ihn links einschwenkend gibt uns nun sein *gelbes Emblem* die Richtung vor, unser Weg verläuft über Wiesen in etwa parallel zur Straße links von uns. Obwohl es bis jetzt noch nicht wirklich steil ist, bleiben wir häufiger stehen, aber nicht um nach Luft zu schnappen, sondern um die herrliche Aussicht ins Umland zu genießen. Nach Überqueren einer Verebnung ist dann aber doch unsere Kondition gefordert, denn nun steht uns der steile Anstieg auf den Kreuzberg bevor. Etwa 200 Höhenmeter müssen von uns bewältigt werden – gut, dass wir bald in einen Laubwald eintreten, der im Sommer Schatten spendet. Schließlich preisen wir uns glücklich, weil wir oben die Zufahrtsstraße zum Kloster erreicht haben. Mehr oder weniger verschwitzt folgen wir ihr nach rechts, die paar Höhenmeter mehr schaffen wir jetzt auch noch.

Zum Krug oder zur Kirche?

Kurz vor dem Kloster kommen wir an einer mannsgroßen Steinplastik aus weißem Muschelkalk vorbei, die einen Bischof dar-

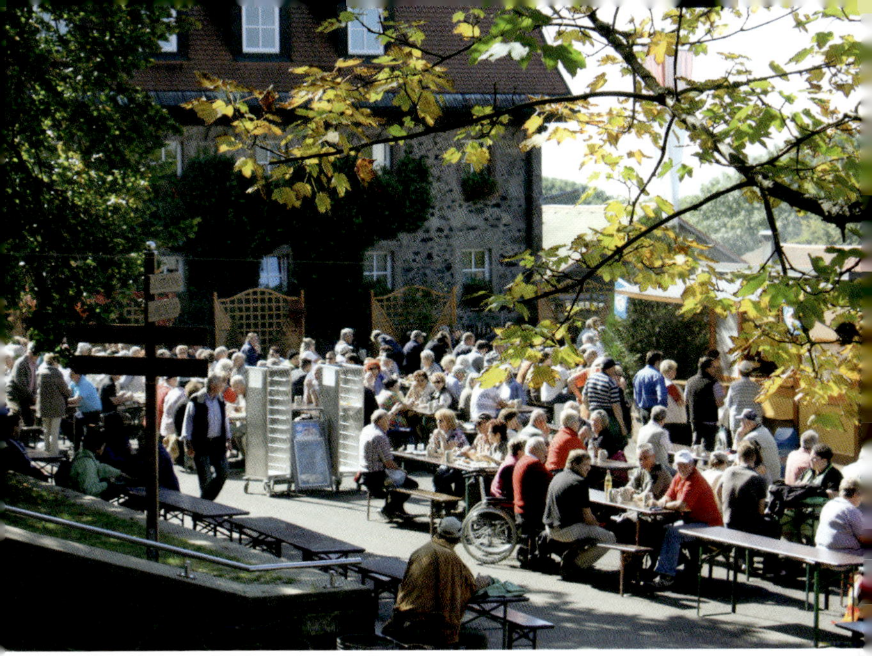

Der Biergarten der Klosterschänke ist immer gut besucht.

stellt, der ein Irenkreuz in der einen Hand, ein Schwert in der anderen Hand hält. Sie stellt den Heiligen Kilian dar, der im 7. Jahrhundert mit zwei Gefährten von Irland nach Franken kam, um die Heiden zum Christentum zu bekehren. Das Schwert symbolisiert, dass der Missionar im Jahr 686 in Würzburg den Märtyrertod erlitten hat. Vorher soll er aber auf dem Gipfel des Kreuzberges, der damals noch nach den germanischen Gottheiten Asenberg genannt wurde, ein erstes Kreuz errichtet haben. In den folgenden Jahrhunderten entwickelte sich der Kreuzberg zum Ziel frommer Pilger.

Auch wir pilgern weiter und haben dann die Wahl – Krug oder Kirche? – in Anspielung auf einen Eintrag im Gästebuch der Klosterschänke: »Den Kreuzberg herauf kam ein endloser Zug, die einen zur Kirche, die anderen zum Krug.« Den netten Zweizeiler hat 1901 der spätere Kardinal Faulhaber verfasst, weil auch ihm nicht verborgen geblieben ist, dass viele Besucher des Bieres wegen ins Kloster kommen. Der Heilige Kilian möge es uns verzeihen, dass es auch uns nach den Mühen des Aufstieges zuerst in die *Klosterschänke* zieht. Im Sommer ist der große Biergarten meist rappelvoll, nicht umsonst ist der Kreuzberg einer der meistbesuchten Orte in der ganzen Rhön. Drinnen und draußen ist Selbstbedienung angesagt oder anders ausgedrückt: Schlangestehen an der Essensausgabe. Dass die Speisekarte eher deftig ist, nehmen wir nur am Rande wahr. Uns gelüstet es nach dem süffigen Dunkelbier, das in der Klosterbrauerei seit 1731 mit eigenem Quellwasser und Rhöner Braumalz gebraut wird. Ausgeschenkt wird es in Steinkrügen mit der Aufschrift »glauben und genießen«, wofür ein Pfand zu entrichten ist. Sie fassen zwar nur 0,5 Liter, aber dennoch ist Vorsicht geboten. Mehr als zwei Krüge sollte man nicht trinken, wenn man den Rückweg nicht in Schlangenlinien bewältigen will. Längst steht aber kein Franziskanerbruder mehr am Sudkessel, der letzte Braumeister des Konvents, Bruder Elisäus, übergab bereits 1964 seine Aufgabe an angestelltes Fachpersonal. Heute wird das Bier vom Kreuzberg gar unter Einsatz modernster Brautechnik hergestellt. Trotzdem gilt nach wie vor: Wer es trinken will, muss ins Kloster kommen, es ist nicht im freien Verkauf in einem Getränkemarkt zu haben und es wird nur noch an ganz wenigen privilegierten Orten in der Rhön ausgeschenkt.

Wiederbelebt durch den »Zaubertrank« des Kreuzberges wollen wir uns jetzt der sakralen oder besser spirituellen Seite

Das Kloster auf dem Kreuzberg

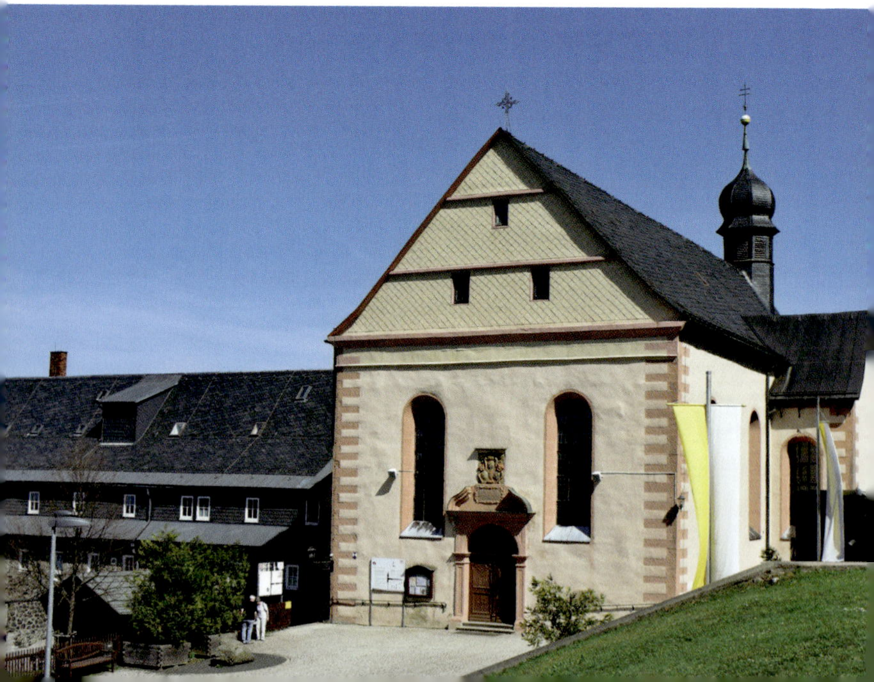

des Berges zuwenden. Das Kloster, in dem heute nur noch drei Mönche leben, wurde ebenso wie die prächtige Wallfahrtskirche in den Jahren zwischen 1677 und 1692 erbaut. Zuvor hatte der Würzburger Fürstbischof Julius Echter Franziskaner des Klosters Dettelbach auf den Kreuzberg geholt zur Betreuung der zunehmenden Schar von Pilgern. Er ließ das hölzerne Kreuz durch ein massives Steinkreuz ersetzen und eine kleine Kapelle errichten. Damit war der Mythos vom »Heiligen Berg der Franken« geboren und bis heute pilgern Fußwallfahrer hoch zum Heiligen Kreuz, um dort Trost, Kraft oder Stärkung im Glauben zu finden. Im Bruder-Franz-Haus, an dem wir auf dem Weg zur *Klosterschänke* vorbeigekommen sind, bieten Meditations- und Ruheräume den Wallfahrern eine Möglichkeit zur inneren Einkehr. Ferner widmet sich eine Ausstellung dem Leben und Wirken des Heiligen Franz von Assisi. Natürlich steht den Gläubigen auch die Wallfahrtskirche zum Gebet den ganzen Tag über offen.

Das ist der Gipfel

Nachdem wir uns auf dem Gelände umgesehen und auch dem kleinen Friedhof der Franziskanermönche einen Besuch abgestattet haben, drängt es uns weiter nach oben. Wir gehen auf der Zufahrtsstraße zurück und biegen noch vor der Skulptur des Heiligen Kilian rechts ab. Mit dem *roten K* für die *Kreuzbergtour* steigen wir auf einer steilen Treppe – angeblich hat sie 294 Stufen, bitte nachzählen – hoch zur den Golgathakreuzen, einem der schönsten Aussichtspunkte in der Rhön. Dabei begleiten uns Stationen eines Kreuzweges, der gemeinsam mit der Kreuzigungsgruppe im Jahr 1710 angelegt wurde.

Weit schweift der Blick ins Umland und auf viele bekannte Berge rundum. Eine Panoramatafel verrät, was im Einzelnen zu sehen ist. Noch sind wir aber nicht auf dem Gipfel, dazu müssen wir noch etwa 100 Meter weiter bergauf wandern. Ein bescheidenes hölzernes Gipfelkreuz markiert den höchsten Punkt des Kreuzberges, steht aber im Schatten des gigantischen Sendemastes des Bayerischen Rundfunks.

Wir halten kurz inne und wenden uns dann mit unserer Markierung nach links. Stetig bergab gelangen wir zur Bergwachthütte, von der aus man einen schönen Blick auf Bischofsheim unten im

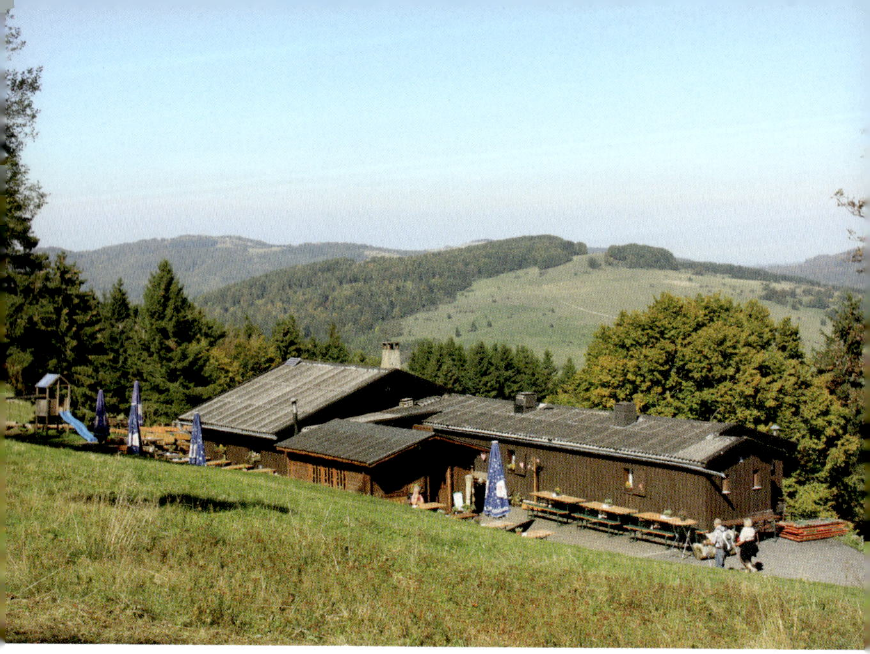

Die Gemündener Hütte bietet neben Speis und Trank auch eine wunderbare Aussicht.

Tal werfen kann. Schnell ist dann die Gemündener Hütte erreicht, die allein wegen ihrer famosen Lage direkt am Berghang aufgesucht werden sollte. Auf ihrer Terrasse zu sitzen und den Blick über die Hohe Rhön bis hinein nach Thüringen auf sich wirken zu lassen, gehört zum Schönsten, was die Rhön zu bieten hat.

Nach unserer Rast gehen wir auf dem *Rundweg 6* wieder hinauf zur *Extratour Kreuzbergtour* und folgen ihr in einen dichten Laubwald. Nach knapp 800 Metern erreichen wir das auf einem Pass zwischen Kreuzberg und Käulingsberg gelegene *Neustädter Haus.* Es hat derzeit leider geschlossen, aber für Familien mit Kindern ist der nahe gelegene Kletterwald ein lohnendes Ziel. Beim Wegekreuz vor der Hütte biegen wir links ab und folgen der Markierung des *Schweinfurter-Haus-Weges (rotes NH)* in einer etwas steileren Abwärtspassage hinunter nach Haselbach. Dabei kommen wir an der Drei Tannen Alm vorbei, der letzten Einkehrmöglichkeit, bevor wir wieder in Bischofsheim anlangen werden. In Haselbach biegen wir rechts ab und durchqueren, geleitet vom Wegzeichen des *Hochrhöner-Zubringers (grün),* das sehenswerte Dorf mit seinen vielen Brunnen. Zurück zum Marktplatz in Bischofsheim ist es dann nicht mehr weit.

Ausgewählte Adressen und Tipps

- Tourist-Information, Kirchplatz 7, 97653 Bischofsheim/Rhön, Tel. 09772/910150, www.bischofsheim.info. Mo–Fr 9–13 und 14–17 Uhr.
- Offene Schulgalerie der Staatlichen Berufsfachschule für Holzbildhauer, Kreuzbergstr. 12, 97653 Bischofsheim, Tel. 09772/1241 (Schulsekretariat). Zu besichtigen an den Schultagen Mo–Do 8–15.30, Fr 8– 12 Uhr (während der bayerischen Schulferien geschlossen).
- Historisches Rentamt, Dauerausstellung mit archäologischen Funden aus der Burgruine Osterburg, Kirchplatz 5, 97653 Bischofsheim/Rhön, Tel. 09772/910150 (Tourist-Info), www.burgruine-osterburg.de. Mo–Fr 8–17 Uhr.
- Bruder-Franz-Haus, Kreuzberg 1, 97653 Bischofsheim/Rhön, Tel. 09772/932853, www.bruder-franz-haus.de. Ausstellung über Franz von Assisi, den Franziskanerorden und die Historie des Heiligen Berges der Franken, ferner befindet sich hier eine Tourist-Information. Tägl. geöffnet, Nov. bis März 10–12 und 13–16 Uhr, April bis Okt. 10–12 und 13–18 Uhr.
- Kletter- und Erlebnispark Kreuzberg, Neustädter Haus 2, 97653 Bischofsheim/Rhön, Tel. 0151/52543840, www.kletterwaldrhoen.de. Viele Attraktionen, darunter elf Flying-Fox-Seilbahnabfahrten. Mai bis Sep. Di–So/Fei 10–18 Uhr (letzter Einlass 16 Uhr), Mo geschlossen; März/Apr. und Okt./Nov. Mi–Fr 12–18, Sa/So/Fei 10–18 Uhr (letzter Einlass 16 Uhr), Mo/Di geschlossen. Wetterbedingte Änderungen möglich.
- Holzskulpturenweg in Bischofsheim, Rundweg durch die Altstadt, der zu 20 Werken der örtlichen Holzschnitzerkunst führt, ferner den Sehenswürdigkeiten des Städtchens. Einen Flyer gibt es in der Tourist-Information.
- Fun Park Four Seasons beim Freibad in Bischofsheim, Kissinger Str. 51, 97653 Bischofsheim/Rhön, Tel. 09772/910150. Die Rollsportanlage ist der ideale Platz für Mountainbiker, BMX-Fahrer, Skateboarder oder Inlineskater, um sich richtig auszutoben, dazu gibt es ein Basketballfeld und im Winter eine Kunsteisbahn, ganzjährig geöffnet und frei zugänglich.
- Skigebiet Kreuzberg: In schneereichen Wintern ist der Kreuzberg ein Paradies für Wintersportler, es gibt vier Skilifte für Alpinfahrer und Snowboarder, dazu zwei Pisten für Rodler, für Langläufer steht eine Rundloipe von 9,2 km Länge zur Verfügung. Schneetelefon 0800/9719773, www.skilifte-kreuzberg.de.
- Besucherbergwerk am Bauersberg (am Rothsee), kann von Ostern bis Okt. besichtigt werden. Im Winter ist es aus Gründen des Fledermausschutzes geschlossen. Der begehbare Schaustollen zeigt auf 60 Metern

Länge, wie früher Braunkohle gefördert wurde. Die Grube ist beleuchtet, das Licht muss am Stolleneingang vom Besucher eingeschaltet werden (nähere Infos über das Biosphärenzentrum Haus der Langen Rhön, Tel. 09774/910260, www.biosphaerenreservat-rhoen.de/wissen/lehr-und-naturpfade/naturlehrpfad-bauersberg.

Brotzeitstube, Marktplatz 24, 97653 Bischofsheim/Rhön, Tel. 09772/932463, www.brotzeitstube.net. Do–Mo 11.30–14.30 und 17–22 Uhr, Di/Mi Ruhetage. Eine Spezialität des Hauses sind die Bagels, es gibt auch einen vegetarischen.

Klostergaststätte und Gästezimmer, Kreuzberg 2, 97653 Bischofsheim/Rhön, Tel. 09772/91240, www.kloster-kreuzberg.de. Apr. bis Okt. Mo–So 11–20.30 Uhr, Nov. bis März So–Do 11–19.30, Fr/Sa 11–20.30 Uhr. Selbstbedienung an der Theke; wer auf dem Kreuzberg war und das süffige Klosterbier im Steinkrug nicht probiert hat, ist selbst schuld. Der Klosterladen hat von Mai bis Okt. geöffnet (Mo Ruhetag). Das Kloster Kreuzberg verfügt im Fürstenbau und im Antoniusbau über Gästezimmer mit Dusche und WC, im Franziskusbau sind die Zimmer eher für einfache Ansprüche der Pilger gedacht.

Berggasthof Elisäus, gehört ebenfalls zum Kloster. Fr 17–22, Sa 13.30–22, So/Fei 9.30–18 Uhr, Mo–Do geschlossen. Hier ist die Küche anspruchsvoller als in der Klostergaststätte. Einzel- und Doppelzimmer in unterschiedlichen Kategorien.

Gemündener Hütte, Kreuzberg 22, 97653 Bischofsheim/Rhön, Tel. 09772/9302890, www.gemuendener-huette.de. Mo–Do 11–18 Uhr. Vermietet wird auch ein Premium-Chalet für bis zu 4 Pers.

Bergwanderhütte Neustädter Haus, Neustädter Haus 1, 97653 Bischofsheim/Rhön, Tel. 09772/120, www.neustaedter-haus.com. Derzeit geschlossen.

Drei Tannen Alm, Fischzucht 16, 97653 Bischofsheim/Rhön, Tel. 09772/930775. Sommer Sa 11–17.30, So 10–17.30 Uhr, werktags nach telefonischer Vereinbarung; Winter bei Skibetrieb an den Kreuzberg-liften täglich ab 9 Uhr durchgehend geöffnet.

Feriendorf Osterburg, wer eines der Ferienhäuser buchen möchte, wendet sich am besten an die Tourist-Information in Bischofsheim.

Gasthof Rhönlust, Geigensteinstr. 50, 97653 Bischofsheim/Rhön, Tel. 09772/442, www.gasthof-rhoenlust.de. Zwar klein, dafür preisgünstig und nettes Ambiente.

Hotel Luisenhof, Haselbachstr. 93, 97653 Bischofsheim-Haselbach, Tel. 09772/1880, www.luisenhof-rhoen.de. Gut geeignet für Familien mit Kindern.

Schottisches Feeling im Dreiländereck 16

Ins Schwarze Moor bei Birx

Tour: Rundwanderung von Birx über das Dreiländereck zum Schwarzen Moor.
Länge/Dauer: 11,4 km/3 Std.
Einstiegspunkt: Birx bei der Kirche in der Ortsmitte.
Höhenunterschied: 182 m.
Markierungen: *Rhön-Rundweg 4, Buchonia-Rundweg (schwarzes B), Hochrhöner (gelb), Naturlehrpfad Schwarzes Moor.*
Anfahrt: *ÖPNV:* mit der Bahn bis Bahnhof Meiningen, von dort mit Buslinie 409 nach Birx (allerdings lange Fahrtzeit und unregelmäßiger Takt, deshalb besser mit dem Kfz anreisen). *Kfz:* A 71 Ausfahrt Mellrichstadt, B 285 bis Fladungen-Oberfladungen, St 2265 bis Frankenheim, weiter nach Birx; Parkplätze am Friedhof und beim Sportplatz.
Saison: das ganze Jahr über, am besten Frühjahr bis Herbst.
Familie: Der Naturlehrpfad Schwarzes Moor ist ein einmaliges Erlebnis für Groß und Klein. Von den 23 Informationstafeln längs des Weges wenden sich zehn eigens an Kinder. Sie sind mit einem Löwenzahnmotiv kenntlich gemacht und regen zu vielerlei Aktivitäten an. Der Bohlenpfad ist auch mit dem Buggy und Kinderwagen befahrbar.
Anforderungen: kurze und wenig anstrengende Tour, ideal für Familien mit Kindern.
Besonderheiten: In den Monaten November bis April sind der Moorlehrpfad sowie der Aussichtsturm im Schwarzen Moor wegen Schnee- und Eisglätte gesperrt.
Variante: Wer lieber eine längere Ganztageswanderung unternehmen möchte, gelangt auch von Fladungen aus zum Schwarzen Moor. Man folgt der bestens mit einem *roten M* ausgeschilderten *Extratour Museumstour* vom Parkplatz des Fränkischen Freilandmuseums über Frankenheim zur Rast- und Informationsanlage Schwarzes Moor. Von dort über Rüdenschwinden wieder zurück nach Fladungen (20 km).

In den Rhöner Highlands

Als Ausgangsort für unsere kleine Tour wählen wir das hübsche, auf thüringischem Boden gelegene Hochrhöndorf Birx. Mit gerade einmal 160 Seelen kann die Gemeinde aufwarten, dafür immerhin mit zwei Gasthäusern. Klingt zwar nicht gerade so, als ob hier der Bär steppt, aber der Eindruck täuscht. Einmal im Jahr verwandelt sich der verträumte Flecken an einem Wochenende im Sommer in das Zentrum der »Rhöner Highlands«.

Rhöner Highland Games
Tatsächlich gibt es einige Parallelen zwischen Schottland und der Rhön, das Landschaftsbild beider Regionen wird von baumlosen Bergkuppen und von Hochmooren geprägt, das Klima ist hier wie dort eher rau. Aber die Idee zu den Rhöner Highland Games entstand erst 2017, als ein Ersatz für das während der Kirmes ausgetragene Kleinfeld-Fußballturnier gesucht wurde. Die Birxer Mannschaft hatte sich nämlich aufgelöst und so besann man sich darauf, fortan Wettkämpfe nach schottischem Vorbild zu veranstalten. Dabei müssen von den teilnehmenden Mannschaften zur Gaudi des Publikums Disziplinen wie »Tossing the Baam« (Baumstammwerfen), »Stoi ins Gehoi« (Steinbrockenweitwurf) oder die »Rhönbier Rail« (Bierkrüge an Leisten hinunterrollen lassen) bewältigt werden. Mittlerweile kommen Fans aus ganz Deutschland scharenweise nach Birx, um sich das Spektakel, zu dem natürlich auch ein reges Markttreiben mit Dudelsackklängen gehört, nicht entgehen zu lassen (www.rhoenerhighlandgames.de).

An der Kirche vertrauen wir uns dem örtlichen *Rundweg 4* an, der uns hinunter zur Landstraße bringt, der wir nach rechts folgen. Zunächst immer abwärts am Birxgraben entlang, biegen wir dann links ab und überqueren den Bach. Über die L 3476 hinweg und vorbei an der Seifertser Rhönklubhütte (nicht bewirtschaftet, aber mit schönem Picknickplatz) erreichen wir in einer Aufwärtspassage das Dreiländereck. Den niedrigen Grenzstein mit den Markierungen für die drei hier aufeinanderstoßenden Länder Bayern, Hessen und Thüringen könnte man glatt übersehen. Vermutlich wurde deshalb auch ein hölzerner Wegweiser aufgestellt, der diesen außergewöhnlichen Geländepunkt deutlicher kenntlich macht. Eine Rastbank lädt zum kurzen Verweilen ein. Nach Bayern hinüberwechselnd wandern wir nun entlang der Kuppe des Querenberges über die ebene Hochfläche der Hohen Rhön. Dabei sollten wir auch auf das *schwarze B* für den *Buchonia-Rundweg* achten, da unsere *4er-Markierung* auf diesem Abschnitt kaum zu sehen ist. Vor der querenden L 3476 schwenken wir links auf den *Hochrhöner* ein, auf dem wir durch einen Waldstreifen hindurch zur Rast- und Informationsanlage am Schwarzen Moor gelangen.

Spannend ist's, übers Moor zu gehen

In der täglich von 11 bis 14 Uhr geöffneten Infostelle erhält man Broschüren und Flyer über das einzigartige Schwarze Moor, auch Führungen können dort gebucht werden. Ein kleiner Verkaufsbereich bietet zudem regionale Produkte der Dachmarke Rhön an. Im benachbarten *Bistro* mit seinem weitläufigen Außenbereich lässt es sich vor oder nach dem Rundgang durchs Moor bestens einkehren. Eine Spezialität des Hauses sind die Original Thüringer Rostbratwürste.

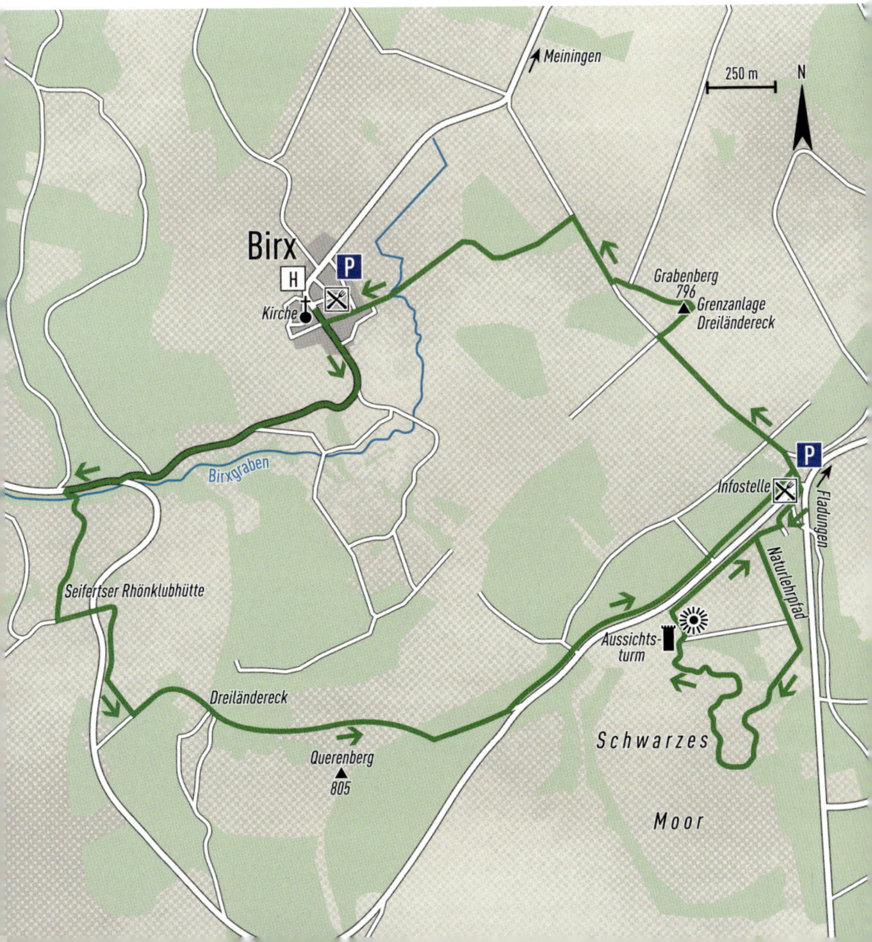

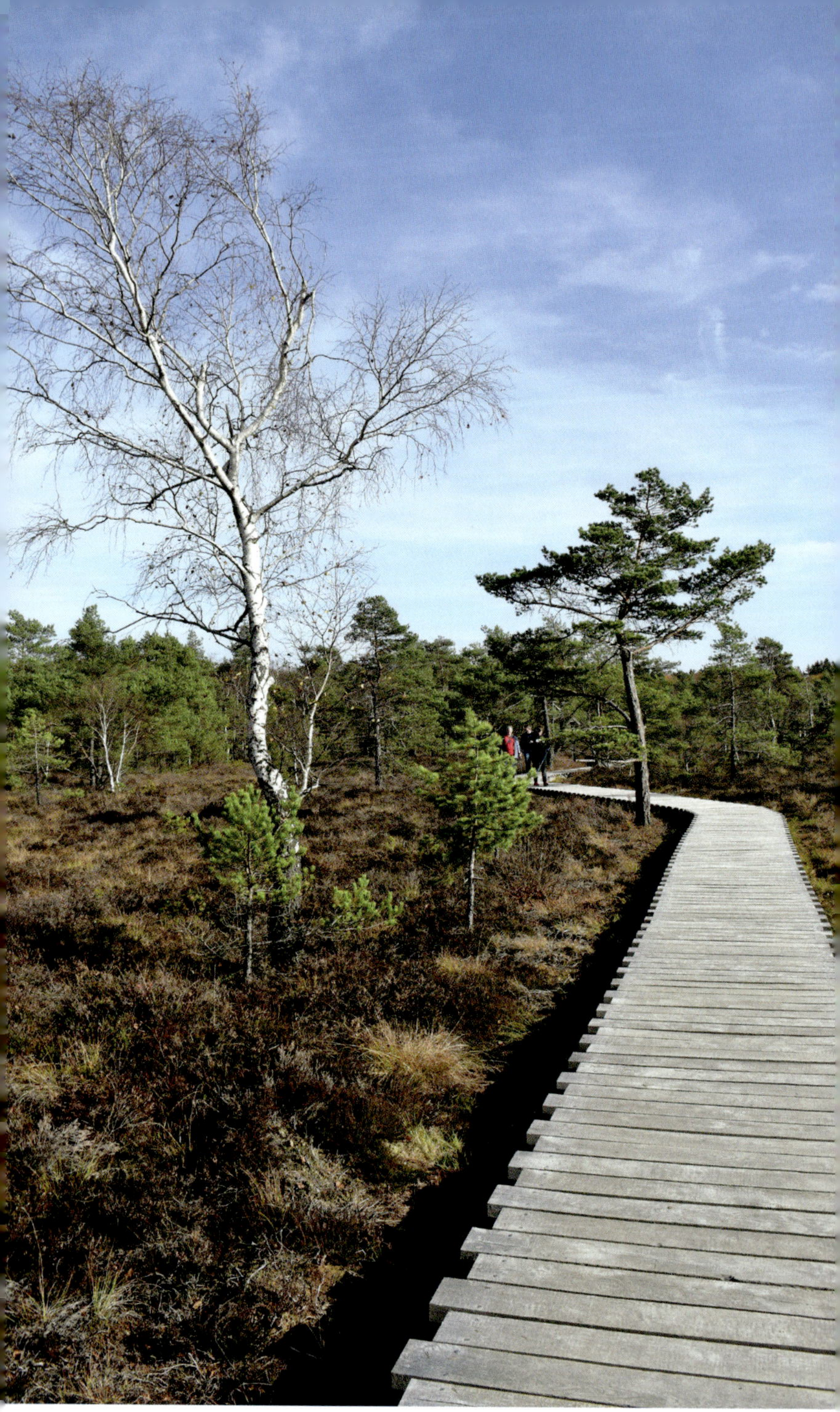

Auf einem Bohlenpfad kann das Schwarze Moor erkundet werden.

Einmaliger Lebensraum Schwarzes Moor

Das Schwarze Moor ist mit einer Fläche von etwa 60 Hektar das größte und auch eindrucksvollste Moorgebiet in der Rhön. Es ist ein typisches Hangmoor, das sich in einer flachen Mulde auf einer wasserundurchlässigen tertiären Ton-Unterlage gebildet hat. Hier kommen alle Übergänge vom Niedermoor über das Übergangsmoor bis zum uhrglasförmig aufgewölbten Hochmoor vor. Die Torfmächtigkeit erreicht lokal bis acht Meter. Im Gegensatz zum Roten Moor und zu vielen anderen Mooren in Deutschland hat es seinen ursprünglichen Charakter weitgehend bewahrt. Glücklicherweise wurde der Torfabbau im Schwarzen Moor nur in kleinen Flächen betrieben und 1939 ganz eingestellt. Seitdem steht das Areal unter Naturschutz, seit der Gründung des Biosphärenreservates Rhön Anfang der 1990er-Jahre gehört es gar zu dessen streng geschützter Kernzone. Das Bayerische Landesamt für Umwelt hat es zudem zu einem der schönsten Geotope des Freistaates gekürt. So mag es nicht erstaunen, dass jedes Jahr mehr als 100.000 Menschen das Schwarze Moor auf seinem Bohlenpfad erkunden. Es zählt damit neben dem Kreuzberg und der Wasserkuppe zu den größten Attraktionen, die die Rhön zu bieten hat. Allerdings ist der größte Teil des Moores für Besucher nicht zugänglich, damit die empfindliche und bestens an diesen speziellen Lebensraum angepasste Tier- und Pflanzenwelt nicht gestört wird. Neben rund 35 Arten von Torfmoosen gedeihen im Schwarzen Moor unter anderem das Wollgras, die Sumpfcalla und der fleischfressende Rundblättrige Sonnentau. Ferner finden verschiedene Libellenarten hier ein Rückzugsgebiet, dazu viele Vögel, darunter das vom Aussterben bedrohte Birkhuhn, sowie Kleinsäuger wie die versteckt lebende Sumpfspitzmaus. Der Überlieferung nach verdankt das Schwarze Moor seinen Namen der dunklen Färbung seiner Pflanzendecke. Im Jahr 1803 berichtet der Simmelshauser Pfarrer und Naturforscher Franz Anton Jäger (1765–1835) in seinem Werk *Briefe über die hohe Rhöne Frankens,* dass das Schwarze Moor viel feuchter sei als das Rote Moor. Deshalb würde auch das im Schwarzen Moor wachsende rote Magellans Torfmoos (Sphagnum magellanicum), das dem Roten Moor den Namen gab, schon beim Keimen wieder verderben, schimmeln und dann schwarz werden. Unlängst haben Forscher jedoch erkannt, dass das Schwarze Moor zunehmend trockener wird – eine Folge des Klimawandels und der damit einhergehenden Niederschlagsarmut der letzten Jahre. Es ist zu hoffen, dass der Austrocknungsprozess gestoppt werden kann, indem wieder mehr Wasser im Moor aufgestaut wird, damit uns dieser einmalige und für den Klimaschutz so wichtige Lebensraum hoffentlich noch lange erhalten bleibt.

Wer auf direktem Wege ins Moor will, findet auf dem nahen Parkplatz eine kostenlose Möglichkeit, das Auto abzustellen.

Nach Überqueren der Landstraße beginnt der ausgeschilderte, etwa 2,5 Kilometer lange Naturlehrpfad, der 1987 als erster Moorlehrpfad in Bayern eingerichtet wurde. Sogleich passieren wir den großen steinernen Torbogen, der als Mahnmal an ein ehemaliges Lager des Reichsarbeitsdienstes (RAD) erinnert. Der RAD war eine nationalsozialistische Organisation der 1930er-Jahre, hervorgegangen aus dem Freiwilligen Arbeitsdienst der Weimarer Republik, in dem hauptsächlich arbeitslose junge Deutsche zu verschiedenen Arbeitsleistungen herangezogen wurden. In den Kriegsjahren wurden aber auch viele Kriegsgefangene dort eingesetzt. Im Lager herrschten eine strenge Ordnung und militärischer Drill mit dem Ziel ideologischer Beeinflussung. Die Insassen wurden auch »Soldaten der Arbeit« genannt. Wer denkt da nicht an das alte traurige Lied von den Moorsoldaten, das unter anderem auch der Liedermacher Hannes Wader in seinem Repertoire hatte? Unsere etwas bedrückte Stimmung nach der Lektüre einer beim Tor installierten Infotafel ändert sich schlagartig, nachdem wir durch ein hölzernes Eingangstor den Rand des Naturschutzgebietes erreicht haben.

Ab hier ist der Naturlehrpfad als Bohlenweg in einem Rundkurs angelegt, der keinesfalls verlassen werden darf. Entlang seines Verlaufes sind 23 Informationstafeln angebracht, die Wissenswertes über das Schwarze Moor, seine Entstehung, seine Tier- und Pflanzenwelt, aber auch über seine Gefährdung vermitteln. Zehn mit einem Löwenzahnmotiv geschmückte Tafeln wenden sich primär an Kinder und regen zu vielerlei Aktivitäten an. Unter anderem können die Kleinen (und nicht nur sie) ihre Füße in ein künstliches Moorbecken tauchen, um ein Gefühl dafür zu bekommen, wie es ist, wenn man durchs Moor watet. Die dazugehörige Fußwaschanlage ist aber im Herbst und Winter außer Betrieb. Weitere solcher Mitmach-Stationen sorgen dafür, dass unterwegs keine Langeweile aufkommt. Es ist absolut spannend, durchs Moor zu gehen und schaurige Assoziationen kommen gar nicht erst auf. Den Höhepunkt des Rundgangs verkörpert zweifelsohne der 17 Meter hohe hölzerne Aussichtsturm am Ende des Lehrpfades. Von seiner Plattform aus, auf der eine ganze Schulklasse Platz hat, lässt sich das gesamte Moor wunderbar überblicken, dazu schweift der Blick bis zur Wasserkuppe

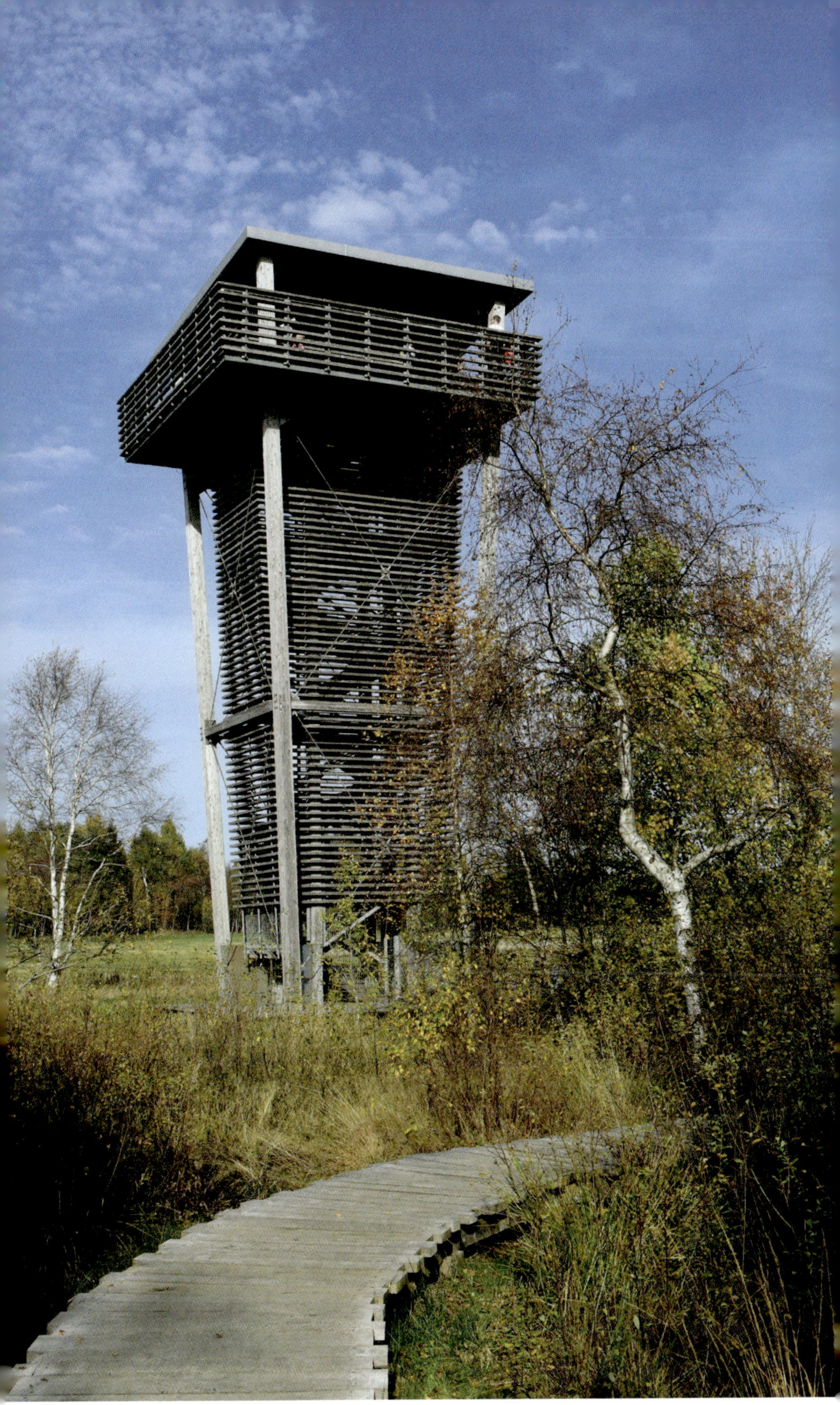

Höhepunkt des Rundgangs ist der Aussichtsturm im Schwarzen Moor.

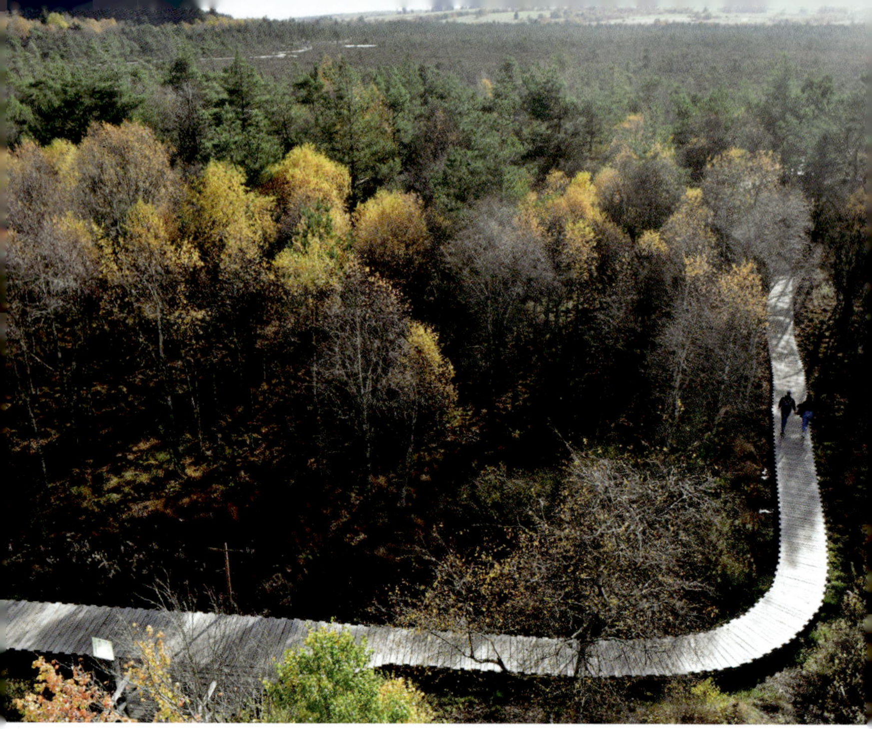

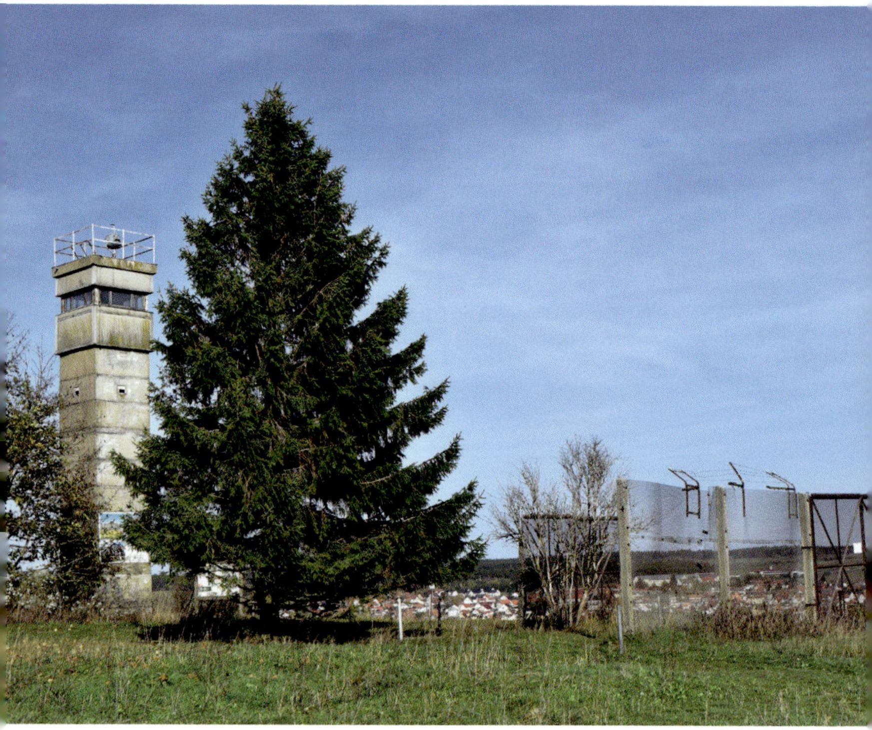

Vom Aussichtsturm überblickt man das ganze Moor, etwas weiter wartet die Grenzanlage.

und weit hinein in die Thüringische Rhön. Wieder am Boden, gelangt man entweder über den Bohlenpfad oder über einen Schotterweg parallel zur Landstraße zurück zum Eingangstor.

Erinnerung an schwere Zeiten

Zurück an der Rast- und Informationsanlage, vertrauen wir uns erneut der Markierung des Premiumwanderweges *Hochrhöner (gelb)* an und biegen mit ihr beim Parkplatz links ab. Dann stößt nach wenigen Metern von links der *Rundweg 4* zu uns, an dessen Ausschilderung wir uns nun geradeaus zurück nach Birx orientieren. (Eine Alternative wäre hier, dem *Hochrhöner* weiter zu folgen, der gleich rechts abknickt und dann in einer Linkskehre auf den Grabenberg führt.) Wir aber machen erst nach etwas mehr als 500 Metern einen Abstecher nach rechts auf den alten Kolonnenweg hinauf zur ehemaligen Grenzanlage Dreiländereck. Dort hat man als Mahnmal an die Zeit der deutschen Teilung einen Beobachtungsturm der DDR-Grenztruppen stehen lassen. Wer noch nicht Point Alpha (siehe Tour 3) besucht hat, kann hier einen Blick auf solch ein Bau- oder besser Machwerk aus der Zeit des Kalten Krieges werfen. Als typischer Vertreter seiner Art ist der Turm aus Betonelementen gebaut und neun Meter hoch. In der Kanzel hatten vier bis fünf Soldaten Platz, um die Grenze zu überwachen. Auf der Dachterrasse ist zudem noch der schwenk- und fernbedienbare Suchscheinwerfer zu erkennen, mit dem bei Nacht verdächtige Stellen des Grenzstreifens ausgeleuchtet wurden. Bestiegen werden kann der Turm nicht, eine Besichtigung von außen reicht aber völlig aus, um sich einen Eindruck zu verschaffen, zumal nebenan noch ein Stück der einstigen Grenzanlage mit den drei Meter hohen Stahlgitterzäunen zu sehen ist.

Nach dieser sehr anschaulichen »Geschichtsstunde« steigen wir wieder hinunter zu unserem *Rundweg 4* und lassen uns von ihm zurück nach Birx leiten.

Ausgewählte Adressen und Tipps

Biosphärenreservat Rhön, Infostelle am Schwarzen Moor, Schwarzes Moor 1, 97650 Fladungen, Tel. 09774/910231, www.biosphaerenreservat-rhoen.de. Tägl. 11–14 Uhr, hier können Führungen gebucht werden. Offene Moorführungen von Mai bis Okt. jeden So um 10 Uhr, Dauer ca. 2 Std., Treffpunkt ist der steinerne Torbogen des ehemaligen RAD-Lagers, Teilnahmegebühr 5 € für Erwachsene, 2 € für Kinder.

Landgasthof Rhönstübchen, Seifertser Str. 3, 98634 Birx, Tel. 036946/31300, www.rhönstübchen.de. Di/Mi und Fr ab 17, Sa/So ab 11.30 Uhr, Mo und Do Ruhetage. Empfehlenswert sind die Thüringer Klöße, die zu verschiedenen Braten (u. a. Wildschwein oder Hirsch) und zu Rouladen gereicht werden. Hier können zwei Ferienwohnungen gemietet werden.

Flechsenberger Hof, Seifertser Str. 18, 98634 Birx, Tel. 036946/32110, www.flechsenberger-hof.de. Tägl. außer Mi ab 11 Uhr. Gutbürgerliche Küche, im Sommer Biergartenbetrieb, die Übernachtung in den gemütlich eingerichteten Gästezimmern ist sehr preiswert.

Bistro Schwarzes Moor, Schwarzes Moor 1, 97650 Fladungen, Tel. 09778/7488922. Tägl. 10–18 Uhr (im Winter verkürzt). Hier gibt es unter anderem die berühmten Thüringer Rostbratwürste, dazu weitere kleine Gerichte sowie Kaffee und Kuchen.

Berggasthof & Hotel Sennhütte, Sennhütte 1, 97650 Fladungen, Tel. 09778/91010, www.sennhuette-rhoen.de. Liegt knapp 1 km östlich des Schwarzen Moores an der Landstraße nach Fladungen. Sa/So und Di 12–17 und 17.45–22, Mi und Fr ab 15 Uhr, Mo und Do Ruhetage. Das Haus ist Slow-Food-Mitglied und legt Wert auf die Frische und Nachhaltigkeit der zu verarbeitenden Produkte, die Speisekarte bietet regionale und saisonale Spezialitäten. Die Zimmer sind in allen Kategorien komfortabel ausgestattet und genügen auch höheren Ansprüchen.

Pension Dreiländereck, Am Sportplatz 7, 98634 Birx, Tel. 036946/31455, www.pension-dreilaendereck.de. Neun Zimmer haben einen Wintergarten, drei Zimmer eine zusätzliche Terrasse, nettes Ambiente.

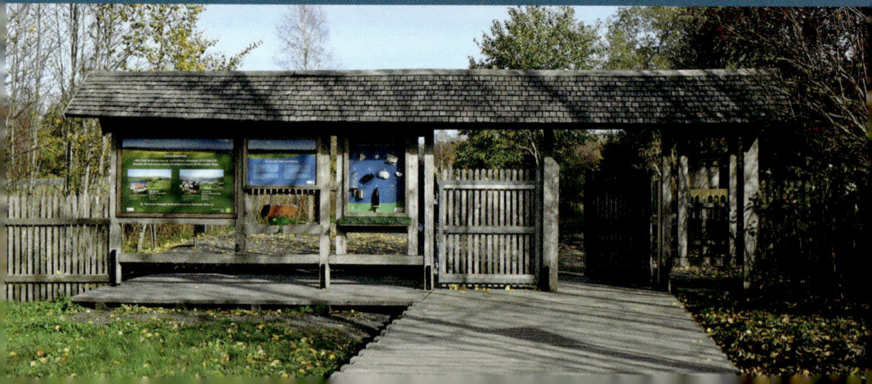

Volldampf voraus 17

Mit dem Rhön-Zügle von Fladungen nach Mellrichstadt

Tour: Fahrt mit der Museumseisenbahn Rhön-Zügle von Fladungen nach Mellrichstadt und mögliche Erkundungen an den Halteorten sowie Wanderungen in der Umgebung.
Länge/Dauer: 18,5 km/Fahrzeit 45 Min.
Ausgangsbahnhof: Bahnhof Fladungen.
Endstation: Bahnhof Mellrichstadt.
Anfahrt: *ÖPNV:* mit der Bahn bis Bahnhof Mellrichstadt, von dort mit Buslinie 8153 nach Fladungen; oder gleich von Mellrichstadt mit dem Rhön-Zügle nach Fladungen. *Kfz:* A 71 Ausfahrt Mellrichstadt, von dort auf der B 285 nach Fladungen; großer Parkplatz beim Fränkischen Freilandmuseum.
Saison: Anfang Mai bis Mitte Oktober an Sonntagen, aktuelle Abfahrtszeiten siehe Webseite: www.freilandmuseum-fladungen.de/de/rhoenzuegle/fahrtermine-und-preise.
Familie: ein nostalgisches Fahrerlebnis für Groß und Klein in der herrlichen Landschaft des Streutals.
Besonderheiten: Eine Fahrt mit dem Rhön-Zügle lässt sich ideal mit Tour 20 kombinieren. Einfach in Ostheim aussteigen, die Wanderung zur Lichtenburg unternehmen und dann wieder mit der Dampf- oder Diesellok zurück nach Fladungen fahren.

Faszination Dampflok

Alte Dampflokomotiven üben auf viele Menschen eine ungeheure Faszination aus. Wenn bekannt ist, dass irgendwo wieder einmal eines der rar gewordenen Dampfrösser aus seinem Schuppen geholt und in Bewegung gesetzt wird, ist den wahren Eisenbahnfans kein Weg zu weit. Bewaffnet mit einer Kamera stehen sie dann in Scharen an der Strecke, um ihren schnaufenden Liebling abzulichten. Manche von ihnen schließen sich gar zu einem Verein zusammen mit der Intention, eine stillgelegte Bahnstrecke als Museumsbahn wiederzubeleben. Dass sie damit den Nerv der Zeit treffen, belegt der große Zuspruch, den solche Projekte an den Fahrtagen ihrer Bahnen vorweisen können. Offensichtlich macht es vielen Menschen Spaß, eine Weile den

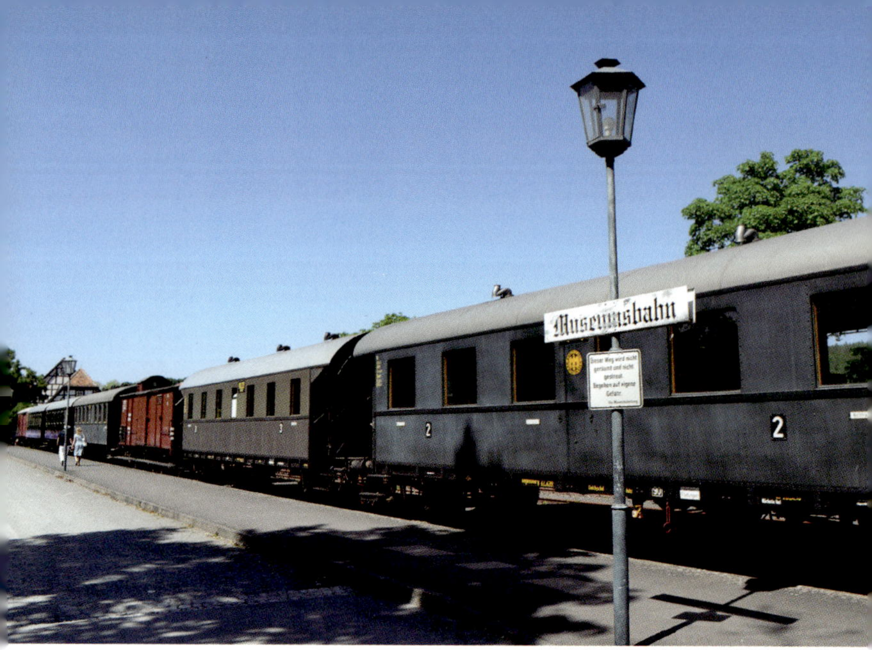

Das Rhön-Zügle ist zur Abfahrt bereit.

hektischen Alltag hinter sich zu lassen und die Langsamkeit wiederzuentdecken. Man sitzt in einem nostalgischen Waggon und lässt die Landschaft gemütlich an sich vorbeiziehen. Das ist Entschleunigung pur und obendrein ein tolles Erlebnis für Kinder. Dank des Engagements einiger Eisenbahnfreunde ist auch die Rhön seit 1996 ein Paradies für Dampfnostalgiker und solche, die es werden wollen.

Das Rhön-Zügle und seine Geschichte

Wo heute an etwa 20 Fahrtagen im Jahr das Rhön-Zügle verkehrt, verlief früher die Lokalbahn Mellrichstadt–Fladungen. Da diese durchgängig für ihre Trasse das Tal des Flüsschens Streu benutzte, ging sie auch als »Streutalbahn« in die deutsche Bahngeschichte ein. Die Bahnstrecke wurde am 27. Dezember 1898 feierlich eröffnet, einen Tag später begann der fahrplanmäßige Betrieb, der der ganzen Region einen wirtschaftlichen und touristischen Aufschwung bescherte. Mit Ende des Sommerfahrplans 1976 kam das Aus, der Personenverkehr wurde eingestellt, das Ende des Gütertransports folgte im Mai 1987. Als in den 1990er-Jahren die Strecke ganz abgebaut werden sollte, verhinderte der ehemalige Landrat des Landkreises Rhön-Grabfeld, Dr. Fritz Steigerwald, den Abriss und regte die Einrichtung einer Museumsbahn an. Das Projekt startete mit einer ersten Bahnfahrt am 14. September 1996, im Oktober 2000 wurde die Strecke dann auf einer Länge von 18,5 Kilometern bis nach Mellrichstadt erweitert. Seither ist das Rhön-Zügle ein Teil des Zweckverbands Fränkisches Freilandmuseum Fladungen. Für die Durchführung des Fahrbetriebes ist jedoch der Verein Rhön-Zügle e. V. zuständig, der ursprünglich als Offenbacher Lokalbahn e. V. 1980 in Offenbach am Main gegründet worden war. Er hat seinen Sitz in Fladungen und kümmert sich um den Erhalt der historischen Eisenbahnfahrzeuge, von denen ihm die meisten sogar gehören. Dass dafür seine ehrenamtlichen Mitglieder viel Zeit, Geld und

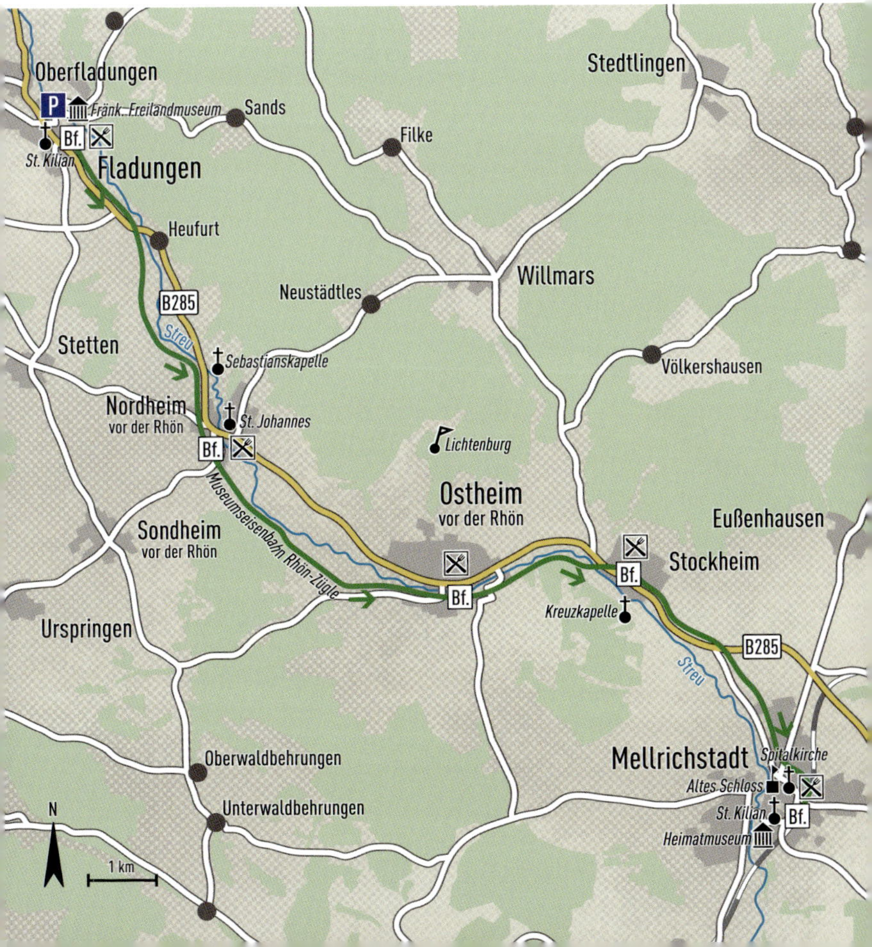

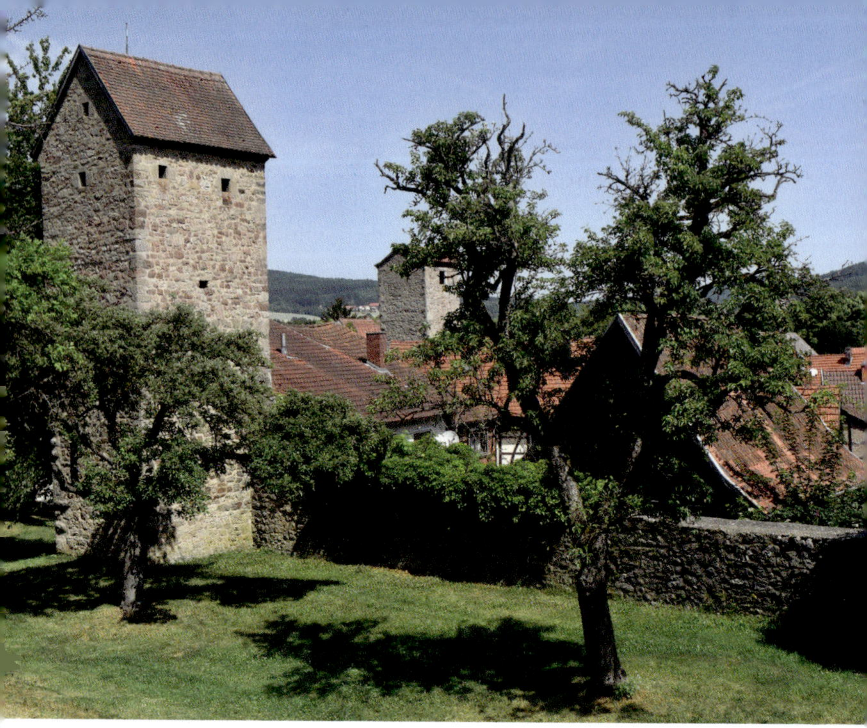

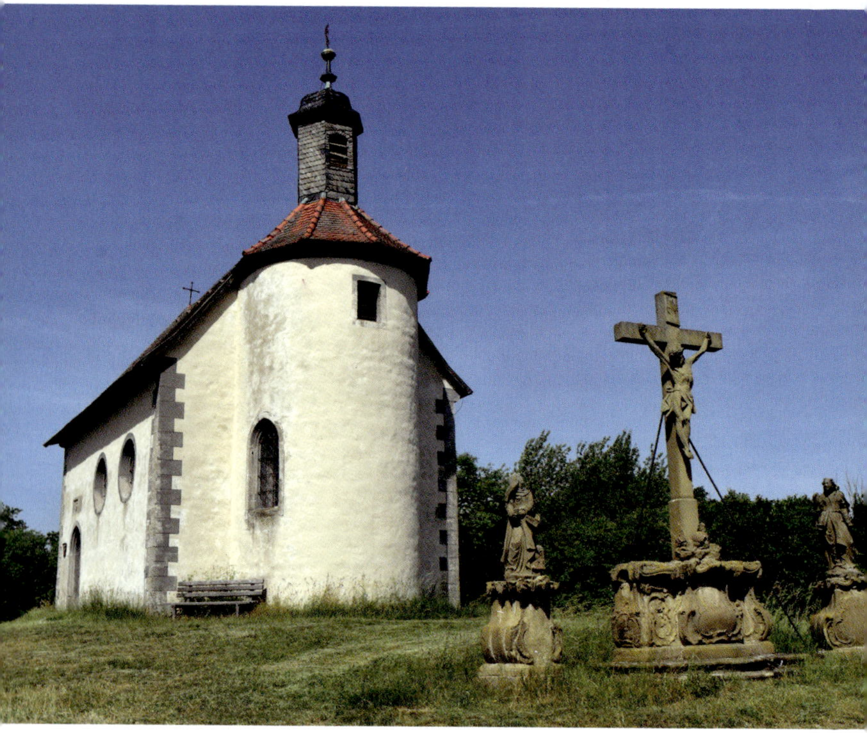

Sehenswert in und um Fladungen: die alte Stadtmauer und die Gangolfskapelle

Herzblut einsetzen, kann gar nicht hoch genug eingeschätzt werden. Der Star des Fuhrparks ist eine Dampflok mit der DR-Betriebsnummer 98 886, die 1924 bei Kraus-Maffei in München/Allach gebaut wurde. Sie erhielt im Eisenbahnerjargon den Spitznamen »Bockerle«, weil sie nicht immer so wollte wie ihr Lokführer und schon einmal auf der Strecke stehen blieb und erst später wieder weiterfuhr. Das gute Stück wiegt, mit Wasser und Kohle vollgetankt, gut 46 Tonnen und bringt es auf eine Höchstgeschwindigkeit von 40 Stundenkilometern. Das denkmalgeschützte Vehikel ist eine Leihgabe der Stadt Schweinfurt, wo es jahrelang als Eisenbahndenkmal vor dem Hauptbahnhof vor sich hinschlummerte. Erst nach einer aufwendigen Erneuerung im Dampflokwerk Meiningen war die letzte ihres Typs wieder einsatzfähig. Zwei weitere Dampfloks, eine Diesellokomotive und zwei Kleinlokomotiven gehören außerdem zum Bestand der Museumsbahn Rhön-Zügle. Für den Personentransport stehen acht »Donnerbüchsen« genannte Waggons zur Verfügung, in denen die Fahrgäste auf Holzbänken wie einst in den 1930er-Jahren Platz nehmen müssen. Authentischer und unterhaltsamer lässt sich Bahngeschichte kaum vermitteln. Manchmal ist das Vergnügen jedoch etwas getrübt, da im Sommer an Dampfbetriebstagen wegen der Waldbrandgefahr sicherheitshalber eine Diesellok zum Einsatz kommt. Wer also sicher sein will, dass »mit Volldampf« gefahren wird, sollte besser im Frühling oder im Herbst kommen.

Heimatbahnhof Fladungen

Bevor wir am alten Bahnhof das Rhön-Zügle besteigen, wollen wir uns erst einmal in Fladungen umsehen. Der Ortskern des kleinen, im Jahr 789 erstmals urkundlich erwähnten Städtchens ist fast durchgängig von einer 1335 gebauten Stadtmauer umgeben. Ihre fünf Türme sowie drei der einstmals 16 Reitertürmchen auf der Mauerkrone sind erhalten. Von den beiden Toranlagen steht aber nur noch der wuchtige Maulaffenturm des ehemaligen Nordtors. Es macht Spaß, an dem alten Gemäuer entlangzuspazieren und dabei die Altstadt zu umrunden. Immer wieder ergeben sich dabei reizvolle Blicke in kopfsteingepflasterte Gassen, die von alten Fachwerkhäusern flankiert werden. Ein besonders schönes

Exemplar dieses Baustils kann am Marktplatz mit dem ehemaligen Pfründnerspital (erbaut Ende des 18. Jahrhunderts) in Augenschein genommen werden. Es stellt mit dem Brunnen davor ein tolles Fotomotiv dar, allerdings nur, wenn keine parkenden Autos die Szene verstellen. Gegenüber sind im ehemaligen Zehnthaus (erbaut 1601–26) heute das Rathaus und das Rhönmuseum untergebracht. Von dort bietet sich eine kleine Rundtour von 3,7 Kilometer Länge hoch zur Gangolfskapelle auf dem Hamelsberg (auch Kapellenberg genannt) an. Einfach immer nur der Ausschilderung des örtlichen *Rundweges 5* folgen und oben die herrliche Fernsicht ins Streutal und auf die Hohe Rhön genießen. Die Kapelle aus dem Jahr 1597 ist zudem durchaus sehenswert.

Wieder unten in der Stadt, sollte man auch einen Blick in die katholische Pfarrkirche St. Kilian werfen. Sie wurde von 1657 bis 1659 auf den Mauern eines mittelalterlichen Vorgängerbaues errichtet. Die Altäre und die Kanzel in ihrem Inneren stammen aus der Rokokozeit um 1760. In Fladungen, einem von hundert Genussorten in Bayern, muss sicherlich niemand verhungern und verdursten. Dennoch sei hier als ganz besonderer Einkehrtipp das nördlichste Wirtshaus Bayerns im fünf Kilometer entfernten Weiler Weimarschmieden empfohlen. Die historische *Weimarschmiede* punktet mit einer familiären Atmosphäre und einer wöchentlich wechselnden Speisekarte mit verschiedenen frisch zubereiteten Gerichten. Im Sommer wird man auch draußen im Biergarten bedient.

Ein Rhöndorf wie aus dem Bilderbuch

Unbedingt besuchenswert ist in Fladungen das Fränkische Freilandmuseum am östlichen Ortsrand. Das 12 Hektar große Gelände sieht aus wie ein fränkisches Dorf aus vergangenen Zeiten. Neben diversen Bauernhäusern und Hofstellen gibt es dort zwei Mühlen mit großen Wasserrädern, eine Schmiede und ein Backhaus, wo noch regelmäßig frisches Bauernbrot und der berühmte Rhöner Zwiebelploatz gebacken werden. Sogar eine Kirche und eine Schule hat dieser Ort, der so nie existiert hat, denn alle Gebäude stammen aus verschiedenen Orten in ganz Unterfranken, wo sie langsam vor sich hin rotteten und dem Verfall preisgegeben waren. Stein für Stein wurden sie von den Museumsexperten abgebaut und auf dem Freigelände neu errichtet. So haben die Besucher heute die Möglichkeit, eine Zeitreise in die Vergangenheit zu unternehmen und eine Ahnung davon zu erhalten, wie die Menschen früher auf dem Land gelebt, gearbeitet und gefeiert haben.

Kinder werden davon begeistert sein, dass auf dem Gelände viele Tiere leben. Neben Gänsen, Hühnern und Kaninchen sind in den verschiedenen Stallungen und Gehegen Schafe, Ziegen und Schweine zu Hause. Dazu einige Exemplare des für die Rhön typischen Gelbviehs, einer vom Aussterben bedrohten Hausrinderrasse. Ein bunt blühender Bauerngarten, Streuobstwiesen und ein kleiner Teich – früher allesamt für ein Dorf selbstverständlich – dürfen in diesem lebenden Museum natürlich nicht fehlen. Das Gelände kann frei erkundet werden, wobei der Lageplan hilfreich ist, den man beim Eintritt erhält.

Wer mag, kann auch an einer Führung oder an verschiedenen Workshops oder Veranstaltungen teilnehmen. Für Kinder gibt es ein spezielles Programm, unter anderem eine Museumsrallye oder einen Spaziergang durchs Gelände mit dem Museumsschaf oder der Museumsziege. Langweilig wird es den lieben Kleinen da sicher nicht.

Am alten Bahnhof von Fladungen startet das Rhön-Zügle.

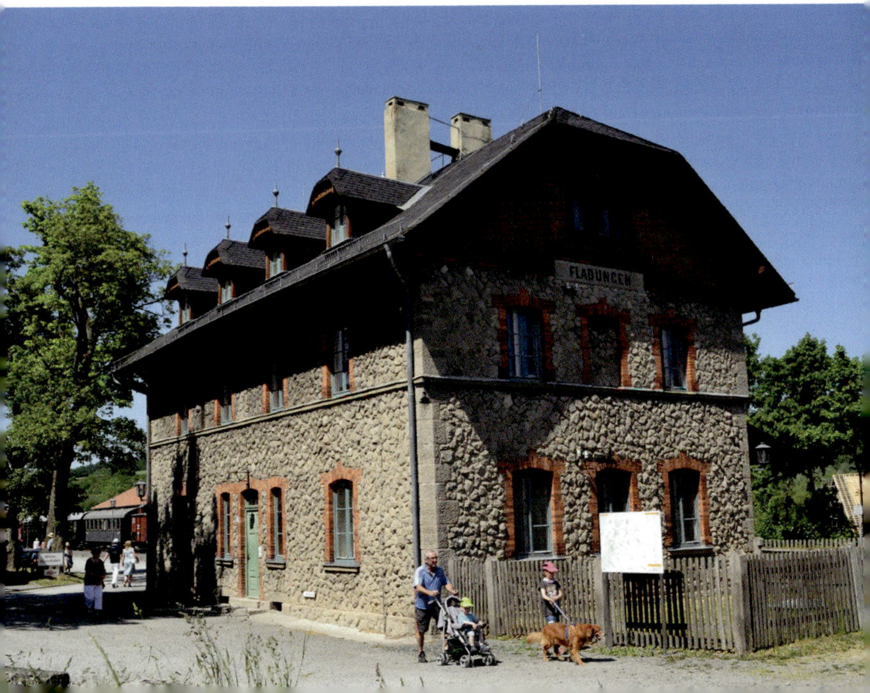

Fürs leibliche Wohl steht das Museumswirtshaus *Zum Schwarzen Adler* erst wieder zur Verfügung, wenn sich ein neuer Pächter gefunden hat. Auf dem Gelände gibt es aber auch ein *Brotzeitstübchen* (Mittwoch 12 bis 17 Uhr, an Wochenenden und Feiertagen 11 bis 17 Uhr). Wer regionale Spezialitäten von Erzeugern aus der Umgebung kaufen möchte, schaue einmal im Rhöner Bauernladen am Museumsparkplatz vorbei. Dort gibt es das saftige Bauernbrot aus der Fladunger Weihersmühle zu kaufen, das im Steinofen gebacken wird. Schmeckt hervorragend!

Dann wird es aber höchste Zeit, hinüber zum nahen Bahnhof zu gehen, damit wir die Abfahrt unseres Rhön-Züglες nicht verpassen. Übrigens: Wer an der Museumskasse seine tagesgleiche Zugfahrkarte vorweist, erhält einen vergünstigten Eintritt ins Freilandmuseum. Endlich pfeift der Schaffner zur Abfahrt und unser Dampfross setzt sich schnaufend in Bewegung.

Nächster Halt: Nordheim

Mit Volldampf geht es an Heufurt vorbei, dann kommt linker Hand am Abhang die weiß leuchtende Sebastianskapelle in Sicht. Wer das von einem schiefergedeckten Dachreiter mit Zwiebelhaube gekrönte Kirchlein näher in Augenschein nehmen möchte, muss gleich beim ersten Halt in Nordheim v. d. Rhön aussteigen. Vom Bahnhof sind es gerade mal 1,5 Kilometer dorthin, wenn man zuerst dem *Rundweg 2* folgt, dann dem *Rundweg 4* vorbei an der Lourdesgrotte. Wem nach einer längeren Tour zumute ist, findet bei unserem Haltepunkt den Einstieg in den etwa 16 Kilometer langen *Rundweg Rother Kuppe* (Markierung: *schwarzes R auf Weiß*). Auf der 711 Meter hohen Erhebung erwartet den Wanderer nicht nur der gemütliche Berggasthof mit seiner sonnigen Terrasse (Mi und Do Ruhetage), sondern auch ein phänomenaler Ausblick vom 21 Meter hohen Aussichtsturm. Für die Wanderung sollten vier bis fünf Stunden eingeplant werden.

Ein Ausstieg in Nordheim lohnt sich aber alleine schon, um dem mittelalterlichen Charme nachzuspüren, den der alte Ort an der Streu in sich birgt. Man flaniere über die pittoreske Johannisbrücke über die Streu, besichtige am Marktplatz das schmucke Rathaus und das Zehnthaus mit wunderbarem Schnitzwerk an seiner Fassade sowie weitere schön renovierte Fachwerkhäuser

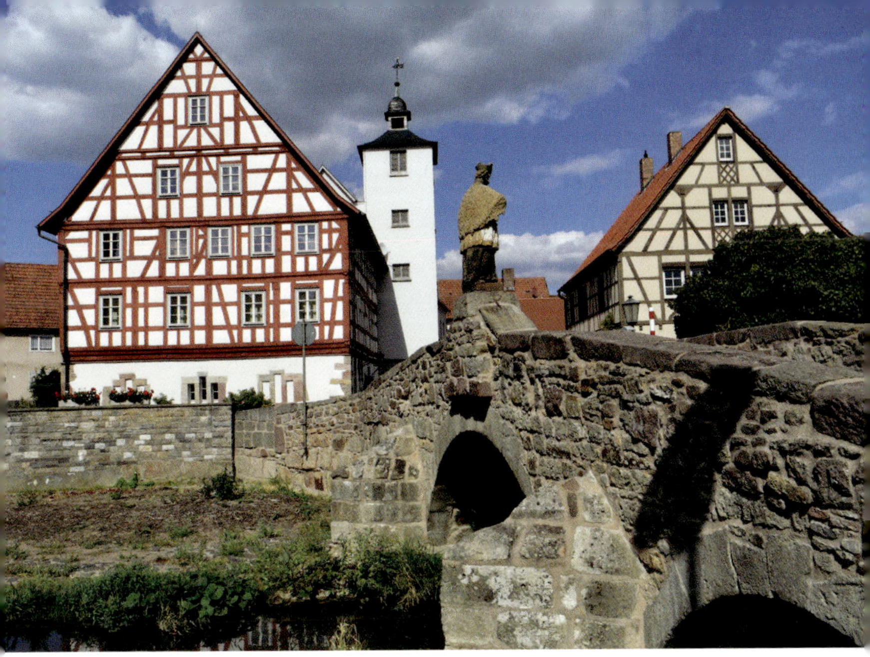

Pittoreske Streubrücke in Nordheim

und steige zur Kirchenburg der Pfarrkirche St. Johannes der Täufer hoch. Fotofreunde werden mit Sicherheit auf ihrem Rundgang viele verlockende Motive entdecken.

Nächster Halt: Ostheim

Wer hier aussteigt, folgt am besten der Beschreibung von Tour 20 durch Ostheim v. d. Rhön hoch zur Lichtenburg und über den Weyhershauk zurück in das mittelalterliche Städtchen.

Wer mit dem Rhön-Zügle um 13 Uhr in Fladungen losgefahren ist, muss jetzt sowieso den Waggon verlassen, denn bei dieser Fahrt ist Ostheim die Endhaltestelle.

Nächster Halt: Stockheim

Bei einem Ausstieg kann das nette Dorf auf der ausgeschilderten, 2,5 Kilometer langen *Dorfrunde* erkundet werden. Sie beginnt gleich beim Bahnhof und führt über die Streu hinweg zur

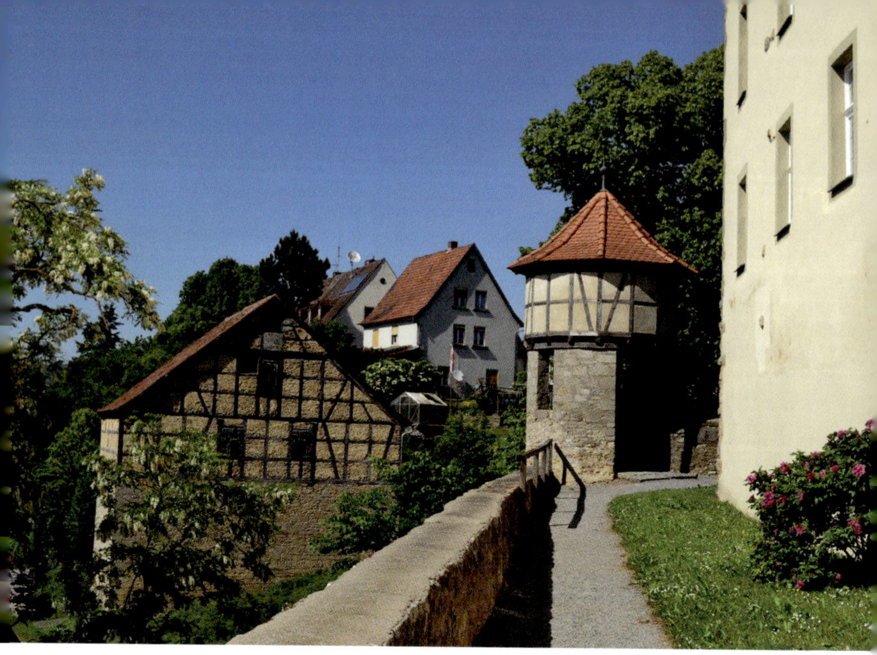

Partie an der Stadtmauer von Mellrichstadt

Kreuzkapelle am Fuße des Wellberges. Über die Untere Streubrücke, eine dreibogige Steinbrücke von 1569 mit Eisbrechern, geht es dann wieder zurück in den Ort. Darin sind neben Resten der alten Ortsbefestigung viele alte Fachwerkhäuser sehenswert, das schönste davon ist das Alte Amtshaus von 1615 am Dorfplatz. Mit dem *Gasthaus Dorfschänke* gibt es vor Ort auch eine gemütliche Einkehrmöglichkeit.

Endstation Mellrichstadt

Schließlich rollt unser Zügle in den Bahnhof Mellrichstadt ein. Alle aussteigen, die Fahrt endet hier. Wer gleich nach Hause will, findet Anschluss an die Züge der Hauptstrecke Würzburg–Erfurt, wer dagegen wieder nach Fladungen zurückfahren möchte, hat ein bisschen Zeit, sich in der »jungen Stadt in alten Mauern« umzusehen. Mit »jung« in diesem touristischen Slogan ist wohl eher »modern« gemeint, da die Innenstadt vor einigen Jahren umgebaut und offener gestaltet wurde. »Alte Mauern« hat Mellrichstadt aber immer noch reichlich zu bieten, schließlich wurde der Ort im Jahr 822 erstmals als karolingischer Königshof urkundlich erwähnt. Seit dem 13. Jahrhundert befand sich der Flecken, dem 1232/33 das Stadtrecht verliehen wurde, bis zur Säkularisation 1803 im Besitz des Hochstiftes Würzburg. Im Jahr 1814 kam die Stadt schließlich zu Bayern. Wer sich ihre wichtigsten Sehenswürdigkeiten erschließen möchte, spaziert an der langgezogenen Hauptstraße entlang. Man beginnt am besten an ihrem nördlichen Ende beim Pulverturm, der früher Teil des Oberen Tores war, das 1821 abgerissen wurde. Als sogenannter »Malefiz-Turm« diente er einst als Gefängnis. Rechts der Hauptstraße befindet sich mit dem Alten Schloss eines der bedeutendsten historischen Bauwerke des Streustädtchens. Im Jahr 1512 ließ es der in Mellrichstadt geborene Fürstbischof Lorenz von Bibra (1459–1519) als Sitz der bischöflichen Amtsmänner errichten. Das Wappen des Bauherren – ein springender Biber – prangt noch deutlich sichtbar an der Hofseite des Schlosses. Heute sind darin das Amtsgericht und die Verwaltungsgemeinschaft untergebracht. Weiter stadteinwärts folgt das Alte Spital, das auf eine Stiftung einer Bürgerswitwe und ihres Sohnes von 1349 zurückgeht. Das Gebäude wird für die Kreisgalerie mit ihrer Gemälde- und Skulpturensammlung vom Barock bis zur Gegenwartskunst genutzt. Ferner werden Werke von Künstlern, die aus der Region stammen oder hier gemalt haben, ausgestellt, darunter der bekannte Impressionist Hugo von Habermann (1849–1929). Wer sich nicht für Kunst interessiert, kann zumindest im stilvollen *Museumscafé* eine kleine Pause einlegen. Auch die Spitalkirche ist einen Besuch wert. Zunächst 1356 von den Herren von Stein als Sebastianuskapelle errichtet, wurde sie nach Beschädigungen im Dreißigjährigen Krieg 1662 als Spitalkirche neu gebaut. Ihr Inneres birgt sehenswerte Grabplatten sowie eine Madonna und Heiligenfiguren aus dem 15. Jahrhundert. Über den Marktplatz hinweg gelangt man zur katholischen Stadtpfarrkirche St. Kilian aus dem späten 13. Jahrhundert. Das Gotteshaus beherbergt mehrere Stein- und Holzplastiken aus dem 15. Jahrhundert, darunter ein steinernes Sakramentshäuschen und eine Mondsichelmadonna sowie den reich verzierten Taufstein von 1626.

Danach verlassen wir die rechts abbiegende Hauptstraße geradeaus zum Fronhof, der einst mit umfangreichen Gebäuden und Ländereien zur Burg gehörte. Im 1658 errichteten Salzhaus wurde bis ins 19. Jahrhundert der Zehnt eingenommen und das Salz aus der Kissinger Saline gelagert. Salz war eine wichtige Einnahmequelle für die Würzburger Bischöfe und obendrein ein begehrtes Schmuggelobjekt seitens der Bevölkerung. Heute dient das Gebäude als Heimatmuseum, wobei der Fokus auf das ortsansässige Handwerk und die ländliche Wohnkultur gerichtet wird. Der Zutritt ist kostenlos, ein Opferstock für Spenden steht bereit. Für den Rückweg sollte man den Mühlenweg längs der Streu wählen, einerseits weil mit dem *Brauhausgrill* eine nette Einkehrmöglichkeit am Wege liegt, andererseits weil man ein Stück an der alten Stadtmauer entlangflanieren kann.

Wanderwege um Mellrichstadt

Wer mehr Zeit für den Aufenthalt in Mellrichstadt hat, kann von dort aus auch schöne Wanderungen unternehmen. Alle örtlichen Rundwege beginnen und enden auf dem Festplatz auf der Streuwiese. Empfehlenswert ist der 12 Kilometer lange *Wanderweg 1* zur Grenzanlage und dem Skulpturenpark bei Eußenhausen, ebenso der *Wanderweg 2* zum Frickenhäuser See (16 km), wo Badefreuden und ein leckeres Eis im *Seecafé* locken.

Das Alte Schloss in Mellrichstadt

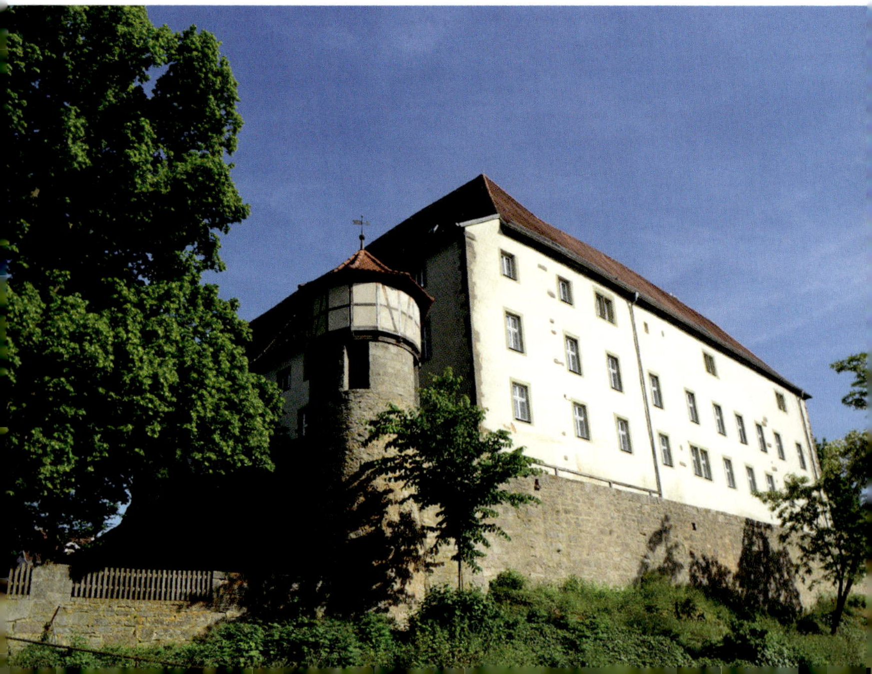

Ausgewählte Adressen und Tipps

Fladungen

- Zum Rhön-Zügle: Fränkisches Freilandmuseum Fladungen, Bahnhofstr. 19, 97650 Fladungen, Tel. 09778/91230, www.freilandmuseum-fladungen.de/de/rhoenzuegle.
- Tourist-Information Fladungen-Rhön, Marktplatz 1, 97650 Fladungen, Tel. 09778/919111, www.fladungen-rhoen.de.
- Fränkisches Freilandmuseum Fladungen, Bahnhofstr. 19, 97650 Fladungen, Tel. 09778/91230, www.freilandmuseum-fladungen.de. Mai bis Sep. tägl. 9–18 Uhr, Apr. und Okt./Nov. Di–So 9–18 Uhr.
- Rhönmuseum, Marktplatz 1, 97650 Fladungen, Tel. 09778/748070, www.rhoenmuseum.de. Schwerpunkt Kulturgeschichte der Rhön, derzeit jedoch wegen einer umfassenden Neuausrichtung geschlossen, Neueröffnung voraussichtlich 2023.
- *Gasthof Krone,* Obere Pforte 1, 97650 Fladungen, Tel. 09778/74836710, www.krone-fladungen.de. Mo–Fr 17–22, Sa/So ab 11 Uhr, Di Ruhetag. Saisonale und regionale Spezialitäten aus der Rhön, im Sommer mit Biergarten.
- *Zur Weimarschmiede,* Gustav-Heß-Str. 4, 97650 Fladungen-Weimarschmieden, Tel. 09778/1605, www.zur-weimarschmiede.de. Mo und Do 11.30–19, Fr–So bis 21 Uhr (ebenso an Feiertagen), Di/Mi Ruhetage. Das nördlichste Wirtshaus Bayerns lohnt den kleinen Umweg von etwa 5 km voll und ganz, hervorragende Küche in einem denkmalgeschützten Fachwerkhaus, im Sommer Bewirtung im Biergarten. In einem Nebengebäude kann man ein kleineres, einfaches Zimmer und ein Appartement mit Terrasse mieten.
- *Museumsgasthof Zum Schwarzen Adler,* im Fränkischen Freilandmuseum. Dieser ist momentan geschlossen, es wird ein neuer Pächter gesucht. Aktuelles auf der Webseite.
- *Brotzeithäuschen* im Fränkischen Freilandmuseum, Mi 12–17, Sa/So und Fei 11–17 Uhr. Getränke und Kleinigkeiten zum Essen.
- *Wellness-Wohlfühlhotel Sonnentau,* Wurmbergstr. 1–3, 97650 Fladungen, Tel. 09778/91220, www.sonnentau.com. Hügellage am Ortsrand mit schönem Blick auf die Stadt.

Nordheim v. d. Rhön

- *Taverna Dimitra* im *Fränkischen Hof,* Von-der-Thann-Str. 37, 97647 Nordheim v. d. Rhön, Tel. 09779/8587800. Tägl. 17–23, So/Fei auch 11–15 Uhr, Di Ruhetag. Griechische und deutsche Küche.

Stockheim

Restaurant Dorfschänke, Grasbergstr. 2, 97640 Stockheim, Tel. 09776/9636. Do–Mo 11–14 und ab 17 Uhr, Di/Mi Ruhetage. Gemütliche Gaststube im Landhausstil mit Kaminofen, Naturküche aus einheimischen und marktfrischen Produkten, mit Biergarten und Bar.

Mellrichstadt

Aktives Mellrichstadt Stadt- und Tourist-Information, Marktplatz 2, 97638 Mellrichstadt, Tel. 09776/9241, www.mellrichstadt-rhoen.de.

Heimatmuseum Salzhaus im Fronhof, Fronhof 9, 97638 Mellrichstadt, Tel. 09776/9241. Mai bis Okt. So 14–16 Uhr. Vorwiegend werden das ortsansässige Handwerk und verschiedene Bereiche ländlicher Wohnkultur gezeigt.

Kreisgalerie im Alten Spital, Hauptstr. 5, 97638 Mellrichstadt, Tel. 09776/7213. Mi–So/Fei 13–17 Uhr. Mit Museumscafé. Bilder und Skulpturen bedeutender Künstler, die in der Region gelebt oder gewirkt haben, daneben wechselnde zeitgenössische Ausstellungen.

Dokumentationszentrum Hainbergkaserne, Hainberg-Areal 1, Wiesentalgraben 116, 97638 Mellrichstadt, Tel. 09776/5840. Jeden 2. und 4. So im Monat 14–17 Uhr. Das Doku-Zentrum zeigt mit Originalbeständen der Bundeswehr und der NVA die Zeit der Kasernen in der BRD und DDR im Kalten Krieg, besichtigt werden kann unter anderem der Schutzraum eines Atombunkers.

Schloss Wolzogen, Berkacher Str. 17, 97638 Mellrichstadt-Mühlfeld, Tel. 09776/9241. März bis Nov. jeden 1. und 3. So im Monat 14–17 Uhr. Porzellanausstellung, dazu Bilder des »Rhöner Spitzwegs« Peter Klier.

Skulpturenpark Deutsche Einheit und Sammlung ehemaliger Grenzsicherungsanlagen auf der Schanz zwischen Eußenhausen und Henneberg, frei zugänglich. www.skulpturenpark-deutsche-einheit.de. Am Skulpturenpark beginnt bzw. endet der Friedensweg entlang der ehemaligen innerdeutschen Grenze.

Segelflugplatz am Bischofsberg, Flugsportvereinigung Mellrichstadt, Tel. 09776/9566. Es werden Rundflüge im Segelflugzeug oder im Motorsegler über die Rhön angeboten.

Sportbad Mellrichstadt, Bahnhofstr. 17, 97638 Mellrichstadt, Tel. 09776/1315, www.mellrichstadt-rhoen.de/schwimmen.html. Öffnungszeiten siehe Webseite. Mit Hallen- und Wellenfreibad.

Brauhausgrill, Mühlenweg 3, 97638 Mellrichstadt, Tel. 09776/232, www.brauhaus-grill.de. Di–Sa 11–18 Uhr, So/Mo Ruhetage. Schön gelegen direkt an der Streu, im Sommer Biergarten, gutbürgerliche Küche.

Restaurant Schulze's – 100 % Biorestaurant, im *Biohotel Sturm,* Ignaz-Reder-Str. 3, 97638 Mellrichstadt, Tel. 09776/81800, www.hotel-sturm.com. Tägl. 18–22 Uhr. Gerichte aus Produkten regionaler Bioproduzenten, Bioweine und Biobier. Wellnesshotel.

Museumscafé in der Kreisgalerie, Hauptstr. 5, 97638 Mellrichstadt, Tel. 09776/7213. Mi–So/Fei 13–17 Uhr. Nettes Ambiente im idyllischen Innenhof.

Stadthotel Reich, Hauptstr. 25, 97638 Mellrichstadt, Tel. 09776/709050, www.stadthotel-reich.de. First-Class-Hotel in stilvollem Ambiente und mit exklusiver Ausstattung, jedes Zimmer verfügt u. a. über eine eigene Rain-Forest-Dusche.

Ferienwohnungen und Biohof Klüber, Mühlweg 9, 97638 Mellrichstadt, Tel. 09776/1363, www.ferienwohnungen-klueber.de. Familie Klüber vermietet auf ihrem Bio-Bauernhof am Rande der Stadt eine Ferienwohnung und ein Appartement, ideal für Familien mit Kindern.

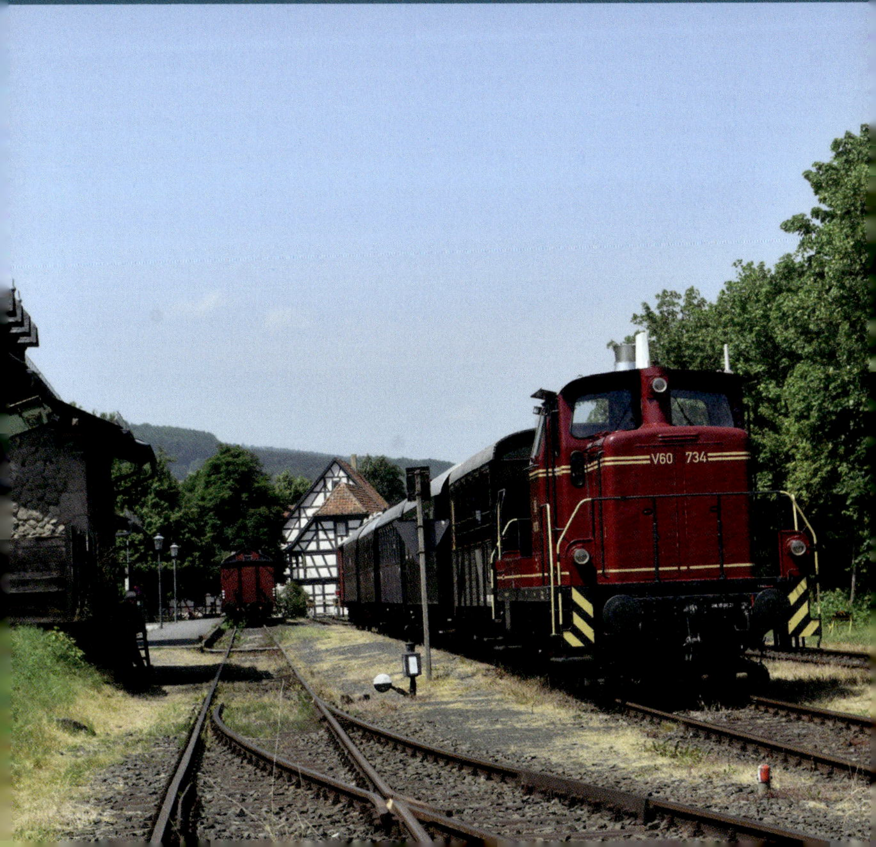

18 Urwald-Flair mit Basaltprismen

Über den Gangolfsberg zur Thüringer Hütte

Tour: Rundwanderung von Oberelsbach über den Gangolfsberg (737 m) zur Thüringer Hütte.
Länge/Dauer: 17,2 km/5 Std.
Einstiegspunkt: Marktplatz in Oberelsbach.
Höhenunterschied: 384 m.
Markierungen: *rotes Dreieck (Heidelsteinweg HW05), grüner Winkel, Extratour Hochrhöntour (rotes H), Zubringer zum Hochrhöner.*
Anfahrt: *ÖPNV:* mit der Bahn bis Bad Neustadt/Saale, mit Buslinie 821 bis Oberelsbach, Haltestelle Marktplatz. *Kfz:* A 71 Ausfahrt Bad Neustadt/Saale, B 279 bis Wegfurt, dort rechts auf NES 16 bis Sondernau, von dort St 2289 nach Oberelsbach; Parkplätze auf dem Marktplatz.
Saison: Frühling bis Herbst.
Familie: Der Höhepunkt dieser Wanderung ist eindeutig das Naturwaldreservat am Gangolfsberg, wo es für Kinder viel zu entdecken gibt. Um die kleinen Naturforscher konditionell nicht zu überfordern, empfiehlt es sich, die Tour abzukürzen und beim Schweinfurter Haus zu beginnen (siehe Variante).
Anforderungen: Diese Tour erfordert eine gute Kondition, weil es längere Zeit stetig bergauf geht; für die sehr steile Aufstiegspassage auf den Gangolfsberg ist zudem Trittsicherheit erforderlich; bei Schnee- und Eisglätte darf der Naturlehrpfad aus Sicherheitsgründen nicht begangen werden.
Besonderheiten: Vieles von dem, was für die Rhön charakteristisch ist, lässt sich auf dieser abwechslungsreichen Tour kennenlernen, darunter ein naturnaher Laubwald, zu Säulen erstarrtes Basaltgestein und artenreiche, weitgehend baumlose Mähwiesen auf der Hochfläche der Langen Rhön.
Variante: vom Schweinfurter Haus mit *dem Rhön-Rundweg 5* über die NES 12; nach Überqueren des Dörnergrabens rechts auf den *Rhön-Rundweg 6* und auf ihm hinauf zum *Rhön Park Hotel;* von dort auf dem *Rhön-Rundweg 4* zur Rother Kuppe (Einkehr) und weiter auf dem *Rhön-Rundweg 7* zur Thüringer Hütte (Einkehr); von dort mit dem *grünen Winkel* entgegen der im Text beschriebenen Route über den Gangolfsberg zurück zum Schweinfurter Haus; Anfahrt am besten mit dem Auto von Oberelsbach über Urspringen, an Wochenenden und

Feiertagen wird von Mai bis Oktober die Haltestelle Gangolfsberg/ Schweinfurter Haus von der Freizeitbuslinie Kreuzbergbus (www.freizeitbuslinien.de) angefahren (Tourenlänge 9,4 km, Höhenunterschied 231 m).

Oberelsbach und das Haus der Langen Rhön

Ausgangspunkt unserer Tour ist der am Fuß der Langen Rhön gelegene Marktflecken Oberelsbach.

Im Ort befindet sich das Biosphärenzentrum Haus der Langen Rhön, in dem man sich über die Entstehung der Rhöner Landschaft, über typische Vertreter der Tier- und Pflanzenwelt und über regionale Produkte und deren Herstellung informieren kann. Kinder werden sich besonders von der Hörstation »Das Schaf Elsbeth

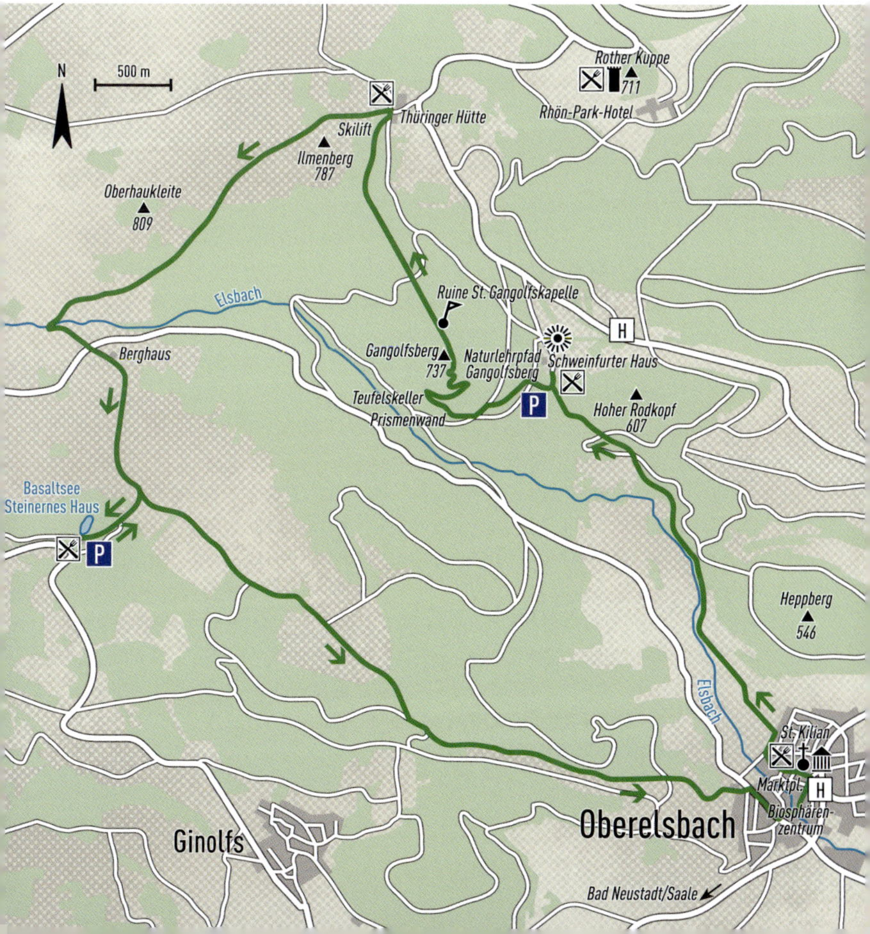

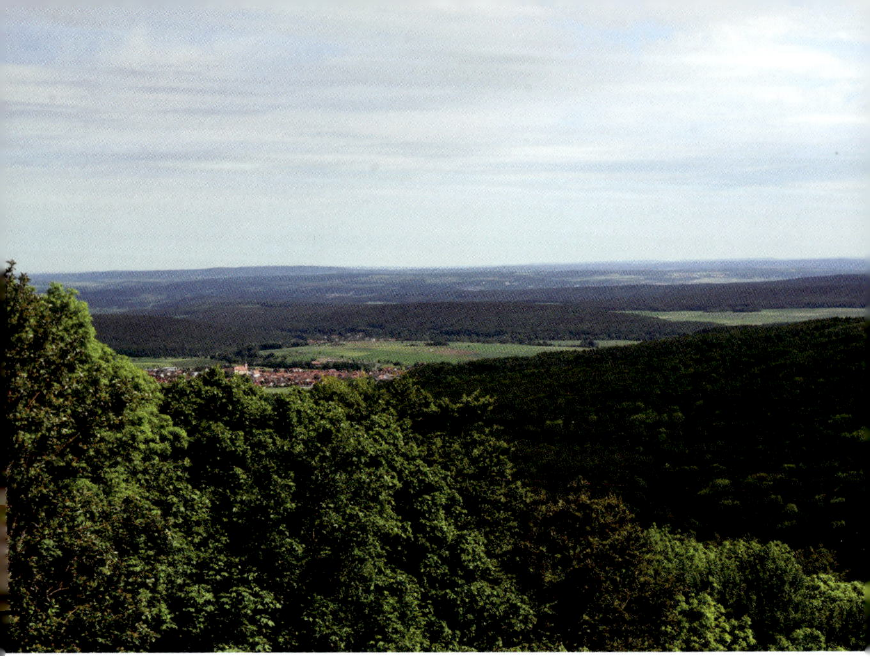

Blick vom Gangolfsberg nach Oberelsbach

erzählt« und der Abteilung »Zeitreise zu den Vulkanen« angezogen fühlen.

Liebhaber klassischer Musik können auch das Geburtshaus des Barockkomponisten Valentin Rathgeber (1682–1750) besuchen. Eine Ausstellung widmet sich seinem Leben und Werk, dazu ist eine Sammlung Rhöner Fasnachtsmasken zu bestaunen. Alle zwei Jahre wird im Ort der Brauch der Rhöner Maskenfasnacht begangen, bei dem maskierte Span- und Strohmänner aus Oberelsbach, dazu die »blauen Jüden« aus Weisbach, die Unterelsbacher »Fasenöchter« und die Ginolfser »Spitzhüte« durch die Gassen ziehen.

Wir beginnen unsere Wanderung unterhalb der imposanten Pfarrkirche St. Kilian. Sie wird wegen ihrer exponierten Lage und ihrer reichen Ausstattung mit barockem Formenschmuck auch Rhönbasilika genannt. Dort stoßen wir auf das *rote Dreieck* des *Heidelsteinweges (HWO5),* das uns an den Fuß des Gangolfsberges führen wird. Etwa 3,5 Kilometer müssen wir stetig bergauf bewältigen, wobei wir zeitweilig direkt am munter plätschernden Elsbach entlangwandern, bevor uns der dichte Buchenwald am Hohen Rodkopf aufnimmt.

Schließlich erreichen wir im Wald ein Wegekreuz, bei dem sich das *rote Dreieck* nach links verabschiedet. Ohne auf eine andere Markierung zu achten, biegen wir rechts zum nahe gelegenen Schweinfurter Haus ab und gönnen uns dort eine kleine Pause. Bei schönem Wetter sitzen wir natürlich draußen (wenn noch Platz ist) und genießen den herrlichen Blick in das östliche Rhönvorland (eine bronzene Panoramatafel erläutert die Aussicht). Für Familien mit Kindern bietet es sich an, hier im Grünen zu starten und die etwas kürzere Variante (siehe S. 206) über die Rother Kuppe zu wandern.

Wir gehen wieder zum Wegekreuz zurück, von dem wir gekommen sind. Dort halten wir uns jetzt rechts und orientieren uns am *grünen Winkel* des *Wanderweges Schornhecke–Schweinfurter Haus*. Hinter dem Wanderparkplatz beginnt auch der Naturlehrpfad Gangolfsberg, dessen Infotafeln uns nun immer wieder Wissenswertes über die heimische Fauna und Flora vermitteln. Und davon gibt es hier reichlich, denn seit 1978 ist der Buchenmischwald um den Gangolfsberg auf einer Fläche von rund 75 Hektar als Naturwaldreservat ausgewiesen, zugleich als Kernzone des Biosphärenreservats Rhön. Darin findet keine forstwirtschaftliche Nutzung mehr statt, die Natur bleibt sich selbst überlassen, was abstirbt, bleibt stehend oder liegend erhalten. Ohne Zugriff des Menschen soll sich der Wald in seinen ursprünglichen Zustand zurückentwickeln, eben in einen Urwald. Erste Anzeichen dafür gibt es bereits in Gestalt umfangreicher Totholzbestände, die spezialisierten Pflanzen und Tieren als Überlebensnischen dienen. Bemerkenswert ist ferner, dass sich am Gangolfsberg die Waldgesellschaften von den Tallagen bis hin zum Gipfelplateau je nach Standortbedingungen ändern. So finden sich im Talgrund des Elsbaches Erlen- und Eschenwälder, die an den unteren Berghängen in einen Eschen-Ahorn-Schluchtwald übergehen. Weiter oben, wo der Basalt an die Oberfläche tritt, kommen neben der im Steilhangbereich dominierenden Eiche auch die Linde, Mehlbeere und Ulme hinzu. Auf dem Boden wächst eine Krautschicht mit Silberblatt und Glockenblume. Nur wo der Boden tiefgründig und feucht ist, findet man vorzugsweise die Buche. Zu ihr gesellen sich im Frühjahr Waldmeister, Buschwindröschen und Gelbes Windröschen. In der Tierwelt am Gangolfsberg machen sich vor allem Vögel wie der Zaunkönig, der Buchfink und der Waldlaubsänger mit ihren Stimmen bemerkbar, zu sehen bekommt man sie allerdings nur mit Glück. Gleiches gilt für den Schwarzspecht, der davon profitiert, dass es im Wald genügend Altbäume gibt, in denen er seine Nisthöhlen anlegen kann. Auch die scheue und in Deutschland äußerst seltene Wildkatze hat im Naturwaldreservat Gangolfsberg ein für sie ideales Revier gefunden. Der Bestand ist allerdings klein, es ist daher sehr unwahrscheinlich, ihr unterwegs zu begegnen.

Erd- und sonstige Geschichte auf Schritt und Tritt

Unserem *grünen Winkel* aufwärts folgend, gelangen wir zur Prismenwand, einer der spektakulärsten Stellen in der gesamten Rhön, wo das zu Säulen erstarrte Basaltgestein bestaunt werden kann. Hunderte der fünf- bis sechseckigen Gebilde liegen waagrecht übereinander und bilden eine Felswand, die aussieht wie ein Holzstapel. Man könnte glauben, dass hier die Hand des Menschen im Spiel war, doch das Phänomen ist vulkanischen Ursprungs. Als zu Beginn des Jungtertiärs vor 22 Millionen Jahren magmatische Schmelzen aus dem Erdmantel nach oben drangen, kam es nicht überall in der Rhön zu Eruptionen, wie man sie heute vom Ätna oder den Hawaii-Vulkanen kennt. Häufig blieb die Lavamasse unterirdisch im Vulkanschlot stecken und kühlte mit der Zeit ab. Durch die Schrumpfung während des Abkühlens bildeten sich die charakteristischen polygonalen Säulen, deren Längsachsen immer senkrecht zur Abkühlungsfläche verlaufen. Normalerweise sind sie daher senkrecht ausgerichtet, dass sie am Gangolfsberg horizontal liegen, ist die Folge einer späteren Hebungsphase, die im Zusammenhang mit der Auffaltung der Alpen stand. Am Fuß der Prismenwand sind die harten Basaltsäulen durch die Kräfte der Verwitterung zu einer Blockmeer genannten Halde aus Abertausenden Gesteinsbrocken unterschiedlicher Größe zerfallen. Sogar der Belag und die Treppenstufen unseres Pfades bestehen aus Bruchstücken der Basaltprismen.

Weiter aufwärts liegt etwas abseits des Weges der Teufelskeller, eine natürliche Höhle, die wahrscheinlich entstanden ist, als ein

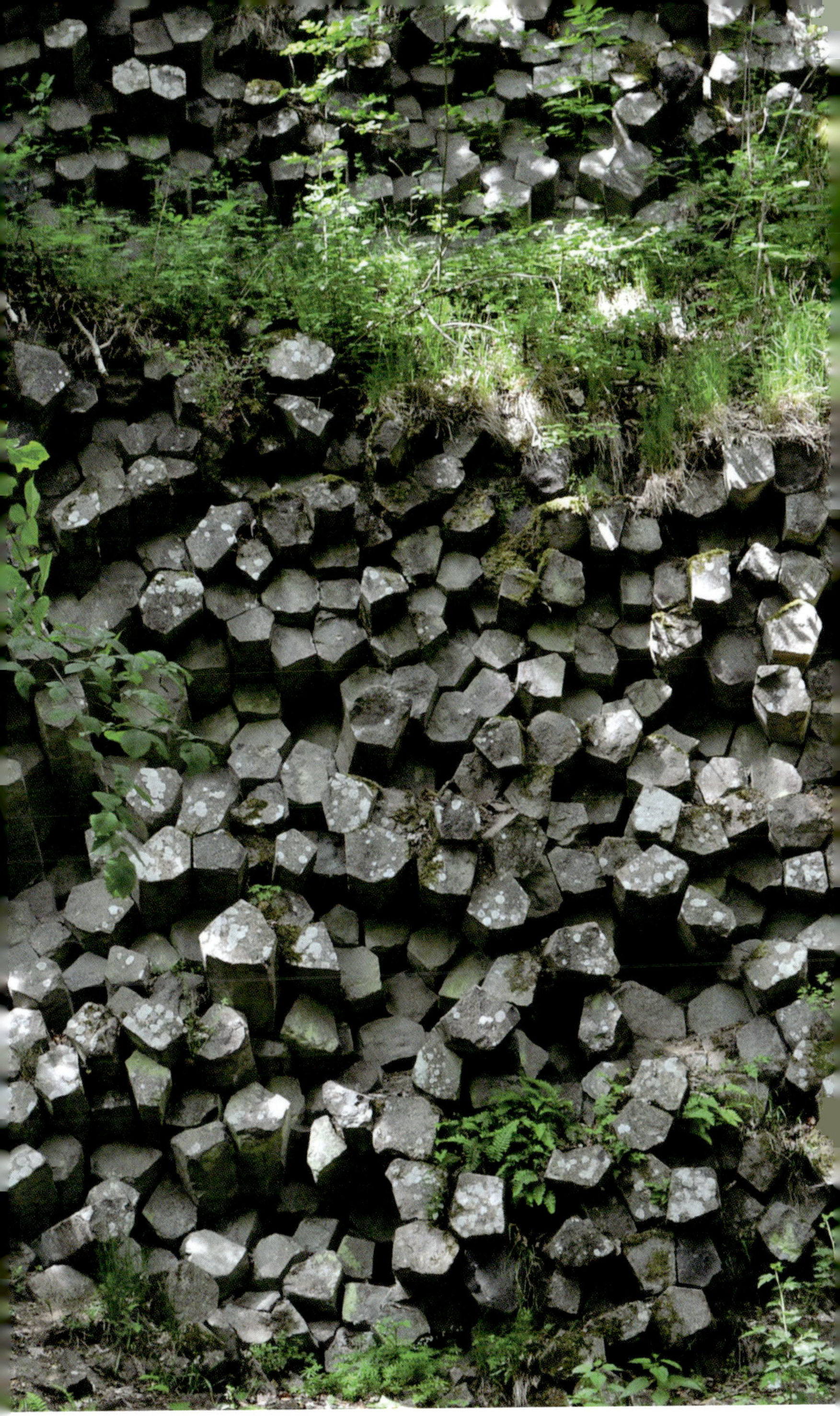

Die beeindruckende Basaltprismenwand am Gangolfsberg

großer Felsbrocken von der Steilwand herabstürzte und unter sich einen Hohlraum bildete. Im Volksmund ist die Höhle natürlich ein Werk des Teufels, daher auch ihr Name. Kindern macht es sicher Spaß, das kleine Felsloch zu ergründen, sie können sich auch – im Gegensatz zu den Erwachsenen – nicht ihre Köpfe an der niedrigen Decke anstoßen.

Dann nimmt unser Pfad nahezu alpinen Charakter an und schlängelt sich auf Treppenstufen steil den Berghang hinauf. Hin und wieder ergeben sich dabei schöne Blicke durch das Laubwerk in Richtung Oberelsbach. Auf dem Gipfelplateau passieren wir die Reste einer ehemaligen Ringwallanlage, die seit keltischer Zeit bis ins frühe Mittelalter als eine Art Schutzburg genutzt wurde. Die heute kaum mehr sichtbaren Wälle umschlossen einst eine Fläche von etwa sechs Hektar, was die Anlage zu einer der größten ihrer Art in der Rhön macht.

Knapp 200 Meter weiter zeigt uns ein schlichtes Holzkreuz mitten im Wald an, dass hier einst die Kapelle des Heiligen Gangolf stand. An den spärlichen Resten ihrer Ruine könnte man sonst glatt vorbeilaufen. Das Kirchlein, das dem Berg seinen Namen gab, wurde vermutlich im späten achten Jahrhundert von der Probstei Fulda erbaut und 1525 im Bauernkrieg zerstört. Geweiht wurde es dem Heiligen Gangolf, einem Adligen aus Burgund, der im achten Jahrhundert gelebt hat. Nach seiner Rückkehr von einem Kriegszug überführte er mit Gottes Hilfe seine Gattin des Ehebruches und ließ sich scheiden. Obwohl er sich danach in die Einsamkeit zurückzog, wurde er von seinem Nebenbuhler ermordet. In der katholischen Kirche wird Gangolf als Märtyrer und Heiliger verehrt. Der Legende nach entsprang überall dort eine Quelle, wo er seine Lanze in den Boden stieß. Daher wird er meist als Ritter mit Lanze und Schwert dargestellt.

Nun geht es vom Gipfelplateau hinunter in einen Sattel und von dort längere Zeit kerzengerade durch den lichten Laubwald. Längs der Ostflanke des Ilmenberges erreichen wir schließlich in einer Abwärtspassage die Thüringer Hütte, unser nächstes Zwischenziel. Wenn man nicht gerade an einem Wochenende im Sommer kommt, hat man Chancen, einen der begehrten Plätze draußen zu ergattern, denn sonst drängeln sich auf den Bänken Scharen von Bikern im Lederoutfit, die die Hütte pulkweise ansteuern.

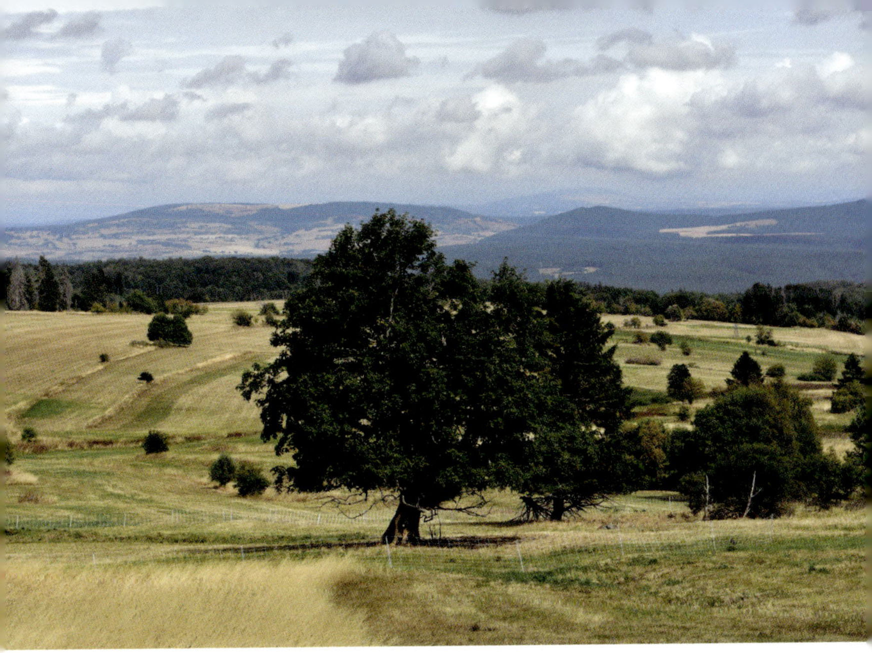

Auf der Etappe über die Lange Rhön schweift der Blick in alle Richtungen.

Über die Lange Rhön

Nach unserer Einkehr wechseln wir die Markierung und biegen hinter der Hütte mit dem *roten H* für die *Hochrhöntour* links ab. Vorbei an der Skiliftstation erklimmen wir den wiesenbestandenen Ilmenberg; wer sich umdreht und zurückblickt, hat einen wunderbaren Ausblick hinüber zur Rother Kuppe mit ihrem markanten Aussichtsturm. Oben stehen wir dann auf dem weitgehend waldfreien Basaltrücken der Langen Rhön, der sich zwischen Bischofsheim und Kaltenwestheim dahinzieht. Keine andere Region in der Rhön wird der Bezeichnung »Land der offenen Fernen« besser gerecht, denn von ihrer Wiesenhochfläche schweift der Blick ungehindert in alle Himmelsrichtungen. Man mag kaum glauben, dass sich hier bis ins Mittelalter ein dichter Buchenwald ausdehnte; er wurde jedoch gerodet, um Platz für Wiesen und Weideflächen zu schaffen. Entstanden ist dadurch eine einzigartige Kulturlandschaft, die sich einerseits durch ihre Kargheit, andererseits durch ihre große Artenvielfalt auszeichnet. Neben Blütenpflanzen wie der Trollblume und der Arnika finden hier auch Bodenbrüter wie die Bekassine und das Birkhuhn einen idealen Lebensraum. Aus diesem Grund steht die Lange Rhön unter Naturschutz, sie ist sogar das größte Naturschutzgebiet in Bayern außerhalb der Alpen. In seinem gesamten Bereich besteht striktes Wegegebot.

Daran halten wir uns auf unserem Weiterweg, der uns leicht abwärts hinunter in den sanften Taleinschnitt des Elsbaches führt. Diesen überquerend, biegen wir mit unserem *roten H* links ab und erreichen kurz darauf die Franzosenweg genannte Landstraße. Gleich danach passieren wir ein altes, verlassenes Steinhaus, das Berghaus der Dichterin und Landschaftsmalerin Bettina Schlanze-Spitzner (1902–1984). Dort lebte sie von 1950 bis zu ihrem Tod in der selbst gewählten Einsamkeit der Rhön, um zu schreiben und zu malen und um letztendlich zu sich selbst zu finden. Denn hinter der außergewöhnlichen Frau, der bürgerliche Konventionen fremd waren, lag ein bewegtes Leben, das sie unter anderem nach Guatemala und in die USA geführt hatte. »Nur hier oben kann ich leben, die Rhön gibt mir alles«, bekannte sie rückblickend. Die Einheimischen, denen sie anfangs eher suspekt war, brachten ihr später großen Respekt entgegen und nannten sie ironisch-liebevoll »Rhönhexe« oder »Schneewittchen«. Ihre letzte Ruhestätte fand Bettina Schlanze-Spitzner auf

Beim Basaltsee Steinernes Haus

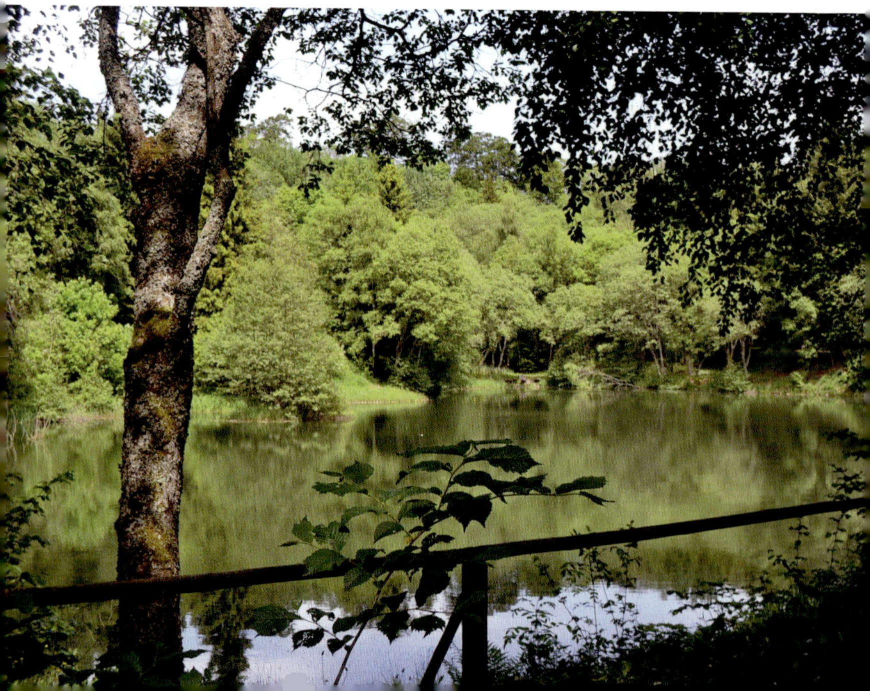

dem Friedhof im nahen Oberwaldbehrungen. Über die Kuppe des Maihügels hinweg wandern wir jetzt abwärts bis zu einem Wegweiser. Statt mit der Hangneigung weiter geradeaus zurück nach Oberelsbach zu gehen, machen wir zunächst einen kleinen Abstecher nach rechts. Dazu folgen wir weiter unserem *roten H,* das hier ebenfalls die Richtung wechselt.

Basaltsee Steinernes Haus

Es sind nur knapp 500 Meter hinunter zum idyllisch gelegenen Basaltsee Steinernes Haus, wo auch eine schöne Einkehrmöglichkeit zu einer letzten Rast auf unserer Tour einlädt. Früher befand sich an der Stelle des Sees ein Vulkanschlot mit bis zu 12 Meter hohen Basaltsäulen. Dann wurde in den 1930er-Jahren ein Steinbruch eingerichtet und die großen Basaltblöcke wurden bis nach Holland geliefert, wo sie zum Küstenschutz verwendet wurden. Nachdem der ganze Basalt an der Oberfläche weitgehend abgebaut war, grub man in die Tiefe, bis fatalerweise der Grundwasserspiegel erreicht wurde. Daraufhin füllte sich der Steinbruch nach und nach mit Wasser – der Basaltsee war geboren und der Basaltabbau kam zu Erliegen. Ein paar Basaltsäulen stehen noch, wer sie besichtigen will, muss auf einem Pfad zum nordöstlichen Seeufer gehen. Sie können sich aber bei Weitem nicht mit denen am Gangolfsberg messen.

Wir kehren schließlich auf demselben Weg, den wir gekommen sind, zurück zum Wegweiser. Dort biegen wir rechts ab und lassen uns in einer längeren Abwärtspassage von der Markierung des *Höchrhöner-Zubringers (grün)* zurück nach Oberelsbach geleiten.

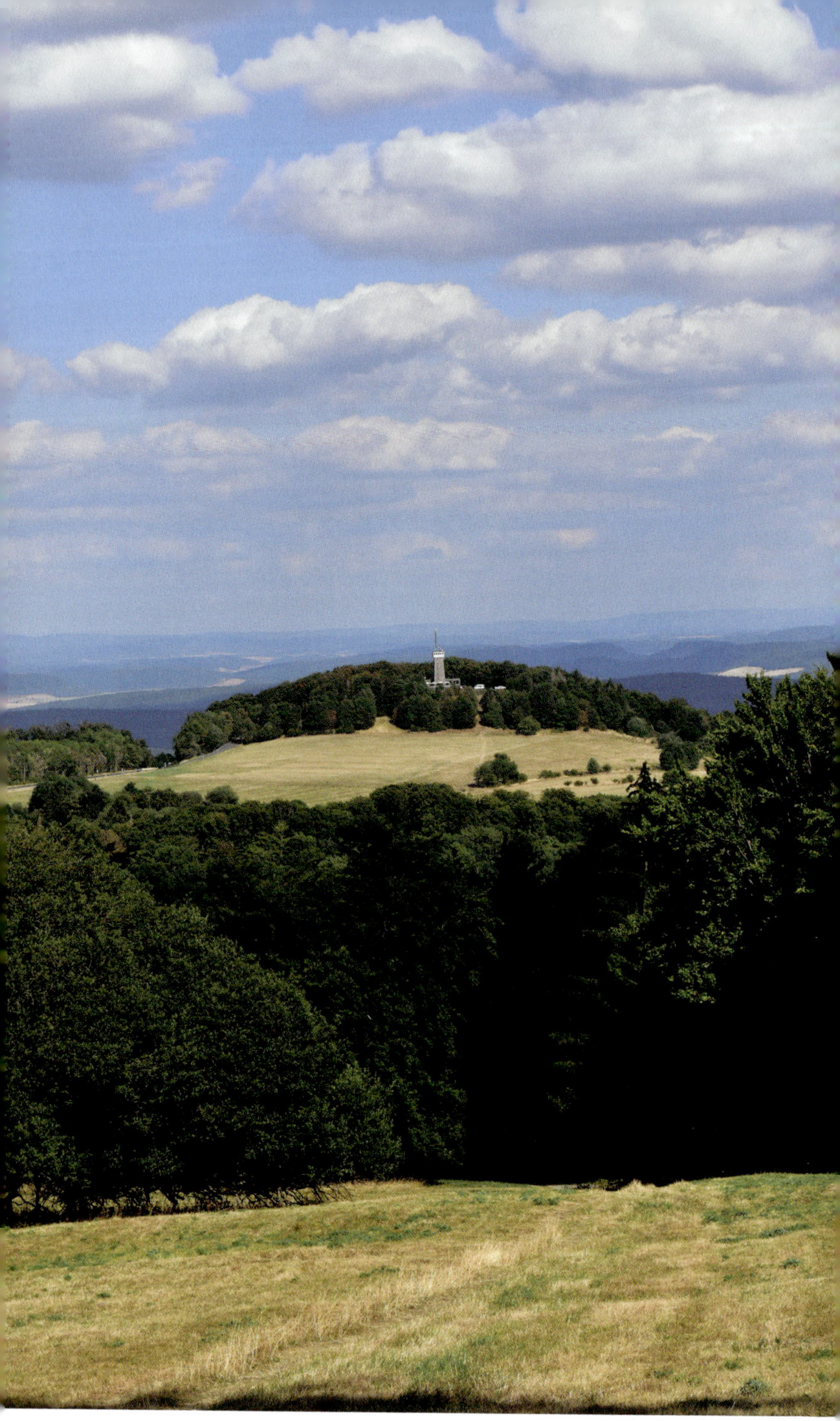

Die Rother Kuppe vom Ilmenberg aus gesehen

Ausgewählte Adressen und Tipps

Biosphärenzentrum Haus der Langen Rhön, Unterelsbacher Str. 4, 97656 Oberelsbach, Tel. 09774/910269, www.oberelsbach-rhoen.de. Mo–Sa 9–12.30 und 13–16 Uhr, So geschlossen. Eintritt frei. Für Kinder sind besonders die Abteilungen »Zeitreise zu den Vulkanen« und »Das Rhönschaf Elsbeth erzählt« empfehlenswert.

Valentin-Rathgeber-Haus, Rathgeberstr. 4, 97656 Oberelsbach, Kontakt über das Haus der Langen Rhön. Mi, Sa/So und Fei 13–17 Uhr. Eintritt frei. Ausstellungen über den Barockkomponisten Valentin Rathgeber und über Rhöner Fasnachtsmasken.

RhönPlay Abenteuerland beim Rhön Park Hotel (siehe unten). Große Indoor Spiel- und Sporthalle mit einem Klettergerüst sowie mit Rutschen, E-Karts und weiteren Spielgeräten. Hauptsaison tägl. 10–18 Uhr, Nebensaison verkürzt.

Schweinfurter Haus, Am Gangolfsberg, 97656 Oberelsbach, Tel. 09774/590, www.schweinfurterhaus.de. Tägl. außer Mo 10–22 Uhr. Durchgehend warme Küche, nachmittags Kaffee und Kuchen, im Sommer kann man draußen sitzen, mit Spielplatz. Im Haus 11 Zimmer mit 27 Betten, Etagenduschen.

Berggasthof Thüringer Hütte, 97647 Thüringer Hütte, Tel. 09779/562, www.thueringer-huette.com. Mi–So 10–18 Uhr, Mo/Di Ruhetage. Bis 14 Uhr warme Küche, darunter die originalen Thüringer Bratwürste, ab 14 Uhr Brotzeitkarte sowie hausgemachte süße Leckereien, man probiere unbedingt die Windbeutel, ein Gedicht! Ferienwohnung im Dachgeschoss mit Balkon und Panoramafenster.

Basaltsee Almhüttn, Am Basaltsee 1, 97656 Oberelsbach, Tel. 0171/8339645, www.basaltsee-alm-hüttn.de. Apr. bis Okt. tägl. 10–18 Uhr. Frisch zubereitete Gerichte, darunter Steaks, Schnitzel und fränkische Bratwürste vom Holzkohlegrill, köstlich auch der Apfelkuchen.

Bäckerei Lenhardt/Mühlencafé, Marktstr. 22, 97656 Oberelsbach, Tel. 09774/8580274, www.baeckerei-lehnhardt.de. Di–Fr 6.15–17, Sa 6.15–13, So 7.30–17 Uhr, Mo Ruhetag. Bis 12.30 Uhr gibt es Frühstück, große Auswahl an süßen und herzhaften Leckereien.

Rhön Park Hotel, Rother Kuppe 2, 97647 Hausen, Tel. 09779/910, www.rhoen-park-hotel.de. Großes Familien- und Tagungshotel, umfangreiches Aktiv-Angebot.

Landhotel Hubertus, Röderweg 9–11, 97656 Unterelsbach, Tel. 09774/858080, www.rhoen-landhotel-hubertus.de. Restaurant mit Terrasse und Biergarten, Zimmer im Landhausstil und Wellnessangebote.

19 Never walk alone

Alpakatour bei Ginolfs

Tour: geführte Wanderung mit Alpakas rund um Ginolfs.
Länge/Dauer: 4 km/2,5 Std. inklusive einer Pause.
Einstiegspunkt: Ginolfs, Ellerweg 13.
Anfahrt: *ÖPNV:* mit der Bahn bis Bahnhof Bad Neustadt/Saale, von dort mit Buslinie 821 nach Ginolfs. *Kfz:* A 71 Ausfahrt Bad Neustadt/Saale, von dort auf der B 279 bis Bischofsheim, davor rechts auf der St 2289 nach Weisbach, von dort auf der NES 13 nach Ginolfs.
Saison: das ganze Jahr über, im Winter werden Alpakawanderungen mit Kinderpunsch und Glühwein angeboten.
Familie: Für Familien mit Kindern ist eine Alpakawanderung ein wunderbares Erlebnis!
Anforderungen: Für das gemütliche Wandern auf Wiesen- und Schotterwegen ist festes Schuhwerk empfehlenswert, idealerweise Wanderschuhe; für Kinderwagen ist die Tour nicht geeignet.
Besonderheiten: Die Führungen beginnen von April bis Oktober um 15 Uhr, von November bis März um 13 Uhr, Hunde dürfen nicht mitwandern.

Alpakas in der Rhön

Eigentlich sind Alpakas auf den Hochebenen der südamerikanischen Anden zu Hause, aber man begegnet ihnen auch vielerorts in Deutschland, wo sie von Liebhabern und Züchtern auf großen Weideflächen gehalten werden. Die gutmütigen Paarhufer aus der Familie der höckerlosen Neuwelt-Kameliden erfreuen sich bei uns nicht zuletzt wegen ihres flauschigen Fells und ihres putzigen Aussehens zunehmender Beliebtheit. Besonders Kinder lieben die freundlichen und sanften Geschöpfe heiß und innig. Gerade für die Kleinen ist es ein schönes Erlebnis, bei einer Wanderung mit Alpakas mitzumachen und eines der Tiere an der Leine zu führen. Dabei ist jedoch zu beachten, dass die sympathischen Kreaturen keine Kuscheltiere sind, auch wenn sie so lieb und nett aussehen. Sie mögen keinen Körperkontakt und wenn sie sich bedroht fühlen, spucken sie wie ein Lama (mit dem sie ja verwandt sind). Außerdem handelt es sich bei ihnen um Herdentiere mit einem ausgeprägten Sozialverhalten. Da-

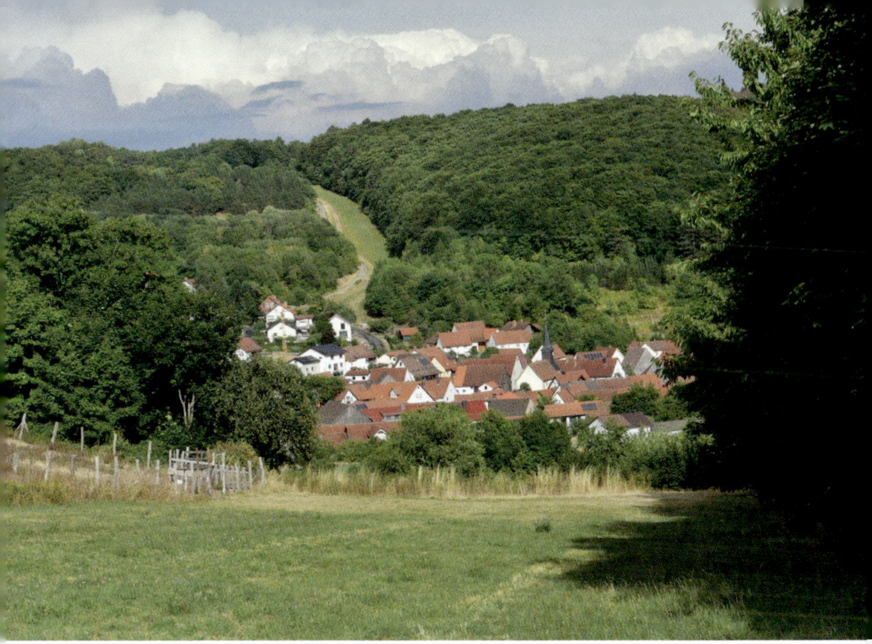

Blick von der Alpaka-Koppel auf Ginolfs

her dürfen die Tiere nie allein gehalten werden, sondern nur in Gruppen von mindestens zwei bis drei Alpakas. Für ihre Haltung bedarf es keiner besonderen Genehmigung, sie muss allerdings artgerecht vonstattengehen, also nicht als reine Stallhaltung, sondern auf einer ausreichend großen Weidefläche. Alpakas sind sehr genügsam und ernähren sich vorrangig von Gräsern; obwohl sie ihre Nahrung mehrfach zerkauen, gehören sie nicht zu den echten Wiederkäuern. Die Zähne wachsen ständig nach, um der hohen Abnutzung durch das karge Grün entgegenzuwirken. Längst haben sich die äußerst anpassungsfähigen und robusten Tiere bei uns akklimatisiert. Trotz ihrer Herkunft aus den hohen Anden, vornehmlich in Peru, finden sie sich auch in unseren gemäßigten Breiten bestens zurecht.

Die Rhön mit ihrem etwas raueren Klima erinnert die Alpakas vielleicht sogar ein bisschen an ihre ursprüngliche Heimat. So mag es nicht verwundern, dass dort gleich mehrere Betriebe Wanderungen mit den flauschigen Gesellen durch Wald und Flur anbieten.

Einer davon hat unser besonderes Interesse geweckt, da es sich dabei um ein cleveres Startup zweier Brüder im Alter von

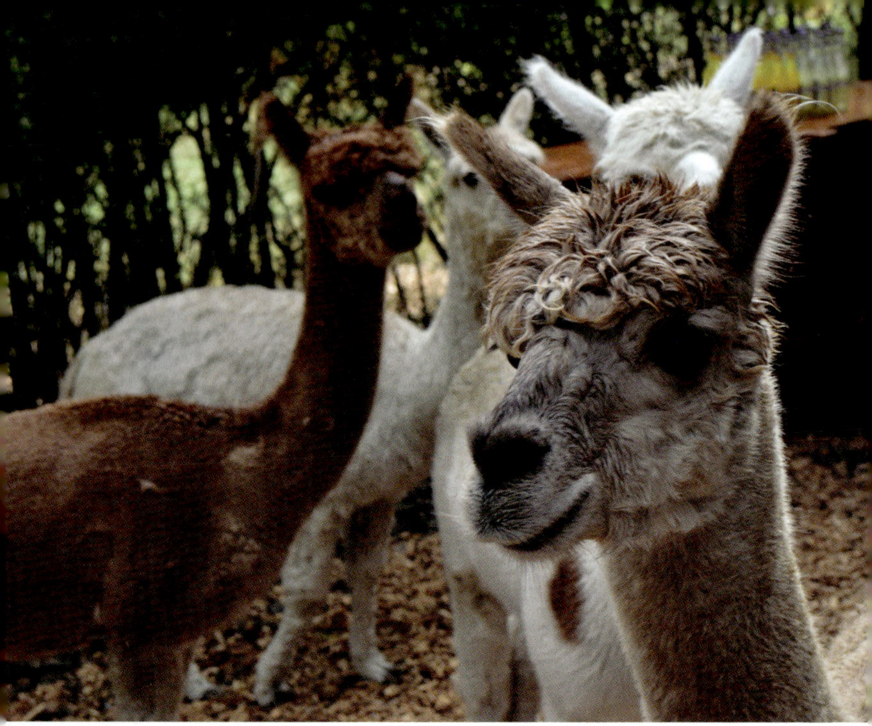

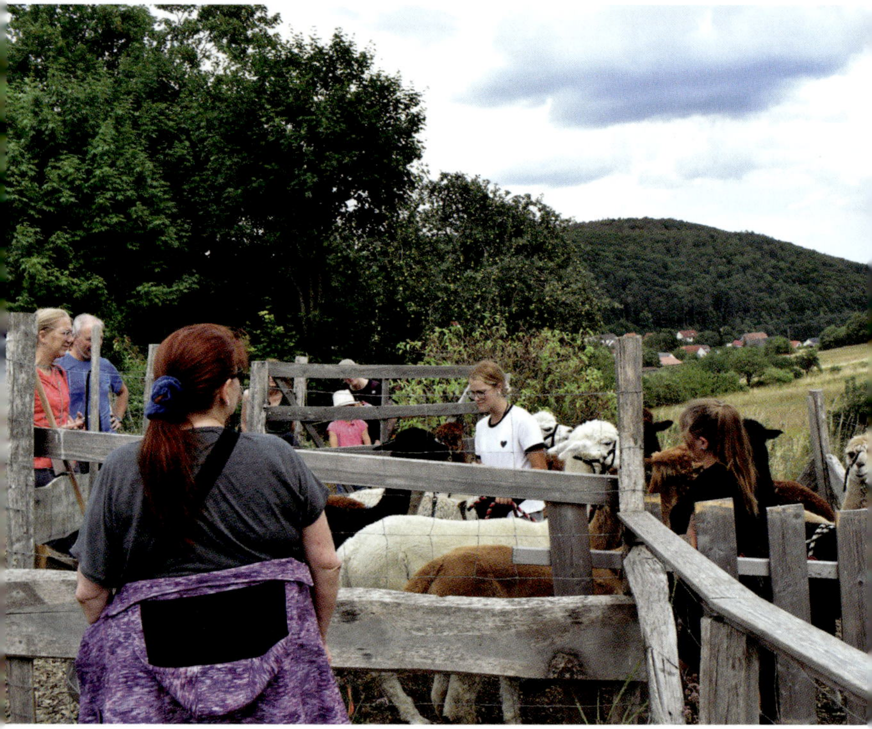

Die Alpakahengste freuen sich auf eine Tour mit netten Menschen.

Anfang 20 handelt. Florian (Flo) und Marc-André (Maggi) Janz haben im Oktober 2018 die Firma Rhönmomente gegründet und bieten seitdem Alpakatouren rund um ihr Heimatdorf Ginolfs an. Begonnen haben die beiden mit sieben Tieren, die sie dem vorherigen Besitzer aus einem Nachbarort abgekauft hatten. Mittlerweile ist die Herde, die nur aus Hengsten besteht, auf 23 Alpakas angewachsen. Gewandert wird zu allen Jahreszeiten, im Winter gibt es dazu Glühwein und Kinderpunsch. Längst haben die beiden ihr Portfolio mit Kräuter-, Natur- und Sternenwanderungen, allerdings ohne Alpakas, erweitert. Besonders gut kommen auch die Bierwanderungen an, die der gelernte Biersommelier Marc-André durchführt. Außerdem vermarkten die beiden die Wolle der Alpakas, die einmal im Jahr geschoren werden, zu Bettdecken, Schlafsäcken und Strickgarn. Damit nicht genug, wird der Kot der Tiere zu einem Dünger verarbeitet, dessen Qualität der des Guano nicht nachsteht. Klar, dass all diese Aktivitäten längst nicht mehr von den zwei Gründern alleine gestemmt werden können, neben Eltern und Großeltern steht den beiden ein vielköpfiges Team zur Seite. An Ideen zu neuen Projekten mangelt es Florian und Marc-André Janz nicht. Mal sehen, was die beiden sympathischen Jungs aus der Rhön noch alles auf die Beine stellen werden.

Erstes Kennenlernen

Treffpunkt ist ein Parkplatz am Ortsrand von Ginolfs. Maximal 20 Personen können bei einer Wanderung mitmachen, wobei der Teilnehmerkreis sehr unterschiedlich ist. Mit Alpakas zu wandern ist nicht nur bei Familien mit Kindern beliebt, auch Pärchen und Singles jeden Alters haben Freude daran.

Zunächst geht es gemeinsam hoch zur Koppel, wo die Tiere das ganze Jahr leben. Das weitläufige Areal zieht sich einen Abhang hinauf, darin spenden Bäume im Sommer Schatten, bei schlechtem Wetter können sich die Alpakas in einen Stall zurückziehen. An der Koppel angekommen, strecken einige der flauschigen Gesellen ihre Köpfe übers Gatter, als ob sie die neue Gruppe begrüßen wollten. Das übernimmt dann aber unsere Führerin Annabel, die sogenannte »Head of Flausch« im Unternehmen Rhönmomente. Da in zehn Zweiergruppen gewandert wird, darf sich jedes Zweiergespann erst einmal ein Tier aus der Herde auswählen. Annabel stellt die einzelnen Alpakahengste vor und beschreibt kurz ihren Charakter. Manche sind eher ruhigere Typen, andere dagegen lebhaft und manchmal auch etwas bockig. Gutmütig sind sie aber alle und Namen haben sie auch. Da gibt es beispielsweise den hellbrauen Sanchez, der so aussieht, als ob er gerade schmunzeln würde, den frechen Fridolin mit seiner weißen Schnauze, den grauen Anton, der immer Hunger hat, und nicht zu vergessen den Herdenführer Oskar mit seiner weißen Punkfrisur. Die Zweiergruppe, die ihn auswählt, muss dann natürlich mit ihm vorangehen.

Einweisung in den Umgang mit den Alpakas

Haben alle ihr Tier gefunden, folgt eine Einweisung durch unsere Head of Flausch, wie die Alpakas zu führen und unterwegs zu behandeln sind. Wichtig ist, dass man sich unterwegs voll auf seinen tierischen Begleiter konzentriert und keine Unsicherheit ausstrahlt. Alpakas sind sehr feinfühlige Wesen, die die Empfindungen der Menschen, die sie führen, deuten können. Weiterhin sollte das Tier am besten auf der linken Seite geführt werden, Seitenwechsel während der Wanderung sind zu vermeiden, um die sensiblen Gesellen nicht aus dem Trott zu bringen. Und auf keinen Fall am Kopf anfassen, das mögen sie gar nicht. Überhaupt ist es besser, unterwegs ganz auf Streicheleinheiten jeder Art zu verzichten und auf das Ende der Tour zu verschieben. Ebenso das Schießen eines Erinnerungsfotos.

Mit den Alpakas unterwegs

Nachdem Mensch und Tier Gelegenheit hatten, sich auf einer nahen Bergwiese etwas näher kennenzulernen, geht es auch schon los. Bei manchen Gruppen verläuft der Start etwas holprig, Hengst Filou hat wohl erst mal keine Lust mitzugehen und bockt. Da bedarf es ein bisschen guten Zuredens durch unser erfahrenes Begleitpersonal und auch er trottet los. Unsere Wegstrecke ist mit etwa vier Kilometern nicht allzu lang und es geht auch nur in Maßen aufwärts. Dennoch werden wir erst in etwa zweieinhalb Stunden wieder zurück sein. Immer wieder werden Pausen beziehungsweise kurze Stopps eingelegt, damit die langsameren Zweiergruppen Anschluss ans Hauptfeld finden. Hin und wieder müssen Annabel und ihre Kollegin Stephi eingreifen, wenn es in einer Gruppe Führungsprobleme gibt oder deren Hengst nicht weiter will. Aber man merkt, dass die Bindung zwischen Mensch und Tier intensiver wird, je länger die Tour dauert. Und das ist das eigentlich Großartige an dieser Art des Wanderns, dieses Erleben einer zunehmenden Vertrautheit zwischen zwei vorher völlig fremden Individuen. Das ist Entschleunigung pur, nur das Alpaka und ich – alles andere zählt nicht. Kein Wunder, dass einige in unserer Gruppe Wiederholungstäter sind, die immer wieder herkommen und jedes Mal mit einem anderen Alpakahengst auf Tour gehen.

Wegen eines aufziehenden Gewitters muss die vorgesehene Pause auf einer Wiese ausfallen. Normalerweise dürfen die Alpakas hier grasen und für die Teilnehmer ist ein kleiner Imbiss vorbereitet. Annabel rät, zügig an diesem Ort vorbeizuziehen, da die Tiere, die an ihre Fresspause gewöhnt sind, sonst bockig werden könnten. Aber kein Problem, sie folgen uns brav den Abhang hinunter. Da der Regen zunimmt, muss die Tour leider verkürzt

Wandern mit Alpakas ist vollkommene Harmonie zwischen Mensch und Tier.

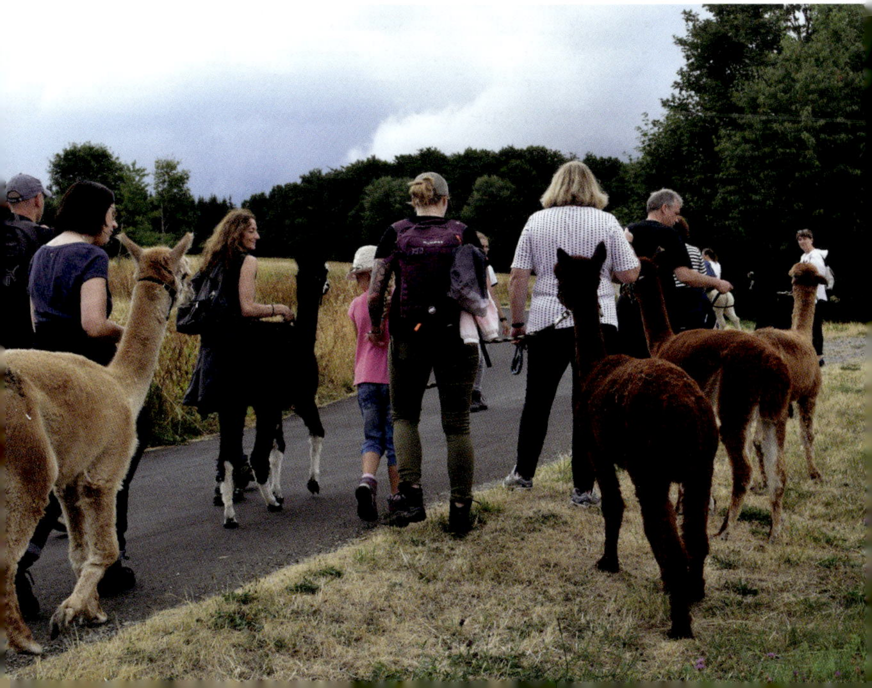

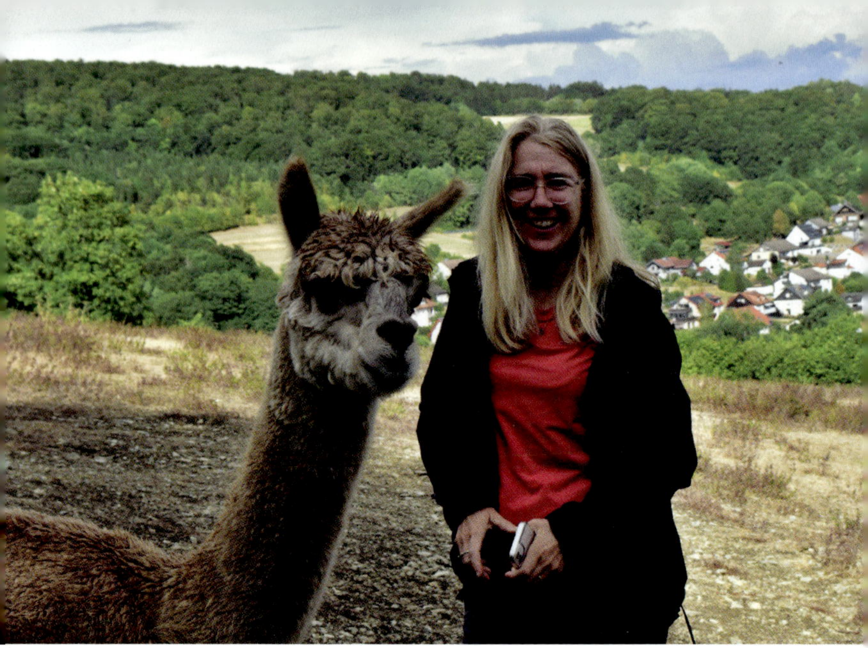

Die beiden haben sich wohl angefreundet.

werden. Wir gehen quer über eine Wiese, auf denen die Herbstzeitlose blüht. Unsere Führerin macht uns darauf aufmerksam, darauf zu achten, dass keines der Tiere an diesen Blütenpflanzen knabbert, denn sie sind für Alpakas hochgiftig.

Ausklang

Zurück in der Koppel bietet sich endlich die lang ersehnte Möglichkeit, das Begleittier zu streicheln und mit ihm Fotos zu machen. Und bevor die Hengste wieder in ihr weites Gehege entlassen werden, dürfen die Teilnehmer sie noch mit Heu und einem Spezialmüsli füttern.

Für die Wandergruppe steht natürlich auch eine Erfrischung bereit und so endet die Tour mit einem Schluck Bionade bei toller Aussicht über Ginolfs hinweg auf die Ausläufer der Rhön.

Ausgewählte Adressen und Tipps

- Rhönmomente GmbH, Dorfstr. 15, 97656 Ginolfs, Tel. 09774/8580166, www.rhoenmomente.de.
- Wo man sonst noch in der Rhön mit Alpakas wandern kann:
  - Orenda-Ranch, Institut für tiergestützte Therapie und psychosomatische Medizin, Hausener Str. 47, 97688 Bad Kissingen, Tel. 0171/9557374, www.orenda-ranch.com.
  - Alpakawiese, Familie Wiegand, Auf der Gröbe 9, 36419 Geisa-Borsch, Tel. 036967/6688, www.alpakawiese-rhoen.de.
  - Rauners Alpakafarm, Wallings 9, 36145 Hofbieber-Wallings, Tel. 06684/552, www.rauners-alpakafarm.jimdosite.com.
  - Alpakas – Zurück zur Natur, Julia und Maik Knackert, Lenders 1, 36404 Oechsen, Tel. 036965/80673, www.alpaka-zurueck-zur-natur.de.
  - RhönLamas, Familie Johannes Nüdling, Ludwig-Nüdling-Weg 16, 36163 Poppenhausen, Tel. 06658/1600, www.rhoenlamas.de.
  - Rhön Alpakas, Friedhard und Sonja Wehner, Schlingenstr. 3, 97705 Burkardroth-Waldfenster, Tel. 09734/5996, www.rhön-alpakas.de.
- Rhönmomente, es besteht die Möglichkeit, einen Alpaka-Brunch zu buchen. Ein leckeres, reichhaltiges Frühstücksbuffet neben der Alpakakoppel (ohne Wanderung). Ferner wird eine Spezialtour »Alpakas & Wein« für zwei Personen inklusive Weinbegleitung und Rhöner Schmankerl angeboten.
- *Fischerhütte Edwin,* Herbertsweg 1, 97656 Oberelsbach-Ginolfs, Tel. 09774/858338, www.fischerhuette-edwin.de. Mi–So 11.30–14 und 17–21 Uhr. Es gibt natürlich nur Fischgerichte, Hunde sind im Restaurant nicht erlaubt, nur im Sommer auf der Terrasse.
- *Gasthaus Einst,* Dorfstr. 23, 97656 Oberelsbach-Ginolfs, Tel. 097748599611. Do–Sa 17–24 Uhr. Kleine urige Dorfwirtschaft mit einer übersichtlichen, aber schmackhaft klingenden Speisekarte.
- *Landhotel Hubertus,* Röderweg 9–11, 97656 Unterelsbach, Tel. 09774/858080, www.rhoen-landhotel-hubertus.de. Zimmer im Landhausstil, mit Wellnessbereich, Raucher und Hunde müssen leider draußen bleiben. Restaurant Mo/Di und Do–Sa 17.30-21, So und Fei auch 11.30–14 Uhr, Mi Ruhetag.
- Ferienwohnung der Familie Janz (Rhönmomente), Kapellenstr. 41, 97656 Weisbach, Kontakt siehe oben.

20 Kirchenburg und Lichtenburg

Ostheim vor der Rhön und die Lichtenburg

Tour: Spaziergang durch Ostheim und Wanderung zur Lichtenburg und über den Weyhershauk zurück nach Ostheim.
Länge/Dauer: 9,8 km/3 Std.
Einstiegspunkt: altes Rathaus in Ostheim v. d. Rhön.
Höhenunterschied: 175 m.
Markierungen: *Dorfrunde, grüne Raute (Fernweg Hohe Geba–Ostheim v. d. Rhön), Extratour Ostheimer (rotes O).*
Anfahrt: *ÖPNV:* mit der Bahn bis Bahnhof Mellrichstadt, von dort mit Bus 8153 nach Ostheim, Haltestelle Rathaus. *Kfz:* A 71 bis Ausfahrt Mellrichstadt, von dort auf der B 285 bis Ostheim v. d. Rhön; Parkplätze an der Marktstraße oder besser auf dem großen Parkplatz Streuwiese an der Nordheimer Straße.
Saison: das ganze Jahr über, am schönsten Frühjahr bis Herbst.
Familie: Kindern wird auf dieser Tour viel Abwechslung geboten: Begegnungen mit dem Mittelalter in Ostheim und auf der Lichtenburg, spannende Naturerlebnisse auf dem Weyhershauk.
Anforderungen: kurzweilige Tour ohne große Höhenunterschiede, nur der Auf- und Abstieg über den Weyhershauk hinweg sind etwas steiler.
Besonderheiten: Diese Tour lässt sich gut mit Tour 17 kombinieren, wenn man die Fahrtage des »Rhön-Zügles« nutzt und mit der Museumsbahn von Fladungen nach Ostheim fährt.

Die »Perle der Streu«

Das am Flüsschen Streu gelegene Städtchen Ostheim vor der Rhön macht mit seinem Namenszusatz deutlich, dass es nicht in, sondern eben vor der Rhön liegt. Für Wanderer und Radfahrer bedeutet dies, dass die Touren ins reizvolle Umland nicht allzu große Anforderungen an Kondition und Muskelkraft stellen. Überhaupt ist die »Perle der Streu«, wie die Ostheimer ihre Stadt gerne bezeichnen, ein Ort der Entschleunigung.

Mittelalter pur lädt in der romantischen Altstadt zum Flanieren, Sehen und Staunen ein. Besonders in der einzigartigen Kirchenburg wähnt man sich in vergangenen Tagen. Ins Licht der Geschichte rückte Ostheim mit der ersten urkundlichen Erwähnung aus dem Jahr 804. Im Mittelalter gehörte es den Henneberger Grafen und kam dann nach einigen Herrschaftswechseln an die sächsischen Herzöge, die es von Eisenach und später von Weimar aus regierten. Lange Zeit prägten die Ganerben, Adlige, die nur dem Kaiser verpflichtet waren, Handwerker und freie Bauern das Leben in Ostheim. Unter der sächsischen Herrschaft setzte eine kulturelle, wirtschaftliche und politische Blüte ein. Die Verleihung des Marktrechtes erfolgte 1586, zehn Jahre später die Ernennung zur Stadt. Bereits 1556 wurde die lutherische Reformation amtlich eingeführt. Hohen Besuch erhielt das Städtchen im Jahr 1782, als Herzog Karl August mit seinem Minister Johann Wolfgang von Goethe in seinen Mauern weilte. Ob die beiden damals schon die Vorzüge der hiesigen Küche zu schätzen wussten, ist nicht bekannt. Heute ist Ostheim jedenfalls

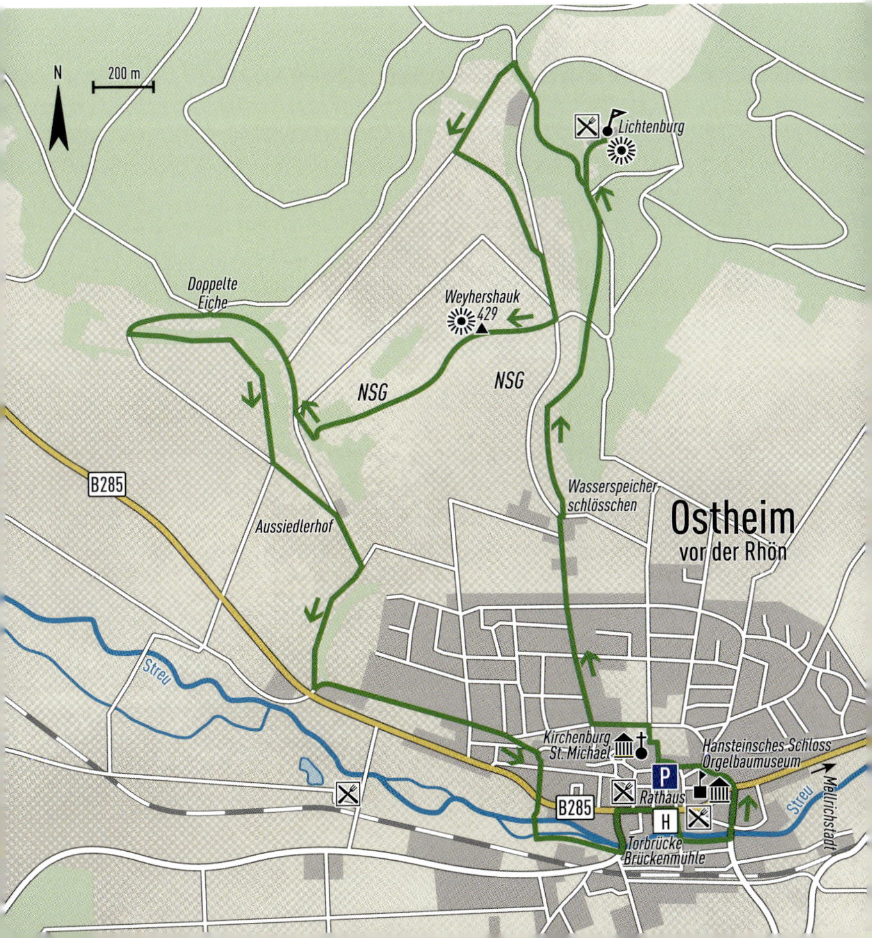

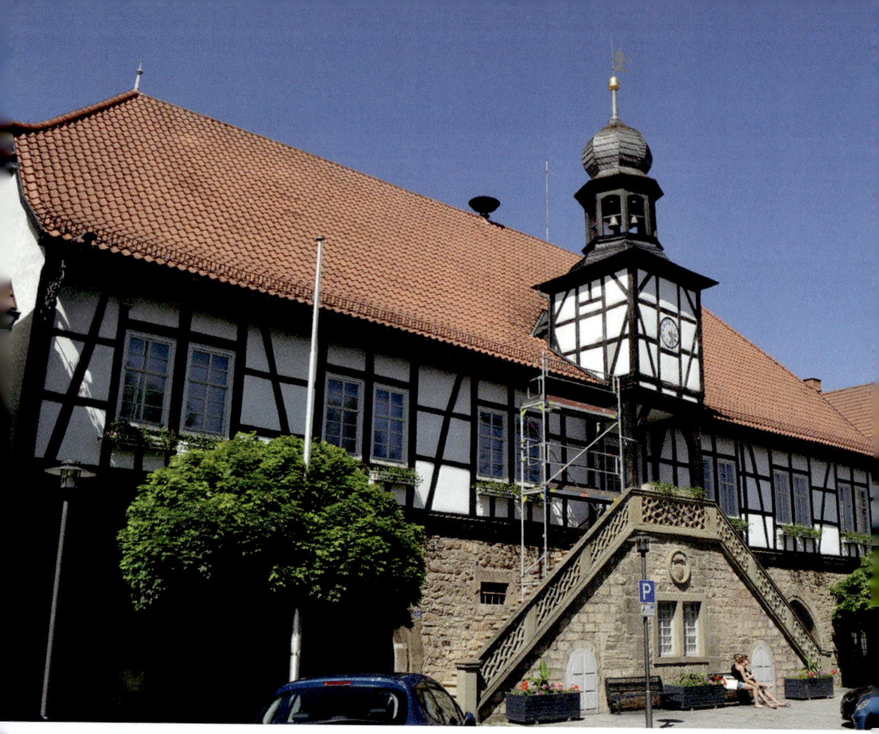

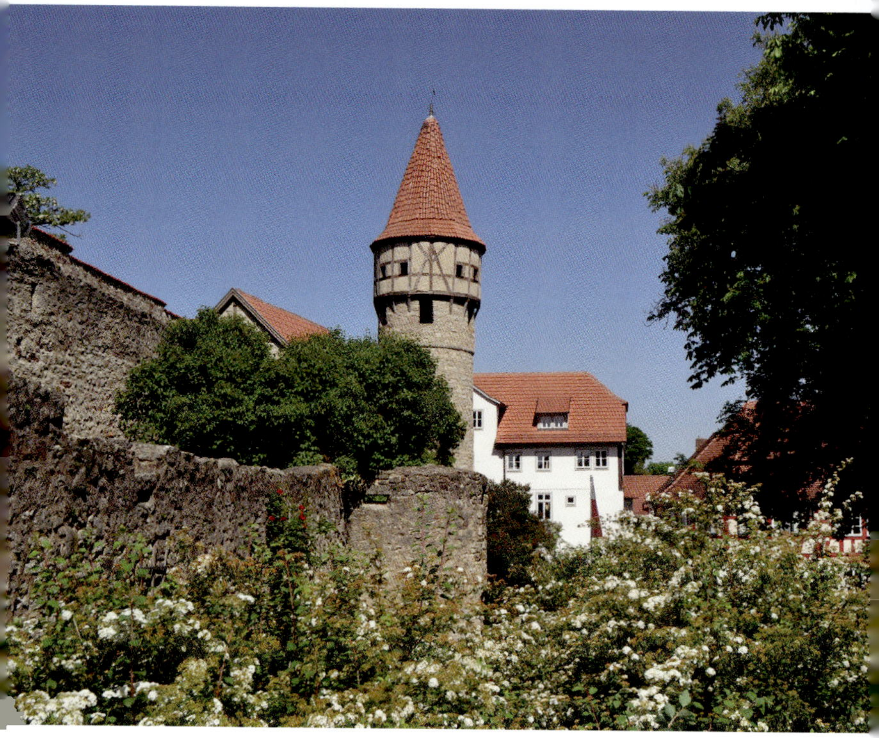

Altes Rathaus und Mauer der Kirchenburg in Ostheim

einer von hundert Genussorten in Bayern (dem es erst 1945 angegliedert wurde, seit 1920 gehörte die Stadt zu Thüringen). Die besondere lokale Spezialität ist der Ostheimer Leberkäs, der weit schmackhafter ist als seine Pendants anderswo in Süddeutschland. Auch gutes Bier wird hier gebraut, unter anderem in *Strecks Brauhaus*, Deutschlands bester Brauerei 2022. Zudem ist Ostheim die Heimat der weltberühmten Bionade. Ein Höhepunkt im Jahreslauf ist der am zweiten Oktoberwochenende stattfindende Rhöner Wurstmarkt, bei dem sich die Innenstadt in eine Open-Air-Feinschmecker-Messe verwandelt. Alles dreht sich dabei um handwerklich gefertigte Wurst- und Schinkenspezialitäten, Bauernbrote, Biere, Weine und edle Brände. Ein Termin, den sich alle merken sollten, die sich nicht primär vegetarisch oder vegan ernähren.

Spaziergang durch Ostheim

Ausgangspunkt unserer geschichtsträchtigen Tour ist das historische Rathaus an der Marktstraße. Das wunderschöne Fachwerkgebäude mit seiner stattlichen Freitreppe geht auf einen Umbau eines älteren Hauses im Jahr 1586 zurück, nachdem dem Ort die Marktrechte verliehen wurden. In den sogenannten »Narrenhäuschen«, kleinen Zellen im Untergeschoss, wurden früher Missetäter eingelocht. Halseisen und Pranger an der Außenfront sind aber längst verschwunden. Nicht entgehen lassen sollte man sich das Glockenspiel, das dreimal täglich, um 11, 15 und 18 Uhr, aus dem Zwiebelturm des alten Rathauses erklingt. An den verschiedenen Wochentagen wird zu jeder Uhrzeit eine andere Melodie gespielt, in der Advents- und Weihnachtszeit gibt es ein eigenes Repertoire. Es lohnt sich also, oft zu kommen.

Ob mit oder ohne Glockenklang machen wir uns auf den Weg und folgen zunächst der Route des als *Dorfrunde* ausgeschilderten Stadtrundganges. Sie führt uns von der Marktstraße auf dem Bahnhofsweg zum Flüsschen Streu, das wir auf einem Steg überqueren. Danach flanieren wir flussabwärts an seinem Ufer entlang und wechseln auf der querenden Bahnhofstraße wieder auf die Stadtseite über. Dort weichen wir von der *Dorfrunde* ab und halten uns über die Paulinenstraße hinweg ohne Markierung geradeaus zum Hansteinschen Schloss, eines von ursprünglich elf Adelsschlössern in Ostheim. Das einst »Kemenate« genannte Anwesen beherbergt heute ein Orgelbaumuseum von internationaler Bedeutung. Erbaut wurde es im 16. Jahrhundert vom Geschlecht derer von der Tann, ging aber dann in den Besitz der Adelsfamilie von Hanstein über. Die prachtvolle Ausstattung der Räume legt Zeugnis ab von der wirtschaftlichen Blüte, die Ostheim damals erlebte. Eine wirkliche Besonderheit ist die über eine geschlossene Wendeltreppe separat zugängliche Studierstube des weitgereisten freien Reichsritters Cunz von der Tann. Neben seiner Bibliothek sind dort seine astronomischen Geräte untergebracht, die er anfertigen ließ, nachdem er in Prag den bedeutenden Astronomen Johannes Kepler kennengelernt hatte.

Über die Krankenhausstraße und die Schulgasse steuern wir auf die bedeutendste Sehenswürdigkeit Ostheims zu – die Kirchenburg. Sie ist mit einer Fläche von 66 mal 66 Metern das größte Bauwerk ihrer Art in ganz Deutschland. Mit fünf Türmen, sechs Bastionen sowie einer doppelten Wehrmauer und der imposanten Renaissancekirche St. Michael dominiert die Befestigungsanlage das gesamte Stadtbild. Die zahlreichen Gewölbekeller und Gaden (kleine Wohn- und Lagerhäuser) in ihrem Inneren belegen den Zweck ihrer Erbauung. Nämlich den Bürgern und Bauern mit ihrem Hab und Gut (und Vieh) in unsicheren Zeiten Schutz zu gewähren. Die Anlage datiert aus dem 15. Jahrhundert (Bauzeit 1400–1450) und musste danach mehrmals Zerstörungen, Plünderungen und Belagerungen überstehen. Man nehme sich ein bisschen Zeit für ihre Erkundung und lasse sich von engen Gassen mit Treppen durch die hüttenartigen Aufbauten der Gewölbekeller und Gaden geleiten. Den besten Blick über das gesamte quadratisch angelegte Areal hat man vom Waagglockenturm aus, der die südwestliche Ecke bildet. Dort kann auch die historische Turmuhr besichtigt werden. Wer sich noch ausführlicher zum Thema Kirchenburgen informieren möchte, besuche das Kirchenburgenmuseum im Steinernen Gaden. Ein Blick ins Innere der Michaelskirche mit ihren gotischen Holzschnitzereien und dem beeindruckenden Deckengemälde des Meininger Malers Nikolaus Storant beendet unseren Rundgang.

Wir verlassen die Wehrkirchenanlage in nördlicher Richtung über eine Anlage hinweg zur Friedensstraße, wo wir auf die *grüne Raute* des *Fernwegs Geba–Ostheim* stoßen. Ihr folgen wir zunächst ein paar Meter nach links, dann rechts auf der Burgstraße

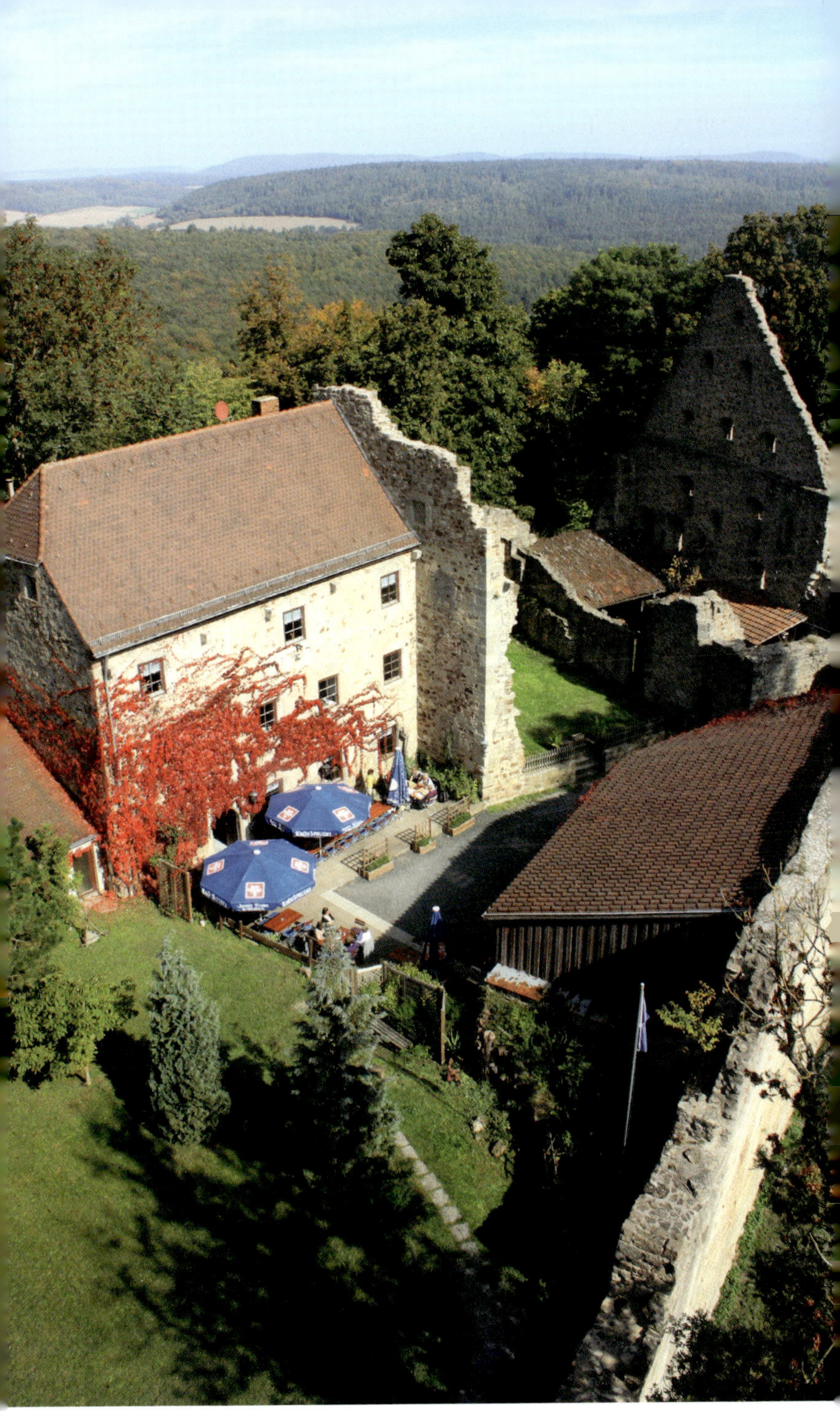

Vom Bergfried fällt der Blick auf die Lichtenburg.

hoch zum Wasserspeicher-Schlösschen. Dessen burgartige Fassade stimmt uns bestens auf unseren Weiterweg zur Lichtenburg ein.

Hinauf zur Lichtenburg

Nun lassen wir uns für die nächste Zeit vom *roten O* der *Extratour Ostheimer* leiten. Auf einem wunderschönen alleenartigen Weg wandern wir längs eines Taleinschnittes auf den Bergfried der Lichtenburg zu, der auf der bewaldeten Kuppe des Schlossberges weithin sichtbar thront. Im Wald geht es stetig aufwärts, wobei wir das Zufahrtssträßchen zur Burg überqueren. Oben mündet unsere Route in dieses Sträßchen und wir folgen ihm die letzten Meter links hoch zur Lichtenburg. Am Eingangstor prangt eine steinerne Henne, das Wappen des Grafengeschlechts der Henneberger, die die Festung wohl bereits im 12. Jahrhundert errichten ließen (erste urkundliche Erwähnung 1156). Seit dem 13. Jahrhundert war die Burg Herrschafts- und Verwaltungszentrum des Amtes Lichtenberg, zu dem auch Ostheim gehörte. Als die Grafen von Henneberg im 14. Jahrhundert Fehden mit den Bistümern Fulda und Würzburg austrugen, wurde die Anlage verstärkt und der Turm neu gebaut. Im Jahr 1680 zog die Verwaltung des Amtes Lichtenberg hinunter nach Ostheim in ein neues Amtshaus. Daraufhin verlor die Burg ihre Bedeutung und verfiel zusehends. Damit nicht genug, erwarben 1816 drei Ostheimer Kaufleute die Burg, um die Gebäude abzureißen und als Baumaterial zu verkaufen. Als 1843 die Regierung des Großherzogtums Sachsen die Burg zurückkaufte, war von der einstigen Bausubstanz nicht mehr viel übrig. Seitdem kümmert sich der im selben Jahr gegründete Lichtenburgverein bis heute um den Erhalt und die Wiedererrichtung der Ruine. Den rührigen Vereinsmitgliedern ist es auch zu verdanken, dass es auf der Lichtenburg die *Gaststätte zur Lichtenburg* gibt, in der wir gerne eine Rast einlegen. In den Sommermonaten werden Speis und Trank auch im romantischen Innenhof aufgetischt. Der 37 Meter hohe Bergfried kann im Übrigen bestiegen werden, von oben bietet sich ein herrlicher Panoramablick über die gesamte Rhön bis nach Thüringen und Hessen. Im Turmzimmer kann man sich sogar mit dieser schönen Aussicht das Ja-Wort geben und ins Eheleben starten. Uns zieht es jetzt aber nach so viel geballter Historie

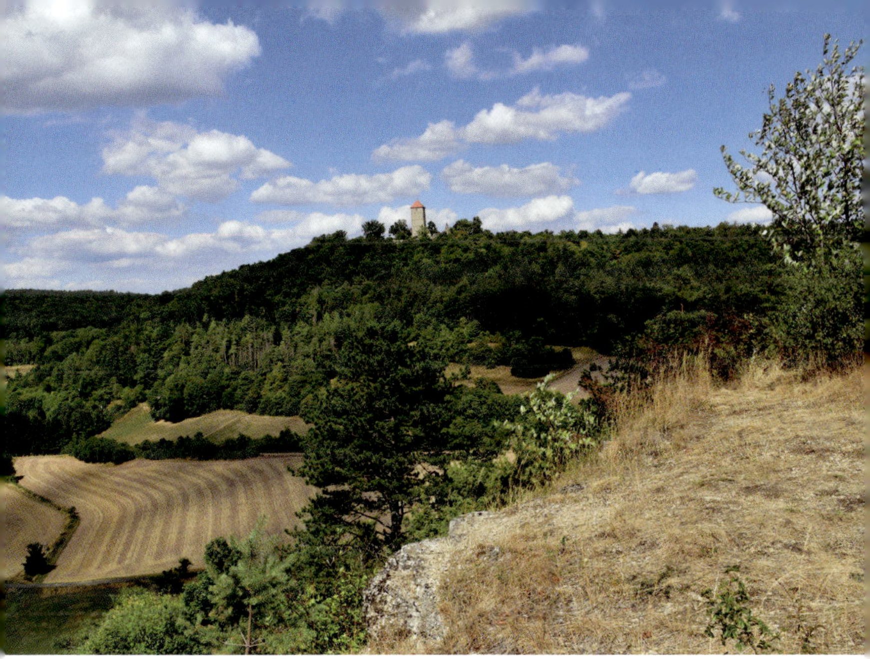

Vom Weyhershauk bietet sich eine schöne Aussicht auf die Lichtenburg.

hinaus in die Natur. Zurück auf dem Zufahrtssträßchen gehen wir ein paar Meter abwärts, bis wir wieder auf das *rote O* unserer *Extratour* stoßen.

Über den Weyhershauk

Mit unserer Markierung biegen wir rechts in den Buchenwald hinein ab und wandern stetig bergab. Unten verlassen wir den Wald nach links über Streuobstwiesen hinweg, wobei wir an einem schönen Rastplatz bei einer eingefassten Quelle vorbeikommen. Bei erster Gelegenheit halten wir uns links und erreichen in der Folge nach einem mäßigen Anstieg erneut das Zufahrtssträßchen zur Burg, das hier eine Kurve macht. Auf einem rechts abzweigenden unbefestigten Weg geht es nun bergauf in ein lichtes Kieferngehölz, das bereits zum Naturschutzgebiet am Weyhershauk gehört. Daher bitte unbedingt auf den Wegen bleiben und den Hund anleinen, damit die sensible Tier- und Pflanzenwelt dieses einmaligen Lebensraumes keinen Schaden erleidet. Bei einem Holzwegweiser haben wir die Wahl zwischen einer längeren und einer kurzen Variante. Wir nehmen die längere, die weiter aufwärts zum Gipfelkreuz auf dem Weyhershauk führt, und legen dort auf dem Rastplatz eine Pause ein. Der 429 Meter hohe und weitgehend baumfreie Hügel ist ein toller Aussichtspunkt hinüber zur Lichtenburg, auf das Städtchen Ostheim und weit hinein ins Umland. Ökologisch betrachtet, verkörpert die Anhöhe eines der wertvollsten Gebiete im ganzen Biosphärenreservat Rhön. Die Schichten des Unteren Muschelkalks sind hier nach Südwesten geneigt; diese besondere geologische Situation bedingt den großen Reichtum unterschiedlichster Biotoptypen wie Kalkmagerrasen, Blaugrashalden, Trockenrasen, Fels- und Schotterfluren, Hecken und Steinriegeln. Sie alle bieten einer immensen Vielfalt von Tier- und Pflanzenarten einen Lebensraum, darunter allein 52 Arten von Tagfaltern. Wer Glück hat, kann auf dem Weyhershauk noch die seltene Berghexe oder den vom Aussterben bedrohten Streifen-Bläuling antreffen.

Ein Pfad führt uns an der Hangkante des Muschelkalkplateaus entlang und dann in einer Rechtsbiegung durch Kieferngehölz steil abwärts. Glücklicherweise sind in den Steig Treppenstufen eingelassen worden, etappenweise sichert ein Seilgeländer den Abstieg. Unten passieren wir einen Rastplatz bei einem Weiher und folgen unserem *roten O* bergauf in ein Waldgebiet. Dort stoppen wir bei der Doppelten Eiche, deren monumentaler Stamm sich tatsächlich zu zwei Trieben verästelt hat.

Im weiteren Verlauf macht unsere *Extratour-Route* eine Linksbiegung und bringt uns danach zuverlässig hinunter in Richtung Ostheim. Bei einer Weggabelung hinter einem Aussiedlerhof verlassen wir ihren nach links abzweigenden Verlauf und folgen stattdessen einem Flurweg ohne Markierung nach rechts. Unten biegen wir noch vor der B 285 links in die Friedenstraße ab und spazieren auf ihr ortseinwärts, dann rechts auf der Alexanderstraße zur Nordheimer Straße (B 285), die wir überqueren. Bei der Moritzmühle setzen wir auf Stegen über die hier kanalisierte Streu und gehen links an ihr entlang. Auf der vierbogigen, aus Bruch- und Hausteinen errichteten Torbrücke, die diesen kleinen Umweg allemal lohnt, gelangen wir zur Brückenmühle, eine von einst elf Mühlen auf städtischem Gebiet an der Streu. Auf der Torgasse sind es jetzt nur noch wenige Meter zurück zum historischen Rathaus an der Marktstraße. Mit etwas Glück kommen wir gerade recht zum nächsten Glockenspiel.

Ausgewählte Adressen und Tipps

- Tourist-Information, Kirchstr. 14, 97645 Ostheim vor der Rhön, Tel. 09777/1850, www.ostheimrhoen.de. Mo–Fr 9–12 und 13–16.30 Uhr, Mi nur vormittags.
- Museum Lebendige Kirchenburg, Friedenstr. 7, 97645 Ostheim vor der Rhön, Tel. 09777/471 (Tourist Info), www.lebendige-kirchenburg.de. Sa/So und Fei 14–17 Uhr, im Winter eingeschränkt bzw. Pause, Themenführungen jeden Mi 11 Uhr (vorherige Anmeldung bei der Tourist-Info). Viele verschiedene Veranstaltungen im Jahresverlauf, siehe Webseite.
- Orgelbaumuseum Schloss Hanstein, Paulinenstr. 20, 97645 Ostheim vor der Rhön, Tel. 09777/1743, www.orgelbaumuseum.de. Mi–Sa 10–12 und 13–17, So und Fei 13–17 Uhr, Feb. und 1. bis 16. Nov. geschlossen.
- Rhön-Zügle, siehe Tour 17.
- Minigolfanlage Ostheim, Ecke Friedenstr./Kleiner Burgweg, Tel. 09777/469. Apr. bis Okt. Di–Fr ab 14, Sa/So und Fei ab 11 Uhr. Mit Boccia, Shuffleboard, Tischtennis, Groß-Schach, Kinderspielplatz und Biergarten.
- Segelflieger-Gemeinschaft Ostheim, Tel. 09777/2343. Es werden Rundflüge mit einem Motorsegler oder mit einem Motorflugzeug angeboten, der Flugplatz befindet sich auf dem Büchig, einer Kuppe südöstlich von Ostheim. Nur mit vorheriger Terminabsprache.
- Rhöner Wurstmarkt, die deutsche Feinschmeckermesse für handwerklich erzeugte Wurst- und Schinkenspezialitäten, findet jährlich am zweiten Oktoberwochenende in der Ostheimer Innenstadt statt, www.rhoener-wurstmarkt.de. Weitere Informationen bei der Tourist-Information.
- *Gaststätte zur Lichtenburg*, Lichtenburg 1, 97645 Ostheim vor der Rhön, Tel. 09777/2355, www.lichtenburg-ostheim.de. Tägl. außer Di 10–22 Uhr. Mit Terrasse und einem schönen Biergarten im romantischen Burginnenhof.
- *Strecks Brauereiausschank*, Marktstr. 34, 97645 Ostheim vor der Rhön, Tel. 09777/3587616, www.strecks-brauhaus.de. Do–Mo 16–23 Uhr, Di/Mi Ruhetage. Hier werden alle Getränke aus Deutschlands bester Brauerei 2022 ausgeschenkt.
- *Bäckerei/Café Lehnhardt*, Marktstr. 10, 97645 Ostheim vor der Rhön, Tel. 09777/358344, www.baeckerei-lehnhardt.de. Di–Fr 6.15–18, Sa bis 13, So 7.30–17 Uhr, Mo Ruhetag. Mit Außenbereich.
- *Biergarten Rhönpiraten*, Scheermühle 1, 97645 Ostheim vor der Rhön, Tel. 09777/3582344, www.rhoenpiraten.de. Mai bis Sep./Okt. Mi–So 17–21 Uhr, Mo/Di Ruhetage. Etwas außerhalb der Stadt am Flüsschen

Streu gelegen, hier gibt es acht selbst gemachte Biobiere vom Fass, dazu einfache Gerichte.

- *Hotel-Pension Pfalzgraf,* Vor dem Hämig 11, 97645 Ostheim vor der Rhön, Tel. 09777/3587387, www.hotel-pension-pfalzgraf.de. Liegt nicht weit vom Wanderweg der *Extratour Ostheimer* entfernt.
- *Prisma Hotel Rhönblick,* Kleiner Burgweg 10, 97645 Ostheim vor der Rhön, Tel. 09777/357760, www.prismahotel-rhoenblick.de. Nichtraucherhotel, Hunde sind willkommen, das Restaurant hat Mo–So 11–21 Uhr geöffnet.
- *Bio Bauernhof Mültner,* Hinterm Dorf 6, 97647 Nordheim vor der Rhön, Tel. 09779/8580202, www.bauernhof-mueltner.de. Etwa 4 km von Ostheim entfernt, vier Ferienwohnungen und ein Ferienhaus, ideal für Familien mit Kindern, da es viele Tiere gibt.

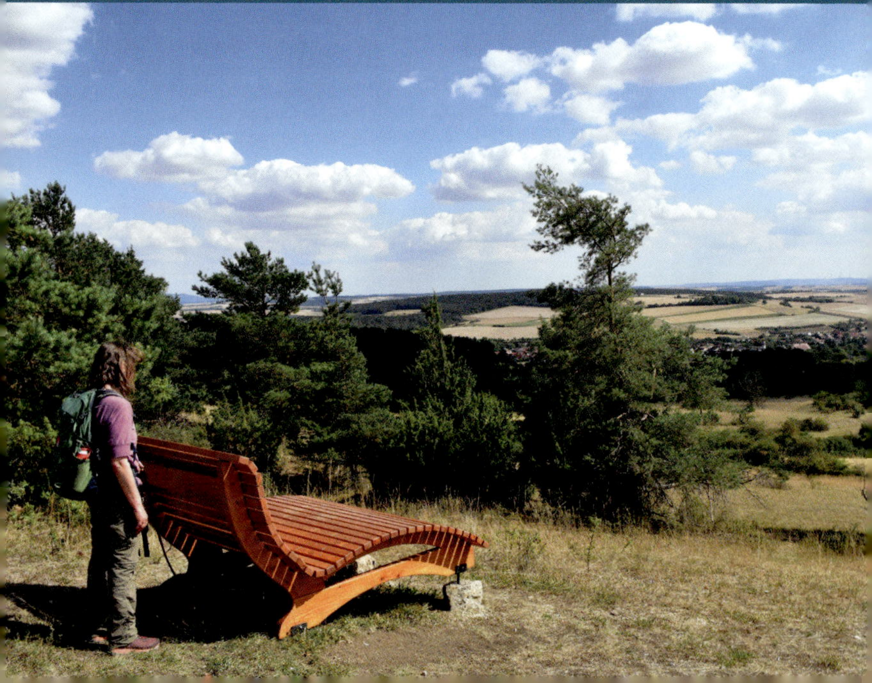

Die Salzburg an der Saale

21

Stadtspaziergang durch Bad Neustadt

Tour: Stadtspaziergang durch Bad Neustadt mit einem Abstecher hoch zur Salzburg.
Länge/Dauer: 6,4 km/2 Std.
Einstiegspunkt: Marktplatz in Bad Neustadt.
Höhenunterschied: 76 m.
Markierungen: *Weiße 2 auf Blau (Rhön-Rundweg 2).*
Anfahrt: *ÖPNV:* mit der Bahn bis Bahnhof Bad Neustadt/Saale.
Kfz: A 71 Ausfahrt Bad Neustadt an der Saale, B 279 bis Bad Neustadt/Saale; Parkmöglichkeiten entweder im Parkhaus Altstadtgarage (0,50 € pro angefangene Stunde) oder auf dem Parkplatz Festplatz bei der Stadthalle (Höchstparkdauer mit Parkscheibe 5 Std.).
Saison: das ganze Jahr über, am besten Frühjahr bis Herbst.
Familie: Diese Tour ist ideal für Familien mit Kindern: erst gemeinsam Eis essen am Marktplatz, dann an der romantischen Stadtmauer entlangflanieren. Auf dem Weg in den Kurpark lassen sich in den Salzwiesen bestimmt Störche und Reiher beobachten, bevor es zur Salzburg geht. Die Kids erwartet dort ein spannender Ausflug ins Mittelalter. Und schließlich lockt im Erlebnisbad Triamare Badespaß in Gestalt einer fast hundert Meter langen Rutsche.
Besonderheiten: Alle zwei Jahre am letzten Juli-Wochenende findet auf der Salzburg oberhalb von Bad Neustadt ein musikalisches Open-Air-Event der Extraklasse statt – der Salzburg-Klassiker. Gestaltet wird der Konzertabend von der Jungen Philharmonie Rhön-Grabfeld mit Unterstützung von Chören aus der Region. Ein absolutes Highlight für Liebhaber klassischer Musik.

Eine Stadt mit Herz

Bad Neustadt kann sich gleich mit mehreren Attributen schmücken. Zuallererst als Kur- und Gesundheitsstadt, dann als das bayerische Tor zur Rhön und seit 2008 darf sich die Stadt obendrein als Universitätsstandort bezeichnen. Eine akademische Hochschule sucht man zwar vergebens, dafür gibt es eine KinderUni für »Studenten« im Alter zwischen acht und 14 Jahren. In der von der Volkshochschule betriebenen Einrichtung können

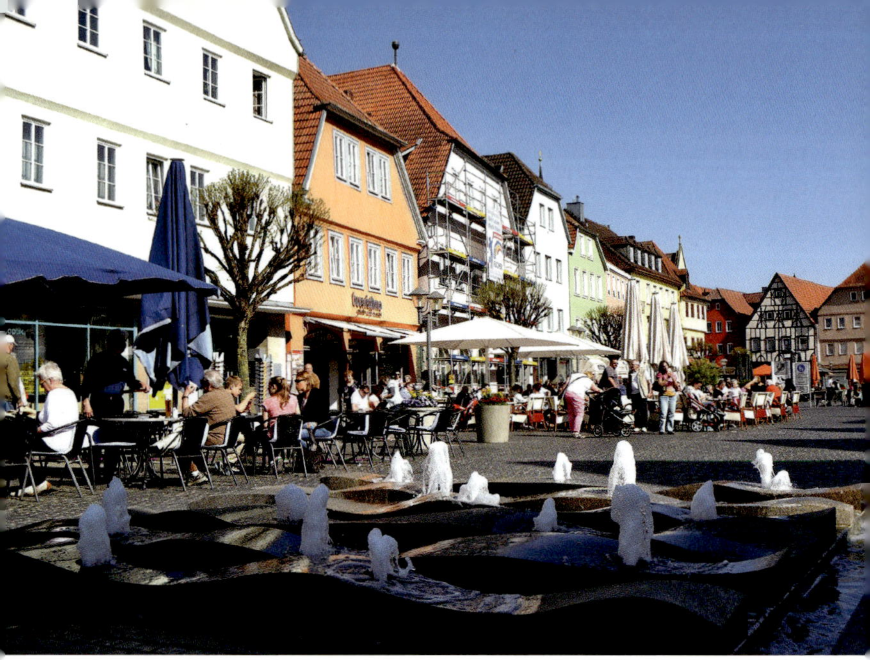

Lebendiger Marktplatz in Bad Neustadt

die Kids verschiedene Vorlesungen besuchen und ohne Leistungsdruck ein Diplom erwerben. Der Spaßfaktor steht dabei natürlich im Vordergrund. Dass Bad Neustadt sich außerdem noch »Stadt mit Herz« nennt, liegt nicht nur an seiner Kinder- und Familienfreundlichkeit (und seiner Gastfreundschaft). Tatsächlich wurde der Ort einst herzförmig angelegt, was sich am Verlauf der vollständig erhaltenen Stadtmauer aus der Vogelperspektive heute noch gut nachvollziehen lässt. Einer romantischen Sage nach wollte Karl der Große mit der Gründung einer Stadt in Herzform seiner Gemahlin Estrada seine Liebe beweisen. Fakt ist jedoch, dass der Frankenherrscher um 790 den etwa 50 Jahre zuvor gegründeten Königshof Salz zu einer Pfalz ausbauen ließ, wobei deren genauer Standort unbekannt ist. Erst 1232 wird eine »nova civitas« als bischöflich-würzburgische Gründung zu Füßen der Salzburg erstmals urkundlich erwähnt. Diese »neue Stadt« erhielt eine doppelte Stadtmauer mit zwei durch Zugbrücken gesicherten Tortürmen (Hohn- und Spörleinstor) sowie einen Marktplatz als Handelsmittelpunkt für das Umland. Im 13. Jahrhundert entwickelte sich Neustadt zu einem wichtigen Amts- und Verwaltungszentrum im Rhönvorland. Durch verwandtschaftliche Beziehungen Martin Luthers zur Stadt an der Fränkischen Saale – sein Großvater Johann Lindemann und seine Mutter Margarethe Lindemann stammten von dort – wurde frühzeitig die Reformation eingeführt. In der Gegenreformation zwang der Würzburger Fürstbischof Julius Echter 1586/87 allerdings 90 evangelische Familien, den Ort zu verlassen, und während des Dreißigjährigen Krieges verlor die Stadt ein Drittel ihrer Bevölkerung. Im 17. und 18. Jahrhundert erfuhr das Stadtbild eine wesentliche Veränderung durch eine Vielzahl an barocken Bauelementen. Mit der Säkularisation von 1803 endete die Regierungszeit des Hochstiftes Würzburg und es kam danach zu einem häufigen Wechsel der Landesherren, bis Neustadt 1814 dem Königreich Bayern einverleibt wurde. Mit dem Anschluss an das Eisenbahnnetz und der Niederlassung mehrerer Industriebetriebe erlebte die Stadt bis vor dem

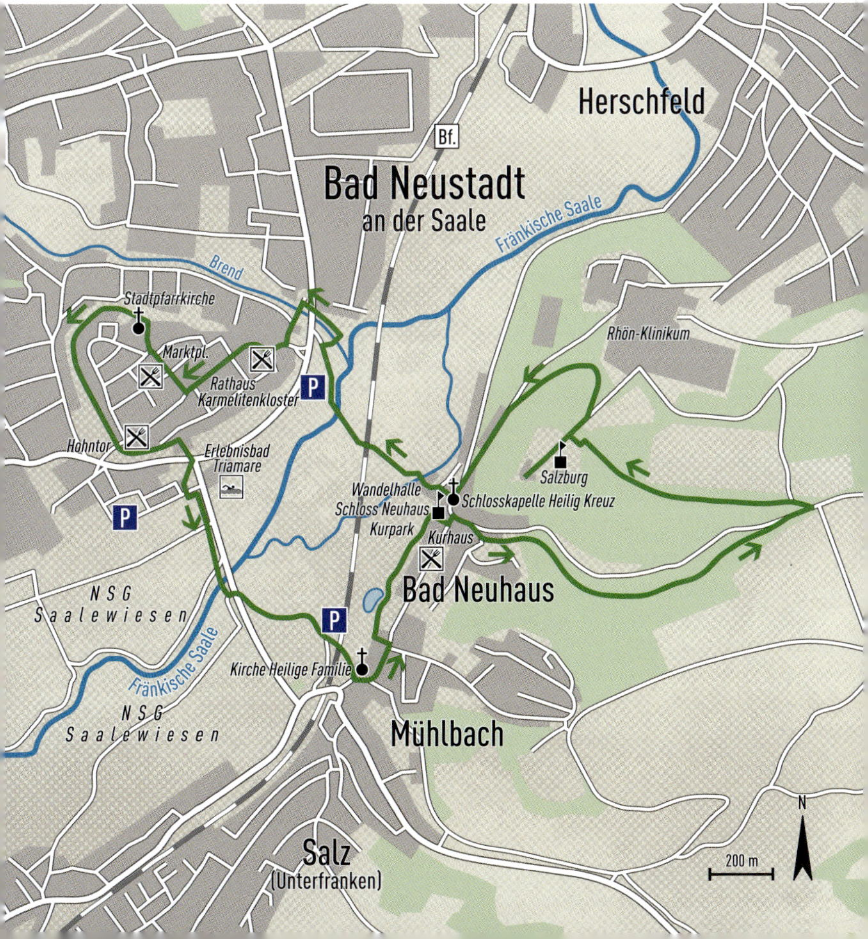

Zweiten Weltkrieg einen merklichen Aufschwung. Mit der Eingemeindung von Bad Neuhaus im Jahr 1934 erwarb Neustadt den Status eines Heilbades und entwickelte sich in der Folge zu einem bedeutenden Klinikstandort. Heute ist Bad Neustadt als Kreisstadt des bayerischen Landkreises Rhön-Grabfeld zudem ein wichtiges Behörden- und Verwaltungszentrum im nordöstlichen Unterfranken. Nicht zuletzt durch ihr romantisches Flair und ihre Lage am Rand des Naturparks Bayerische Rhön ist die Bäderstadt bei Tagesausflüglern und Urlaubern sehr beliebt.

Von der Marktbärbel zu den Salzwiesen

Für unsere kleine Sightseeingtour durch Bad Neustadt wählen wir den örtlichen *Rundweg 2,* in dessen Verlauf wir die schönsten Ecken der Saalestadt kennenlernen werden. Wir starten auf dem Marktplatz, wo sich bei sonnigem Wetter in einem der zahlreichen Straßencafés das geschäftige Treiben in aller Ruhe beobachten lässt. An Sonntagen kann man sogar örtlichen Musik- und Trachtengruppen lauschen, die zum Frühschoppen aufspielen. Inmitten des Platzes bildet der Marktbrunnen von 1881 einen markanten Blickfang. Seine auf einer hohen Säule thronende Brunnenfigur einer Quellnymphe wird von den Einheimischen humorvoll die Marktbärbel genannt.

Vorbei an einem modernen Wasserspiel verlassen wir den Marktplatz in nördlicher Richtung und stehen nach wenigen Metern vor der Katholischen Stadtpfarrkirche am Pfarrer-Alois-Friedrich-Platz. Der die Altstadt überragende Sakralbau ist für die Region außergewöhnlich, da er von 1794 bis 1836 im klassizistischen Stil errichtet wurde. Die Pläne dazu stammten von den namhaften Würzburger Architekten Andreas Gärtner und Alois Geigl.

Gleich hinter der Kirche gehen wir durch ein Tor der Stadtmauer und wenden uns nach links. Es folgt ein gemütlicher Spaziergang entlang dem noch vollständig erhaltenen doppelten Mauerring der herzförmig angelegten mittelalterlichen Stadtbefestigung. Wir absolvieren allerdings nur einen Teil ihres Gesamtumfanges von 1,5 Kilometern, haben dabei aber immer wieder Gelegenheit, ein stimmungsvolles Foto zu machen. Das schönste Motiv ergibt sich mit Erreichen des prächtigen Hohntores am südwest-

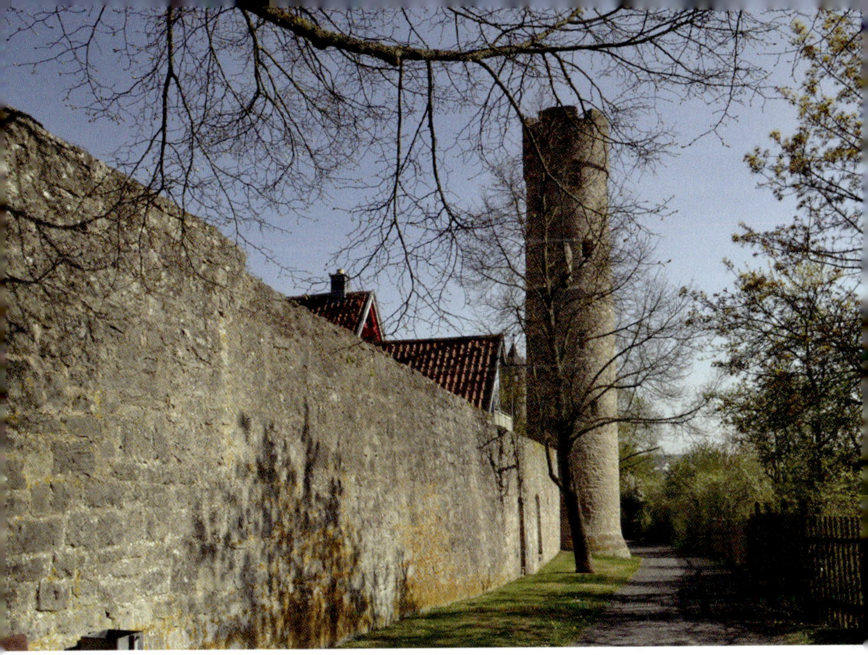

Bad Neustadt ist komplett von der alten Stadtmauer umgeben.

lichen Rand der Altstadt. Das 34 Meter hohe Bauwerk wurde in seiner heutigen Form 1580 vom Würzburger Fürstbischof Julius Echter als eines von zwei Stadttoren an der alten Handelsstraße Rom–Hamburg errichtet. Sein Pendant, das Spörleinstor auf der gegenüberliegenden Altstadtseite, wurde längst abgerissen, dafür avancierte das Hohntor zum Wahrzeichen von Bad Neustadt. Weiter dem Mauerverlauf folgend, biegen wir bei der Salzpforte rechts ab und überqueren auf einer Fußgängerbrücke die breite Mühlbacher Straße.

Barocke Pracht in Bad Neuhaus

Auf der gegenüberliegenden Straßenseite passieren wir das Erlebnisbad Triamare, das unter anderem mit einer 94 Meter langen Riesenrutsche für Kinder aufwartet. Dann geht es über den weiten Talgrund der Fränkischen Saale, der rechts von uns als Naturschutzgebiet ausgewiesen ist. Die Saalewiesen zwischen Bad Neustadt und dem Dorf Salz stellen ein einmaliges Biotop dar, in dem seltene Pflanzenarten wie der Salzdreizack und die Salz-

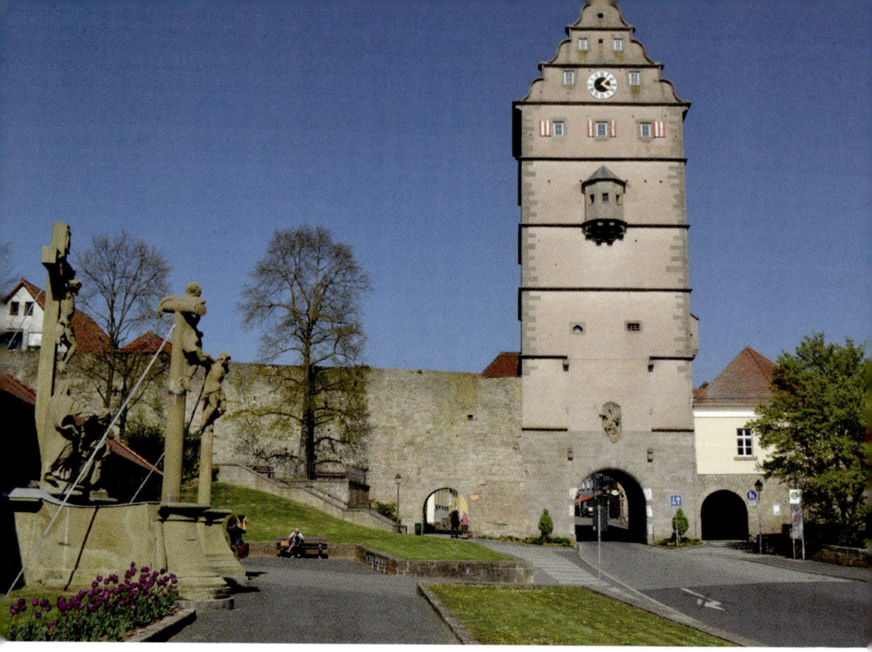

Das prächtige Hohntor ist das Wahrzeichen der Stadt.

binse vorkommen. Sie haben sich an die besonderen Standortbedingungen angepasst, die von salzhaltigem Wasser geprägt werden, das an mehreren Stellen aus 600 Meter Tiefe zutage tritt. Solche natürlichen Salzwiesen sind im Binnenland sehr selten, man trifft sie normalerweise nur in Küstenregionen (zum Beispiel an der Nordsee) an.

Vorbei an einem großen Parkplatz und unter den Bahngleisen hindurch gelangen wir am Ortsrand von Bad Neuhaus zur Kirche Heilige Familie. Sie wurde 1925 von Missionaren der Heiligen Familie, einer internationalen katholischen Ordensgemeinschaft, in einer ehemaligen Mälzerei zur Klosterkirche umgebaut. Seit der Schließung des Klosters Mitte der 1970er-Jahre gehört das Gotteshaus zur katholischen Pfarrgemeinde von Mühlbach.

Auf der Kurhausstraße spazieren wir in den Ort hinein und biegen bei erster Gelegenheit links ab. Der erste rechts abzweigende Weg bringt uns in den wunderschönen Kurpark, den wir nun mit aller Zeit der Welt durchschreiten. Dabei passieren wir rechter Hand das lichtdurchflutete Kurhaus, in dem derzeit allerdings (Stand Frühjahr 2023) der Kurbetrieb ruht, bis ein neuer Betreiber der Bäder- und Therapieeinrichtungen gefunden ist.

Der Zugang zu den beiden für Trinkkuren geeigneten Quellen ist aber weiterhin möglich.

Direkt daneben steht das 1767 bis 1773 erbaute Schloss Neuhaus, das heute als Hotel genutzt wird. Sein Bauherr, Egid Felix Freiherr von Borié, ein thüringischer Adliger und Gesandter am Wiener Kaiserhof, ließ zeitgleich den Park als streng geometrisch konzipierten Schlossgarten anlegen. Ein Teich sowie einige Statuen von Sphinxen und Putten, dazu Formgehölze wie Buchsbaumkugeln oder Eibenpyramiden unterstreichen bis heute den ursprünglichen barocken Charakter der Anlage. Im 19. Jahrhundert erfolgte jedoch eine Umgestaltung in einen romantischen englischen Landschaftsgarten. Zum Kurpark avancierte das Areal erst im Jahr 1853, als die damalige Eigentümerin, Gräfin Elisabeth von Haxthausen (1787–1862), die Solequellen erschließen und ein Badehaus errichten ließ. Bevor der Bäderbetrieb beginnen konnte, musste sie zunächst einen langjährigen Prozess mit dem bayerischen Staat gewinnen, dem die Gründung eines weiteren Badeortes an der Saale als Konkurrenz zum eigenen Staatsbad Kissingen ein Dorn im Auge war. Doch die medizinische Wirksamkeit der Solequellen wurde von keinem geringeren als dem berühmten Chemiker Justus von Liebig (1803–1873) nachgewiesen. Nach seinem Urteil zählten die Neuhauser Quellen zu den »vorzüglichsten ihrer Art in Deutschland«.

Für den Kurbetrieb stehen bis heute drei Heilquellen zur Verfügung, bei denen es sich um sogenannte Kochsalzsäuerlinge mit einem hohen Gehalt an Glauber- und Bittersalzen handelt. Die Wässer der Elisabeth- und der Bonifatiusquelle werden als Trinkkur unter anderem bei Verdauungs- und Stoffwechselerkrankungen verabreicht, die Karl-Theodor-Quelle eignet sich hingegen aufgrund ihres hohen Solegehaltes nur als Badekur bei einer Temperatur von 33 Grad Celsius zur Therapie chronischer Erkrankungen des Bewegungsapparates.

Der neue Badeort entwickelte sich stetig und wurde im Jahr 1907 offiziell zum »Bad Neuhaus« gekürt. Mit der Eingemeindung nach Neustadt ging 1934 das Prädikat »Bad« auf den größeren Ort über, der sich seitdem Bad Neustadt nennen darf.

Wir verlassen den Park zwischen Kurhaus und Schloss hindurch, schwenken links auf die Kurhausstraße ein und biegen kurz danach rechts in den Waldweg ab.

Auf zur Salzburg

Unsere *2er-Markierung* geleitet uns aus dem Ort hinaus bergauf in ein Nadelgehölz, in dem uns ein unbefestigter Weg stetig ansteigend auf die Hochfläche bringt. Dort halten wir uns auf einem querenden Flurweg ein paar Meter nach rechts und biegen bei erster Gelegenheit links ab. Auf einem breiten Fahrweg erreichen wir durch Laubmischwald und nach einem letzten leichten Anstieg die am Plateaurand gelegene Salzburg. Die vieltürmige Festung zählt mit einer Fläche von mehr als einem Hektar und einem 450 Meter langen Mauerring zu den größten Burganlagen Deutschlands. Um uns diese Ausmaße bewusst zu machen, umrunden wir zunächst auf einem Pfad das gigantische Areal. Manchmal haben wir freie Sicht durch das Baum- und Strauchwerk hindurch auf die Stadt zu unseren Füßen. Anschließend wollen wir einen Blick in den großflächigen Burghof werfen, wo besonders das imposante Burgtor, die »Münz«, ein frühgotischer Palas, und die Bonifatiuskapelle sehenswert sind. Wer die Festung ausführlicher besichtigen möchte, kann sich in der Tourist-Information in Bad Neustadt einen kostenlosen Audioguide auf das Smartphone laden und damit die Anlage erkunden oder an einer Führung teilnehmen, die ebenfalls von der Tourist-Information angeboten wird. Die Geschichte der Salzburg reicht bis ins 12. Jahrhundert zurück, aber vermutlich befand sich bereits in karolingischer und ottonischer Zeit an diesem strategisch wichtigen Ort eine befestigte Pfalz zum Schutz der Salzquellen und der Handelswege. Um das Jahr 1000 gelangte diese Burganlage durch eine Schenkung von Kaiser Otto III. an das Bistum Würzburg. Durch dessen Bischöfe erhielt sie zwischen 1170 und 1250 ihre heutige Gestalt und wurde zu einem Verwaltungssitz im Salzgau ausgebaut und mit mehreren Beamten, darunter einem Vogt und einem Schultheiß, besetzt. Diese sogenannten Ganerben errichteten sich eigene Kleinburgen innerhalb der weitläufigen Anlage, wovon heute noch Reste zeugen. Nach Gründung der neuen Stadt am Fuße der Salzburg im Jahr 1232 verlagerte das Bistum Würzburg seinen Verwaltungssitz dorthin und die Salzburg verlor an Bedeutung. Im 18. Jahrhundert wurde sie gar von den Einheimischen als Steinbruch genutzt, auch für den Bau von Schloss Neuhaus wurden Steinquader der Festung verwendet. Durch Heirat gelangte schließlich die Adelsfamilie

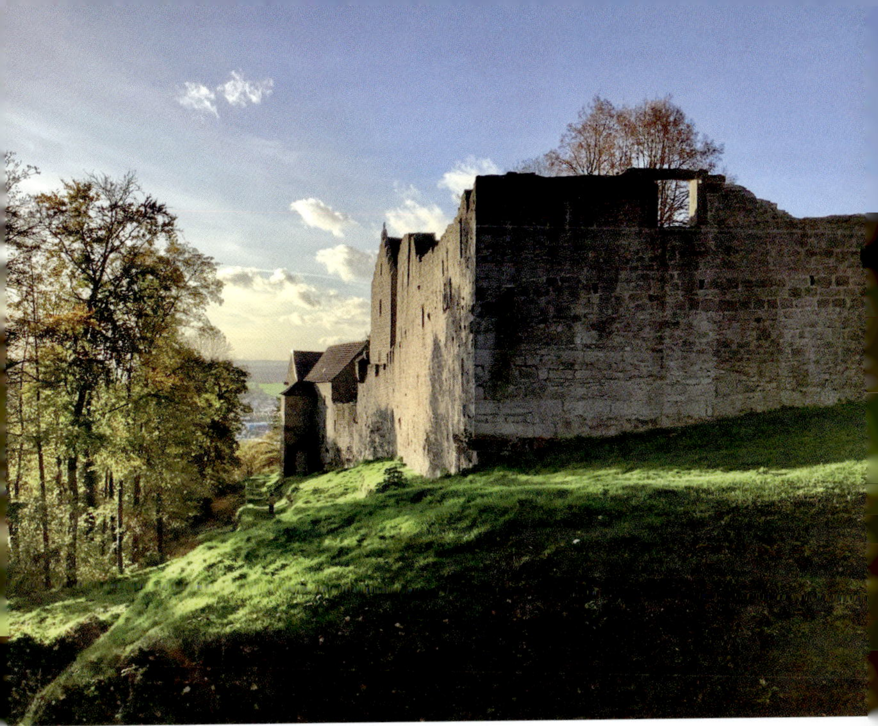

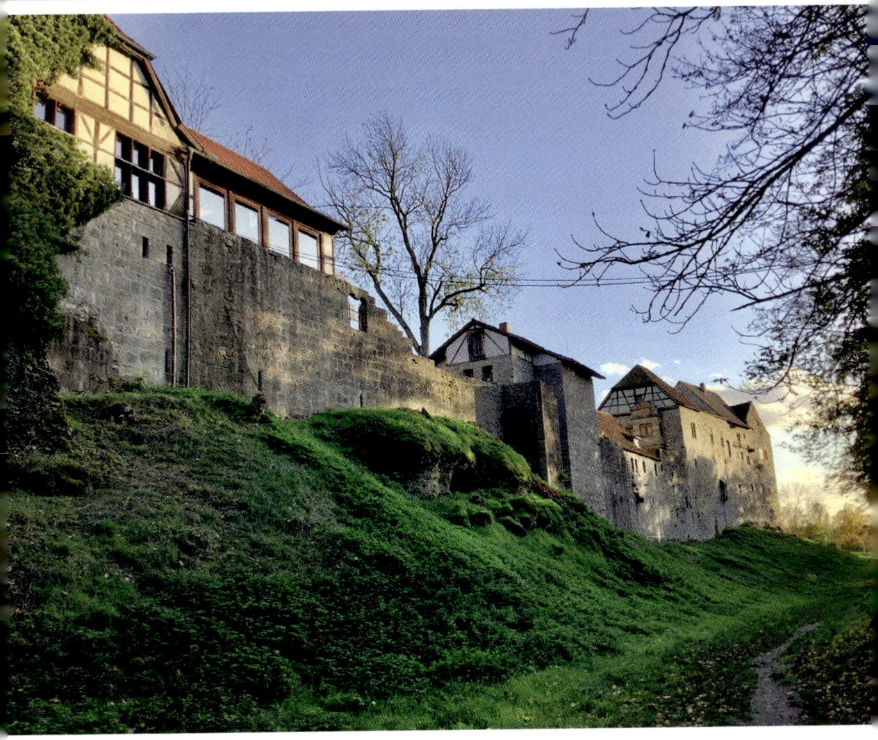

Die Salzburg ist eine der größten Burganlagen Deutschlands.

von Guttenberg in den Besitz der Salzburg, die heute noch von ihr bewohnt wird. Die privaten Bereiche des Areals können daher nicht besichtigt werden.

Der Rückweg hinunter in die Stadt führt uns zunächst an der Burgstraße entlang, wobei wir leicht bergab auf den riesigen Gebäudekomplex des Rhön-Klinikums zusteuern. Seit 1973 gibt es diese »Stadt über der Stadt«.

Wir biegen aber vorher links ab auf einen Pfad, der uns durch einen Mischwald hinunter zum querenden Salzburgweg bringt. Auf diesen links abbiegend, gelangen wir wieder nach Bad Neuhaus hinein, wo wir uns nach rechts zum Kurpark hin orientieren. Wir gehen an ihm entlang und passieren dabei zuerst die spätbarocke Schlosskapelle Heilig Kreuz mit ihrem Walmdach und einem mit einer Zwiebelhaube gekrönten Kirchturm, dann die Wandelhalle, wo im Sommer Kurparkkonzerte stattfinden. In der Folge unterqueren wir die Bahnlinie, setzen über die Fränkische Saale über und halten uns danach rechts am Parkplatz Schillerhain vorbei. Dann folgen wir unserer *2er-Markierung* über die Brend und unter der großen Straßenbrücke der Meininger Straße hindurch, bis wir eine weitere Brücke unterqueren. Zu dieser steigen wir in einer Schlaufe auf und gelangen auf ihr, erneut über die Brend hinweg, über die Otto-Hahn-Straße und die Straße Am Zollberg in die Spörleinstraße. Auf ihr passieren wir zunächst den Fränkischen Hof, einen 1493 erbauten früheren Gasthof mit einem malerischen Innenhof mit einer typisch fränkischen Trücke (= Trockenplatz). Es folgt das Neue Amtshaus, das 1717 bis 1721 als Wohnsitz des würzburgischen Oberamtsmannes errichtet wurde. Von dort empfiehlt sich ein Abstecher zum nahe gelegenen Karmeliterkloster, dessen barock ausgestatteter Innenraum zu den kunsthistorischen Kostbarkeiten Frankens gehört. Besonders der Hauptaltar von 1650, die Kanzel von 1748/50 und die mechanische Schleifladenorgel des Würzburger Orgelbauers Will von 1722 sollten uns mehr als einen Blick wert sein. Zurück in der Spörleinstraße widmen wir noch dem Rathaus unsere Aufmerksamkeit, einem Neubau der Jahre 1869/70, über dessen Tür das Stadtwappen zu sehen ist.

Dann sind wir wieder am Marktplatz, wo wir unsere kleine Stadttour bei einem Getränk unserer Wahl ausklingen lassen können.

Ausgewählte Adressen und Tipps

Tourismus & Stadtmarketing Bad Neustadt GmbH, An der Stadthalle 4, 97616 Bad Neustadt a. d. Saale, Tel. 09771/6310310, www.bad-neustadt-erleben.de. Di und Do 11–16 Uhr, telefonisch Mo und Mi 9–16, Fr 9–14 Uhr.

Salzburg, tägl. in der Regel 9–23 Uhr geöffnet, der äußere Hof ist frei zugänglich, Zugang zu anderen Teilen im Rahmen von Führungen (Infos unter www.die-salzburg.de oder bei der Tourist-Information).

Erlebnisbad Triamare, Mühlbacher Str. 15, 97616 Bad Neustadt a. d. Saale, Tel. 09771/6309950, www.triamare.de. Tägl. 9–21 Uhr, letzter Einlass 20 Uhr. Vielfältiges Angebot für Wasserratten jeden Alters, unter anderem ein Frei- und ein Hallenbad, einen Sprungturm mit Sprungbecken, ein Plansch- und Kinderbecken, einen Whirlpool und eine 94-Meter-Rutsche, dazu einen Wellness- und Saunabereich sowie eine Erlebnisgastronomie.

Buonissimo, Marktplatz 14, 97616 Bad Neustadt a. d. Saale, Tel. 09771/2705, www.buonissimo-online.de. Tägl. 10–20.30 Uhr. Italienisches Eis aus eigener Herstellung, immer frisch zubereitet, das kreative Team erfindet immer wieder neue Eissorten, ein Besuch lohnt sich immer.

Café AusZeit, Marktplatz 20, 97616 Bad Neustadt a. d. Saale, Tel. 09771/6311831. Di–Sa 11–17.30, So 13–17.30 Uhr, Mo Ruhetag. In diesem »Café mit Herz« (so der Slogan des Hauses) gibt es selbst gebackene Kuchen und Torten aus Dinkelmehl und viele Kaffeespezialitäten.

El Moro – Tapas & More, Salzpforte 14, 97616 Bad Neustadt a. d. Saale, Tel. 09771/6371020, www.el-moro.de. Di–So 17–1 Uhr, Mo Ruhetag. Spanisch-mediterrane Köstlichkeiten, dazu Cocktails, die gerne auch nach den individuellen Wünschen der Gäste gemixt werden.

Hotel Café Rhönperle, Spörleinstr. 18, 97616 Bad Neustadt a. d. Saale, Tel. 09771/62820, www.rhoenperle.de. Di–Do 10–18, Fr 10–24, Sa 18–24 Uhr, Mo und So/Fei Ruhetage. Neben der eher knapp gehaltenen Speisekarte gibt es täglich wechselnde Tagesgerichte, auch Vegetarier finden hier immer etwas; mit Biergarten. Für Übernachtungen stehen je vier Einzel- und Doppelzimmer zur Verfügung, Hunde sind willkommen.

O sole mio, Restaurant auf der Salzburg, Salzburgweg 6, 97616 Bad Neustadt a. d. Saale, Tel. 09771/991804. Do–Sa ab 17, So ab 11 Uhr, Mo–Mi Ruhetage. Italienisches Restaurant bei der Salzburg, empfehlenswert sind die Nudelgerichte, hat allerdings für einen Tagestrip ungünstige Öffnungszeiten (außer am Sonntag).

Hotel-Restaurant Fränkischer Hof, Spörleinstr. 3, 97616 Bad Neustadt a. d. Saale, Tel. 09771/61070, www.hotelfraenkischerhof.de. Liegt inmitten der Altstadt in einem denkmalgeschützten Fachwerkhaus mit einem romantischen Innenhof, es bietet elf komfortable Hotelzimmer sowie drei Restaurants mit regionaler und überregionaler Küche.

Schlosshotel Bad Neustadt, Schlossplatz 5, 97616 Bad Neustadt a. d. Saale, Tel. 09771/61610, www.schlosshotel-bad-neustadt.de. Wer im historischen Ambiente der spätbarocken Schlossanlage übernachten möchte, muss etwas tiefer in den Geldbeutel greifen, kann dafür aber die Ruhe am Rande des Kurparks genießen.

Schwan und Post, Hohnstr. 35, 97616 Bad Neustadt a. d. Saale, Tel. 09771/177330, www.hotel-schwan-und-post.de. Vier-Sterne-Hotel in historischem Ambiente, liegt inmitten der Altstadt, modern eingerichtete Zimmer, mit Wellness- und Fitnessbereich, Haustiere sind willkommen, die Küche des Restaurants besticht durch ein hohes Niveau. All dies hat natürlich seinen Preis.

Pension Göppner, Hauptstr. 21, 97616 Salz, Tel. 09771/990800, www.pension-goeppner.de. Nette Pension im Bad Neustädter Nachbarort Salz, verfügt über sieben Doppel- und zwei Einzelzimmer in der üblichen Standardausstattung, das Frühstück wird im hellen Wintergarten serviert, Haustiere sind nicht erwünscht.

Reisemobilstellplatz Am Kurpark, 54 Plätze mit Stromanschluss, ganzjährig geöffnet, Informationen über Tourist-Info.

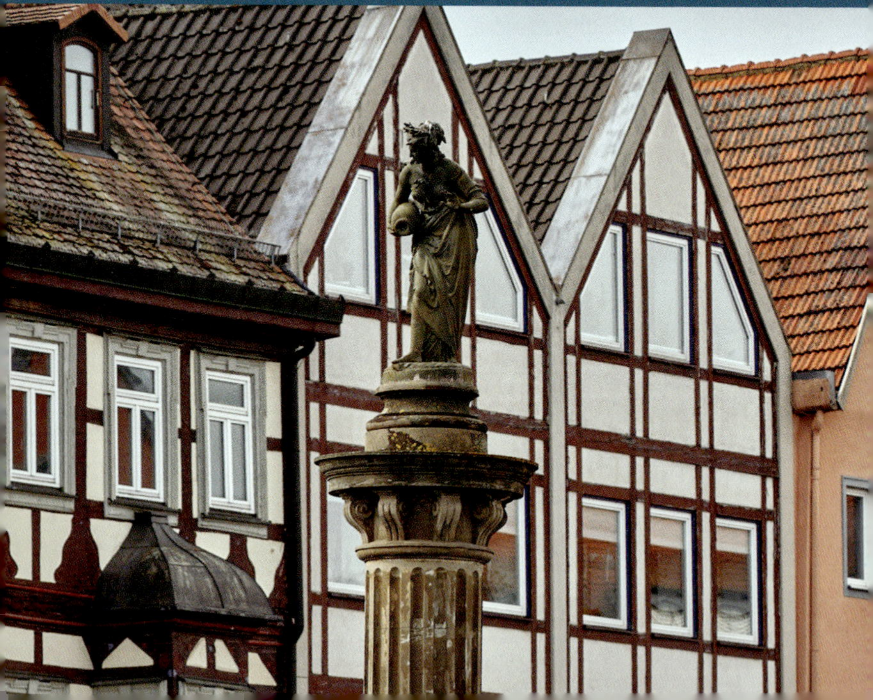

In den Schwarzen Bergen

22

Kissinger Hütte und Lösershag ab Oberbach

Tour: Rundwanderung von Oberbach zur Kissinger Hütte und zurück über den Lösershag.

Länge/Dauer: 17,5 km/6 Std.

Einstiegspunkt: Oberbach Infozentrum Haus der Schwarzen Berge.

Höhenunterschied: 382 m.

Markierungen: *Extratour Hüttentour, rotes Dreieck (Kreuzbergweg HW07), Extratour Basaltweg, gelber Winkel (Oberbach–Premich).*

Anfahrt: *ÖPNV:* mit der Bahn bis Bahnhof Jossa/Sinntal, Buslinie 8056 bis Bahnhof Bad Brückenau, Buslinie 8057 bis Wildflecken-Oberbach Haltestelle Informationszentrum. *Kfz:* A 7 Ausfahrt Bad Brückenau/Wildflecken, B 286, dann weiter bis Oberbach; Parkmöglichkeiten beim Haus der Schwarzen Berge in der Rhönstraße.

Saison: Frühjahr bis Herbst.

Familie: Anstatt der ganzen, etwas anstrengenden Tour kann man mit Kindern nur auf dem Urwaldlehrpfad Lösershag (etwa 3,5 km) wandern. In Oberbach auf dem Treiweg zum Wanderparkplatz (ausgeschildert) und dort entweder der Beschilderung oder der Markierung *rotes B (Extratour Basaltweg)* folgen. Festes Schuhwerk und lange Hosen (als Schutz vor Kratzern und Zecken) sind unbedingt nötig. Es ist darauf zu achten, dass die Kinder den Weg nicht verlassen – zum einen aus Naturschutzgründen, zum anderen wegen der Unfallgefahr.

Anforderungen: Für diese lange und von einigen steileren An- und Abstiegen gekennzeichnete Tour ist eine sehr gute Kondition und stellenweise Trittsicherheit erforderlich. Festes Schuhwerk sollte selbstverständlich sein, ist aber für den Abstecher hoch auf den Lösershag unverzichtbar. Ferner empfiehlt es sich, ausreichend Getränke und Proviant mitzunehmen, da es außer der Kissinger Hütte keine Einkehrmöglichkeit unterwegs gibt.

Schwarze Berge, bunte Vielfalt

Ob sich der Name Schwarze Berge auf das grauschwarze Basaltgestein bezieht, aus dem sie aufgebaut sind, kann nur vermutet werden. In jedem Fall stellen die Schwarzen Berge eine eigene

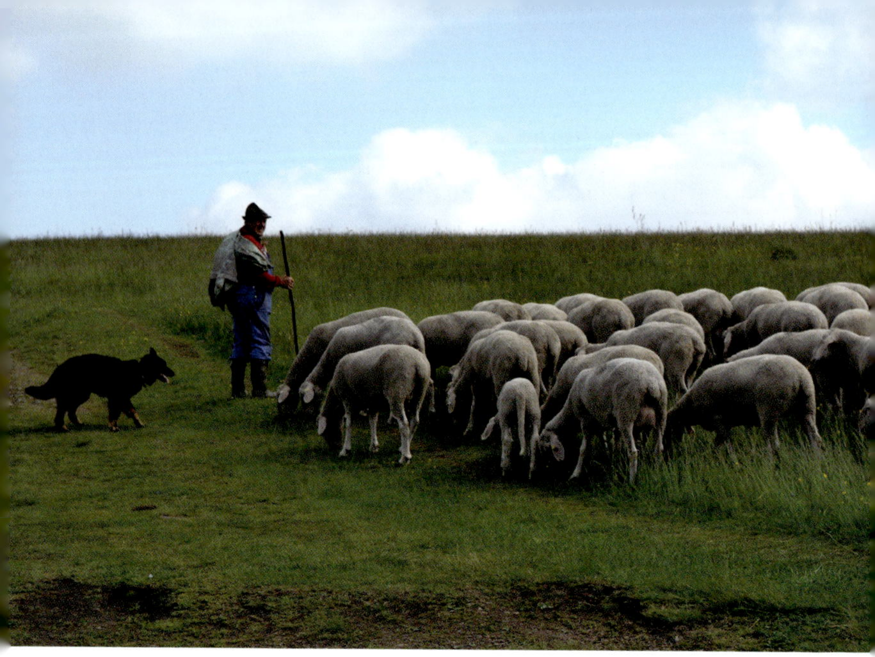

Schafherde auf dem Feuerberg

Landschaftseinheit der Hochrhön dar, die im Norden von der Dammersfeldrhön und der Kreuzberg-Gruppe und im Süden von der Brückenauer Kuppenrhön begrenzt wird. Seit 1993 steht der größte Teil des Gebietes unter Naturschutz, um den von Menschenhand geschaffenen Nadelwald (zu über 80 Prozent Fichten) zurückzudrängen und dem ursprünglichen Buchenmischwald wieder mehr Raum zu verschaffen. An den Waldsäumen wachsen Weißdorn, Schlehen und Hartriegel, dazu licht- und wärmeliebende Kräuter, die zahlreichen Insekten einen Lebensraum bieten. Das besondere Markenzeichen dieser Bergregion sind jedoch neben Wacholderheiden die blumenreichen Bergwiesen, auf denen noch so seltene Pflanzen wie die Teufelskralle und der Storchschnabel anzutreffen sind. Letztendlich ist es diese Vielfalt, die dazu beigetragen hat, die Schwarzen Berge nach der Langen Rhön zum zweitgrößten außeralpinen Naturschutzgebiet in Bayern zu küren.

Natürlich wollen wir all diese unterschiedlichen Facetten, die diese einmalige Landschaft zu bieten hat, auf unserer Wanderung kennenlernen. Als Ausgangsort wählen wir das im Sinntal gelegene Dorf Oberbach, das zur Marktgemeinde Wildflecken gehört. Der Namen Wildflecken ist eng verknüpft mit dem nahe gelegenen Truppenübungsplatz, der überall in der näheren Umgebung deutlich zu vernehmen ist. Für die Einheimischen gehören Donner- und Explosionsgeräusche längst zum Alltag, nur die Fremden zucken regelmäßig zusammen und rätseln über die Herkunft des Gefechtslärms. Seit 1937 wird auf dem Manövergelände scharf geschossen, zuerst von der Wehrmacht, dann von der US Army und nach deren Abzug von der Bundeswehr. Der Errichtung des riesigen Areals mussten damals neun Ortschaften weichen; deren Einwohner zogen notgedrungen um nach Wildflecken. Auch einige der schönsten Rhöngipfel liegen seitdem, für Wanderer unerreichbar, in der Sperrzone des Truppenübungsplatzes – nur einmal im Jahr öffnet die Bundeswehr ihre Pforten anlässlich eines Volkswandertages (siehe Tour 23, Wandertage Wildflecken unter Adressen und Tipps).

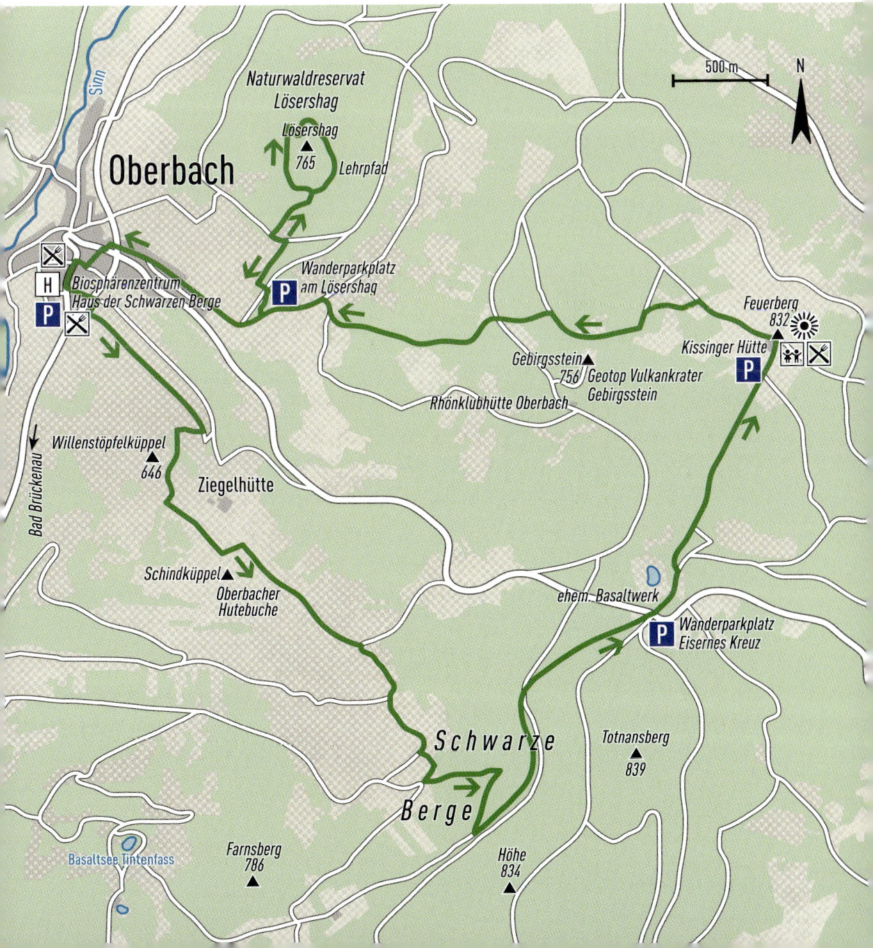

Die größte Sehenswürdigkeit in Oberbach ist das südlich des Dorfplatzes gelegene Biosphärenzentrum Rhön Haus der Schwarzen Berge. Die Ausstellung »Die Rhön entdecken« im ersten Stock sollte man sich unbedingt ansehen, ebenso das Panoramafoto in der Rotunde. Es wurde vom höchsten Punkt der Rhön, dem Sendemast auf dem Kreuzberg, aufgenommen. Weiterhin befinden sich im Haus eine Tourist-Information und ein Regionalwarenladen, in dem man Produkte aus der Rhön kaufen kann (u. a. Holzofenbrot, Wurst, Käse, Kunsthandwerk). Und schließlich wartet noch ein nettes Café, auf dessen Terrasse sich im Sommer die herrliche Umgebung bestens überblicken lässt. Genießen wir also die Aussicht und nehmen noch einen Kaffee zu uns, bevor wir uns auf den Weg machen.

Hüttengaudi auf dem Feuerberg

Beim Haus der Schwarzen Berge finden wir den Einstieg in die *Extratour Hüttentour* und folgen deren *rotem H* auf der Straße Zum Rosengarten über die breite Durchgangsstraße hinweg. Über Wiesen geht es danach stetig bergauf, wobei wir an der Ostflanke des Willenstöpfelküppels (was für ein Name!) vorbeiwandern und in der Folge oberhalb des Weilers Ziegelhütte. Dort befindet sich ein Islandpferdegestüt – die Koppeln, an denen wir entlanggehen, belegen dies. Dann wandern wir eine Zeitlang über eine Hochebene, vor uns erkennen wir in der Ferne das Würzburger Karl-Straub-Haus, das allerdings nicht auf unserer Strecke liegt. Beim Schindküppel biegen wir rechts ab und passieren wenig später die rechts des Weges am nahen Waldrand gelegene Oberbacher Hutebuche. Der beeindruckende mehrstämmige Baumriese mit einem Umfang von knapp sechs Metern soll zwischen 200 und 340 Jahre alt sein und damit einer der ältesten Bäume Deutschlands. Nach etwa einem Kilometer halten wir uns rechts und gelangen auf einer etwas steileren Passage hoch in den Wald zu einem Wegekreuz. Dort links abbiegend, müssen wir einen schweißtreibenden, weil heftigen Anstieg zu einer Wegspinne bewältigen. Bei Nässe besteht hier akute Rutschgefahr, Wanderer mit wenig Trittsicherheit sollten Wanderstöcke mitführen. Bei besagter Spinne bringt uns ein rechts abzweigender Weg diagonal, also weniger steil, den Rest des Berghanges nach oben.

Auf der Plateaukante verabschiedet sich die *Hüttentour* nach rechts zum Würzburger Karl-Straub-Haus, wir halten uns aber links mit dem *roten Dreieck* des *Kreuzbergweges (HWO7)*. Konsequent dieser Markierung durch den Wald folgend, erreichen wir in steter Abwärtsbewegung den Wanderparkplatz Eisernes Kreuz an der Kreisstraße. Wir überqueren die Straße und halten uns, vorbei am ehemaligen Basaltwerk, beim Hahnenknäuschen wieder bergauf – mittlerweile begleiten uns neben dem *roten Dreieck* auch andere Wegzeichen.

Nach einer längeren Aufwärtspassage durch einen Nadelwald wandern wir über offene Wiesenmatten hoch zur Kissinger Hütte auf dem baumlosen Plateau des Feuerberges. Sie ist ein beliebtes Ausflugsziel, das auch auf einem Zufahrtssträßchen angefahren werden kann. Entsprechend groß ist besonders an Wochenenden der Trubel hier oben. Mehrmals im Jahr spielen Musikanten auf und heizen die Stimmung in der »Hüttn« nach Kräften an. Wer es lieber ruhiger mag, komme unter der Woche, da ist die Gaudi etwas verhaltener und es findet sich mit Sicherheit drinnen und draußen ein freies Plätzchen. Speis und Trank sind so, wie man es von einer zünftigen Hütte erwartet: zwar deftig, aber durchaus schmackhaft. Für Übernachtungen stehen mehrere

Ein schöner Wiesenweg führt zur Kissinger Hütte.

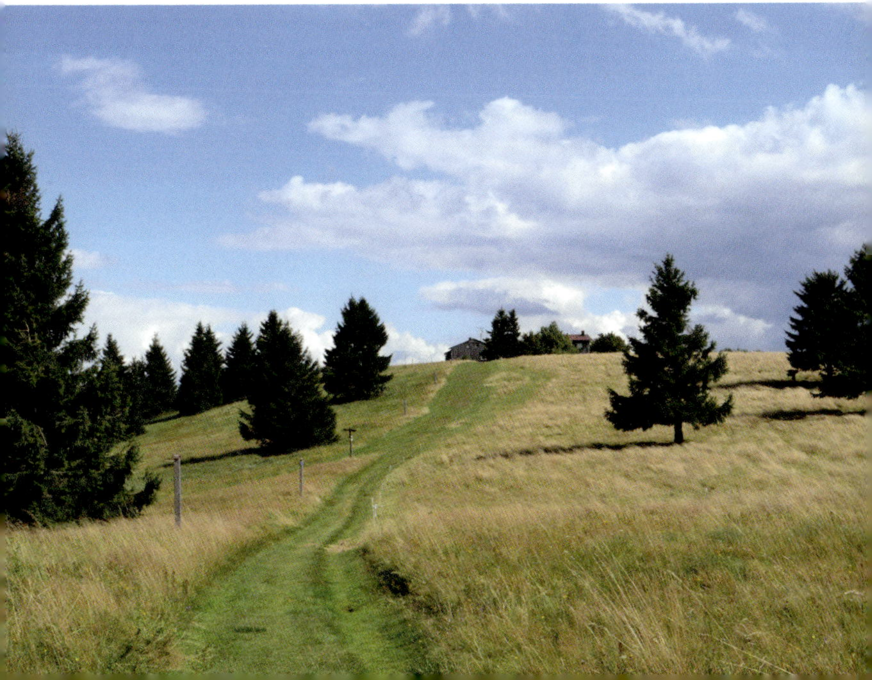

Zimmer bereit, man muss aber unbedingt vorher reservieren. Kinder lieben den großen Spielplatz, der sich neben der Hütte befindet. Errichtet wurde das Gebäude 1914 von den Bad Kissinger Rhönfreunden als König-Ludwig-Hütte. Im Laufe der Zeit wurde sie immer wieder vergrößert und umgebaut, letztmals im Jahr 1972. Früher war auch im Winter viel los, aber seit die Lifte 2016 geschlossen wurden, hat der Feuerberg seinen Nimbus als Wintersportparadies verloren. Das Betreiben der Anlagen hat sich wegen der Schneearmut der letzten Jahre nicht mehr gelohnt. Den Skifahrern bleibt nur die Hoffnung auf die nächste Eiszeit. Ob mit oder ohne Schnee – die Aussicht von der 832 Meter hohen Bergkuppe ist famos: im Westen die Dammersfeldkuppe, im Norden der zum Greifen nahe Kreuzberg, dahinter Wasserkuppe, Himmeldunkberg und Heidelstein, im Osten der Thüringer Wald und die Gleichberge, im Süden die Hassberge und der nördliche Steigerwald. Bei Nacht ist zudem der Blick nach oben in den Sternenhimmel dank der klaren Höhenluft einmalig. Daher ist der Feuerberg einer der Himmelsschauplätze im Sternenpark Rhön.

Wo räuberische Schnecken hausen

Hinter der Kissinger Hütte biegen wir mit dem *roten B* der *Extratour Basaltweg* links ab und orientieren uns nun an dieser Markierung. Leicht bergab geht es über Wiesenmatten auf einen Wald zu, vielleicht begegnen wir unterwegs einem Schäfer mit seiner Herde. Die lebenden Rasenmäher sorgen dafür, dass die ökologisch wertvollen Flächen nicht von Buschwerk überwuchert werden. Im Forst schwenken wir bei erster Gelegenheit links auf einen Schotterweg ein und folgen ihm bis zu einem Wegekreuz. Auf dieser Etappe passieren wir unbemerkt den Geotop Vulkankrater Gebirgsstein, das sich links unterhalb des Weges hinter den Bäumen verbirgt. In diesem ehemaligen Basaltbruch können neben den typischen Basaltsäulen auch rote Schlacken (auch Tuffbrekzien genannt) besichtigt werden, die sich einst zu einem Vulkankegel aufhäuften. Sie beweisen, dass der Gebirgsstein in der Tertiärzeit tatsächlich ein feuer- und aschespeiender Vulkan war. Es lohnt sich, einen kleinen Umweg dorthin zu machen. Zunächst biegen wir aber beim Wegkreuz links ab

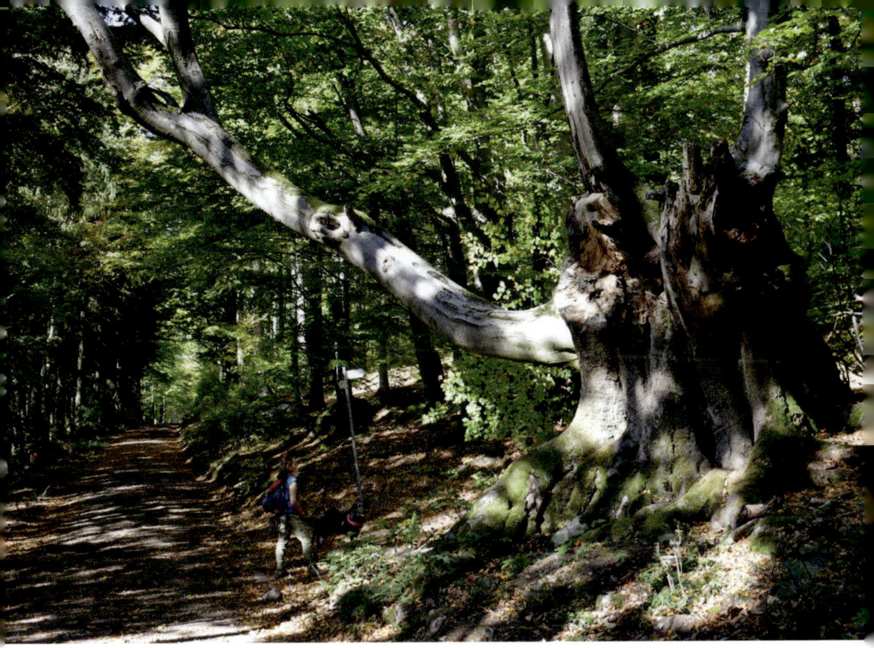

Baumriese im Naturwaldreservat Lösershag

und steigen vorsichtig den steilen Abhang hinunter. Auch auf dieser Passage besteht höchste Rutschgefahr, das Mitführen von Wanderstöcken ist wenig trittsicheren Wanderern dringend zu raten. Wer zum Geotop Gebirgsstein will, gelangt auf dem ersten querenden Schotterweg dorthin. Man folge dem *Rundweg 4* nach links in Richtung Rhönklubhütte Oberbach (hin und zurück etwa 1,4 km, die Öffnungszeiten der Hütte werden auf www.rhoenkluboberbach.de/aktuelles bekanntgegeben).

Nach Bewältigung dieser anstrengenden Abwärtsetappe verlassen wir den Mischwald und halten uns im Tal auf einem Fahrweg links. Er bringt uns in leichter Abwärtstendenz zum Wanderparkplatz am Lösershag. Dort machen wir einen Abstecher nach rechts, wobei uns nach wie vor das *rote B* die Richtung vorgibt. Ihm folgend, gelangen wir bergauf durch einen schönen Laubmischwald zu einem Wegekreuz. Eine Tafel macht uns darauf aufmerksam, dass nun das Naturwaldreservat Lösershag beginnt, eine der Kernzonen im Biosphärenreservat Rhön. Seit 1978 greift hier der Mensch nicht mehr in die natürlichen Abläufe ein, eine Forstwirtschaft findet nicht mehr statt, die Natur darf sich frei entfalten. Ein Lehrpfad führt durch diesen »Urwald« und er-

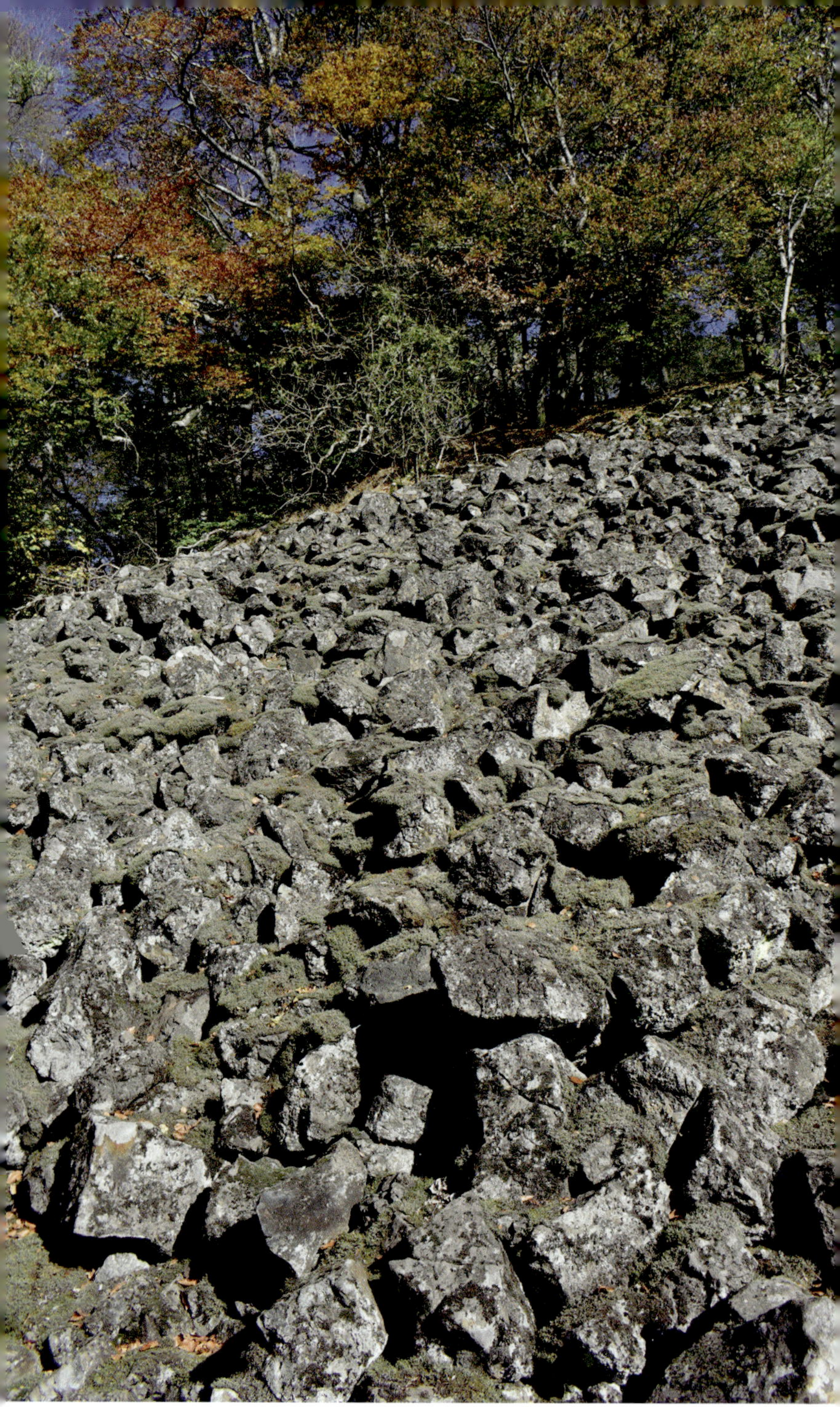

Eindrucksvolles Basaltblockmeer am Lösershag

läutert auf acht Infotafeln die Besonderheiten dieses speziellen Lebensraumes. Er ist als Rundweg angelegt, daher ist es egal, ob wir uns auf ihm links oder rechts halten. Wir wählen die Linksvariante und folgen einem schmalen Pfad aufwärts durch ausgedehnte Blockschutthalden. Sie entstanden aus Basaltsäulen, von denen große Blöcke abbrachen und den Hang hinunterrutschten. Der 765 Meter hohe Lösershag ist der Rest eines ehemaligen Vulkanschlotes, in dem die Magmaschmelze zu Basalt erstarrt ist. Für die Pflanzenwelt ist dieser Blockschutt ideal, weil in den Zwischenräumen durch verrottende Blätter immer wieder neuer Humus gebildet wird – eine wichtige Voraussetzung für das Wachstum neuer Bäume. Der nährstoffreiche Standort bietet beste Bedingungen für eine Waldgesellschaft aus einem Bergland-Waldmeister-Buchenwald und einem Waldgersten-Buchenwald. Neben der Buche kommen aber auch viele andere Laubbäume wie die Esche, der Bergahorn und die Bergulme vor. Auffällig ist zudem der hohe Anteil an Totholz, das überall kreuz und quer herumliegt. Es stellt einen wichtigen Lebensraum für unzählige Pilze und Tierarten dar und ist somit für ein intaktes, gut funktionierendes Ökosystem unverzichtbar. Die Bodenvegetation wird überwiegend vom Bingelkraut und der Berg-Goldnessel geprägt, die beide wiederum einer großen Anzahl von Schmetterlingen als Nahrungsquelle dienen.

Das raue und feuchte Klima des Bergrückens sowie die guten Rückzugsmöglichkeiten im Boden begünstigen außerdem das Vorkommen vieler verschiedener Schneckenarten. Eine Besonderheit der Rhön ist die nur hier verbreitete Rhön-Quellschnecke; auch die Rote Wegschnecke, die anderswo längst verschwunden ist, ist am Lösershag noch zu Hause. Neben diesen friedlichen Pflanzenfressern kriecht mit der Rötlichen Daudebardie sogar ein räuberischer Geselle durchs Unterholz.

Auf dem Weg zum Gipfel durchqueren wir längs des Berghanges eine Blockschutthalde und haben freie Sicht ins nördliche Umland. Dem Rundweg bergab folgend, gelangen wir wieder zu unserem Ausgangspunkt zurück und steigen von dort wie auf dem Herweg hinunter zum Wanderparkplatz.

Jetzt biegen wir rechts ab und lassen uns von der Markierung *gelber Winkel* hinunter ins nahe Oberbach geleiten. Im Café des Infozentrums Haus der Berge lassen wir den erlebnisreichen Wandertag bei einem kühlen Getränk ausklingen.

Ausgewählte Adressen und Tipps

Biosphärenzentrum Rhön Haus der Schwarzen Berge, Rhönstr. 97, 97772 Wildflecken-Oberbach, Tel. 09749/91220, www.biosphaere-rhoen.de. Tägl. 10–17 Uhr. Ausstellung, Tourist-Info, Cafeteria und Laden (Cafeteria und Laden Mo geschlossen).

Im Haus der Schwarzen Berge gibt es für Kinder und Jugendliche an der Info-Theke eine Hausrallyebroschüre mit spannenden Fragen zu den einzelnen Stationen der Ausstellung »Die Rhön entdecken«.

Kissinger Hütte, hier steht ein großer Spielplatz bereit, ferner befindet sich dort auch ein Himmelsschauplatz des Sternenparks Rhön.

Grube Marie am Großen Auersberg, der Anschauungsstollen ist vom Haus der Schwarzen Berge auf dem örtlichen *Wanderweg 1* zu erreichen (einfache Entfernung etwa 3 km). Dort wird gezeigt, wie früher in der Rhön das Mineral Schwerspat abgebaut wurde (Infos und den Schlüssel zum Stolleneingang gibt es im Haus der Schwarzen Berge).

Cafeteria im Haus der Schwarzen Berge (siehe oben), es gibt hausgebackene Kuchen und Rhöner Brotzeiten, im Sommer kann man auf der Terrasse sitzen.

Kissinger Hütte, Kissinger Hütte 1, 97657 Sandberg, Tel. 09701/286, www.kissingerhuette.de. Di–Do 11–21, Fr/Sa 11–22, So 11–20 Uhr, Mo Ruhetag. Hüttentypische Speisekarte mit Schwerpunkt Fleischgerichte, es gibt aber auch Alternativen für Vegetarier. Es können Ein- bis Sechsbettzimmer gebucht werden, für Wandergruppen und Vereine gibt es auch Bettenlager in unterschiedlichen Größen.

Pension Baier, Rhönstr. 76, 97772 Wildflecken-Oberbach, Tel. 09749/9300888, www.baier-pension.de. Direkt am Dorfplatz unweit vom Haus der Schwarzen Berge, die Zimmer sind zwar nicht luxuriös eingerichtet, dafür sind sie sehr preiswert, ein üppiges Frühstück ist im Preis enthalten.

Feriendorf Wildflecken, Wilhelmshavener Str. 9, 97772 Wildflecken, Tel. 09745/930814, www.wildflecken-cvjm.de. Es gibt Übernachtungsmöglichkeiten in unterschiedlichen Wohneinheiten, u. a. in Blockhäusern und Holzhütten. Das ursprünglich vom CVJM Wilhelmshaven gegründete Areal steht heute Kindern, Jugendlichen und jung gebliebenen Erwachsenen aus aller Welt offen, zum Feriendorf gehört ein weitläufiges Freizeitgelände mit viel Platz für Sport und Spiel.

Nicht unter, sondern über die Haube

23

Von Motten auf die Große Haube

i

Tour: Rundwanderung von Motten auf die Große Haube (658 m).
Länge/Dauer: 18,7 km/6 Std.
Einstiegspunkt: Ortsmitte in Motten bei der Brauerei.
Höhenunterschied: 290 m.
Markierungen: *roter Tropfen (Abtsweg), blaues T, rotes M (Extratour Der Mottener).*
Anfahrt: *ÖPNV:* mit der Bahn bis zum ICE-Bahnhof Fulda, vom ZOB Fulda mit Buslinie 8054 nach Motten Haltestelle Brauerei. *Kfz:* A 7 bis Ausfahrt Bad Brückenau/Volkers, weiter bis Motten; kostenlose Parkmöglichkeiten auf dem Dorfplatz.
Saison: Frühjahr bis Herbst.
Familie: Für kleine Kinder ist die Tour etwas zu lang; es empfiehlt sich daher, mit ihnen die Tour abzukürzen und vom Aussichtsturm auf der Großen Haube mit den Markierungen *rotes T* und *blaues T* hinunter zum großen Flurkreuz nahe dem Wanderparkplatz Wasserscheide zu wandern. Von dort wie beschrieben mit dem *roten Tropfen* zurück nach Motten (Länge: etwa 6,5 km). Ferner bietet es sich an, mit Kindern den Gewässerlehrpfad entlang der Kleinen Sinn abzulaufen (siehe Adressen und Tipps).
Anforderungen: Eine gute Kondition ist auf dieser Tour gefragt; gleich zu Beginn muss ein längerer Steilanstieg hoch auf die Große Haube bewältigt werden, dazu im weiteren Verlauf einige moderatere Auf- und Abstiege.
Variante: Abstecher vom Wanderparkplatz Wasserscheide auf dem *Fränkischen Marienweg* zur Wallfahrtskirche Maria Ehrenberg (hin und zurück 5,5 km zusätzlich, 169 m Höhenunterschied). Sie befindet sich innerhalb des Truppenübungsplatzes Wildflecken, daher ist die Wanderung nur von Mai bis Oktober an Sonn- und Feiertagen von 10 bis 17 Uhr erlaubt. In eigenem Interesse sollte man sich an diese Vorgabe halten, denn auf dem Manövergelände wird unter der Woche scharf geschossen (www.sanktbartholomaeus-brk.de/pfarreien/maria-ehrenberg).

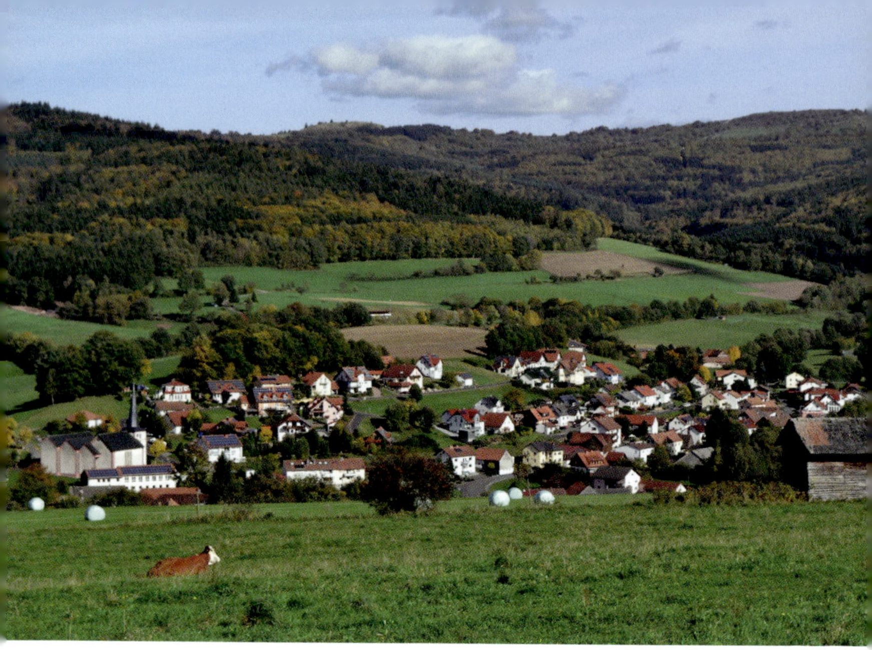

In Motten beginnt unsere Tour.

Eine heile Bierwelt

Man könnte glatt die Motten kriegen! Nicht genug damit, dass unsere Tour in Motten beginnt und der Hausberg der Rhöngemeinde eigentlich nur Mottener Haube genannt wird, heißt auch noch der Wanderweg, dem wir überwiegend folgen werden, *Der Mottener*. Aber keine Angst, der Name des sogar mit dem Status »staatlich anerkannter Erholungsort« ausgezeichneten Dorfes hat nichts mit den flatterhaften Insekten zu tun. Er geht vielmehr auf einen Mann namens Moto zurück, der im frühen Mittelalter Ländereien dort besaß, wo erst viel später die Siedlung entstehen sollte. Dies belegt zumindest die erste urkundliche Erwähnung aus dem Jahr 837. Über die Jahrhunderte gehörte der Flecken zum Hochstift Fulda und kam nach der Säkularisation 1816 zu Bayern. Bei Biertrinkern in der Region besitzt Motten einen guten Ruf, denn es ist der einzig verbliebene Ort in der gesamten bayerischen Südrhön mit einer eigenen Brauerei. Deren Historie reicht zurück bis ins 9. Jahrhundert, als die Fuldaer Äbte als Zwischenstation auf dem Abtsweg nach Hammelburg eine Wirtschaft samt Braustätte einrichten ließen (erst im Laufe der Zeit entstand drum herum das Dorf Motten). Daraus entwickelte sich die fürstbischöflich-fuldische Amtsbrauerei, die 1791 an den Mottener Bürger Georg Will verkauft wurde. Das war der Beginn des Familienunternehmens Will Bräu, das rund 200 Jahre seine Eigenständigkeit bewahren konnte. Die Tradition endete jedoch 1987, als die Brauerei von der Hochstift Bräu Fulda übernommen und aus der Will Bräu das Hochstiftliche Brauhaus in Bayern wurde. Trotz dieser Fusion wird weiter in Motten Bier gebraut und dies sogar nach den alten Will-Bräu-Qualitätsprinzipien. Eine besondere Spezialität des Hauses ist der Pilgerstoff, ein untergäriges, dunkles Märzenbier. Benannt ist es nach der nahe gelegenen Wallfahrtskirche Maria Ehrenberg, zu der am Feiertag Mariae Himmelfahrt Hunderte von Gläubigen pilgern. Am besten schmeckt es aus dem Steinkrug, auch wenn es sich mit dem dunklen Klosterbier vom Kreuzberg nicht messen kann. Wer es

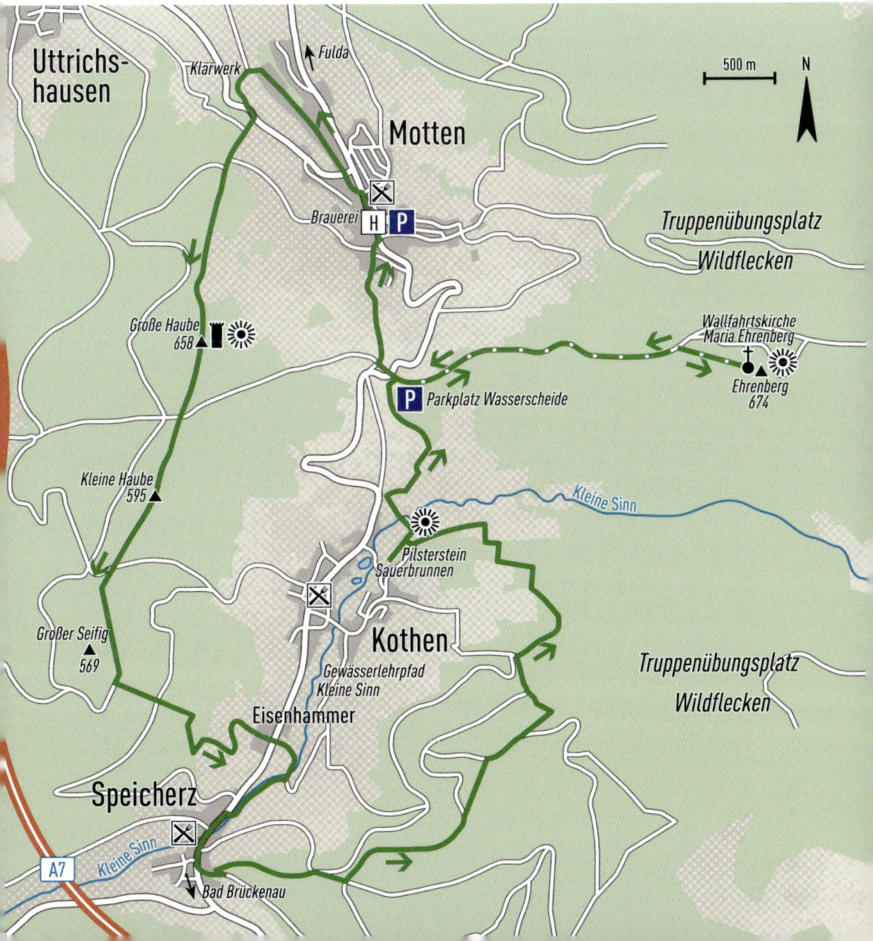

probieren möchte, hat dazu gegenüber der Brauerei im *Gasthof Zur grünen Au* Gelegenheit.

Atemraubende Fernblicke

Wir starten vor der Brauerei und halten uns mit dem Rücken zum Firmengelände auf der Brückenauer Straße links. Zunächst gibt uns der *rote Tropfen* des *Abtsweges* die Richtung entlang der Fuldaer Straße und dann links abbiegend in den Auweg vor. Am Ortsende beim Klärwerk halten wir uns links über den Döllau-Bach hinweg und folgen nun einem örtlichen Wanderweg mit der Markierung *blaues T.* Gleich nach Passieren der Straße nach Uttrichshausen nimmt das Gelände deutlich an Steigung zu; wir müssen nun den Steilanstieg auf den Gipfel der Großen Haube, immerhin mehr als 280 Höhenmeter, bewältigen. Unterwegs säumen in mehr oder weniger regelmäßigen Abständen aufgestellte alte Grenzsteine unseren Weg. Sie machen uns bewusst, dass der erste Abschnitt unserer Tour auf etwa vier Kilometern Länge direkt an der bayerisch-hessischen Landesgrenze entlang verläuft. Die Steine stammen jedoch aus weit früheren Zeiten, die ältesten gar aus dem späten 18. Jahrhundert, als die Grenzen zwischen dem Hochstift Fulda und dem Fürstbistum Würzburg neu vermessen wurden. Deren Territorien wurden nach der Säkularisation den Königreichen Bayern und Preußen einverleibt. Beide ließen ihre gemeinsame Grenze durch die Rhön im Jahr 1873 letztmals vermessen und aus dieser Zeit datieren auch die meisten der alten Steine. Sie zeigen auf bayerischer Seite die Versalien KB für Königreich Bayern mit dem fuldischen Kreuz der Fürstbischöfe von Fulda. Auf preußischer Seite sind dagegen die Großbuchstaben KP für Königreich Preußen mit dem nassauischen Löwen für Hessen eingemeißelt.

Wir bleiben auf der bayerischen Seite und stoßen ein Stück aufwärts nach Durchqueren eines Waldstückes auf die *Extratour Der Mottener,* die sich von links zu uns gesellt. An ihrem *roten M* werden wir uns nun fast bis ans Ende unserer Tour orientieren. Etwas außer Puste auf dem bewaldeten Gipfel der Großen Haube angelangt, steuern wir zunächst den schattigen Rastplatz an. Dann zieht es uns auf den architektonisch beeindruckenden Aussichtsturm, eine etwa 24 Meter hohe Stahlkonstruktion mit

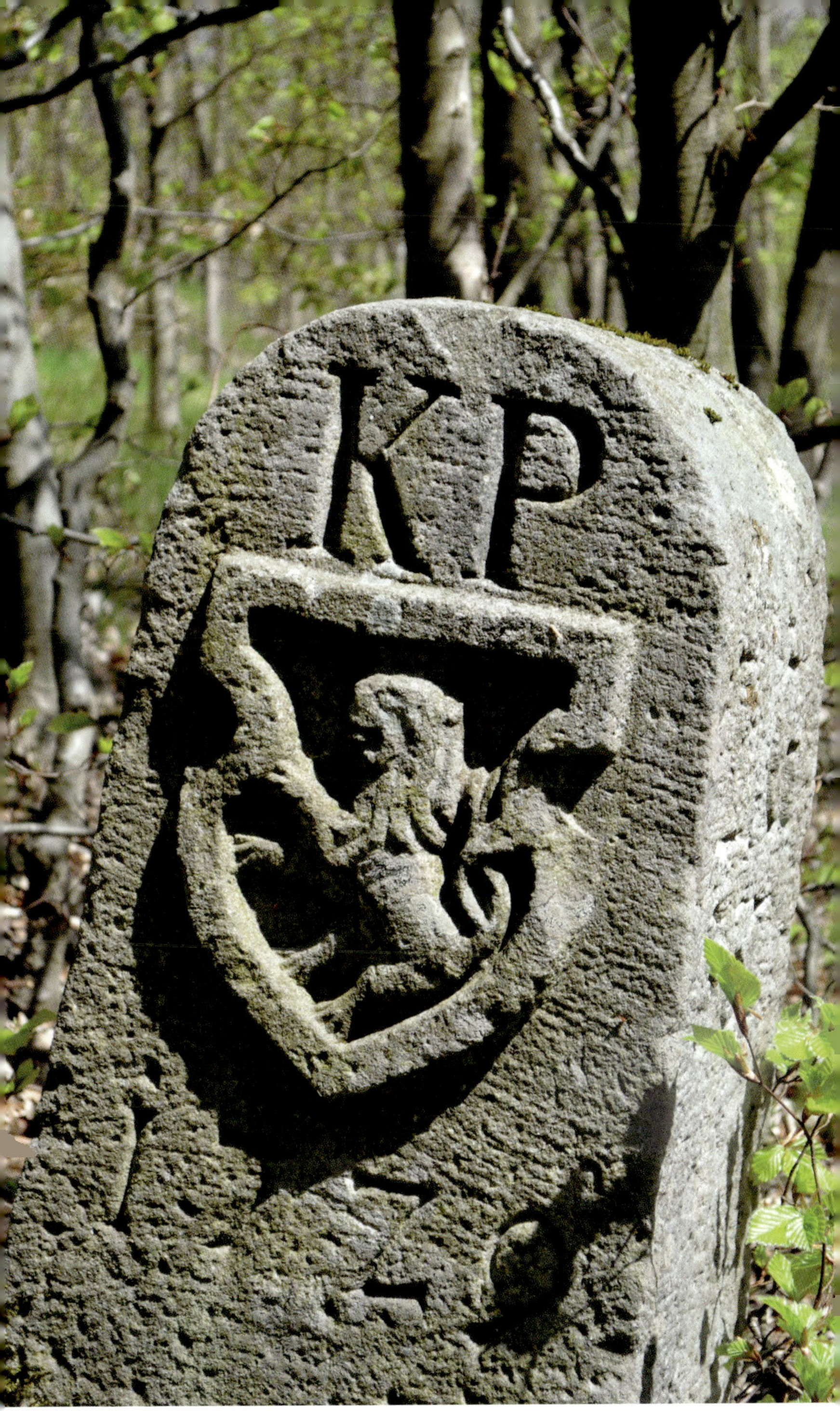

Alter Grenzstein am Wegesrand

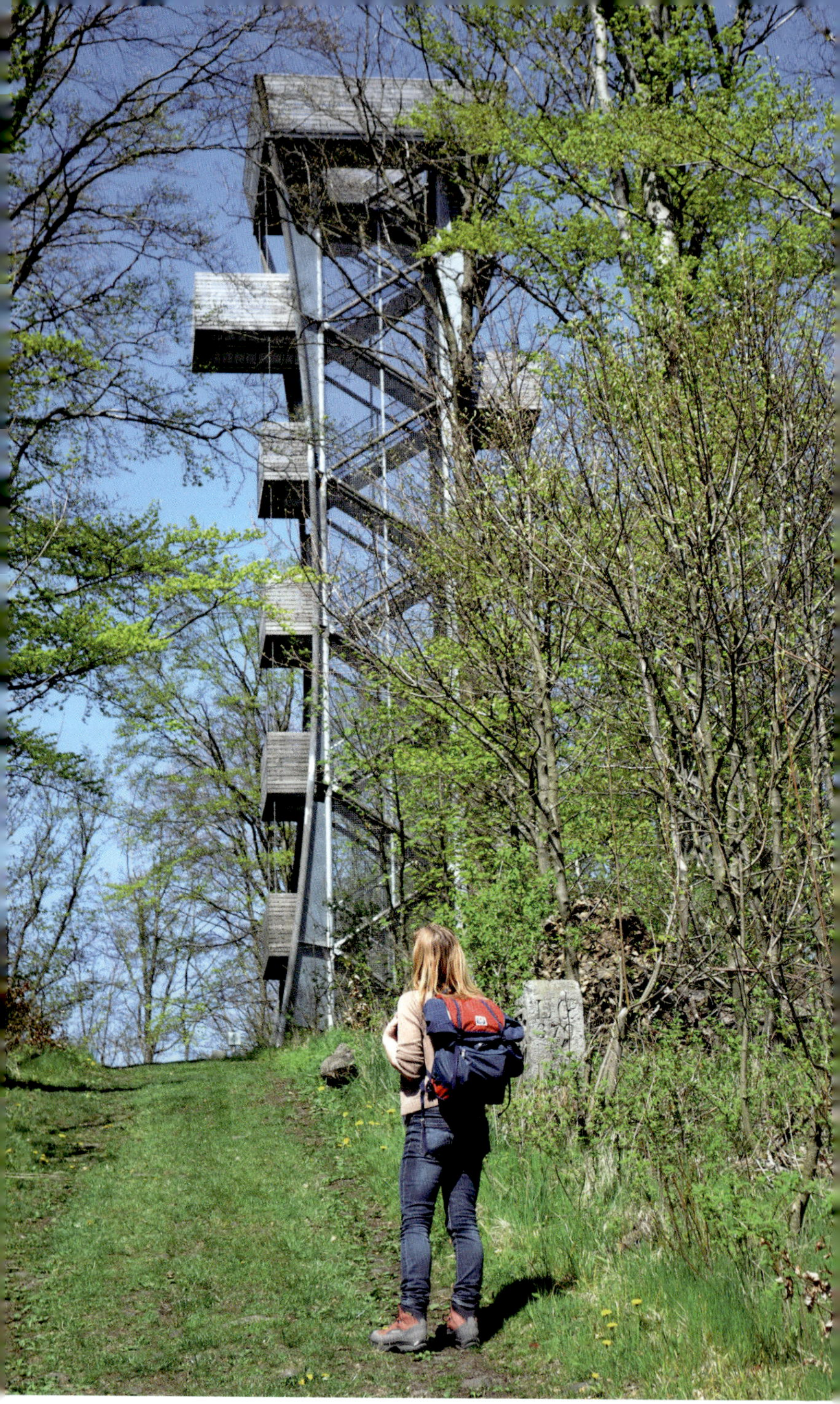

Der Aussichtsturm auf der Großen Haube will erklommen werden.

elf holzverkleideten Zwischenpodesten. Es lohnt sich unbedingt, die 122 Treppenstufen zu seiner Aussichtsplattform hochzusteigen, denn das Panorama hat es in sich: In einem Bogen von Nordosten nach Süden reihen sich der weiße Kaliberg bei Neuhof, Maulkuppe, Milseburg, Wasserkuppe, Große Nalle, Dreifeldskuppe, Dammersfeldkuppe, Ehrenberg, Kreuzberg, Großer und Kleiner Auersberg, Platzer Kuppe und der Dreistelzberg auf. Bei klarer Sicht reicht der Blick im Südwesten in den Spessart, im Westen bis zum Taunus und im Norden in den Vogelsberg und bis zum Knüllgebirge. Das ist vielleicht der allerschönste »Blickpunkt«, den die Rhön zu bieten hat, entsprechend lange sollte man das außergewöhnliche Panorama auf sich wirken lassen. Vier Tafeln helfen bei der Orientierung.

Zurück am Boden verlassen wir die Kuppe in südlicher Richtung und lassen uns von unserem *roten M* über die Kleine Haube hinweg durch den Buchenmischwald des Mottener Forstes geleiten. Auf Höhe des Großen Seifigs verabschieden wir uns bei einem Wegweiser von der Landesgrenze, die uns bis hierher begleitet hat. Wir biegen links ab und erreichen in einer Abwärtspassage den Waldrand. Ein schöner Rastplatz bei einem Steinkruzifix kommt gerade recht für eine kleine Pause. Über einen mit Streuobst bestandenen Wiesenhang geht es dann hinunter zum Weiler Eisenhammer, der von einem großen Sägewerk dominiert wird. Dort überqueren wir die Staatsstraße, schwenken danach nach rechts ein in die Talaue der Kleinen Sinn und wandern entlang des Flüsschens hinein nach Speicherz. In der Ortsmitte bietet sich der *Gasthof Zum Biber* mit seinen wandererfreundlichen Öffnungszeiten für eine ausgiebige Einkehr an. Dass das gastliche Haus seinen Namen mit Bedacht gewählt hat, werden wir im weiteren Verlauf unserer Tour noch erfahren. Kurz vor dem Ortsende biegen wir links in den Werberger Weg ein und gelangen auf einem etwas steiler ansteigenden Hohlweg in ein Waldgebiet.

Ein Bio- und zwei Geotope

Im Wald biegen wir auf einer Verflachung bei einer Wegspinne links ab und halten uns erneut bergauf, bis ein Pfad nach links abzweigt. Er bringt uns in einer steilen Abwärtspassage

(Vorsicht, bei Nässe Rutschgefahr!) hinunter zu einem breiten Querweg, dem wir nach rechts folgen. In mehreren Richtungswechseln geht es schließlich aus dem Wald hinaus und hinunter an den Fuß des Pilsters. Links daran vorbei erreichen wir den am Berghang gelegenen pittoresken Felsen des Pilstersteins, Rest eines von der Verwitterung herauspräparierten Vulkanschlotes. Die dafür typischen Basaltsäulen sucht man allerdings vergebens, stattdessen ist die Schmelze zu einer unregelmäßigen Masse erstarrt. Manche Stellen weisen eine plattig-schichtige Absonderung auf, wie sie für das vulkanische Gestein Phonolith typisch ist, das uns auf Tour 11 bereits an der Steinwand begegnet ist. Tatsächlich besteht der Pilsterstein aber aus Basanit, einer kaliumreichen Basalt-Varietät. Der Felsen kann auf einem schmalen Pfad bestiegen werden und bietet eine tolle Aussicht ins Umland. Zu unseren Füßen erstreckt sich der Talgrund der Kleinen Sinn, wo Biber die Wiesen um die Kleine Sinn zu einer kleinen Seenlandschaft angestaut haben. Auch andernorts in der Rhön gibt es erfreulicherweise wieder Biberpopulationen, unter anderem an der Fränkischen Saale, an der Felda und an der Werra und neuerdings sogar im Oberen Ulstertal.

Da man die scheuen Nager nur selten zu Gesicht bekommt, steigen wir vom Pilsterstein hinunter in die Talaue und machen einen Abstecher zum Sauerbrunnen am Ortsrand von Kothen. Die in Stein gefasste und von einem hölzernen Pavillon überdachte

Biber in der Rhön

Die Biber in der Rhön sind Nachkommen von 18 Elbebibern (Castor fiber albicus), die Ende der 1980er-Jahre im Hessischen Spessart an den Flüssen Jossa und Sinn ausgesetzt wurden. Seitdem erobern sich die großen Nager ihre alten Lebensräume wieder zurück. Gegen Ende des 19. Jahrhunderts waren Biber in ganz Deutschland nahezu ausgerottet; einerseits wurden sie wegen ihres Fells und Fleisches gejagt, andererseits waren ihr Fett und ihre Sekrete begehrte Stoffe bei der Herstellung von Arzneien. Fischer und Waldbesitzer sahen in ihnen zudem Schädlinge und Feinde, die es zu bekämpfen galt. Nur an der mittleren Elbe überlebte ein kleiner Biberbestand und dem Bund Naturschutz ist es zu verdanken, dass einige Exemplare an verschiedenen Orten in Deutschland erfolgreich neu angesiedelt werden konnten. Biber sind heute streng geschützt und dürfen nicht gejagt werden.

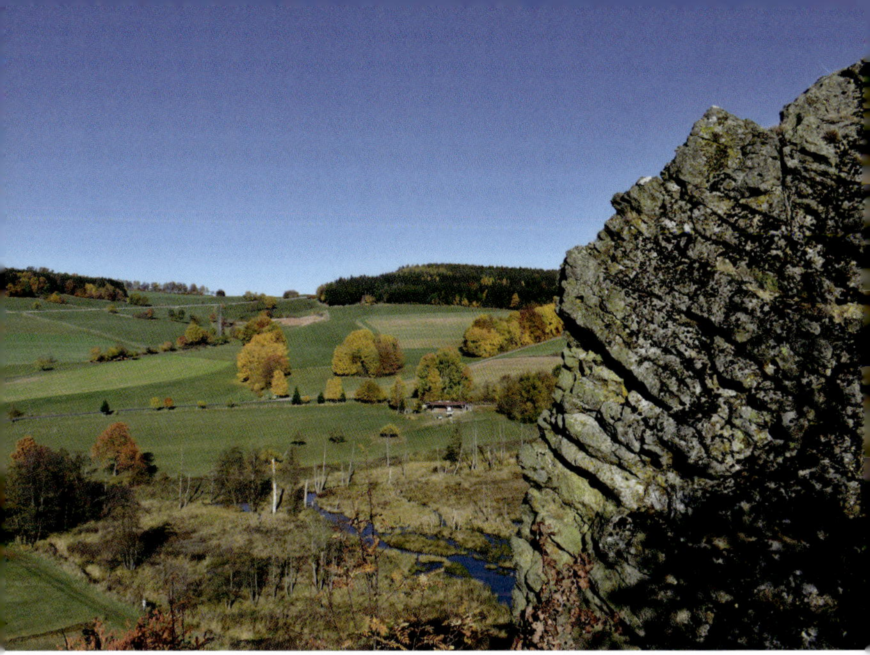

Blick vom Pilsterstein in den Talgrund der Kleinen Sinn

Mineralquelle fördert kohlensäurehaltiges Wasser zu Tage, dem eine heilbringende Wirkung zugeschrieben wird. Was aus dem Brunnenrohr tröpfelt, ist aber für einen Kurbetrieb viel zu wenig und hat die Hoffnungen auf ein »Bad Kothen« zu Zeiten von König Ludwig I. zunichte gemacht. Probieren sollte man das bitter schmeckende Wässerchen auf jeden Fall, auch die Wanderflasche lässt sich damit bestens auffüllen. Der Kohlensäuregehalt steht im Zusammenhang mit dem Rhönvulkanismus. Sowohl der Sauerbrunnen als auch der Pilsterfelsen wurden vom Bayerischen Landesamt für Umwelt als besonders wertvolle Geotope eingestuft. Vom Quellwasser neu belebt, setzen wir unseren Weg auf dem *Mottener* fort und überschreiten auf einem Steg die Kleine Sinn. Hangaufwärts geht es dann entlang eines Waldes zum Wanderparkplatz Wasserscheide.

Auf der Wasserscheide

Benannt ist die auch als Rastplatz fungierende Lokalität nach der Rhein-Weser-Wasserscheide, die über den Kamm der Rhön verläuft.

Bäche, die östlich bzw. südlich dieser Linie entspringen, entwässern über die Fränkische Saale und den Main in den Rhein. Nördlich bzw. westlich davon fließt das Wasser dagegen über die Fulda in die Weser. Letztendlich landet damit feuchtes Nass aus der Rhön auf zwei getrennten Wegen in der Nordsee.

Von unserem jetzigen Standort ist es nicht weit zur Wallfahrtskirche Maria Ehrenberg, die allerdings mitten im Truppenübungsplatz Wildflecken liegt. Der Weg dorthin ist mit der Markierung des *Fränkischen Marienweges* ausgeschildert, aber man würde ihn auch ohne sie finden. Es gibt ja nur das eine Sträßchen, das bei der Wasserscheide von der Staatsstraße zur Kirche im Manövergebiet abzweigt. Die Bundeswehr erlaubt den Zugang allerdings nur an Sonn- und Feiertagen zwischen Mai und Oktober. Trotz dieser Beschränkungen pilgern jährlich über 20.000 Gläubige aus der näheren Umgebung auf die 674 Meter hohe Basaltkuppe des Ehrenberges, agnostische Wanderer nicht mitgezählt. Damit ist die Wallfahrtskirche das wichtigste und beliebteste Marienheiligtum der Rhön. Ziel der vielen Besucher ist das Gnadenbild »Mutter der Barmherzigkeit«, eine spätgotische Madonna mit Jesuskind aus dem 15. Jahrhundert. Seit der Neugestaltung des Kircheninnenraumes im Jahr 2000 wird die Holzfigur von einer goldenen Scheibe umrahmt, was die Wirkung auf den Betrachter erheblich verstärkt. Die Kirche selbst wurde auf Geheiß der Fuldaer Fürstäbte Ende des 17. Jahrhunderts als Ersatz für eine hölzerne Kapelle errichtet und 1731 um das heutige Langhaus erweitert. Auch für Nichtgläubige ist es ein Erlebnis, die letzten Meter hoch zum Gotteshaus auf der beeindruckenden Treppenanlage von 1737 zurückzulegen. Exakt 252 Stufen und 74 Höhenmeter müssen dabei bewältigt werden. Zum Dank hat man von oben einen, wenn auch von Bäumen begrenzten Ausblick ins Umland. Oder eben auch den Segen der Muttergottes.

Alle Tage ist kein Sonntag – so machen wir uns auf den Rückweg und überschreiten vorsichtig die Staatsstraße. Ein paar Meter nach einem imposanten Steinkruzifix biegt unser *rotes M* nach links ab, wir bleiben aber geradeaus und folgen jetzt dem *roten Tropfen* des *Abtsweges.* Gemütlich hangabwärts wandernd sind wir dann bald zurück in Motten.

Ausgewählte Adressen und Tipps

Tourismusbüro im Rathaus, Fuldaer Str. 11, 97786 Motten/Rhön, Tel. 09748/91910, www.motten-touristik.de. Mo/Di und Do/Fr 8–12, Mi 14–18 Uhr.

Gewässerlehrpfad: Entlang der Kleinen Sinn verläuft zwischen Speicherz und Kothen auf etwa vier Kilometern Länge ein Lehrpfad. Zwölf Stationen vermitteln Wissenswertes über die Naturräume an diesem intakten Fließgewässer. Für Kinder gibt es ein Fragespiel, allerdings muss das Aufgabenblatt vorher von der Webseite www.motten.de/tourismus/freizeit/index.html heruntergeladen werden. Man kann den Lehrpfad entweder in Speicherz beim *Gasthof Zum Biber* beginnen oder in Kothen beim Parkplatz am Sauerbrunnen.

Wandertage Wildflecken: Auf dem Gelände des Truppenübungsplatzes Wildflecken befinden sich einige der schönsten Rhöngipfel wie die Dammersfeldkuppe, der Eierhauk, der Große und Kleine Auersberg sowie der Steinküppel. Nur einmal im Jahr, am letzten Wochenende im Juli, besteht für Wanderer die Möglichkeit, auf zwei vorgegebenen, jährlich wechselnden Routen das sonst der Öffentlichkeit nicht zugängliche Terrain zu erkunden. Die Bundeswehr weist darauf hin, dass bei diesen Volkswandertagen die Wege nicht verlassen werden dürfen und dass wegen Brandgefahr auf dem Manövergelände ein striktes Rauchverbot zu beachten ist. Weitere Infos unter www.wandertage-wildflecken.de.

Gasthof Zur grünen Au, Fuldaer Str. 16, 97786 Motten, Tel. 09748/285, www.gruene-au-motten.de. Mo und Do 17–23.30, Fr 17–1, Sa 11–1, So 11– 23.30 Uhr, Di/Mi Ruhetage. Ein Landgasthof wie aus dem Bilderbuch: rustikales Ambiente, gutbürgerliche Küche mit regionalem Einschlag, Brotzeitplatten, ausgeschenkt wird das Bier vom örtlichen Will Bräu, zum Übernachten stehen 11 Gästezimmer zur Verfügung.

Gasthof Postkutsche, Zum Schmelzhof 4, 97786 Motten-Kothen, Tel. 09748/326, www.gasthof-postkutsche.de. Mo–Sa 16–22, So/Fei 11–22 Uhr, Mi Ruhetag. Den Gasthof am alten Abtsweg von Fulda nach Hammelburg gibt es bereits seit dem 15. Jahrhundert. Deftige, fleischlastige Küche, jeden Donnerstag werden Sondergerichte angeboten, die sich an der Jahreszeit orientieren. Zur Übernachtung stehen Einzel-, Doppel- und Dreibettzimmer zur Verfügung, Hunde sind willkommen.

Hotel & Gasthof Zum Biber, Hauptstr. 15–19, 97786 Motten-Speicherz, Tel. 09748/91220, www.gasthof-zum-biber.de. Tägl. 7–22 Uhr. Auf der Speisekarte (es gibt eine Mittags- und eine Abendkarte) stehen überwiegend Fisch-, Fleisch- und Wildgerichte, für den kleinen Hunger sollte man die Vesperkarte studieren, man probiere zudem den Hagebuttenwein aus eigener Herstellung. Das Haus verfügt über 42 Gästezimmer (Einzel-, Doppel- und Familienzimmer).

Wer eine originelle Übernachtungsmöglichkeit sucht, wird im Haubenhof bei Motten fündig. Dort können u. a. ein kleines Fachwerkhaus, ein Holzblockhaus, eine Glampinghütte und ein Schäferwagen gemietet werden. Kontakt: Werner und Anneliese Paltian GbR, Haubenhof 1, 97786 Motten, Tel. 09748/253, www.traum-ferienhaus.de.

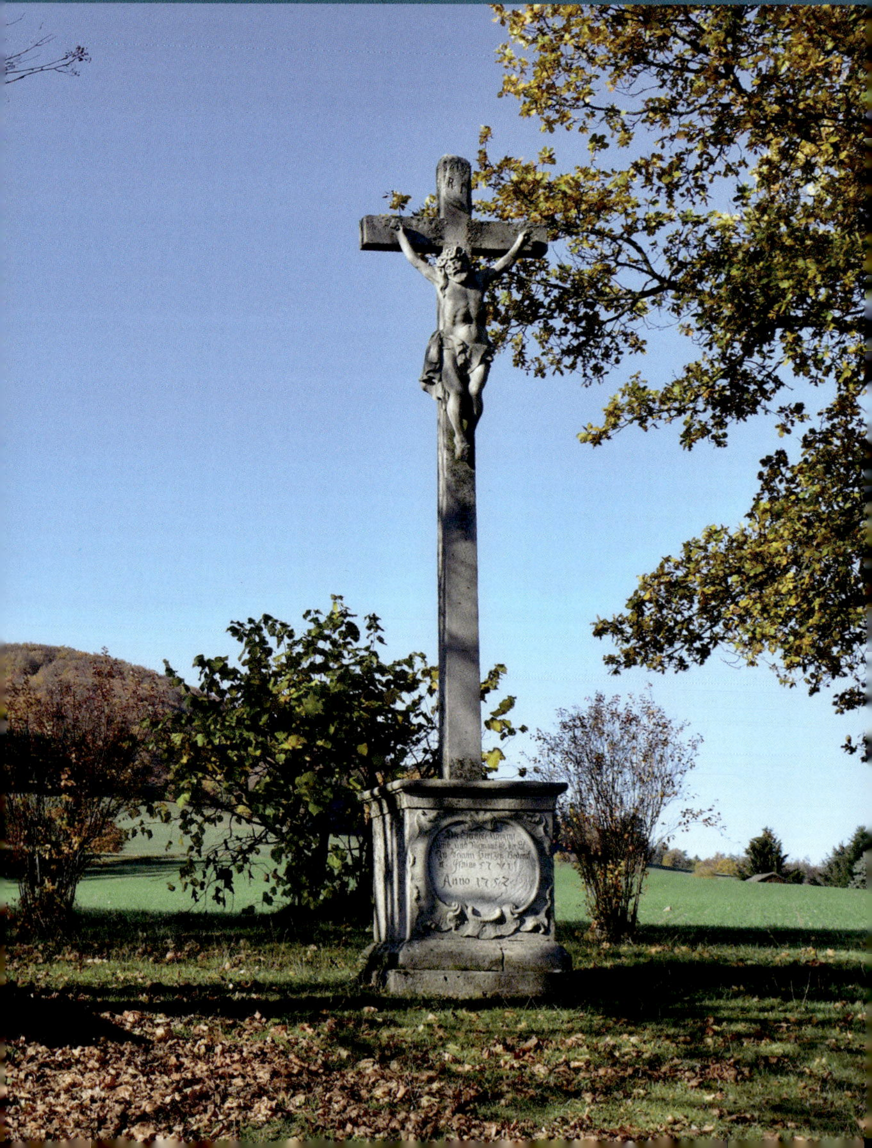

Auf den Spuren des kunstsinnigen Bayernmonarchen 24

Wanderung um Bad Brückenau

Tour: Rundwanderung von Bad Brückenau hinauf zum Volkersberg und von dort über das Staatsbad zurück.
Länge/Dauer: 11 km/3,5 Std.
Einstiegspunkt: Marktplatz in Bad Brückenau.
Höhenunterschied: 256 m.
Markierungen: *gelbes offenes Dreieck, Nordic Walking Weg 4 (Kloster-Runde), rotes K (Extratour Königsweg), rotes Dreieck (Hessenweg 5).*
Anfahrt: *ÖPNV:* mit der Bahn zum ICE-Bahnhof Fulda, dort vom ZOB mit Buslinie 8054 bis Bad Brückenau Haltestelle Bahnhof. *Kfz:* A 7 Ausfahrt Bad Brückenau/Wildflecken, B 286 bis Bad Brückenau; Parkmöglichkeiten u. a. P 10 beim Busbahnhof.
Saison: Frühjahr bis Herbst.
Familie: Wegen ihrer Kürze ist die Tour ideal mit Kindern, dazu gibt es auf dem Volkersberg Spielplätze. Ferner bietet sich unterwegs ein Besuch im Deutschen Fahrradmuseum an sowie nach der Wanderung Badespaß in der Therme Sinnflut.
Anforderungen: Lediglich der Aufstieg von Bad Brückenau zum Volkersberg erfordert etwas Kondition, ansonsten ist die Tour eher moderat.

Ein Juwel unter Bayerns Bäderorten

Bad Brückenau kann auf eine lange Tradition als Bäderort zurückblicken. Als im Sommer 1747 der Fuldaer Fürstabt Amand von Buseck (1685–1756) in seiner Sommerresidenz im nahen Römershag weilte, berichtete ein Schäfer dessen Leibarzt von einer westlich des Ortes gelegenen Quelle mit wundersamem Geschmack. Dieser erkannte das Potenzial des Wassers für heilende Zwecke, woraufhin der Fürstabt und spätere Fürstbischof die Quelle erschließen und in der Folge darum herum ein Bad bauen ließ. Zwei Jahre später war die erste Kuranlage fertiggestellt, deren Grundmuster mit einer Nord-Süd-gerichteten Kurpromenade heute noch erhalten ist. Um ein zahlungskräftiges Klientel anzulocken, pries besagter Leibarzt des Fürstabtes, ein gewisser Johann Burkard Schlereth, im selben Jahr in seiner

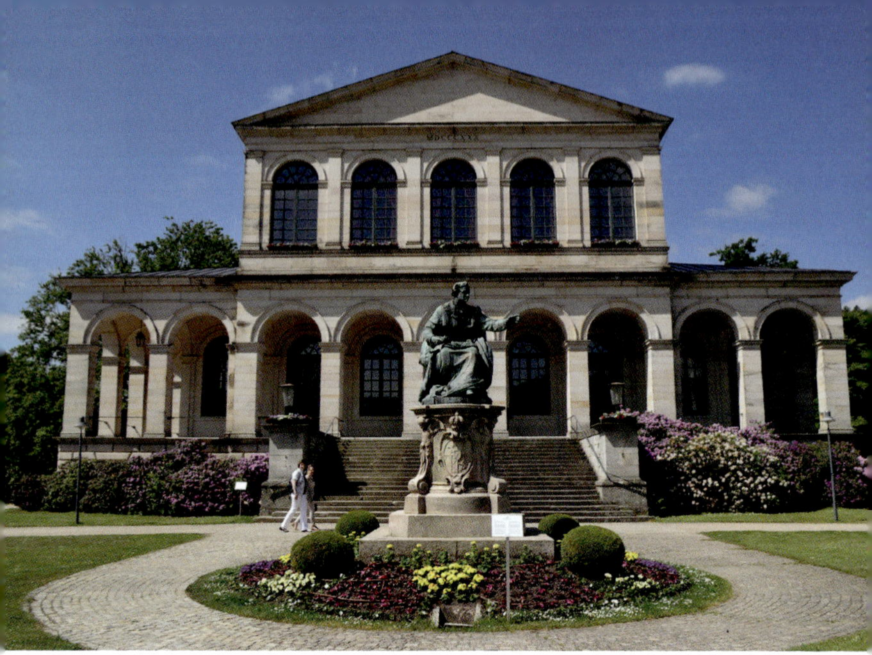

Das Kursaalgebäude im Staatsbad Brückenau

Schrift »Kurtze Beschreibung Des ohnweit Brückenau im Hochstift Fulda Neu erfundenen Gesundheits Brunnen« die Vorzüge des neuen Badeortes an – ein Beispiel für cleveres Marketing in der Mitte des 18. Jahrhunderts. Ab 1764 setzte der nachfolgende Fürstbischof Heinrich von Bibra (1711–1788) den Ausbau des Areals fort, was 1779 im Bau des ersten Badehauses gipfelte. Am Ende seiner Regierungszeit war die bauliche und gärtnerische Ausgestaltung der Anlage zunächst abgeschlossen. Durch mehrere Brunnen- und Einladungsschriften »zur Kur in Bad Brückenau» machte der Amtsphysikus und Badearzt Melchior Adam Weikard (1742–1803) – er war einige Jahre auch Hofarzt der russischen Zarin Katharina II. – ab 1769 das Bad international bekannt. Dessen eigentliche Blütezeit begann jedoch erst ab 1816 mit der Eingliederung Brückenaus ins Königreich Bayern. König Ludwig I. (1786–1868), der 1825 mit 39 Jahren den Thron bestiegen hatte, entdeckte seine Liebe zu Brückenau in seinen Kronprinzenjahren, die er in Würzburg und Aschaffenburg verbrachte. Zwischen 1818 und 1862 hielt sich der Monarch insgesamt 26-mal in seinem Lieblingsbad auf, um dort mit seiner Familie die Sommerfrische zu genießen. Dann war Bad Brückenau der Nabel der Welt und Bayern wurde vom Fürstenhof aus regiert, in dem der Herrscher logierte. Der für seine Liebe zur Baukunst und seine Begeisterung für die griechische Antike bekannte Monarch machte den Ort am Flüsschen Sinn zum Kleinod unter den bayerischen Kurorten. Er ließ die Anlage mit repräsentativen Bauwerken im klassizistischen Stil, darunter das eindrucksvolle Kursaalgebäude, erweitern und die barocke Parkanlage behutsam in einen englischen Landschaftsgarten umgestalten. Die vorhandenen Laubgehölze wurden dabei auf seinen ausdrücklichen Wunsch nicht durch die seinerzeit modischen Nadelbäume ersetzt. Dass der König neben der Kunst auch eine Leidenschaft für die Natur und fürs Wandern hatte, belegen zahlreiche Wege, die er eigens in den Wäldern der Umgebung anlegen ließ. Auch was eine weitere Passion seines Lebens anbelangt, nämlich die für schöne junge Frauen, gibt es eine Verbin-

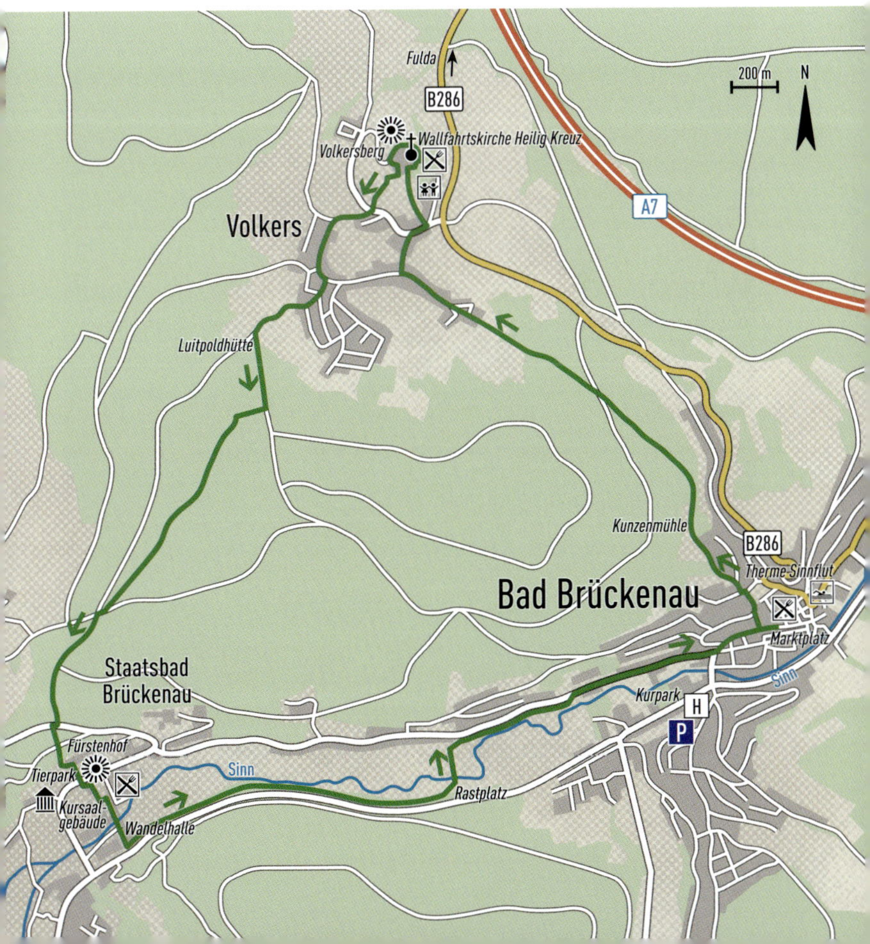

dung zu Bad Brückenau. Im Jahr 1847 verbrachte der alternde Regent den Sommer in seinem Lieblingsbad nicht mit seiner Gattin Therese (nach der die »Wies'n« in München benannt ist), sondern mit einer 25-jährigen Tänzerin, die sich ein Jahr zuvor in einer Audienz bei ihm in München vorgestellt hatte. Die kokette Schönheit gab sich als Spanierin mit Namen Lola Montez (1821–1861) aus, war in Wirklichkeit aber Tochter eines britischen Offiziers in Irland und hieß eigentlich Maria Dolores Elisa Gilbert. Die Hochstaplerin wurde zur Mätresse des Monarchen, der sie mit Geld und Geschenken überhäufte und sie gar in den Adelsstand erhob. Dies führte zu Tumulten in der Bevölkerung und letztlich zur Abdankung König Ludwigs I. im März 1848. Lola Montez starb nach rastlosen Jahren 1861 in New York. Auf ihrem Grabstein steht schlicht: Mrs. Elisa Gilbert. Dem Ruf des

Bäderorte in der Rhön

Nachdem bereits Bad Salzungen und Bad Neustadt als lohnende Ziele in diesem Ausflugsverführer vorgestellt wurden (siehe Touren 6 und 21), führt uns diese Tour mit Bad Brückenau in einen weiteren Bäderort der Rhön. Mit Bad Kissingen (siehe Tour 27) wird sogar noch ein vierter folgen, außerdem gibt es im Bäderland Rhön noch die beiden Kurorte Bad Bocklet und Bad Königshofen im Grabfeld. Der Grund für diese bemerkenswerte Dichte liegt geologisch bedingt im tieferen Untergrund der Region verborgen. Dort lagern in mehreren Hundert Metern Tiefe mächtige Salzvorkommen, die in der Zechsteinzeit (vor etwa 258 Millionen Jahren) in einem flachen, tropischen Meer abgelagert wurden. Unterirdische Quellen lösen das Salz auf und bringen dessen zahlreiche Mineralstoffe und Spurenelemente in ihrem Wasser an die Oberfläche. Dafür nutzen sie meist natürliche Klüfte oder Verwerfungsflächen, die bei der tektonischen Hebung der Rhön im Alttertiär entstanden sind. Oft sind aber auch Tiefbohrungen nötig, um an die begehrten Mineral- bzw. Heilwässer zu gelangen. Auf ihrem Weg durch das Gestein werden die Wässer auf natürliche Weise gereinigt und gefiltert, was ihnen eine ursprüngliche Reinheit verleiht. Bevor jedoch ein Badebetrieb eröffnet werden darf, muss zuerst die heilende, lindernde oder vorbeugende Wirkung eines natürlichen Mineralwassers durch wissenschaftliche Studien nachgewiesen werden. Von den fünf Kurorten des Bäderlandes Rhön ist Bad Königshofen der jüngste (seit 1974) und Bad Bocklet der älteste (seit 1725).

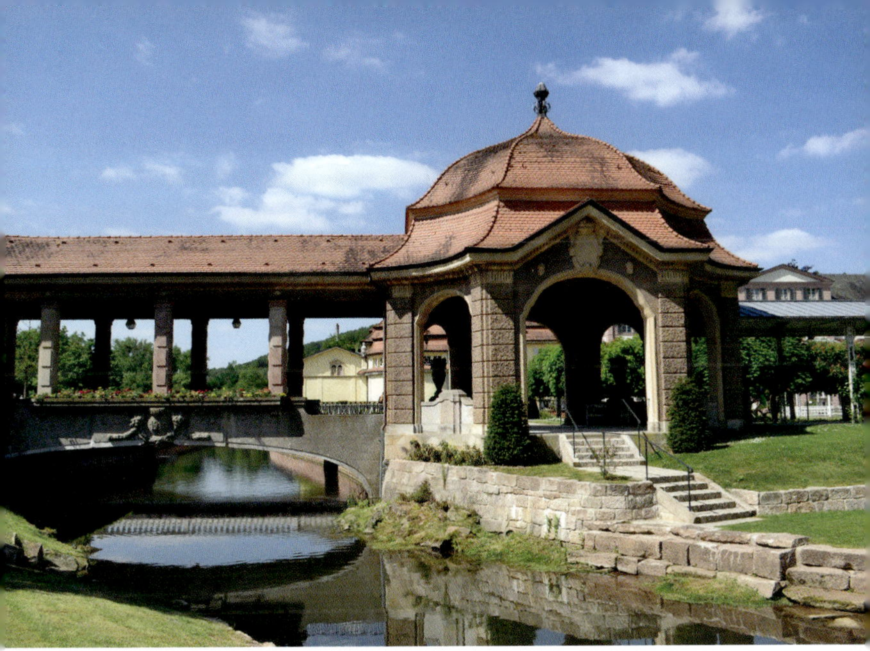

Der Wernarzer Quellentempel am Ufer der Sinn

Badeortes tat diese Affäre keinen Abbruch und seine Anziehung auf die europäische Hautevolee hielt unvermindert an. Daran änderte sich auch nichts nach dem Tod des Ex-Königs, der sich ins Privatleben zurückgezogen hatte. So ließ sich unter anderem im Jahr 1898 die österreichische Kaiserin Elisabeth (Sisi) in Bad Brückenau während einer vierwöchigen Kur vom international bekannten Urologen Dr. Felix Schlagintweit (1868–1950) behandeln. Nachdem 1906 und 1907 in der Kernstadt der St.-Georgi-Sprudel und die Siebener Quelle erbohrt wurden, wurde auch Brückenau Heilbad. Im Jahr 1970 bekam schließlich die gesamte Stadt den Titel »Bad« verliehen, das bisherige Bad wurde zum Stadtteil Staatsbad Brückenau.

Von Bad Brückenau auf den Volkersberg

Drei verschiedene Gesichter von Bad Brückenau werden wir auf der Tour kennenlernen: romantisches Altstadt-Flair im eigentlichen Ort, sakrale barocke Pracht auf dem Volkersberg und schließlich als Höhepunkt die wunderschöne Kurparkanlage im

Staatsbad Brückenau. Wir starten auf dem Marktplatz in Bad Brückenau beim originellen Brunnen »Im Gespräch« und flanieren ohne Markierung in westlicher Richtung durch die Fußgängerzone. Bei der nach rechts abzweigenden Kapellengasse beginnt der mit einem *gelben offenen Dreieck* markierte *Wanderweg Bad Brückenau–Volkers,* dem wir uns nun anvertrauen.

Hinter dem Friedhof halten wir uns bei einer Straßengabelung links in den Schützenhausweg, wobei es jetzt zunehmend steiler wird. Annähernd 250 Höhenmeter wollen von uns auf diesem Anstieg auf den Volkersberg bewältigt werden. Dann lassen wir das Ortsgebiet hinter uns, passieren die Kunzenmühle und schwenken kurz danach links in den lichten Laubmischwald ein. Nach dessen Durchquerung erreichen wir den auf einer Verflachung gelegenen Brückenauer Ortsteil Volkers. Dort biegen wir rechts auf die Hauptstraße ab und folgen ihr aufwärts bis ans Ende unseres mit dem *gelben offenen Dreieck* markierten Weges. Nun orientieren wir uns mit dem *Nordic Walking Weg 4 (Kloster-Runde)* rechts und biegen gleich darauf links in ein Sträßchen ab, das in einen schmalen Pfad übergeht.

In einem letzten Steilanstieg erklimmen wir über Wiesen den 552 Meter hohen Volkersberg, der eigentlich Kirchberg heißt. Letzte-

Blütenpracht beim Haus Löwe

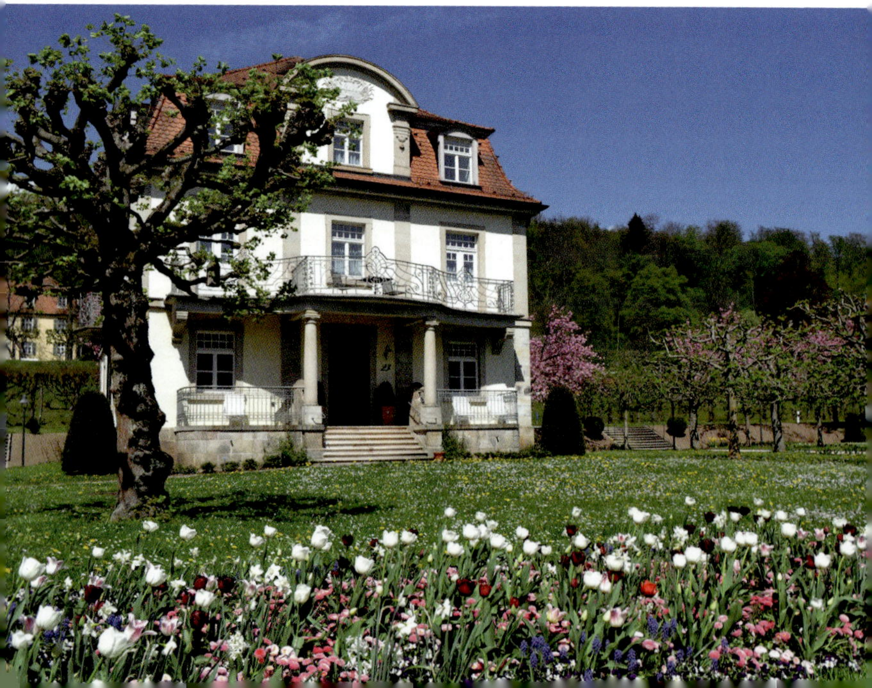

rer Name weist darauf hin, dass wir es mit einem heiligen Berg zu tun haben, der wegen seiner Wallfahrtskirche schon seit langem von Pilgern aufgesucht wird. Oben treffen wir auf die *Extratour Königsweg,* die uns hinunter ins Staatsbad den Weg weisen wird. Vorher wollen wir uns aber erst einmal von den Strapazen des Aufstieges erholen, wofür sich idealerweise die *Klosterschänke* anbietet, die allerdings nur an den Wochenenden geöffnet hat. Weiter unserem Weg um das Klosterareal folgend, bietet sich ein schöner Blick zur Dammersfeldkuppe im Norden und zu den Schwarzen Bergen im Osten. Dann gelangen wir zur Wallfahrtskirche Heilig Kreuz, deren Hochaltar mit einer fulminanten barocken Farbintensität beeindruckt. Das sakrale Bauwerk wurde 1664 unter dem Fuldaer Fürstabt Johannes von Gravenegg auf den Fundamenten einer früheren Kirche errichtet. Diese hatte sich im 15. Jahrhundert zu einem beliebten Wallfahrtsziel der Region entwickelt, wobei sich bis 1499 Einsiedler um die jährlich zunehmende Pilgerschar kümmerten. Diese Aufgabe übernahmen 1658 Mönche des Franziskaner-Observanten-Ordens des Klosters Altstadt bei Hammelburg, die sich auf Geheiß besagten Fürstabtes auf dem Volkersberg niederließen. Ihr Kloster hatte bis 1966 Bestand, dann kaufte die Diözese Würzburg die Anlage, um sie für eine katholische Landvolkshochschule zu nutzen. Heute trägt die Bildungsstätte den Namen Haus Volkersberg, die sich mit ihrem Angebot, darunter ein hauseigener Hochseilgarten, vorrangig an Kinder und Jugendliche wendet. Angeschlossen sind ein Zentrum für Erlebnispädagogik sowie Räumlichkeiten für Seminare und Tagungen. Über eine Treppe gelangt man auf einen kleinen Vorplatz und von dort zum Eingangsportal der Wallfahrtskirche. Gegenüber befindet sich eine imposante Kreuzigungsgruppe, die das Ende eines 1755 angelegten Stationsweges darstellt, der sich am Nordhang des Volkersberges entlangzieht. Von hier oben hat man einen schönen Blick ins südliche Umland bis zum markanten Kegel des Dreistelzberges. Unten passieren wir neben dem Treppenaufgang die Figur eines weißen Hirschs, zu der es natürlich eine Sage gibt. Einst wollten die Einwohner von Volkers eine Kapelle in ihrem Dorf errichten. Doch immer, wenn sie das für den Bau nötige Holz zusammengetragen hatten, war es am nächsten Tag verschwunden. Man vermutete einen Diebstahl und stellte daher nächtliche Wachen auf. Erstaunt sahen diese, wie ein weißer Hirsch kam und das Bauholz auf seinem Geweih zum Gipfelkreuz auf dem Volkersberg trug. Daraufhin entschloss man sich, die Kapelle nicht im Dorf, sondern auf dem Berg zu errichten.

Da uns kein Hirsch oder sonstiges Tragetier für unseren Weiterweg zur Verfügung stehen, folgen wir weiterhin dem *roten K* für die *Extratour Königsweg* auf Schusters Rappen. Es führt uns wieder hinunter nach Volkers, wo wir das Dorf durchschreiten und uns danach leicht bergauf in den für die Rhön typischen Buchenwald bis zur Luitpoldhütte halten. Sie ist nach Prinzregent Luitpold von Bayern benannt und lädt zu einer kurzen Rast ein. Ab jetzt geht es nur noch bergab durch den dichten Forst, wobei sich die *Extratour Königsweg* kurz darauf gabelt. Wir bleiben geradeaus und halten uns nahe der bayerisch-hessischen Landesgrenze weiter bergab, wobei wir nach etwa zwei Kilometern die Landstraße von Bad Brückenau nach Züntersbach überqueren. Kurz danach verlassen wir den Wald und sehen bereits das Areal des Staatsbades vor uns.

Im Lieblingsbad des Bayernkönigs

Unser *Königsweg*, dessen Name natürlich auf König Ludwig I. von Bayern anspielt, der »sein« Bad so sehr geliebt hat, führt uns in das prächtige Areal hinein. Zunächst gehen wir am Fürstenhof entlang, der auf einem Hang thront, der in Terrassen ins Tal abfällt. Wir erlauben uns einen Schwenk nach links und flanieren durch die terrassierte Gartenanlage auf der Südseite des Gebäudes. Von hier oben hat man einen wunderbaren Blick über das gesamte Staatsbad und kann den geometrischen Bauplan des barocken Kurparks gut nachvollziehen. Am auffälligsten ist die lange Hauptallee, die sich schnurgerade in annähernder Nord-Süd-Richtung durch das Gelände zieht. Andrea Gallasini, der Hofarchitekt der Fürstäbte von Fulda, ließ links und rechts von ihr je drei spiegelbildlich angeordnete Pavillonbauten mit Mansardendächern errichten, die allesamt nach Tieren benannt wurden. Drei davon, die Häuser Löwe, Widder und Hirsch, stehen heute noch. Ansonsten dominieren prunkvolle Gebäude im klassizistischen Stil das Bild des Staatsbades. Der Fürstenhof stammt aber auch noch aus der Barockzeit. Fürstbischof Heinrich von Bibra ließ 1775 einen Vorgängerbau zu einen fürstli-

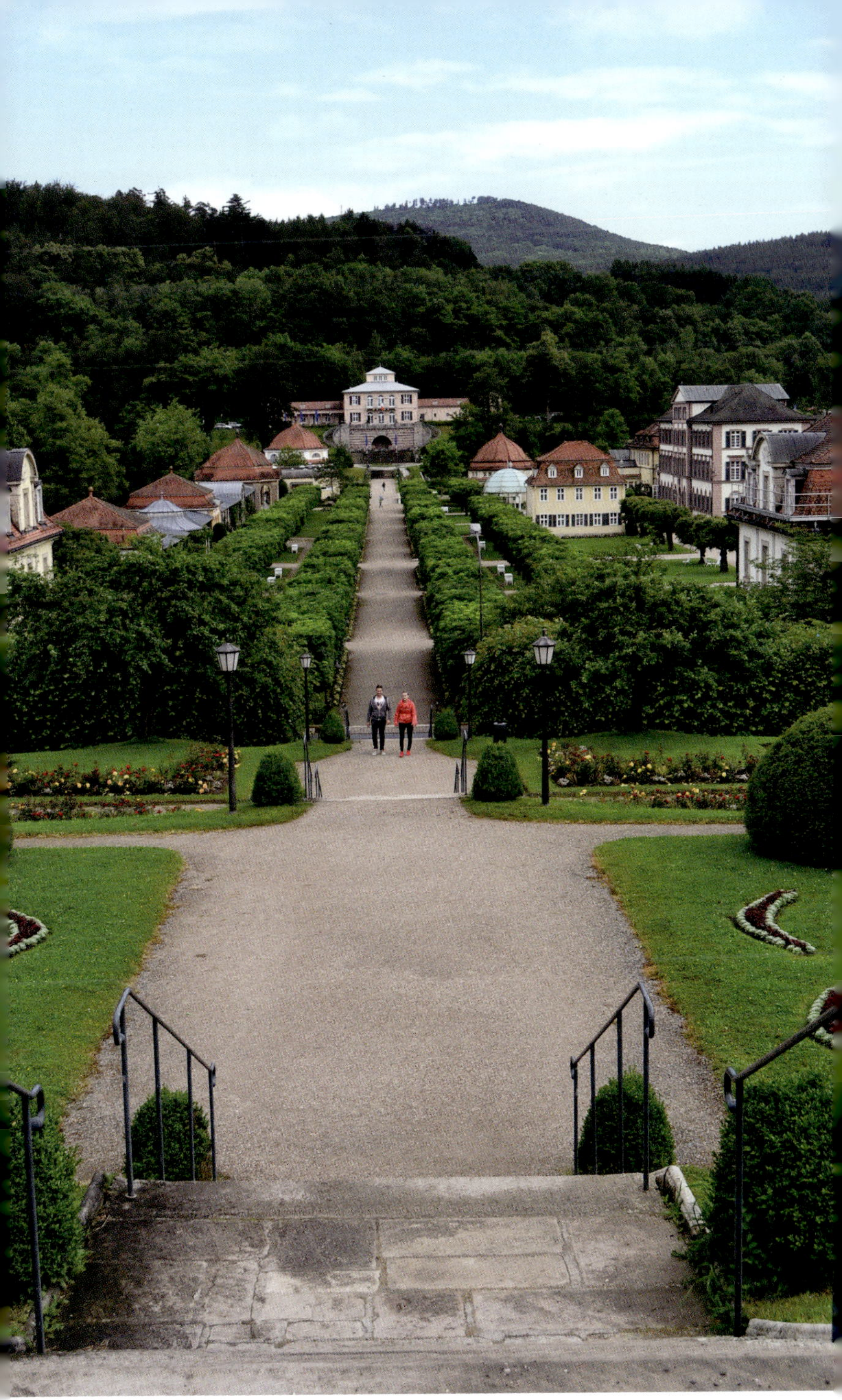

Vom Fürstenhof eröffnet sich ein beeindruckender Blick auf das Kurgelände.

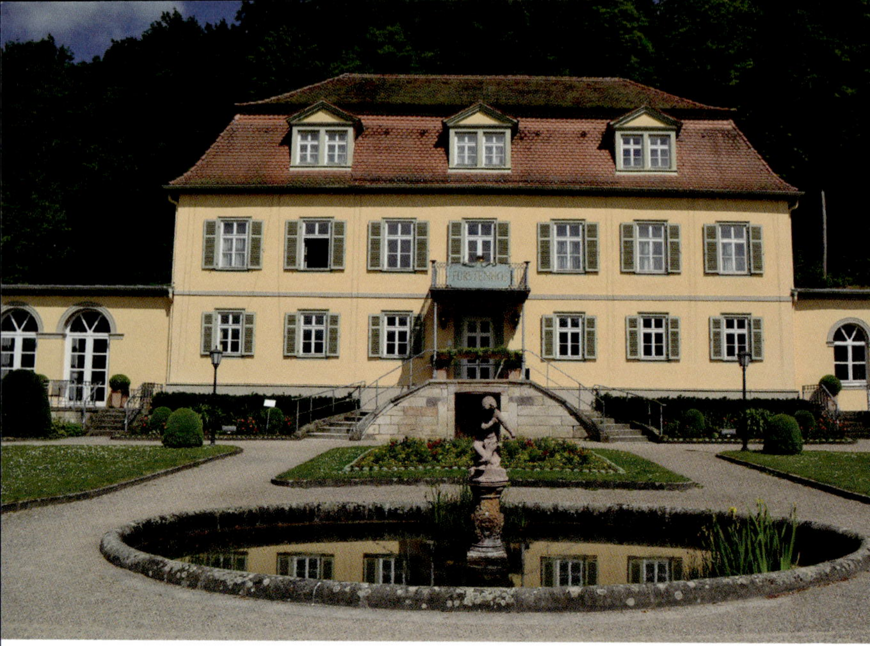

Im Fürstenhof logierte einst König Ludwig I.

chen Sommersitz ausbauen. Der Gebäudekomplex diente ab 1818 als Residenz des bayerischen Kronprinzen und späteren Königs während seiner 26 Aufenthalte im Staatsbad. Während der Fußball-WM 2006 in Deutschland bezog die kroatische Nationalmannschaft hier ihr Quartier. Derzeit ist das Hotel im Fürstenhof jedoch geschlossen. Zurück auf dem *Königsweg* biegen wir bei erster Gelegenheit rechts ab zur nahen Königseiche, einem sehenswerten Naturdenkmal. Dieser Baum-Methusalem soll etwa 800 Jahre alt sein, was man ihm sichtlich anmerkt. Seine weit ausladenden Äste müssen von Pfählen gestützt werden. Aber beeindruckend ist seine Erscheinung mit einem Kronendurchmesser von etwa 30 Metern immer noch. König Ludwig ging seinen Staatsgeschäften am liebsten unter seinem Blätterdach nach, wie eine Infotafel verrät. Gleich nebenan befinden sich ein Tiergehege und der Schmetterlingsgarten. Wir steuern nun auf die Hauptallee zu und flanieren rechts abbiegend an ihr entlang. Zuerst passieren wir linker Hand das Haus Löwe, einen der erhaltenen barocken Pavillonbauten. Hier bezog 1847 Lola Montez ihr Quartier, als sie mit dem Bayernkönig in Brückenau weilte. Mit einer roten Laterne soll sie in einem Fenster im Obergeschoss dem im nahen Fürstenhof residierenden Monarchen signalisiert haben, wann sie für ein Tête-à-Tête bereit war.

Rechts des Weges liegt der 1894 im klassizistischen Stil erbaute und nach Kaiserin Elisabeth von Österreich (Sisi) benannte Elisabethenhof. Der berühmte Badearzt Dr. Felix Schlagintweit hatte hier seine urologische Praxis, heute befinden sich in dem Gebäude die Büroräume der Staatlichen Kurverwaltung.

Dann unternehmen wir einen kurzen Abstecher nach rechts zum Kursaalgebäude, der eindeutigen Hauptsehenswürdigkeit des Staatsbades. Davor steht das 1897 von Ferdinand Miller geschaffene Denkmal für König Ludwig I. von Bayern: eine überlebensgroße Bronzefigur des sitzenden Herrschers im Krönungsornat, den Plan des Kursaalgebäudes in der rechten Hand haltend. Der Monumentalbau selbst wurde in den Jahren 1827–33 nach Plänen des Architekten Johann Gottfried Gutensohn (1792–1851) im klassizistischen Stil errichtet. Von seiner prunkvollen Innenausstattung seien hier lediglich die Königsloge und der Lola-Montez-Saal erwähnt, beide mit Deckenmalereien im Stil der italienischen Renaissance. Heute finden hier Konzerte, Theateraufführungen, Galas und Bälle statt.

Zurück auf der Hauptallee geht es weiter in südlicher Richtung auf ihr entlang, wobei wir rechter Hand das 1823 errichtete Badhotel passieren. Es ist, wie auch alle anderen Gebäude des Staatsbades, mit einer Infotafel mit vertiefenden Erläuterungen versehen. Dies nur als kleiner Hinweis für alle, die das Areal ausgiebig besichtigen möchten, also auch Bauwerke, die in diesem Buch nicht oder nur kurz vorgestellt werden können. Hingewiesen sei außerdem auf die zahlreichen Cafés und Restaurants, die über das ganze Gelände verstreut sind. Die Palette reicht von deftig-fränkisch bis exotisch. Da findet bestimmt jeder etwas Passendes, im Sommer gerne in einem Biergarten oder Freiluftcafé.

Auf einer Brücke überqueren wir das Flüsschen Sinn und werfen gleich danach einen Blick in den Wernarzer Quellentempel, einen achteckigen Bau mit einem kuppelähnlichen Glockendach. Malereien im Inneren der Kuppel sowie die Fensterverglasungen und der Schmuck an der Außenfassade des 1911 errichteten Gebäudes zeigen Elemente des Jugendstils. Verbunden ist der Tempel mit der verglasten modernen Wandelhalle von 1950, in der sich die Heilquellen-Lounge befindet. Mit einer Gast-, Tages- oder Jahreskarte hat man kostenfreien Zutritt und kann die Wässer der fünf Heilquellen des Staatsbades (Wernarzer Quelle, König-Ludwig-I.-Quelle, Sinnberger Quelle, Vitalquelle und Lola-Montez-Quelle) vor Ort trinken oder in Flaschen abfüllen.

Schließlich gelangen wir am Südende der Kurparkanlage zum Bellevue, das 1819 als erster Bau der Ludwigsära auf gleicher Höhe wie der Fürstenbau und diesem gegenüber errichtet wurde. Natürlich auch im klassizistischen Stil, der diesmal jedoch mit toskanischen Landhauselementen aufgelockert wurde. Es diente als Gästehaus des Königs, im Keller wurden Lebensmittel für die Kurgäste gelagert. Heute kann man hier die Spezialitäten eines italienischen Restaurants genießen.

Wir gehen ein paar Meter zurück und verlassen vor der Wandelhalle das Staatsbad auf der *Extratour Königsweg* nach rechts. Wen unsere Wanderung bisher noch nicht ausgelastet hat, kann aber auch mit der Markierung *gelber offener Tropfen* einen Abstecher auf den Dreistelzberg (660 m) unternehmen. Der Aussichtsturm auf seinem Gipfel bietet einen phänomenalen Rundblick. Dafür muss man allerdings einen längeren Steilanstieg in Kauf nehmen (hin und zurück etwa 8 km). Ansonsten folgen wir dem *roten K* etwa 1,5 Kilometer auf der Südseite der Sinn bis zu einem Rastplatz (Otto-Platz). Dort biegen wir links ab, überqueren das Flüsschen auf einem Steg und gelangen zum Washington-Platz, wo wir uns vom *Königsweg* verabschieden. Dafür halten wir uns nun an die Markierung *rotes Dreieck*, die uns rechts abbiegend zurück nach Bad Brückenau bringt. Vorbei am Kurpark, wo 1907 der Georgi-Sprudel erbohrt wurde, erreichen wir auf der Ernst-Putz-Straße und der Ludwigstraße unseren Ausgangspunkt auf dem Marktplatz.

Ausgewählte Adressen und Tipps

Tourist-Information, Alter Rathausplatz 1 (Altes Rathaus), 97769 Bad Brückenau, Tel. 09741/80411, www.bad-brueckenau.de. Mo/Di und Do/Fr 9–12 und 13–16.30, Mi 9–13 Uhr, Sa/So geschlossen.

Deutsches Fahrradmuseum, Heinrich-von-Bibra-Str. 24, 97769 Bad Brückenau (Staatsbad), Tel. 09741/938255, www.deutsches-fahrradmuseum.de. Di–Fr 9–12 und 14–17, Sa/So/Fei 10.30–17 Uhr. Mit Café (siehe unten), es gibt jede Menge historische Fahrräder und Kleinmotorräder zu bestaunen, auf der Testfläche vor dem Museum stehen Spaß- und Geschicklichkeitsräder für Groß und Klein bereit.

Therme Sinnflut, Gänsrain 2, 97769 Bad Brückenau, Tel. 09741/911255, www.stw-brk.de. Öffnungszeiten siehe Webseite. Ein Paradies für Wasserfreunde mit Erlebnisbecken innen und außen, einem Wasserspielgarten, einer Riesenrutsche und einer Kletterwand am Beckenrand für Kinder.

Forest Mountain Ranch Eckarts, Kutschfahrten durch das Sinntal bietet die Ranch in Eckarts wöchentlich Fr und Sa an. Fahrzeiten und weitere Informationen: Hans-Jürgen Müller, Züntersbacher Str. 1, 97799 Zeitlofs-Eckarts, Tel. 0151/16466984, www.forest-mountain-ranch.hpage.com.

Tiergehege, Heinrich-von-Bibra-Str. 18, 97769 Bad Brückenau. Ganzjährig frei zugänglich. Zu sehen sind neben Ziegen und Rhönschafen einige Volieren mit Fasanen, Tauben und anderen Vögeln.

Klosterschänke Volkersberg, Volkersberg 1, 97769 Bad Brückenau, Tel. 09741/913259, www.klosterschaenke-volkersberg.de. Sa 13–19, So/Fei 12–19 Uhr. Rhöner Küche mit frischen Zutaten aus der Region, Selbstbedienung an der Theke, im Sommer ist die Terrasse geöffnet.

Café M im Deutschen Fahrradmuseum (siehe oben), Tel. 09741/9304475, www.cafem.de. Hausgemachte Kuchen, Wild-, Fleisch- und vegetarische Gerichte, im Sommer auf der Terrasse.

Café Carpe Diem, Heinrich-von-Bibra-Str. 15, 97769Bad Brückenau, Tel. 0179/7831958, www.bad-brueckenau.de. Mo–Fr 13–17 (bei schönem Wetter), Sa 13–19, So 9–17 Uhr.

Lola's Restaurant, Heinrich-von-Bibra-Str. 7, 97769 Bad Brückenau, Tel. 09741/6090950, www.lolas-schlosspark-biergarten.de. Mi–Sa 17.30–22, So 11.30–14 und 17.30–22 Uhr, Mo/Di Ruhetage.

Haus Volkersberg, Volkersberg 1, 97769 Bad Brückenau-Volkers, Tel. 09741/913200, www.volkersberg.de. In der Jugendbildungsstätte der Diözese Würzburg gibt es Einzel-, Doppel- und Mehrbettzimmer, dazu 17 rustikale Bungalows.

Philosophenvilla, Heinrich-von-Bibra-Str. 9, 97769 Bad Brückenau-Staatsbad, Tel. 09741/6095071, www.philosophenvilla.com. Individuell gestaltete Doppelzimmer in einer Jugendstilvilla mitten in der Kurparkanlage, jedes Zimmer ist einem Philosophen gewidmet, einen Fernseher gibt es nicht, dafür die Bücher des jeweiligen Denkers, extravagantes Ambiente, dafür aber auch nicht billig.

Hotel Jägerhof, Wernarzer Str. 7a–11, 97769 Bad Brückenau, Tel. 09741/91070, www.hotel-jaegerhof.de.

Badhotel Bad Brückenau, Amand-von-Buseck-Str. 8–10, 97769 Bad Brückenau, Tel. 09741/937600, www.badhotel-badbrueckenau.de.

Wellness-Hotel Ursula garni, Jägerstr. 6, 97769 Bad Brückenau, Tel. 09741/91100, www.hotel-ursula.com.

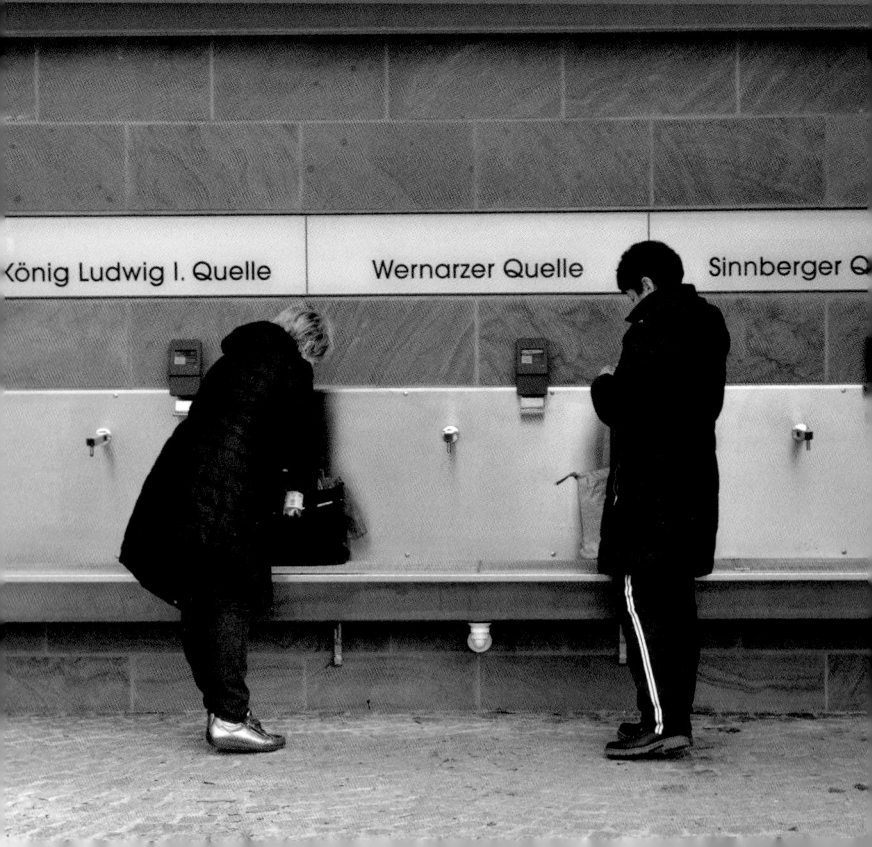

Aller guten Dinge sind drei

25

Von Schondra zu Lindenstumpf, Schildeck und Mettermich

Tour: Rundwanderung von Schondra zu den drei Basaltkuppen Lindenstumpf, Schildeck und Mettermich.
Länge/Dauer: 9,8 km/3 Std.
Einstiegspunkt: Schondra bei der Kirche.
Höhenunterschied: 133 m.
Markierungen: *gelber offener Tropfen, gelbe Raute, rotes Dreieck (Kreuzbergweg HW07).*
Anfahrt: *ÖPNV:* mit der Bahn bis Bahnhof Jossa/Sinngrund, Buslinie 8056 bis Haltestelle Bad Brückenau Bahnhof, Buslinie 8058 bis Haltestelle Schondra Ortsmitte (allerdings nur schlechte Verbindung). *Kfz:* A 7 Ausfahrt Bad Brückenau/Wildflecken, B 286 Richtung Geroda, St 2431 bis Schondra; Parken am besten beim Sportplatz in der Schulstraße.
Saison: Frühjahr bis Herbst.
Familie: Mit Kindern kann man auch direkt zum Lindenstumpf wandern und nur das Geotop besichtigen.
Anforderungen: Die kurze Tour mit nur moderaten An- und Abstiegen ist auch für Wanderer mit durchschnittlicher Kondition und mit Kindern geeignet. Wer jedoch über unwegsames Terrain zu den Gipfeln von Mettermich und Schildeckersberg hochsteigen will, braucht dafür entsprechende Trittsicherheit (und natürlich auch das geeignete Schuhwerk).
Besonderheiten: Es darf nicht verschwiegen werden, dass diese Tour einen unangenehmen Nebenaspekt hat – die nahe Autobahn A 7. Ihr Verkehrslärm ist auf der gesamten Strecke, mal mehr, mal weniger laut zu vernehmen. Es empfiehlt sich daher, vorab gute Musik oder ein Hörbuch aufs Smartphone zu laden und Kopfhörer mitzunehmen. So ausgerüstet, wird die Wanderung auch zu einem akustischen Genuss. Auf der Tour gibt es keine Einkehrmöglichkeit, deshalb bitte ausreichend Proviant mitnehmen.

Ein Fächer aus Basalt

Im Südwesten der Bayerischen Rhön hat die Erosion die Schlote einstiger Vulkane zu spitzen Kuppen aus der Landschaft herauspräpariert. Sie bestimmen markant den Charakter der Brückenauer

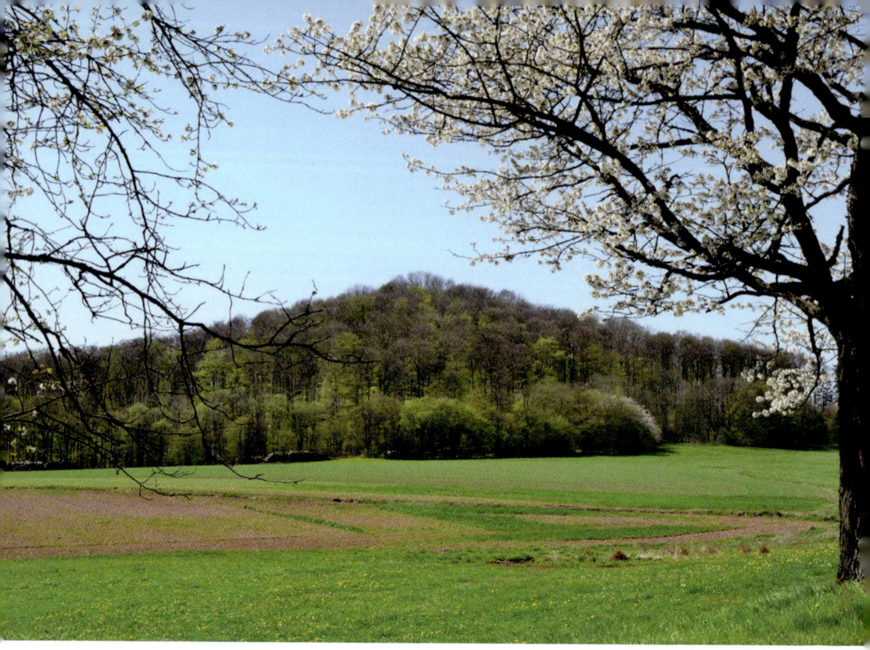

Die Mettermich ist eine Vulkangruppe.

Kuppenrhön, die dem Gebirgszug der Hohen Rhön vorgelagert ist. Neben dem Dreistelzberg bei Bad Brückenau bildet vor allem das Dreigestirn aus Lindenstumpf, Schildeckersberg und Mettermich ein Wahrzeichen dieser Region.

Der Marktflecken Schondra ist der ideale Ausgangsort, um auf kurzen Wegen alle drei auf einen Streich zu erwandern. Wir starten in der Ortsmitte am Kirchberg, wobei wir zunächst zur Pfarrkirche St. Anna gehen, die mit ihrer spitzen Turmhaube schon von Weitem zu sehen ist. Wir sind etwas enttäuscht, denn von der alten, um 1200 erbauten Kirche steht tatsächlich nur noch der Turm. Der Rest des wohl baufällig gewordenen Gotteshauses wurde 1952 abgerissen, um einem schmucklosen Neubau Platz zu machen. Da gibt es nicht viel zu sehen, also wieder hinunter und auf der Marktstraße mit der Markierung *gelber offener Tropfen* zur Brückenauer Straße. Dort stoßen wir auf die *gelbe Raute,* die uns über die Straße Rhönblick hinaus auf die Feld- und Wiesenflur bringt. In einem sachten Anstieg ist dann schon das erste Ziel unserer Kuppentour erreicht: der Lindenstumpf.

Zugegebenermaßen reißt uns sein Anblick erst einmal nicht vom Hocker, denn er hat überhaupt nichts Kuppenhaftiges an sich. Aber man lasse sich dadurch nicht täuschen, denn der Berg hat es im wahrsten Sinne des Wortes in sich. Über einen Stichweg gelangen wir in sein Inneres oder besser gesagt in ein ehemaliges Steinbruchgelände. Dort wurde in den Jahren zwischen 1965 und 1968 Basalt abgebaut, der für den Bau der neuen Autobahn A 7 benötigt wurde. Dabei verlor der Lindenstumpf, wie viele andere Rhönberge, denen es ähnlich erging, einen beträchtlichen Teil seines Gipfels und damit seine ursprüngliche Kuppenform. »Aufgeschnitten« durch den Steinbruchbetrieb offenbart uns nun der Berg beispielhaft das Innenleben eines einstigen Vulkans. Wir erkennen an einer Bruchwand die typischen Basaltsäulen, die entstehen, wenn das glutflüssige Magma im Schlot stecken bleibt und nicht an die Erdoberfläche gelangt. Bei der Erkaltung der Masse bilden sich durch eine Volumen-Schrumpfung Risse an der Oberfläche der zähflüssigen Gesteins-

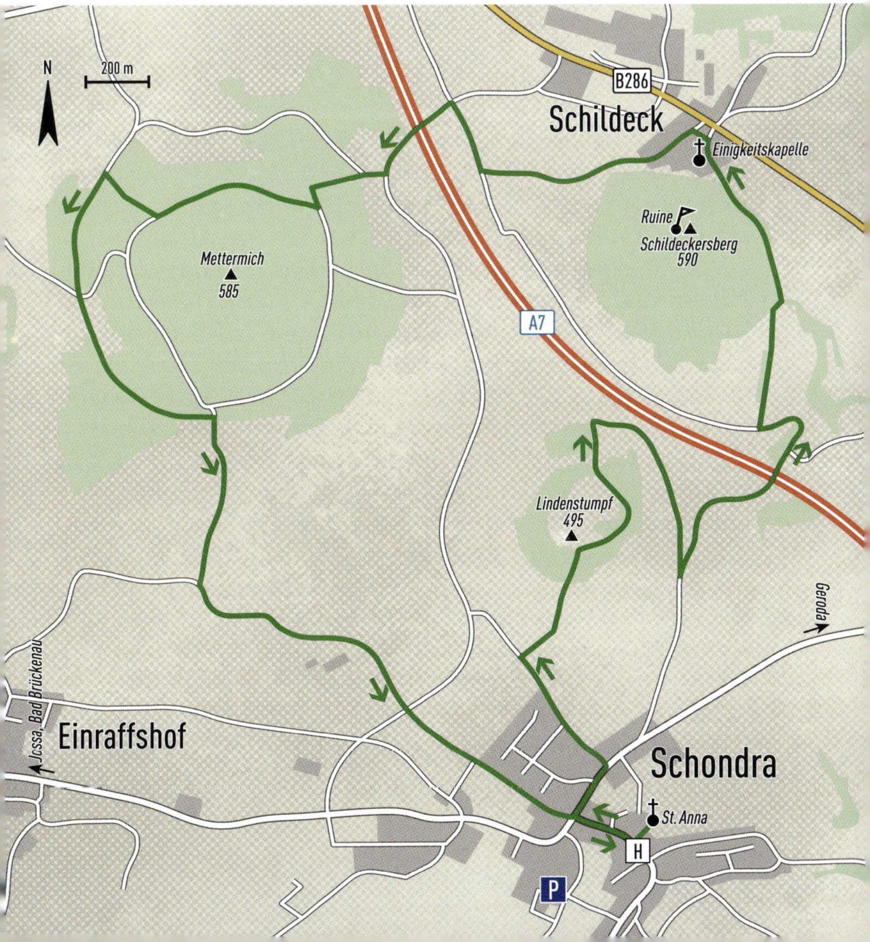

schmelze, ähnlich wie beim Ton in einer austrocknenden Pfütze. Beim weiteren Erstarren setzen sich diese als Schwundklüfte ins Innere des Magmenkörpers fort und spalten sich in Säulen auf. Normalerweise sind diese senkrecht angeordnet, im Lindenstumpf ist dagegen das seltene Phänomen der Meilerstellung zu beobachten. Die Säulen sind radialstrahlig gelagert und steigen zur Mitte hin immer flacher an, ähnlich wie bei einem Kohlenmeiler. Dies deutet darauf hin, dass hier der Schlot in einen Deckenerguss überging. Völlig zu Recht zählt der Lindenstumpf zu den 100 schönsten Geotopen in Bayern. Im Steinbruch kommen aber auch vulkanische Schlacken und Tuffe vor – ein Beleg, dass der Lindenstumpf im Tertiär ein aktiver Vulkan war, der Feuer und Asche ausgespien hat. Einen Teil des Areals hat sich die Natur wieder zurückerobert, auf den Abraumhalden wächst Trockenrasen, auf der Bruchsohle nutzen Amphibien kleine Tümpel als Laichplätze.

So nah und doch so fern

Zurück auf unserem Weg mit der *gelben Raute* überqueren wir den Lindenstumpf oberhalb des Steinbruchareals und steigen an seiner Nordflanke hinab. Unten halten wir uns auf der Flur rechts und biegen bei einer Feldscheune links ab. Unter der Autobahn hindurch steuern wir auf die bewaldete Kuppe des Schildeckersberges zu, an dessen Fuß entlang wir dann den Ortsrand von Schildeck erreichen. Zwar führt von dort ein unbefestigter und nicht markierter Pfad hoch zur Ruine Schildeck, doch diesen Abstecher verkneifen wir uns. Zum einen, weil er ziemlich beschwerlich ist, zum anderen, weil von der einstigen fuldischen Amtsburg (erbaut im 11. Jahrhundert) nicht mehr viel übrig ist. Sie wurde im Dreißigjährigen Krieg von den Schweden zerstört und den Rest hat die Natur besorgt. Neben dem Graben haben sich nur ein paar kümmerliche Mauerbruchstücke erhalten sowie ein enges Gewölbe, durch das man kriechend in einen kleinen Raum gelangen kann.

Wir bleiben unten und werfen im Vorbeigehen einen Blick auf die nette Einigkeitskapelle, die wir am Ortseingang passieren. Glücklicherweise biegen wir in Schildeck links ab, sodass uns der Gang durch das Industriegebiet an der B 286 erspart bleibt. Ge-

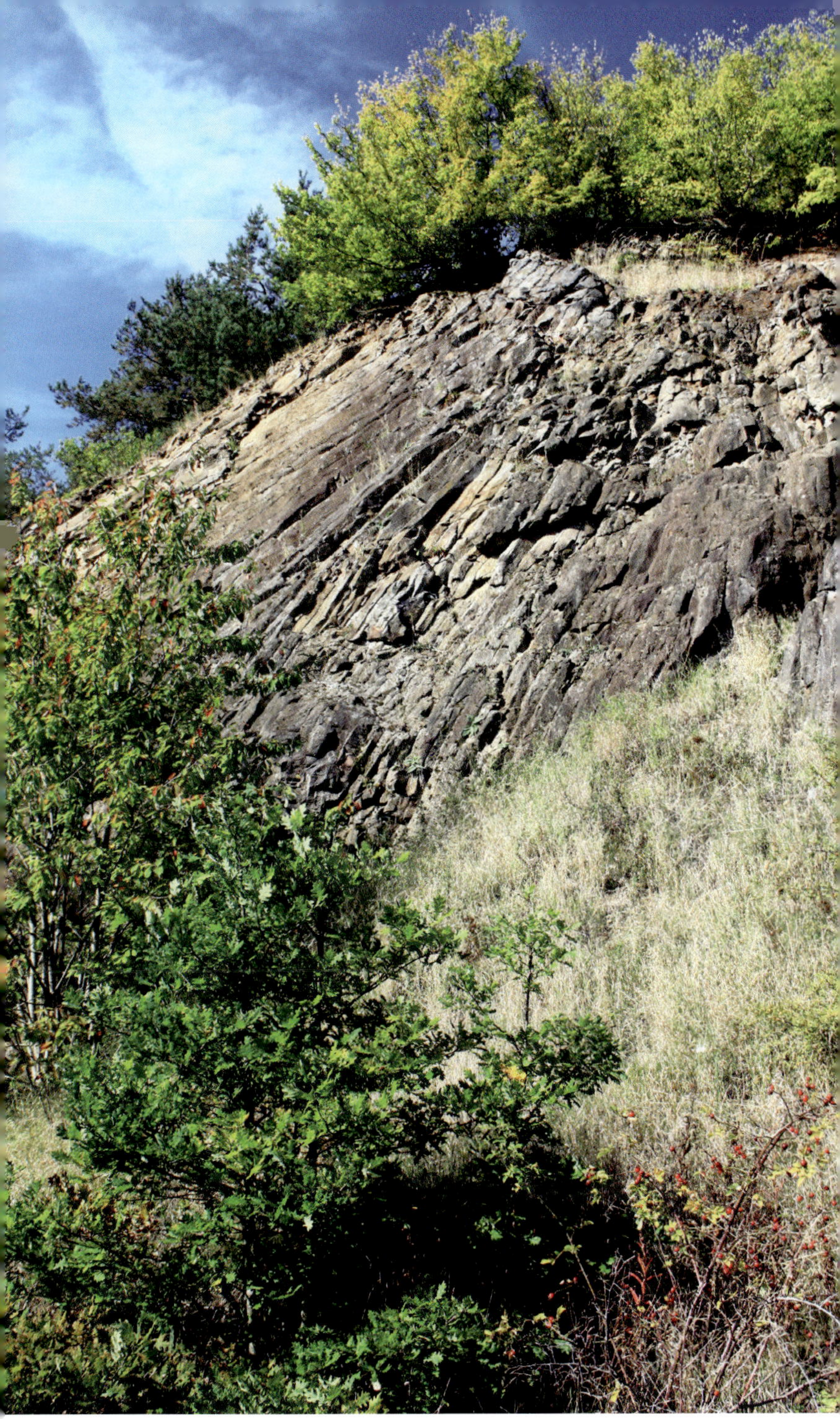

Basaltsäulen in Meilerstellung im Geotop Lindenstumpf

leitet vom *roten Dreieck* des *Kreuzbergweges (HWO7)* geht es hinunter in die Ebene und dort ein zweites Mal unter der Autobahn hindurch. Ein leichter Anstieg bringt uns hoch an den Fuß der bewaldeten Kuppe der Mettermich, deren Besteigung jedoch auch nicht ratsam ist. Zu ihrem Gipfel führt kein Pfad oder Weg und wer sich dennoch querfeldein durchs Unterholz schlagen will, muss sich über eine holprige Geröllhalde nach oben kämpfen. Der Berg ist auf allen Seiten von einem gewaltigen Basaltblockmeer umgeben, auf seinem Gipfel steht sogar säulenförmiger Basalt der ehemaligen Schlotfüllung an. Reste einer frühzeitlichen Ringwallanlage belegen, dass die Mettermich vermutlich in der späten Eisenzeit besiedelt war oder zumindest für den Bau einer Fliehburg genutzt wurde. Eine genaue Datierung der Anlage ist den Archäologen mangels aussagekräftiger Fundgegenstände bisher nicht möglich. Spuren hat auf dem Berg gegen Ende des 19. Jahrhunderts auch Josef Dunkel (1824–1902) aus dem nahen Römershag hinterlassen. Eigentlich war er Besitzer der heute nicht mehr existenten Schneidmühle, aber alle nannten ihn nur den »Alten vom Berg«. Der eigenbrötlerische Hobbydichter und Freigeist verbrachte viel Zeit auf seinem Berg, der ihm zu einem Drittel gehörte. Er hatte sich vorgenommen, die damals baumfreie Kuppe wieder zu bewalden, wozu er kreisförmige, mit Steinen befestigte Flächen anlegte und mit Bäumen bepflanzte. Außerdem schichtete er Unmengen von Steinbrocken, die er den alten Ringwällen entnahm, zu kleinen, halbkreisförmigen Plätzen an. Diese widmete er seinen Idolen, unter denen sich neben Reichskanzler Bismarck die Dichter Lessing und Ulrich von Hutten befanden sowie die atheistischen Philosophen Ludwig Feuerbach und David Strauß. Deren Namen gravierte er auf Sandsteintafeln, die er am jeweiligen Ort anbrachte. Zu sehen ist heute von all dem kaum mehr etwas, wer die Plätze nicht kennt, läuft ahnungslos an ihnen vorbei.

Wir bleiben auf unserem Weg und folgen ihm um den Nordabfall der Kuppe herum, bis uns ein Wegweiser rechts den Abhang hinunter weist. Unten auf dem Querweg verlässt uns das *rote Dreieck* nach rechts, dafür biegen wir mit dem *gelben offenen Tropfen* links ab. Mit ihm gehen wir um die Mettermich herum und biegen schließlich rechts ab. Den Wald verlassend, geht es dann über die Wiesenflur zurück nach Schondra.

Ausgewählte Adressen und Tipps

Biosphärenzentrum Rhön Haus der Schwarzen Berge, Rhönstr. 97, 97772 Wildflecken-Oberbach, Tel. 09749/91220, www.biosphaere-rhoen.de. Tägl. 10–17 Uhr. Ausstellung, Tourist-Info, Cafeteria und Laden (Cafeteria und Laden Mo geschlossen).

Eis-Anna, Bergstr. 15, 97795 Schondra, Tel. 09747/1452, www.eis-anna.de. Die rollende Eisdiele produziert und liefert auf Wunsch.

Hotel Rhön Hof Restaurant und Café, Hammelburger Str. 4, 97789 Oberleichtersbach, Tel. 09741/93790, www.hotel-rhoenhof.de. Hotel im Landhausstil mit Sauna, Solarium und hauseigenem Park, alle Zimmer mit Balkon.

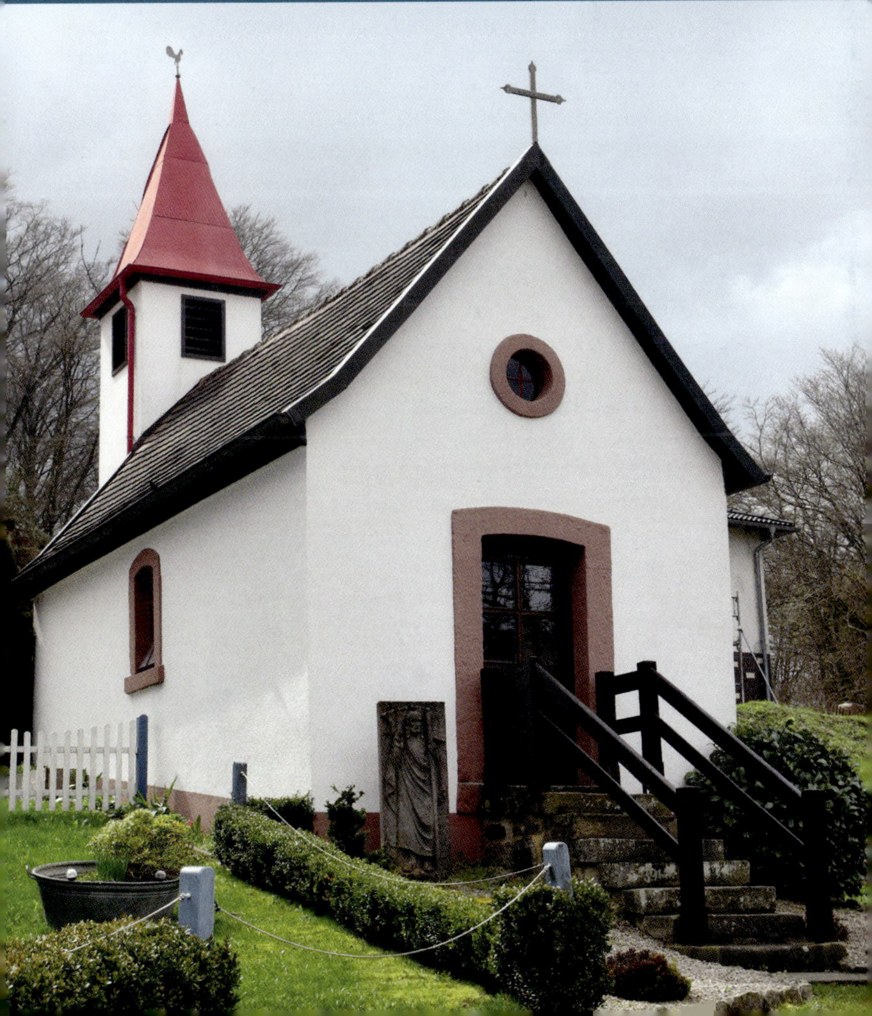

26 Ein kuppiges Vergnügen

Über die Platzer Kuppe zum Rhöner Tintenfass

Tour: Rundwanderung von Platz (Ortsteil von Geroda) über die Platzer Kuppe zum Berghaus Rhön.
Länge/Dauer: 14,7 km/5 Std.
Einstiegspunkt: Wanderparkplatz in Platz.
Höhenunterschied: 495 m.
Markierungen: *Extratour Kuppenweg (rotes K), gelber Winkel (Riedenberg–Würzburger Haus), Extratour Hüttentour (rotes H).*
Anfahrt: *ÖPNV:* mit der Bahn bis Bahnhof Bad Kissingen, mit Buslinie 8113 bis Haltestelle Geroda-Platz Gasthof Bayrischer Hof; von dort zu Fuß auf der Bergstraße etwa 500 m bergauf zum Wanderparkplatz. *Kfz:* A 7 Ausfahrt Bad Brückenau/Wildflecken, B 286 bis Geroda-Platz; Parken auf dem Wanderparkplatz am nördlichen Ortsrand (beschildert).
Saison: Frühjahr bis Herbst.
Familie: Mit Kindern bieten sich zwei kürze Varianten an: a) vom Wanderparkplatz in Platz wie beschrieben auf die Platzer Kuppe und von dort auf dem *Würzburger-Haus-Weg (WH)* wieder zurück (etwa 4,4 km); b) von Schildeck oder Riedenberg mit dem Auto zum Berghaus Rhön (die Anfahrt ist jeweils ausgeschildert), von dort zum Würzburger Karl-Straub-Haus wandern und wie beschrieben über das Tintenfass zurück zum Berghaus Rhön (etwa 5 km).
Anforderungen: Obwohl es auf dieser Tour nur wenige richtig steile An- und Abstiege gibt, erfordert sie wegen ihrer Länge eine gute Kondition.
Besonderheiten: Im Basaltsee Tintenfass ist Baden aufgrund der felsigen Steilwände und der im trüben Wasser treibenden Äste strengstens verboten. Das Gelände ist zudem mit einem Holzzaun abgesperrt, der innere Bereich darf nicht betreten werden. Badesachen können also getrost zu Hause gelassen werden.

Auf die Plätze

Von unserem kleinen Ausgangsort Platz gibt es nicht viel zu berichten. Erstmals urkundlich erwähnt wurde der Flecken 1317, war dann wohl aber lange Zeit in Folge von Krieg und Pest eine

Wüstung. Erst um 1515 siedelten sich dort wieder Menschen an und im 17. Jahrhundert gelangte das Dorf in den Besitz des Würzburger Julius-Spitals. Im Jahr 1803 kam es zu Bayern, wurde aber 1806 dem Großherzogtum Würzburg zugeschlagen, um ab 1814 endgültig bayerisch zu werden. In der Gebietsreform von 1971 verlor Platz seine Eigenständigkeit und wurde in den benachbarten Markt Geroda eingemeindet. Das Ortsbild wird von seiner Lage an der B 286 als typisches Straßendorf geprägt.

Für Wanderer ist der oberhalb des Dorfes gelegene Wanderparkplatz der ideale Startpunkt für Touren zur Platzer Kuppe und in die Schwarzen Berge. Auch wir legen dort los und orientieren uns am *roten K* der *Extratour Kuppenweg.* Vorher machen wir kurz einen Schwenk nach links zu einem schönen Rastplatz mit Brunnen, wo sich uns ein toller Blick zur Kuppenrhön bietet. Bestens eingestimmt auf kommende Wanderfreuden geht es dann über

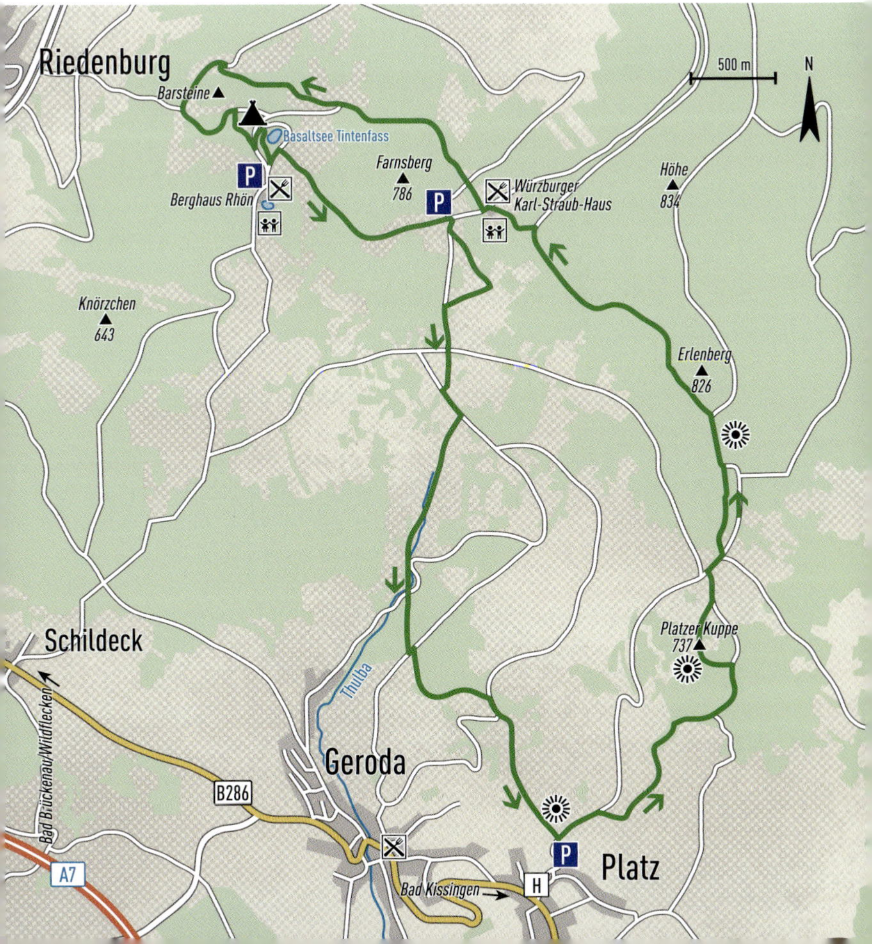

im Sommer bunt blühende Wiesen bergauf in einen Laubmischwald. Darin weckt in der Flur »Kleiner Berg« ein Hinweisschild zum Besinnungswald unsere Neugier. Anders als vermutet verbirgt sich dahinter kein Friedwald, also ein Begräbnisareal unter Bäumen, sondern eine Art Naturreservat. Besinnungswälder wollen auf die Bedeutung der Ökologie im Zeitalter von Klimawandel und Globalisierung hinweisen und wählen dafür als Standorte naturnahe Wälder mit artenreicher Flora und Fauna. Im Naturwaldreservat an der Platzer Kuppe mit seinen jahrhundertealten Buchen befindet sich jedoch der bisher einzige Besinnungswald in Deutschland. Das Projekt geht auf die Initiative einer Stiftung in Hammelburg zurück, die allerdings nicht mehr aktiv zu sein scheint.

Uns zieht es weiter nach oben und wir erklimmen in einem letzten kurzen Steilanstieg das baumlose Gipfelplateau der Platzer Kuppe. Ein großes hölzernes Kreuz markiert auf 737 Metern Meereshöhe den höchsten Punkt des südlichsten Ausläufers der Schwarzen Berge. Allein der Ausblick nach Westen zum Dreigestirn Lindenstumpf, Schildeck und Mettermich mit dem Dreistelzberg im Hintergrund war die Mühen des Aufstieges wert. Ein Rastplatz lädt zu einer ersten Pause ein.

Nach wie vor unserer *Kuppenweg-Markierung* folgend, nehmen wir einen Wiesenweg bergab in nördlicher Richtung. Vom Sattel zu einem dem Erlenberg vorgelagerten Hügel haben wir freie Sicht nach Nordosten und Osten bis zum Thüringer Wald, den Gleichbergen und den Hassbergen. Eine Aufwärtspassage bringt uns dann in ein Waldgebiet, das – eher untypisch für die Rhön – von Fichten und anderen Nadelhölzern dominiert wird. Bei einer Gabelung biegen wir links ab und erreichen nach knapp zwei Kilometern unbeschwerten, weil nahezu steigungslosen Wanderns das an der Hangkante des Farnsberges gelegene Würzburger Karl-Straub-Haus. Das vom Rhönklub-Zweigverein Würzburg 1993 neu gebaute Wanderheim ist nach dem »Rhönvater« Karl Straub (1873–1949) benannt – sein in Bronze gegossenes Konterfei kann neben dem Haus bewundert werden. Er hatte maßgeblichen Anteil daran, dass hier auf 786 Metern Höhe in den 1930er-Jahren ein erster Vorgängerbau errichtet wurde. Über den Talgrund von Sinn und Oberbach hinweg erblickt man im Nordosten den Großen und Kleinen Auersberg und die Dammersfeldkuppe. Sie liegen allesamt im Manövergebiet des

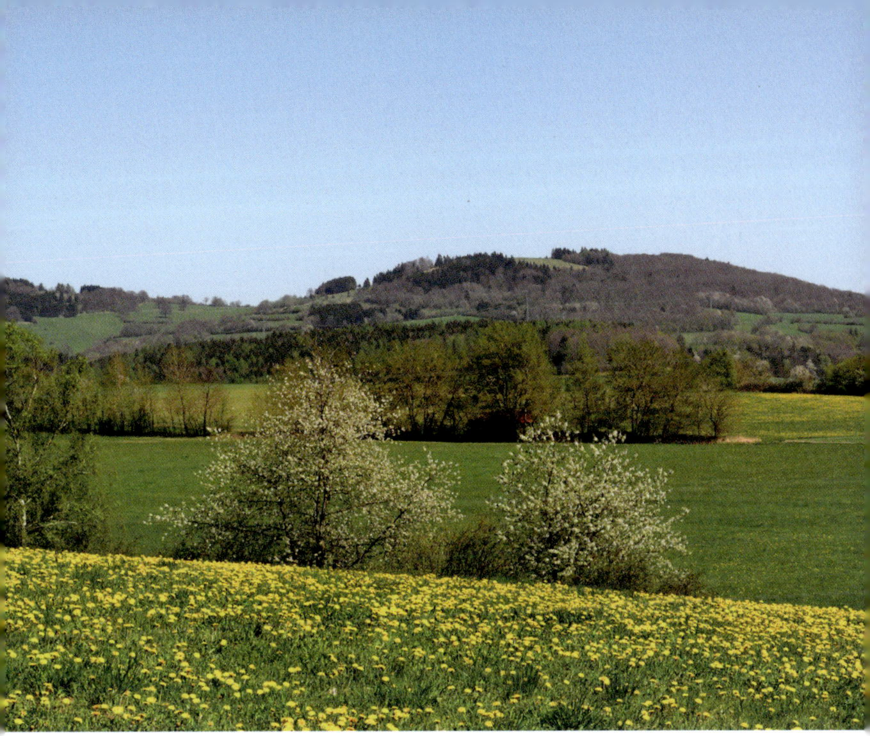

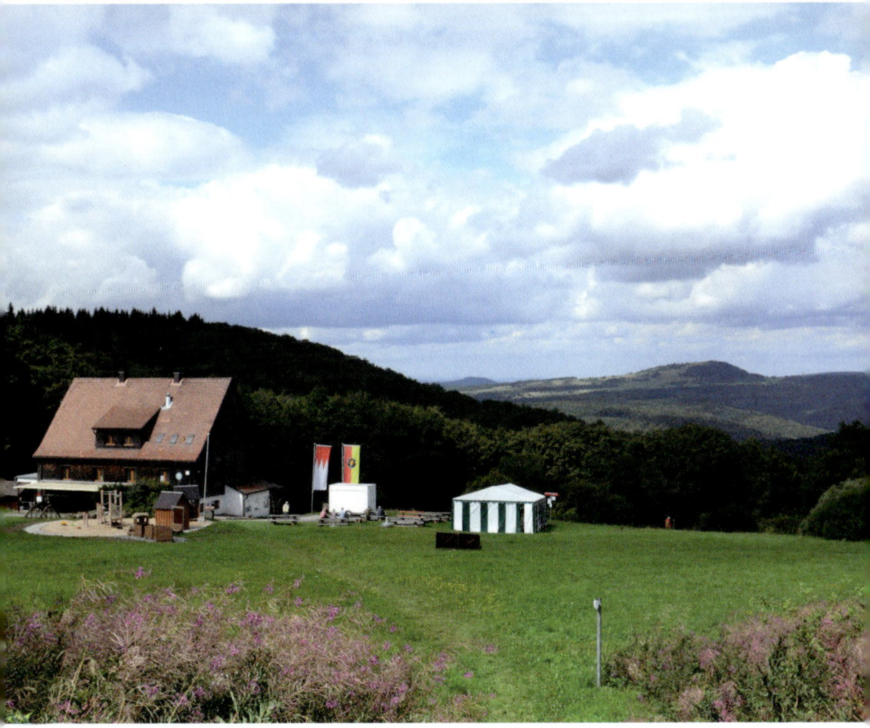

Über die Platzer Kuppe geht es zum Würzburger Karl-Straub-Haus auf dem Farnsberg.

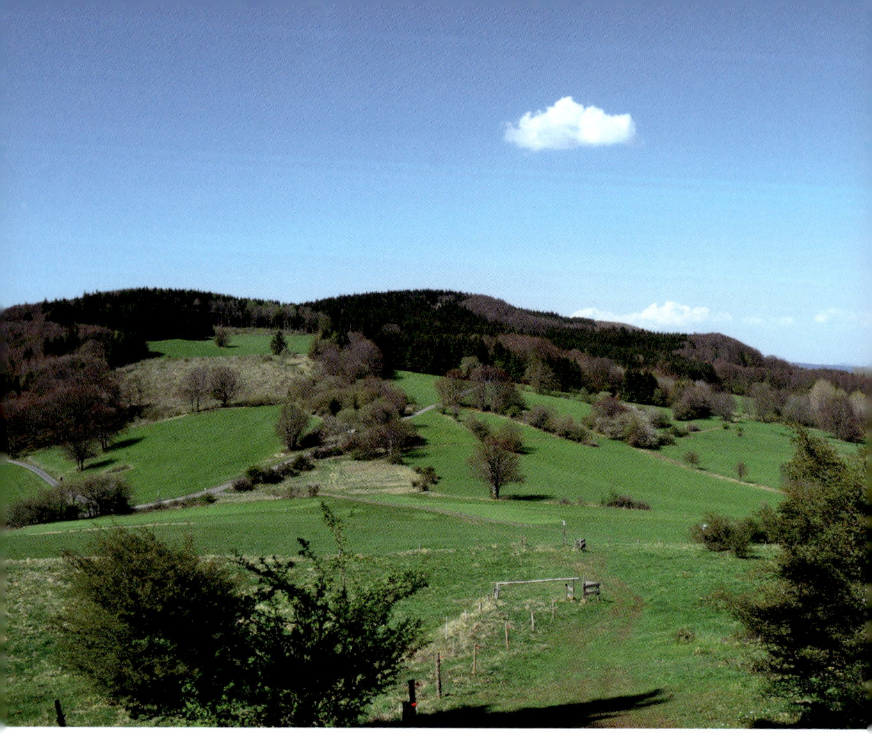

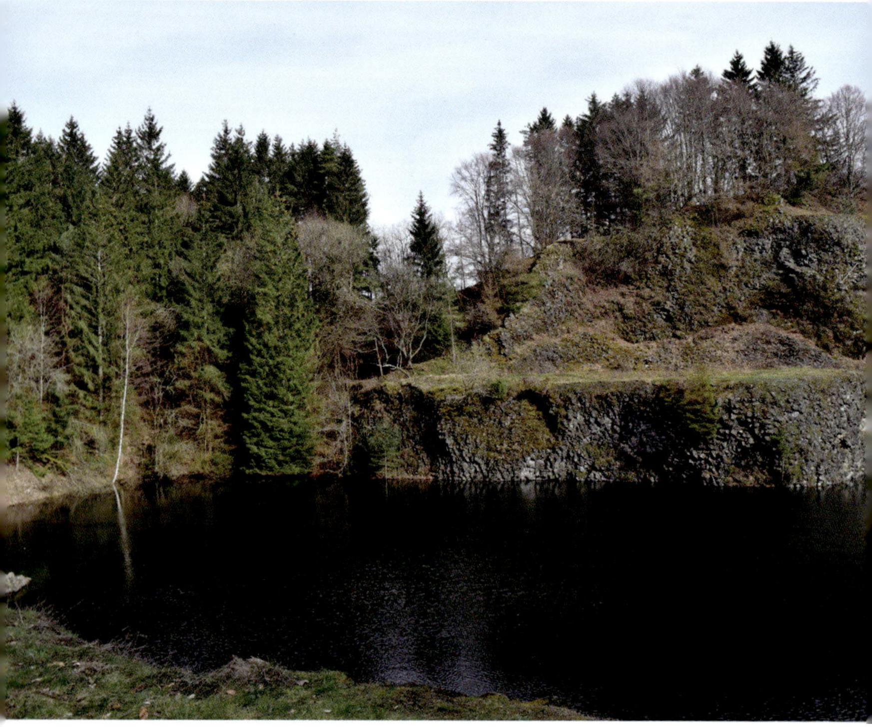

Typisches Landschaftsbild in den Schwarzen Bergen und das Rhöner Tintenfass

Truppenübungsplatzes Wildflecken und können nicht erwandert werden (siehe Tour 23). Kinder werden sicher schnell den großen Spielplatz entdecken, der zum Haus gehört. Den Eltern steht der Sinn eher nach einem kühlen Getränk und einer leckeren Mahlzeit. Ein bisschen Appetit sollte man sich aber für später aufheben, denn es liegt noch eine weitere gemütliche Einkehr an unserer Wegstrecke.

Zum Tintenfass

Nach unserer Rast folgen wir noch ein paar Meter dem *Kuppenweg,* biegen dann aber mit dem *gelben Winkel,* der uns schon eine Zeitlang begleitet hat, rechts ab. Es geht nun stetig bergab am Nordabfall des Farnsberges entlang. Dabei durchwandern wir einen Mischwald mit größeren Fichtenbeständen, die etappenweise erkennbar unter dem Borkenkäferbefall gelitten haben. Auf den gerodeten Flächen wachsen langsam Buchen heran, die den vom Menschen geschaffenen Nadelwald wieder zugunsten des ursprünglichen Baumbestandes zurückdrängen sollen. Das ist zumindest der Plan der Forstleute und Naturschützer, die für das Naturschutzgebiet Schwarze Berge, das zweitgrößte in Bayern außerhalb der Alpen, zuständig sind.

Unten gelangen wir an den Fuß der Kuppe der Bärensteine, wo wir uns links halten. Beim folgenden Wegkreuz geht es dann nach links, jetzt ist das *rote H* für die *Extratour Hüttentour* unsere Markierung. Sie weist uns halbwegs steil hinauf zum Jugendzeltplatz Farnsberg. Fröhliches, schon von Weitem zu hörendes Kindergeschrei verrät uns, dass gerade wohl mehrere Schulklassen auf dem weitläufigen Gelände herumtoben. Die vom Landratsamt Bad Kissingen unterhaltene Einrichtung wird vorrangig für Klassenfahrten und Schulfreizeiten genutzt. Weiter bergauf stoßen wir auf das Zufahrtssträßchen zum Berghaus Rhön, das wir zunächst aber rechts liegen lassen. Uns zieht es erst einmal zum landschaftlichen Highlight unserer Wanderung. Dazu folgen wir dem *roten H* nach links noch ein Stück bergauf, bis wir vor einem Holzzaun anlangen. Dort blicken wir hinunter auf die grün schimmernde Wasserfläche des Basaltsees Tintenfass, eines der schönsten Geotope in der Rhön. An seiner Stelle erhob sich früher die Basaltkuppe »Spitzer Steinküppel«, die man wegen ihrer Form »Tintenfass« nannte. Sie wurde durch den Basaltabbau in den Jahren von 1908 bis 1937 komplett abgetragen und im Krater des ehemaligen Steinbruches staute sich in der Folge das Grundwasser zu einem idyllischen See auf. An den steilen Wänden ringsherum sind die Basaltsäulen noch gut zu erkennen. Alte Werksanlagen am Westufer zeugen von dem früheren Abbau. Dort befand sich eine Seilbahn, über die der Basalt ins Sinntal zum Basaltschotterwerk in Oberriedenbach transportiert wurde. Aus Sicherheitsgründen ist der See mit einem Holzzaun umgeben, der innere Bereich darf nicht betreten werden. Außerdem ist Baden strengstens verboten, da man sich in Ästen verfangen kann, die im trüben Wasser treiben. Auch Sprünge von der steilen Uferböschung sind gefährlich. Tatsächlich hat es in den letzten Jahren immer wieder Todesfälle gegeben. Bleiben wir also am Rand oberhalb des Sees und bestaunen die phänomenale Szenerie von dort. Für eindrucksvolle Fotos ist es sowieso der beste Platz.

Ein Kaffee käme jetzt gerade recht, glücklicherweise sind es ja nur knapp 400 Meter bis zum Berghaus Rhön, das sich dem Westabfall des Farnsberges anschmiegt. Unser *rotes H* bringt uns dorthin. Im Sommer lässt es sich gut im großen Biergarten sitzen, für Kinder steht ein Naturspielplatz zur Verfügung. Was in den 1920er-Jahren als Kantine und Übernachtungsmöglichkeit für die Steinbrucharbeiter begann, hat sich im Laufe der Zeit zu einem der beliebtesten Ausflugslokale der Rhön gemausert. Das heutige Gebäude ist aber, wie unschwer zu erkennen, ein 2019 errichteter Neubau.

Unser Rückweg führt uns zunächst über das bewaldete Plateau des Farnsberges hinweg hinunter zum Wanderparkplatz beim Würzburger Karl-Straub-Haus. Dort verlassen wir die *Hüttentour* und schwenken rechts auf den *Kuppenweg* ein. Es geht nun immerzu hangabwärts über Bergwiesen mit Baumreihen und einzelnen Bäumen. Der Wegverlauf ist optimal mit dem *roten K* markiert, sodass Verlaufen unmöglich ist. Schließlich überschreiten wir einen Bachgrund und durchqueren danach ein Wäldchen. Entlang seines Randes und dann über die Wiesenflur gelangen wir zurück zum Wanderparkplatz oberhalb von Platz, wo wir gestartet sind.

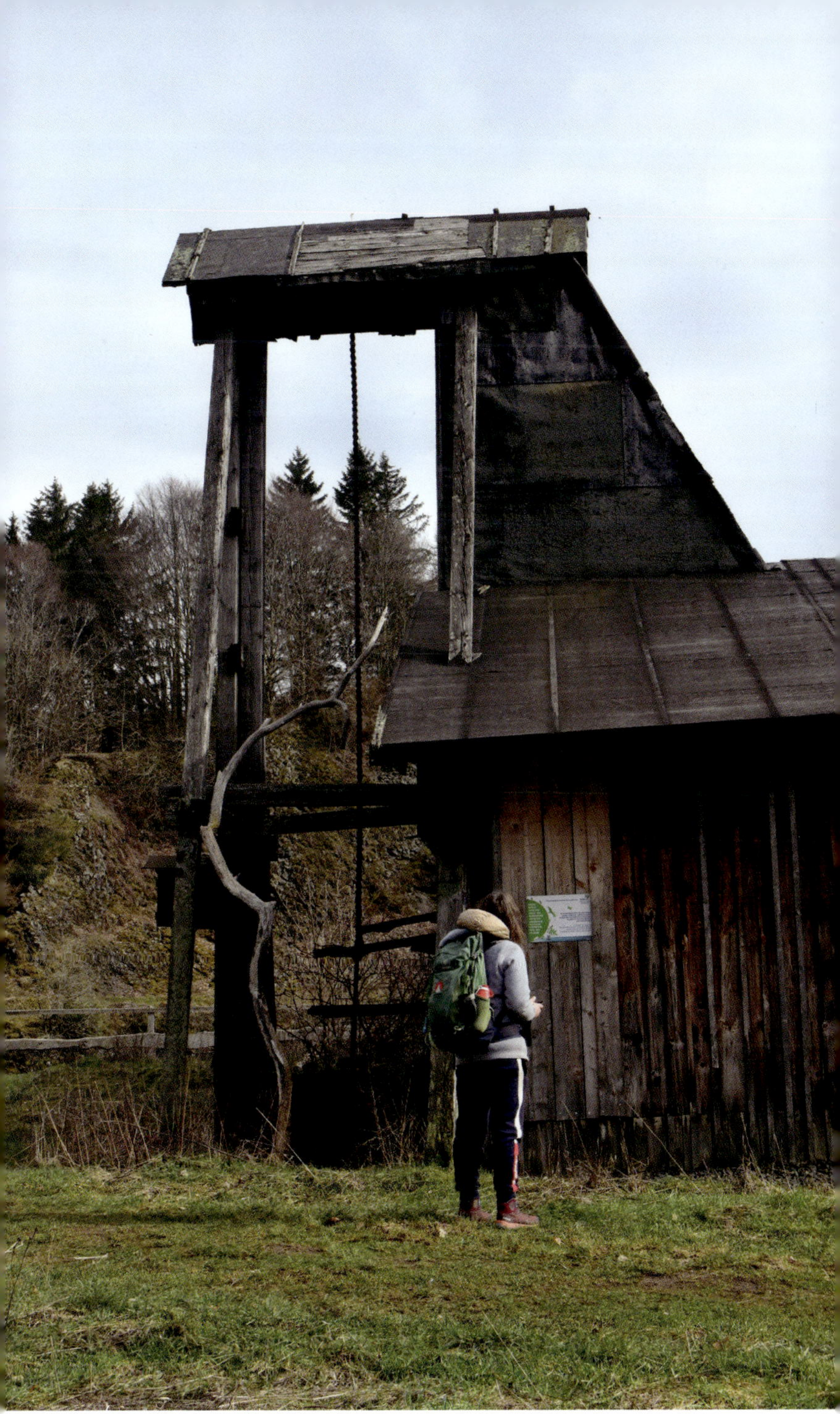

Altes Steinbruchgebäude beim Tintenfass

Ausgewählte Adressen und Tipps

Biosphärenzentrum Rhön Haus der Schwarzen Berge, Rhönstr. 97, 97772 Wildflecken-Oberbach, Tel. 09749/91220, www.biosphaere-rhoen.de. Tägl. 10–17 Uhr. Ausstellung, Tourist-Info, Cafeteria und Laden (Cafeteria und Laden Mo geschlossen).

In Geroda haben Christina Dietrich und Karl Engelhardt in einem alten Fachwerkhaus ein kleines Privatmuseum eingerichtet. Auf 25 Quadratmetern zeigen die beiden leidenschaftlichen Sammler alter Haushaltsgegenstände ihre Schätze, darunter Raritäten wie Gusseisenpfannen oder Emaille-Kannen in Kobaltblau, dazu jede Menge Kleinkram. Man fühlt sich zurückversetzt in Uromas Zeiten. Besucher sind Mo–Sa zwischen 10 und 18 Uhr willkommen in der Kissinger Str. 10, 97779 Geroda-Platz.

Würzburger Karl-Straub-Haus, Am Farnsberg 116, 97779 Geroda, Tel. 09749/230, www.wuerzburgerhaus.de. Di/Mi Ruhetage; Apr. bis Okt. Mo und Do 11–19, Fr/Sa 11–21, So 10–19 Uhr; Nov. bis März Mo und Do 11–17, Fr 11–18, Sa 11–19, So 10–18 Uhr. Hüttentypische Speisekarte mit kleineren Gerichten wie Ofenkartoffeln, Käsespätzle und Bratwürsten, dazu verschiedene Fleisch- und Wildspezialitäten, im Sommer kann man auf der sonnigen Terrasse vor dem Haus sitzen. Sowohl im Haupthaus als auch im Nebengebäude stehen mehrere Einzel-, Doppel- und Mehrbettzimmer zur Verfügung, dazu gibt es eine Selbstversorgerhütte mit 13 Betten, bei jeder Übernachtung ist eine Reinigungspauschale zu entrichten.

Berghaus Rhön, Bergseestr. 99, 97792 Riedenberg, Tel. 09749/9307721, www.berghausrhoen.com. Mi–Sa 10–22, So 8–22 Uhr, Mo/Di Ruhetage. Auf der Speisekarte stehen überwiegend Gerichte aus der bayerisch/fränkischen Küche, sehr fleischlastig, es gibt aber auch eine kleine Auswahl an vegetarischen Mahlzeiten. Das Haus ist seit seiner Wiedereröffnung im November 2019 ein Neubau, der Vorgängerbau wurde komplett abgerissen. Gebucht werden können Übernachtungen in Ein- bis Vierbettzimmern, wer nur eine Nacht bleiben will, muss pro Person eine Zusatzgebühr von fünf Euro entrichten.

Die Böll, Kissinger Str. 21, 97779 Geroda, Tel. 09747/9301505, www.die-boell.de. Do–Sa 17–21, So 11.30–13.30 und 17.30–20.30 Uhr. Urige Dorfwirtschaft mit Biergarten und Terrasse, schmackhafte, frisch zubereitete Rhöner Küche. Zur Gaststätte gehört eine kleine Pension mit liebevoll im Landhausstil eingerichteten Zimmern.

Jugendzeltplatz Farnsberg, Farnsberg-Hütten, 97792 Riedenburg. Mit einer Lagerfeuerstelle und Grillplatz, dazu gibt es Spiel-, Fußball- und

Tischtennisplatz, zum Zeltplatz gehören die Farnsberg-Hütten mit neun Mehrbettzimmern mit 4–18 Betten. Vorrangig für Klassenfahrten und Freizeiten, kann aber auch von Familien und für private Feiern gebucht werden. Anmeldungen und Anfragen an: Landratsamt Bad Kissingen, Kommunale Jugendarbeit, Tel. 0971/8017017, E-Mail: zeltplaetze@kg.de.

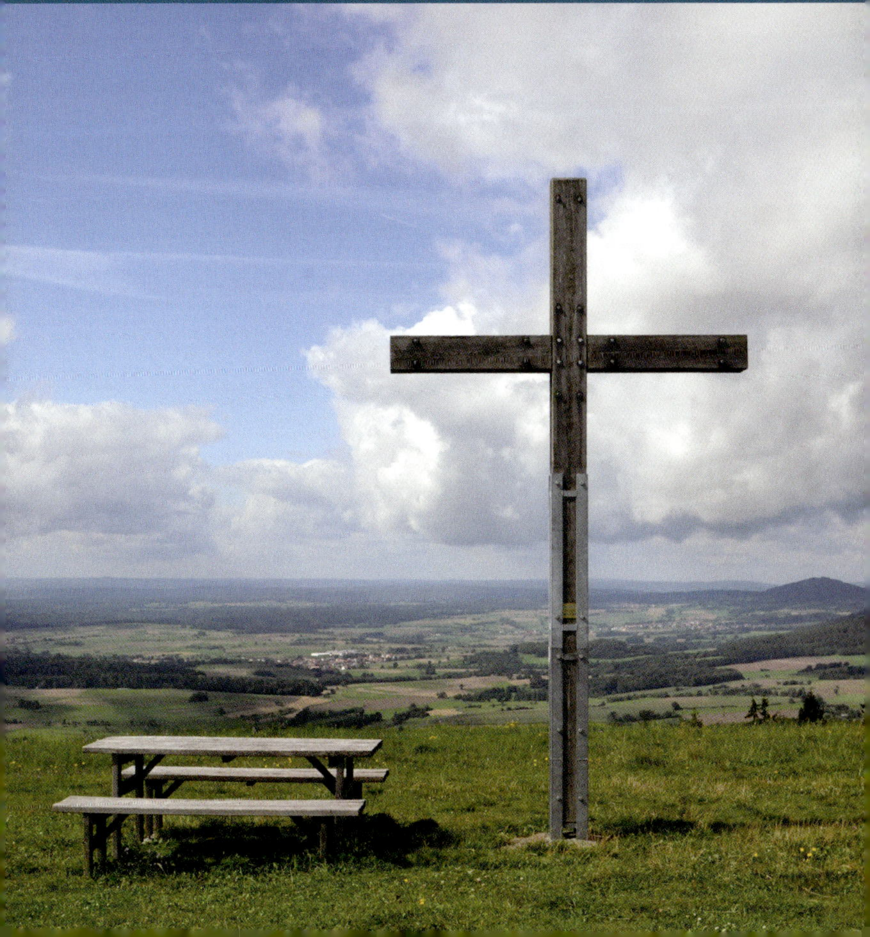

27 Wo die Großen der Welt zur Kur weilten

Ein Stadtspaziergang in Bad Kissingen

Tour: Spaziergang durch Bad Kissingen.
Länge/Dauer: 12,3 km/4 Std.
Einstiegspunkt: Bad Kissingen, beim Arkadensteg.
Höhenunterschied: 126 m.
Markierungen: *GW auf Braun (Gradierwerk-Tour), ST auf Blau (Sisi-Tour), RB auf Hellgrün (Rundweg Ruine Botenlauben).*
Anfahrt: *ÖPNV:* mit der Bahn bis Bad Kissingen. *Kfz:* A 7 Ausfahrt Bad Kissingen/Oberthulba, St 2291, B 286 bis Bad Kissingen; kostengünstige Parkmöglichkeiten (1 Euro pro Tag) P 2 Kurhausstraße oder P 12 In der Au.
Saison: das ganze Jahr über, am schönsten Frühjahr bis Herbst.
Familie: Für Kinder wird in Bad Kissingen einiges geboten, schöne Erlebnisse sind ein Besuch des Wildparks Klaushof oder eine Fahrt mit der GeckoBahn. Für kleine Wasserratten bietet die KissSalis Therme Badespaß.
Besonderheiten: Das jährlich am letzten Wochenende im Juli stattfindende Rakoczy-Fest versetzt Bad Kissingen zurück in seine Glanzzeit. Berühmte historische Kurgäste werden durch Laiendarsteller zum Leben erweckt, in der gesamten Innenstadt gibt es Livemusik, Tanz und kulinarische Spezialitäten. Ein großes Abschlussfeuerwerk rundet das Festwochenende ab.

Vom Sauerbrunnen zum Weltbad

Seit Juli 2021 zählt Bad Kissingen als einer von elf weltberühmten Kurorten Europas zum UNESCO-Welterbe »Great Spa Towns of Europe«. Damit wird gewürdigt, dass die Stadt an der Fränkischen Saale sich ab den 1830er-Jahren zu einem Weltbad entwickelte, in dem sich der europäische Adel, das Bürgertum und viele Berühmtheiten aus Kunst und Literatur ein Stelldichein gaben. Bis heute künden im Kurviertel viele prachtvolle Bauwerke von dieser glanzvollen Epoche.

Der Grundstein für diese Entwicklung wurde im Jahr 823 gelegt, als die ersten Salzquellen in der Umgebung des 801 erstmals als »Chizziche« urkundlich erwähnten Ortes entdeckt wurden. Fortan war die Salzgewinnung der Haupterwerbszweig der Kissinger Bürger und bald wurde auch die Bedeutung des Quellwassers für Heilzwecke erkannt. Bereits 1520 kam der erste namentlich nachweisbare Kurgast, ein gewisser Dietrich von Thüngen, »zum Badegebrauche« nach Kissingen. Anfangs standen die Einwohner dem Kurbetrieb jedoch skeptisch gegenüber und noch Ende des 16. Jahrhunderts, als die Stadt bereits zum Hochstift Würzburg gehörte, musste der damalige Fürstbischof Julius Echter von Mespelbrunn (1545–1617) die Bürger ermahnen, den Gästen eine »bessere Atzung« zu geben und sie nicht anzurempeln. Der geistliche Herrscher veranlasste zudem die Neufassung der Quellen und unter einem seiner Nachfolger, Fürstbischof Friedrich Karl von Schönborn, wurde 1737 bei der Verlegung des Saalebettes der alte Badbrunnen wiederentdeckt. Er wurde ob seiner »rebellischen Wirkung« zu Ehren des damals

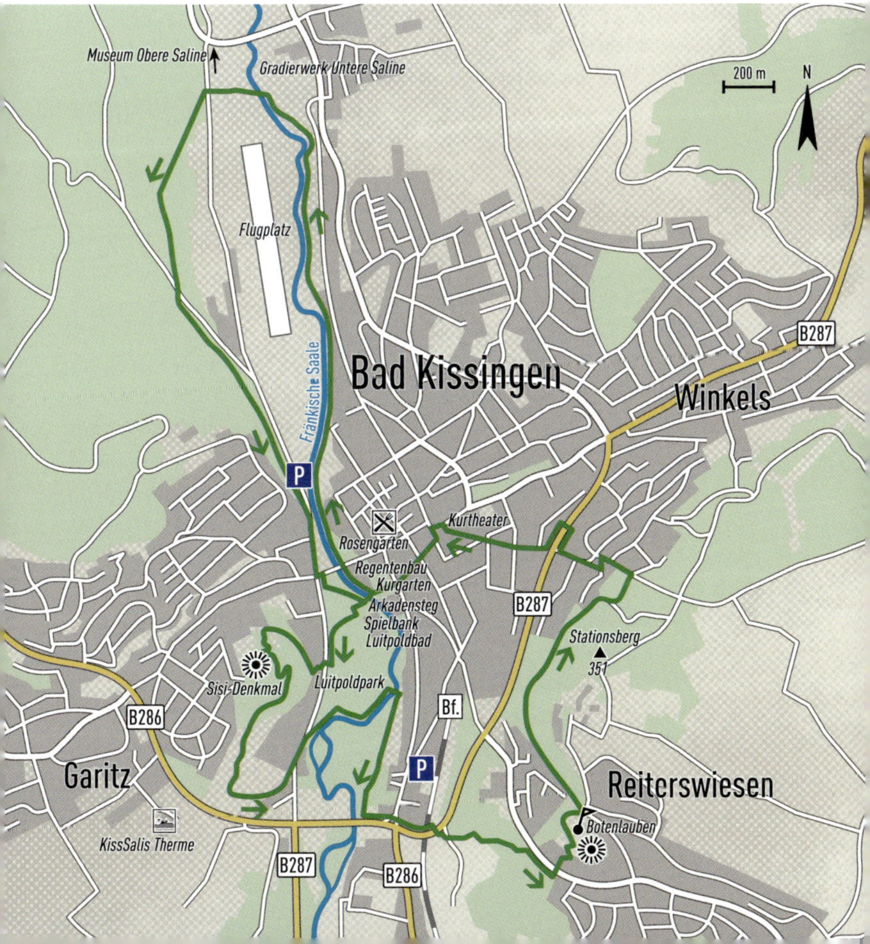

sehr populären ungarischen Freiheitskämpfers Fürst Ferenc II. Rákóczi (1676–1735) Rakoczy-Brunnen genannt. Dies gab den Anlass für das Rakoczy-Fest, das seit 1950 jährlich im Sommer den Höhepunkt des umfangreichen Veranstaltungsprogrammes in Bad Kissingen bildet.

In den Jahren von 1738 bis 1744 erfolgte der Ausbau des Kurgartens und die Vollendung eines ersten Kurhauses unter dem fürstbischöflichen Baudirektor Balthasar Neumann (1687–1753), einem der bedeutendsten Barock- und Rokokobaumeister seiner Zeit und Architekt der Würzburger Residenz (ebenfalls UNESCO-Welterbe). Der Aufstieg der Stadt zum Weltbad begann aber erst 1814 mit der Eingliederung Kissingens ins Königreich Bayern. Dessen Wittelsbacher Herrscher erkannten schnell das Potenzial des kleinen Badeortes im Nordwesten ihres Staatsgebietes und veranlassten zunächst die Neufassung des ehemaligen Sauerbrunnes, des heutigen Max-Brunnens. Ein Badeinspektor wurde eingesetzt und der Badebetrieb und die Trinkkur an die Gebrüder Bolzano, Handelsunternehmer aus Würzburg, verpachtet. Dies erwies sich als Glücksfall, da die beiden mit großem Geschick auf die Bedürfnisse der Kurgäste eingingen, was der Beliebtheit Kissingens äußerst förderlich war.

Im Jahr 1833 kam erstmals König Ludwig I. mit seiner Gemahlin Therese an die Fränkische Saale zur Kur und erkannte den nicht mehr zeitgemäßen Zustand der Badeinrichtungen. Er beauftragte seinen Baurat, den berühmten Architekten Friedrich von Gärtner, mit der Errichtung des Arkadenbaues (vollendet 1838) und der Neugestaltung des Kurgartens. Dennoch fühlte sich der Bayernmonarch zeitlebens näher zu Bad Brückenau hingezogen, das er bereits ab 1818 zu seinem Lieblingsbad erkoren hatte (siehe Tour 24). Mit dem Kuraufenthalt seines Sohnes und Thronnachfolgers, König Max II., im Jahr 1852 und dem zeitgleichen Besuch des schwedischen Königspaares sowie der Königin Olga von Württemberg avancierte Kissingen endgültig zum Treffpunkt des europäischen Adels. Bis 1890 kurten zahlreiche Majestäten und Exzellenzen aus der ganzen Welt an der Fränkischen Saale. Die Jahre 1864 und 1868 wurden gar zu Jahren der Kaiserkur, als der russische Zar Alexander II. mit seiner Gemahlin Maria Alexandrowna sich gemeinsam mit Kaiser Franz Joseph I. von Österreich und seiner Frau Kaiserin Elisabeth (»Sisi«) sowie mit König Ludwig II. von Bayern ein Stell-

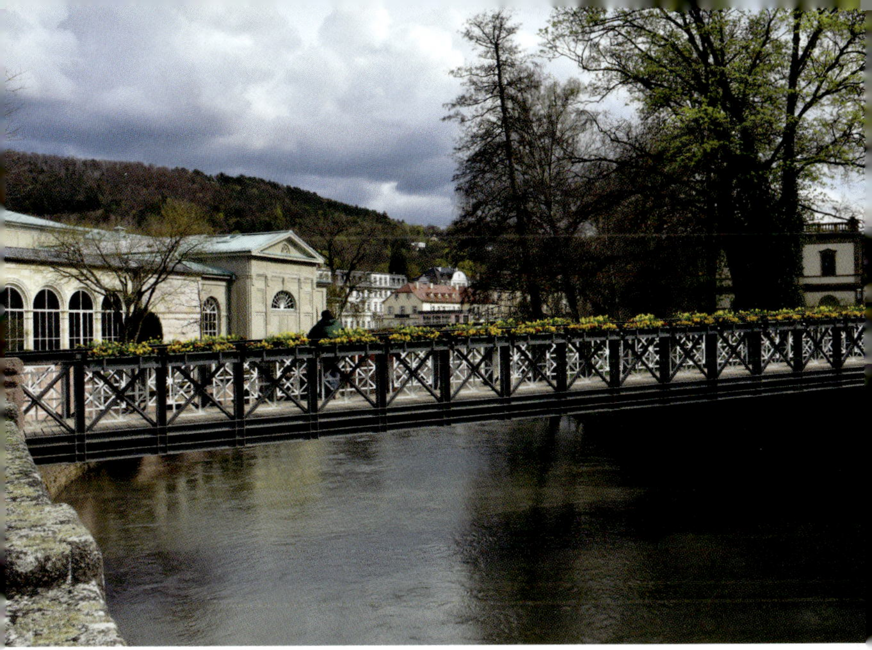

Beim Arkadensteg beginnt unsere Tour.

dichein gaben. Um ihren Aufenthalt unbeschwert genießen zu können, logierten sie allesamt unter Decknamen.

Ab 1874 weilte der deutsche Reichskanzler Otto von Bismarck bis 1893 15-mal zur Kur in Kissingen, und dies, obwohl er bei seinem ersten Besuch beinahe einem Attentat zum Opfer gefallen wäre. Doch neben gekrönten Häuptern und Staatsmännern kamen auch berühmte Schriftsteller wie Leo Tolstoi und Theodor Fontane sowie Maler wie Adolph von Menzel und Max Liebermann in den mondänen Kurort. Auch der Troja-Ausgräber Heinrich Schliemann, der Chemiker Justus von Liebig, der Verleger Heinrich Brockhaus und der schwedische Fabrikant Alfred Nobel reihten sich in die Gästeliste ein.

Im Jahr 1883 erhob schließlich König Ludwig II. Kissingen zum »Bad«. Unter Prinzregent Luitpold von Bayern erfolgte in den Jahren zwischen 1904 und 1913 ein großzügiger Ausbau der Kuranlagen, womit er den berühmten Architekten Max Littmann beauftragte. Ihm verdankt Bad Kissingen das Neue Kurtheater, die Wandel- und Brunnenhalle und den das Kurviertel dominierenden Regentenbau. Zwischen den beiden Weltkriegen ging die Blütezeit der Kur allmählich zu Ende, wenngleich immer noch

Berühmtheiten wie der Komponist Richard Strauss, der Schriftsteller Alfred Döblin und der Architekt und Bauhaus-Gründer Walter Gropius den Badeort in der Südrhön aufsuchten.

Nach dem Zweiten Weltkrieg konnte Bad Kissingen die beiden Bundespräsidenten Theodor Heuss und Heinrich Lübke als Kurgäste begrüßen, dazu Neil Armstrong, den ersten Menschen auf dem Mond. Im Jahr 2006 bezog schließlich die Fußball-Nationalmannschaft von Ecuador während der WM ihr Quartier in der Saalestadt. Dass es die wenig erfolgsverwöhnten südamerikanischen Kicker damals immerhin bis ins Achtelfinale geschafft haben, lag ja vielleicht am »wilden, übersprudelnden« Wasser des Rakoczy-Brunnens.

Höhepunkte der Kurstadt

Wir beginnen unsere Tour durch die »Great Spa Town of Europe« inmitten des Kurviertels beim Arkadensteg, wo ein Wegweiser den Einstiegs- und auch Endpunkt aller örtlichen Rundwanderwege bildet. Davon wählen wir die mit den *weißen Buchstaben GW auf braunem Untergrund* markierte *Gradierwerk-Tour* aus und folgen ihr auf dem Steg über die Fränkische Saale hinweg ans andere Ufer. Dort halten wir uns links und gehen zunächst entlang des Flusses, dann rechts in die Ludwigsstraße abbiegend um den Regentenbau,

Bad Kissingens unbestrittenes Wahrzeichen, herum. Seinen im Kurgarten gelegenen Eingang erreichen wir nach gut 100 Metern rechts durch ein Tor. Das repräsentative Bauwerk wurde in den Jahren 1911 bis 1913 vom Architekten Max Littmann im klassizierenden Jugendstil als neues Kurhaus errichtet. Damit beauftragt hatte ihn Prinzregent Luitpold aufgrund der massiv angestiegenen Gästezahlen. Er erlebte die Fertigstellung jedoch nicht mehr, die Einweihung vollzog sein Sohn König Ludwig III. Im Inneren des beeindruckenden Gebäudes befinden sich einige prachtvolle Säle, darunter der Max-Littmann-Saal, der zu den weltweit besten Konzertsälen zählt.

Direkt an den Regentenbau schließt sich der mediterrane Beschwingtheit ausstrahlende Arkadenbau an. Tatsächlich ließ ihn König Ludwig I. von seinem Baurat Friedrich von Gärtner von 1834 bis 1838 im klassizistischen Stil errichten, um für die Gäste

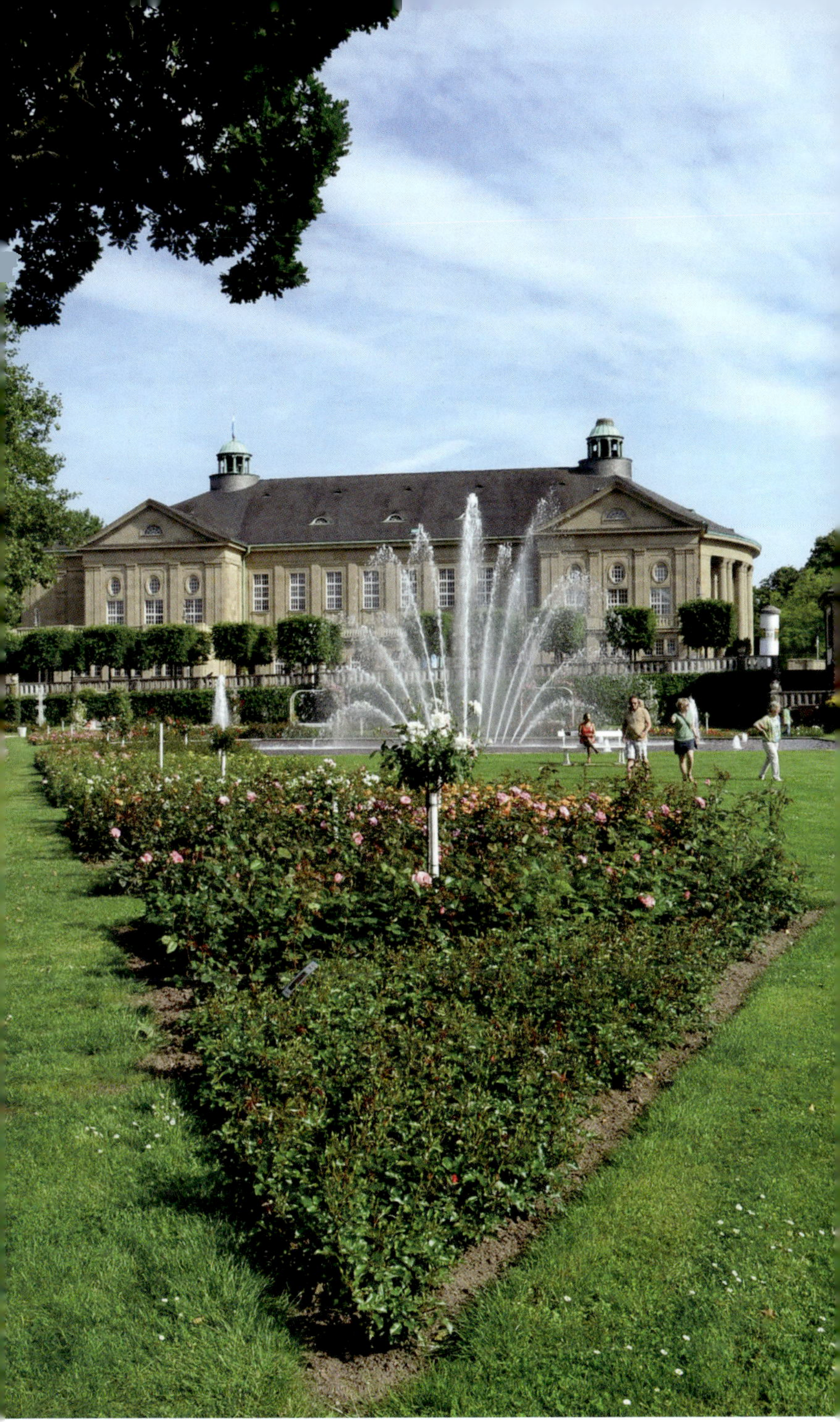

Der Regentenbau dominiert das Kurviertel.

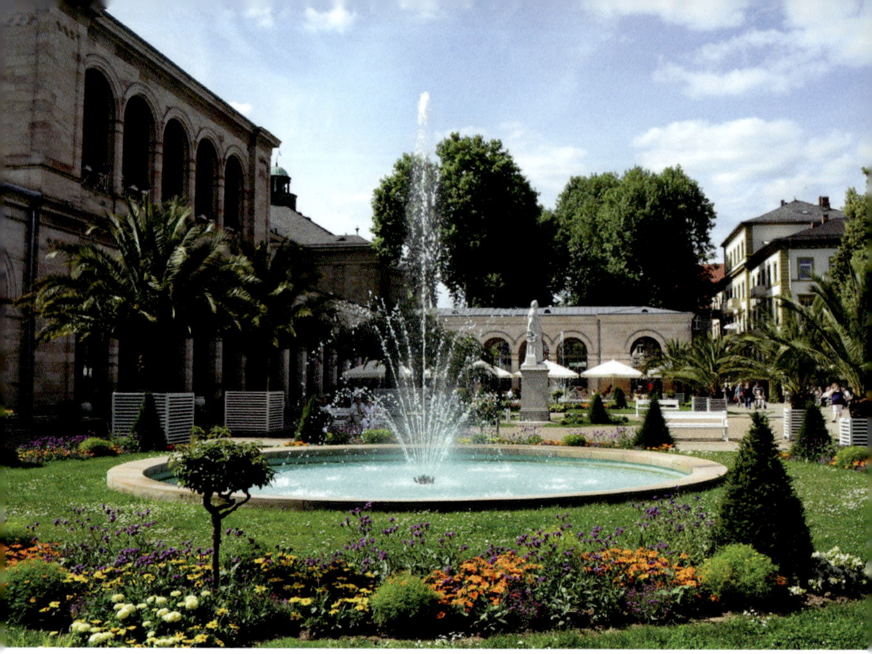

Der Arkadenhof verströmt südländisches Flair.

einen überdachten Aufenthaltsbereich zu schaffen. Im Rahmen der Bauarbeiten am Regentenbau wurde das Gebäude 75 Jahre später durch Architekt Max Littmann erweitert. Auch der Arkadenbau ist mit wunderschönen Sälen ausgestattet. In der ebenfalls darin untergebrachten Tourist-Information können Führungen durch die Säle des Arkaden- und Regentenbaues gebucht werden.

Beide Bauwerke säumen den Kurgarten, traditionell das Zentrum des gesellschaftlichen Kurlebens, heute ein beliebter Ort für Einheimische und Gäste gleichermaßen. Palmen und plätschernde Brunnen sorgen für südländisches Flair, dazu überblickt König Ludwig I. von seinem Denkmalsockel die wechselnde Blütenpracht. Gleich dreimal im Jahr werden die Beete und Blumenschalen der Jahreszeit entsprechend neu bepflanzt.

Bevor wir das Areal verlassen, werfen wir noch einen Blick in die Wandel- und Brunnenhalle, die sich an den Arkadenbau anschließt. Mit einer Länge von 90 Metern und einer Fläche von 2640 Quadratmetern ist die Wandelhalle die größte ihrer Art in Europa. Errichtet wurde sie zwischen 1910 und 1911 ebenfalls vom Architekten Max Littmann im Stil einer dreischiffigen

Basilika. Von ihr gelangt man – allerdings nur mit einer Gästekarte – in die Brunnenhalle, wo sich die berühmten Zwillingsbrunnen Rakoczy und Pandur befinden. Für Trinkkuren werden zudem die Heilwässer der Quellen Luitpoldsprudel »alt«, Max-Brunnen und Kissinger Bitterwasser ausgeschenkt. Dafür sind nach wie vor mehrmals am Tag zu bestimmten Uhrzeiten die traditionellen Brunnenfrauen zuständig, wahre Expertinnen in Sachen Heilwasser. Während des bewussten Trinkens wandeln die Gäste dann durch die große Halle, manchmal begleitet von einem Konzert der Staatsbad Philharmonie Kissingen. Die übrigen Bad Kissinger Heilquellen, Luitpoldbrunnen »neu«, Runder Brunnen und Schönbornsprudel, werden im Übrigen nur für Bäderkuren genutzt, mit Letzterem werden sogar die Becken der KissSalis Therme gefüllt.

Wir wandeln nun aber über die Ludwigstraße wieder zurück zu unserer Route der *Gradierwerk-Tour.*

Rosige Aussichten und salzhaltige Luft

Rechts abbiegend gelangen wir in den Rosengarten, der nicht wie der Kurgarten nur den Kurgästen vorbehalten war, sondern als sogenanntes »Rosarium« für die Bürger angelegt wurde. Über 160 Rosensorten und an die 6000 Rosenstöcke entfalten darin ab dem Frühsommer eine umwerfende Pracht. Nicht umsonst wird Bad Kissingen auch als »Rosenstadt« bezeichnet. Neben dem Denkmal für die beiden Entdecker der Rakoczy-Quelle Balthasar Neumann und Georg Anton Boxberger hat die Anlage ein ganz besonderes Highlight zu bieten – Deutschlands einzigen Multimediabrunnen. Täglich kann man hier zauberhafte musikalische Wasserchoreografien bestaunen, dazu Beamer-Shows, bei denen eigens produzierte Filme und Spots auf eine Leinwand aus Millionen von Wassertröpfchen projiziert werden.

Links des Weges passieren wir die Schiffsanlegestelle, von der aus mehrmals am Tag die beiden »Dampferle« genannten Passagierboote auf der Fränkischen Saale zur Unteren Saline pendeln. Wer sich die etwa zwei Kilometer lange Fahrt nicht entgehen lassen möchte, steige ein. Ansonsten bewältigen wir diese Strecke zu Fuß auf der wunderschönen Salinenpromenade, die dem Flussverlauf in etwa parallel folgt.

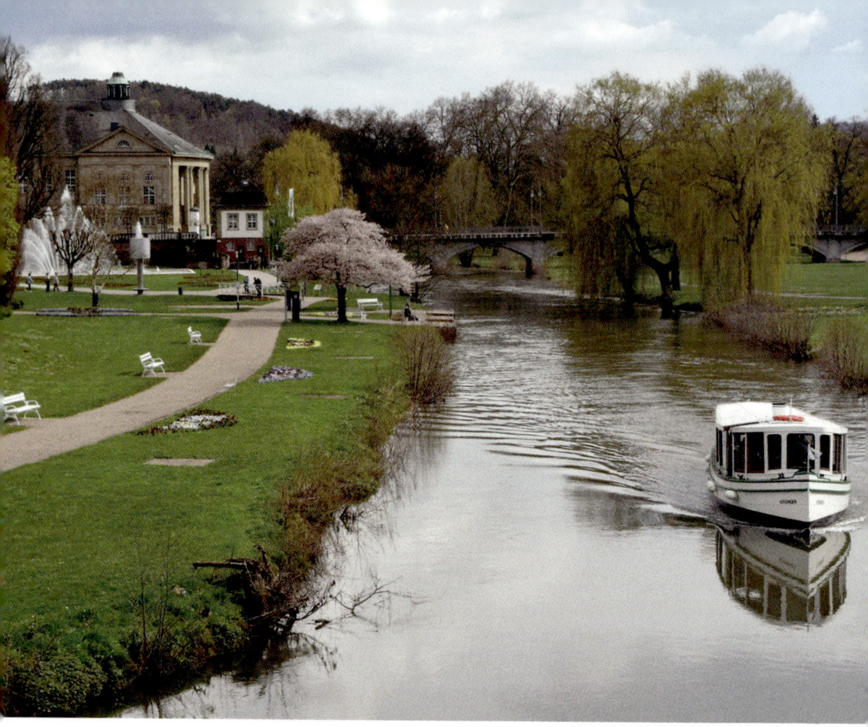

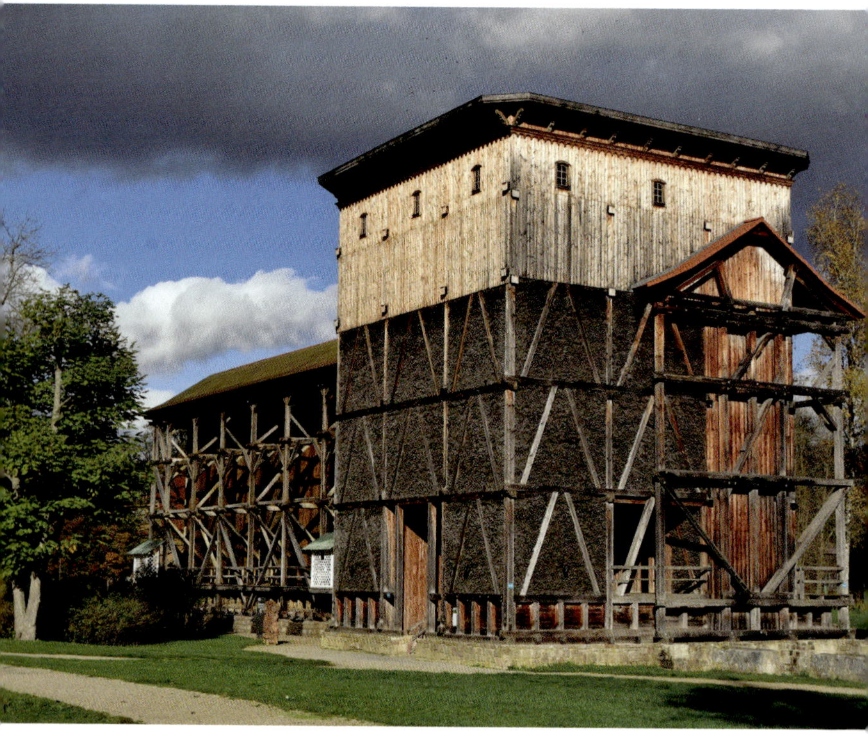

Mit dem Dampferle kann man zur Unteren Saline fahren.

Unser Ziel ist das Gradierwerk Untere Saline, das ursprünglich der Salzgewinnung diente. Über 1000 Jahre lang war diese eine wichtige Einkommensgrundlage der Kissinger Bürger, bereits 1562 wurden die ersten Anlagen gebaut. In die Holzbalkenkonstruktion sind Schwarzdornbüschel eingearbeitet, an denen die zuvor mit Pumpen aufgesprühte Sole herabrieselt und verdunstet. Dadurch erhöht sich der eher niedrige Salzgehalt der Kissinger Natursole auf 25 Prozent, man bezeichnet sie daher als »höhergradig«. Früher wurde der Salzgehalt in Grad angegeben, daher der Namen Gradierwerk. Heute wird der Bau nur noch zur Gesundheitsförderung in Form einer Inhalationstherapie eingesetzt. Die herabrieselnde Sole sorgt für ein gesundheitsförderndes Klima, das in seiner Wirkung dem der Nordsee ähnlich ist. Man sollte sich ruhig die Zeit nehmen, um an der Reisigwand entlangzuflanieren und die salzhaltige Luft tief einzuatmen. Eine Wohltat für Lunge und Bronchien. In nächster Nähe befindet sich ein Sole-Kneipp-Becken, das ebenso wie das Gradierwerk vom Runden Brunnen gespeist wird. Dabei handelt es sich um eine intermittierende Kohlensäurequelle, die in Intervallen von 55 Sekunden an die Oberfläche wallt. Das Schauspiel kann durch eine Glaskuppel beobachtet werden.

Gingen wir geradeaus weiter, würden wir nach etwa 500 Metern zum Museum Obere Saline gelangen, einst ein repräsentatives Wohngebäude der Würzburger Fürstbischöfe, später Quartier des mehrmaligen Kurgastes Otto Fürst von Bismarck. Wir folgen jedoch unserer Route nach links über die Fränkische Saale und ihren Talgrund hinweg. Auf der anderen Seite halten wir uns erneut links und wandern dann stetig am Waldrand entlang, wobei wir den Flugplatz von Bad Kissingen passieren. Zurück in Bad Kissingen wechseln wir, kurz bevor wir unseren Ausgangspunkt am Arkadensteg erreichen, auf die *Sisi-Tour*.

Zwei geschichtsträchtige Blickpunkte

Auf Höhe der Bayerischen Spielbank und des daneben gelegenen Luitpoldbades (erbaut 1871 als seinerzeit größtes Badehaus der Welt) biegen wir rechts ab und folgen nun der mit den *weißen Buchstaben ST auf blauem Untergrund* markierten *Sisi-Tour*. Sie erinnert an Kaiserin Elisabeth von Österreich, die einem breiten

Publikum besonders durch drei Spielfilme aus den 1950er-Jahren als »Sissi« bekannt geworden ist (tatsächlich wurde sie von ihrer Familie »Sisi« genannt). Zum ersten Mal kam die Monarchin im Jahr 1862 im Alter von 24 Jahren zur Kur nach Bad Kissingen, fünf weitere Aufenthalte folgten, der letzte im April 1898 kurz vor ihrer Ermordung. Stets logierte sie dabei unter dem Pseudonym »Gräfin von Hohenems«, um sich unbehelligt durch den Ort bewegen zu können. Ihre wahre Identität sprach sich dennoch schnell herum. Zu ihrem Tagesprogramm gehörten stramme Spaziergänge auf den Altenberg, den wir jetzt, sozusagen auf ihren Spuren, aufsuchen wollen.

Dazu gehen wir zunächst gemütlich durch den großen Luitpoldpark, den wir später noch genauer in Augenschein nehmen werden. Bei erster Gelegenheit verlassen wir den Park nach rechts, überqueren die Bismarckstraße und folgen der Straße bergauf zur Rosengarten-Klinik. Von dort führt ein Pfad weiter bergauf durch die bewaldete Höhenparkanlage Altenberg bis zu einem kleinen Tempel mit Aussichtsplateau. Von dort tut sich ein schöner Blick auf Bad Kissingen und das umliegende Saaletal auf. Ein paar Meter weiter stehen wir vor dem Sisi-Denkmal, einer 1907 an einem Sandsteinfelsen angebrachten Bronzeplatte mit dem Konterfei der Kaiserin im Profil. Ihre Backe glänzt merkwürdig speckig, als ob Hunderte ihrer Verehrer sie mit der Hand berührt hätten.

Wir wandern mit unserer *ST-Markierung* in südlicher Richtung wieder hinunter ins Tal, wo wir erneut auf die Bismarckstraße treffen. Diesmal folgen wir ihr etwa 250 Meter nach links und halten uns dann rechts hinein in den Luitpoldpark. Das riesige Areal mit seinem teils bis zu 100 Jahre alten Baumbestand, seinen weitläufigen Grünanlagen, bunten Blumenbeeten und zahlreichen Springbrunnen ist das grüne Herz der Stadt. Es lohnt sich, von unserer Route, die immerzu an der Fränkischen Saale entlang verläuft, abzuweichen und kleine Abstecher in den Park zu unternehmen. Zum Beispiel zur mediterranen Kneippanlage, zum Barfußlabyrinth, zum Klanggarten oder zum Pavillon der Religionen. Wir verlassen die Anlage auf dem ersten Steg, der rechts den Fluss überbrückt, und zwar ohne Markierung.

Am anderen Ufer stoßen wir in der Lindesmühlpromenade auf den *Rundweg Ruine Botenlauben,* dem wir uns nun nach rechts anvertrauen. Jetzt sind die *weißen Buchstaben RB auf lindgrünem Untergrund* unser Wegzeichen. Einige Zeit gehen wir

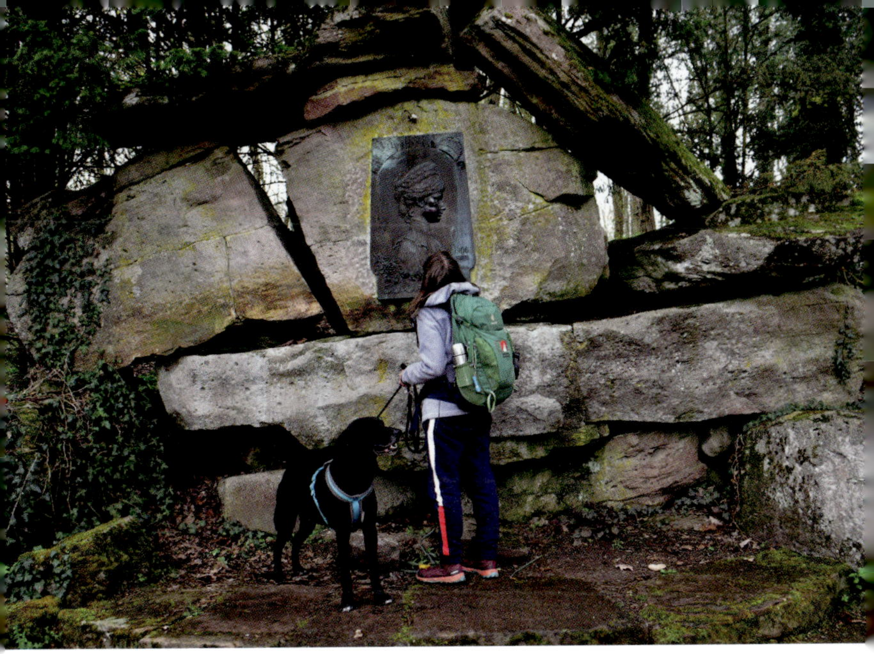

Das Sisi-Denkmal auf dem Altenberg

am Rand des Luitpoldparks entlang, wobei wir mehrere Tennisplätze passieren. Vor der Südbrücke biegt unsere Route links ab, verläuft dann in etwa parallel zum Ostring (B 287) und führt schließlich unter diesem hindurch in Richtung des Terrassenschwimmbades.

Noch davor biegen wir links ab, erklimmen den bewaldeten Abhang und steigen über die Kissinger Straße hinweg hinauf zur Burgruine Botenlauben. Die beiden runden Bergfriede können bestiegen werden, sie bieten eine famose Aussicht über die Stadt, das umliegende Saaletal und bis zu den Ausläufern der Rhön. Ansonsten zeugen nur noch Mauerreste von der einst stolzen Festung, die im Jahr 1206 erstmals urkundlich erwähnt wurde. Zerstört wurde sie im Bauernkrieg 1525 und danach nicht wieder aufgebaut. Ihr berühmtester Bewohner war Graf Otto von Botenlauben (um 1177–1244/45) aus dem Geschlecht derer von Henneberg. Er ging als Kreuzfahrer und Klostergründer in die Geschichte ein, besonders aber als Minnesänger. Seine Lieder sind im *Codex Manesse,* der *Weingartner Liederhandschrift* und in den *Carmina Burana* überliefert. Von der Ruine geht es dann entlang der bewaldeten West- und Nordwestflanke des Stations-

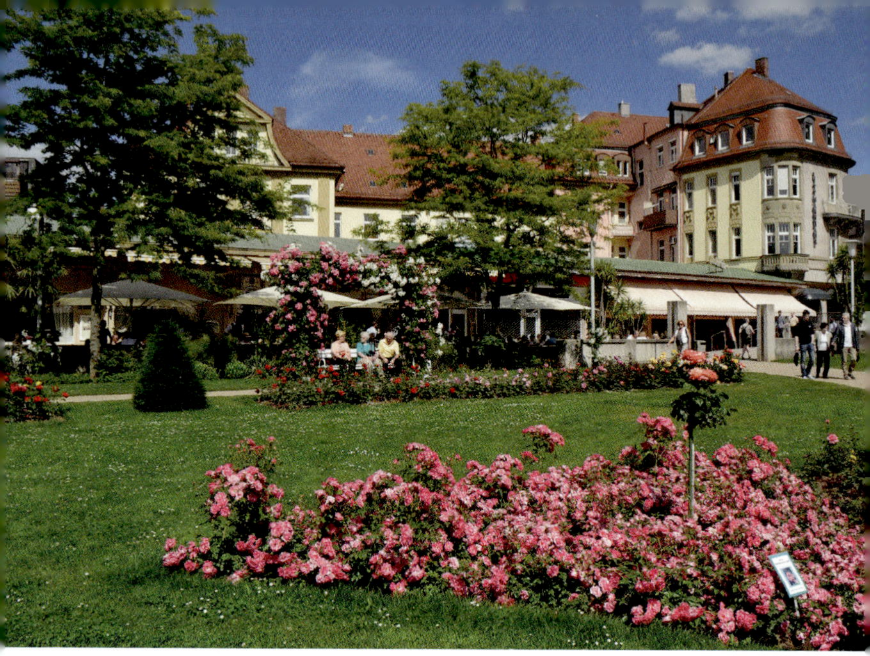

Rosenpracht im Kurviertel

berges hinunter zur Ysenburger Straße. Ihr links abbiegend folgend gelangen wir zurück in die Innenstadt, wo wir den Ostring (B 287) auf einer Fußgängerbrücke überqueren. Danach gehen wir auf der Von-der-Tann-Straße zum Theaterplatz mit dem Kurtheater (erbaut von Max Littmann 1904 im Stil des fränkischen Barocks) und von dort auf der Martin-Luther-Straße zum Kurgarten. Diesen durchschreitend erreichen wir wieder unseren Ausgangspunkt beim Arkadensteg.

Ausgewählte Adressen und Tipps

- Tourist-Information Arkadenbau, Am Kurgarten, 97688 Bad Kissingen, Tel. 0971/8048444, www.badkissingen.de. Tägl. 9.30–17.30 Uhr.
- Museum Obere Saline, Obere Saline 20, 97688 Bad Kissingen, Tel. 0971/8074230, www.museum-obere-saline.de. Mi–So 14–17 Uhr. In dem repräsentativen Wohngebäude aus dem 18. Jahrhundert residierte Reichskanzler Otto Fürst von Bismarck während seiner regelmäßigen Kuraufenthalte. Seine Wohnung mit dem Originalinterieur kann besichtigt werden, dazu gibt es Schauräume, die sich mit Bismarcks politischem Wirken befassen. Weitere Ausstellungen des Hauses widmen sich den Themen Salz und Salzgewinnung sowie der Geschichte der Heilquellen, der Kurmedizin und der Blütezeit Bad Kissingens im 19. Jahrhundert. In der Abteilung Spielzeugwelt werden zudem eine Sammlung handgefertigter Spielwaren und Kinderbücher präsentiert.
- Regentenbau, Arkadenbau und Wandelhalle können täglich 10–16 Uhr besichtigt werden.
- Stadtrundfahrt mit der Bad Kissinger GeckoBahn, Betriebszeiten Apr. bis Okt. Angeboten werden eine Altstadt-Tour, eine Wildpark-Tour und eine komplette Stadtrundfahrt. Alle Touren beginnen an der Haltestelle Kurgarten, zu Fahrzeiten und Fahrpreisen gibt die Tourist-Information Auskünfte.
- Fahrten mit dem Dampferle, Tel. 0971/4335, www.saaleschiffahrtgmbh.de. Von Apr. bis Okt. verkehren zwei Ausflugsboote im Pendelbetrieb zwischen den Anlegestellen Bad Kissinger Rosengarten und Saline (etwa 2 km Fahrtstrecke), Abfahrtszeiten und Preise siehe Webseite.
- Bad Kissinger Postkutsche, Fahrzeiten Mai bis Okt. So nach Bad Bocklet, Do–Sa zum Schloss Aschach. Abfahrt ist jeweils in Bad Kissingen am Parkplatz Tattersall um 14 Uhr, Rückkehr gegen 17.30 Uhr, die Kutsche fasst bis zu neun Mitreisende, Haustiere dürfen nicht mitfahren, Fahrkarten gibt es in der Tourist-Information.
- KissSalis Therme, Heiligenfelder Allee 16, 97688 Bad Kissingen, Tel. 0971/1218000, www.kisssalis.de. So–Do 9–22, Fr/Sa 9–24 Uhr. Eines der schönsten Wellnessbäder in Bayern, mit verschiedenen Innen- und Außenbecken, Whirlpools sowie Intensivsole- und Therapiebecken, dazu gibt es einen Wellness-Pavillon, einen Saunapark, eine Fitness-Arena und natürlich auch ein Restaurant.
- Wildpark Klaushof, Klaushofstr. 101, 97688 Bad Kissingen, www.wildpark-klaushof.de. Apr. bis Okt. tägl. 9–18 Uhr, Nov. bis März tägl. 9–17 Uhr. Auf dem rund 30 Hektar großen Gelände tummeln sich einheimische

Wildtierarten sowie regionale Haustierrassen, für Kinder gibt es Spielplätze zum Herumtoben, für Erwachsene interessante Naturlehrpfade mit interaktiven Stationen. Einkehren kann man im *Forsthaus Klaushof.*

Eine süße Spezialität des Kurortes sind die Kissinger Oblaten der Oblatenbäckerei Zintl, man bekommt sie in vielen Cafés der Stadt (einfach danach fragen) oder an Samstagen frisch vom Waffeleisen an einem Stand auf dem Marktplatz.

Rosaliss Café und Vinorant, Balthasar-Neumann-Promenade 12+16, 97688 Bad Kissingen, Tel. 0971/7182800, www.rosaliss.de. Do–Mo 11.30–22 Uhr, Di/Mi Ruhetage. Direkt am Rosengarten gelegen, mit großem Außenbereich.

Bratwurstglöckle, Grabengasse 6, 97688 Bad Kissingen, Tel. 0971/78574888, www.bratwurstgloeckle-badkissingen.de. Tägl. 11.30–14 und ab 17 Uhr.

Platzhirsch, Marktplatz 16, 97688 Bad Kissingen, Tel. 0971/78529507. Do–So 11–22 Uhr, Mo–Mi geschlossen.

Stadtstrand Bad Kissingen, Ludwigstr. 1, 97688 Bad Kissingen, Tel. 0151/72838671, www.stadtstrand-kg.de. Apr. bis Sep. Beach-Atmosphäre mit feinstem Sand, Palmen und Strandbar am Ufer der Fränkischen Saale.

Museumscafé Bad Kissingen/Bistro, Obere Saline 20, 97688 Bad Kissingen, Tel. 0175/7519454. Bei schönem Wetter Fr 13–18, Sa 14–18, So und Fei 12–18 Uhr, Herbst und Winter geschlossen. Bei schlechtem Wetter nur zum Mitnehmen. Wenn das Café geschlossen ist, steht das *Bistro* zu den Museumsöffnungszeiten zur Verfügung.

Hotel Sonneneck, Rosenstr. 18, 97688 Bad Kissingen, Tel. 0971/71170, www.hotel-sonneneck.de.

Hotel Saxonia, Bergmannstr. 5, 97688 Bad Kissingen, Tel. 0971/72770, www.hotel-saxonia.de.

Hotel Krone am Park, Kurhausstr. 14, 97688 Bad Kissingen, Tel. 0971/6991880, www.hotel-krone-am-park.de.

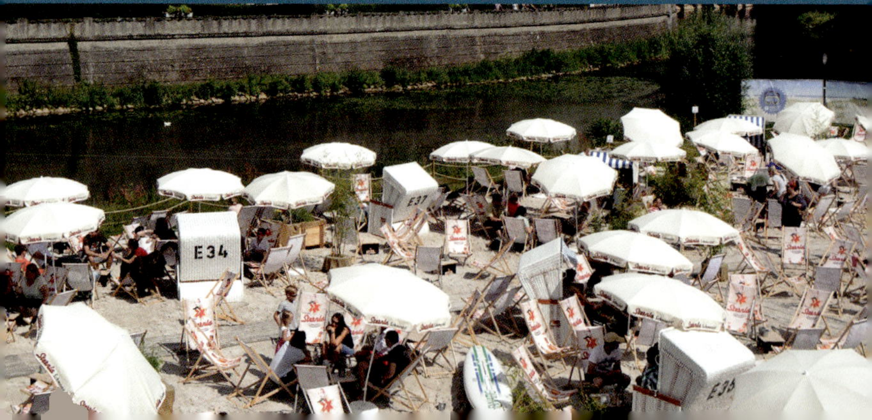

Wein und Stein

28

Radtour durch Frankens Saalestück

Tour: Euerdorf–Aura–Trimberg–Engenthal–Sulzthal–Ramsthal–Arnshausen–Euerdorf.
Länge/Dauer: 40,4 km/4 Std.
Einstiegspunkt: Euerdorf, an der Alten Saalebrücke.
Höhenunterschied: 197 m.
Markierungen: *Burgenradweg Fränkisches Saaletal, Radwanderweg Fränkische Saale,* lokaler *Radweg* bis Sulzthal, lokaler *Radweg* bis Ramsthal, *Urbanus-Rundweg, Rundweg 8,* lokaler *Radweg* in Richtung Oerlenbach, *Jakobus Radpilgerweg.*
Anfahrt: *ÖPNV:* mit der Bahn bis Bahnhof Euerdorf. *Kfz:* A 7 Ausfahrt Hammelburg, B 287 bis Euerdorf; Parkmöglichkeiten auf dem großen Parkplatz am Zeilweg.
Saison: Frühjahr bis Herbst.
Familie: Für Kinder ist die Tour etwas zu lang; es empfiehlt sich daher, mit den Kleinen zuerst das Museum Terra Triassica in Euerdorf zu besuchen und von dort zum Geotop Saurierfährten zu wandern (hin und zurück etwa 7 km). Dann mit dem Rad wie beschrieben nach Aura und vor Trimberg der Nebenroute des *Burgenradweges* zur Trimburg folgen. Von dort auf dem *Burgenradweg* zurück nach Euerdorf (etwa 17 km).
Anforderungen: Wer die Tour nicht mit einem E-Bike bestreitet, sollte eine gute Kondition mitbringen, denn es sind einige steilere Passagen zu bewältigen. Auch Orientierungsvermögen ist gefragt, da häufiger die Markierungen bzw. Beschilderungen wechseln.
Variante 1: Zum Wittelsbacher Turm auf dem Scheinberg: vom in der Tourenbeschreibung erwähnten Punkt zunächst links auf der Kreisstraße KG 46, dann rechts dem *Wanderweg Oerlenbach–Wittelsbacher Turm* folgen (markiert mit einem *Turm-Symbol*), der Weg ist gut mit dem Rad befahrbar, hin und zurück 5,2 km zusätzlich. Vom Turm hat man eine tolle Aussicht auf Bad Kissingen und ins Saaletal, in die Rhön und bis zum Steigerwald, den Schlüssel zum Turm gibt es in der Gaststätte nebenan.
Variante 2: Zur Ruine Eiringsburg: vom in der Tourenbeschreibung erwähnten Punkt auf dem *Burgenradweg Fränkisches Saaletal* rechts bergauf zu der mitten im Wald gelegenen Ruine. Von der einstigen karolingischen Festung sind nur noch Mauerreste und Wälle übrig, aber der Ort hat etwas Mystisches (hin und zurück knapp 2 km).

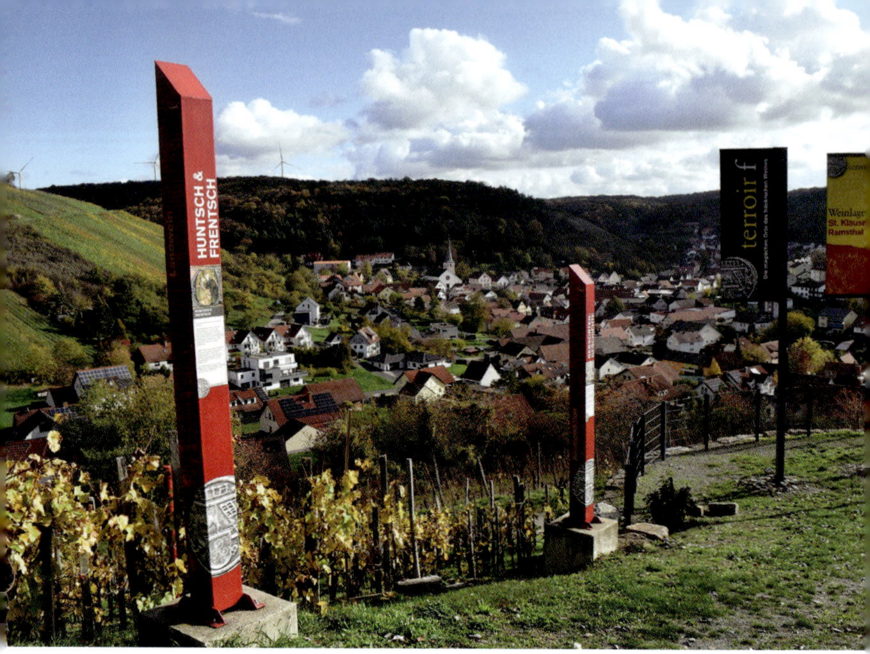

Der Terroir-f-Punkt liegt oberhalb von Ramsthal.

Geschichte und Genuss in Frankens Saalestück

Die Region links und rechts der Fränkischen Saale zwischen Bad Kissingen und Hammelburg wird Frankens Saalestück genannt. Eine Bilderbuchlandschaft, die mit zwei romantischen Burgruinen, einem alten Kloster und viel dörflichem Fachwerk aufwarten kann. Geprägt wird der Landstrich aber vorrangig vom Weinbau, der hier bereits seit dem frühen Mittelalter betrieben wird. Die 125 Hektar umfassende Anbaufläche ist oft noch in kleine Parzellen gegliedert und von pittoresken alten Weinbergsmauern durchzogen. Zehn Gemeinden bilden mit ihren traditionellen Weinlagen den nördlichsten Ausläufer des Fränkischen Weinlandes. Neben Frankens ältester Weinstadt Hammelburg (siehe Tour 29) tragen besonders die kleinen Winzerorte Ramsthal und Wirmsthal zum Ruf der Weinregion bei. Am besten gedeihen die Reben in den klimatisch begünstigten Nebentälern der Fränkischen Saale. Milde Temperaturen und moderate Niederschläge widerlegen dort das Vorurteil der rauen Vorderen Rhön und lassen hochwertige Weine heranreifen. Zu deren Qualität tragen ferner entscheidend die Bodenverhältnisse bei, die wiederum vom Gestein im Untergrund abhängen. In Frankens Saalestück ist dies der Muschelkalk, der zu skelettreichen Böden verwittert, in die sich die Rebstöcke tief einwurzeln können. Meist sind zudem die Weinlagen steil, damit der spätere Vegetationsbeginn an der Fränkischen Saale und ihren Nebenbächen durch intensive Sonneneinstrahlung ausgeglichen werden kann. Damit wären wir beim Begriff »Terroir«, mit dem Weinexperten das komplexe Zusammenspiel aller Standortfaktoren einer Weinlage (Geologie, Boden, Klima, Lage, Rebsorte) unter Einbeziehung der Arbeit des Winzers in Weinberg und Keller beschreiben. Letztlich macht das Terroir jede Weinlage einzigartig und sorgt damit für authentische Weine, deren Herkunft man im Weinglas mit etwas Erfahrung am Geschmack erkennen kann. So unterscheiden sich beispielsweise Silvanerweine der Weinlagen Ramsthaler St. Klaußen und Hammelburger Heroldsberg, obwohl sie gerade

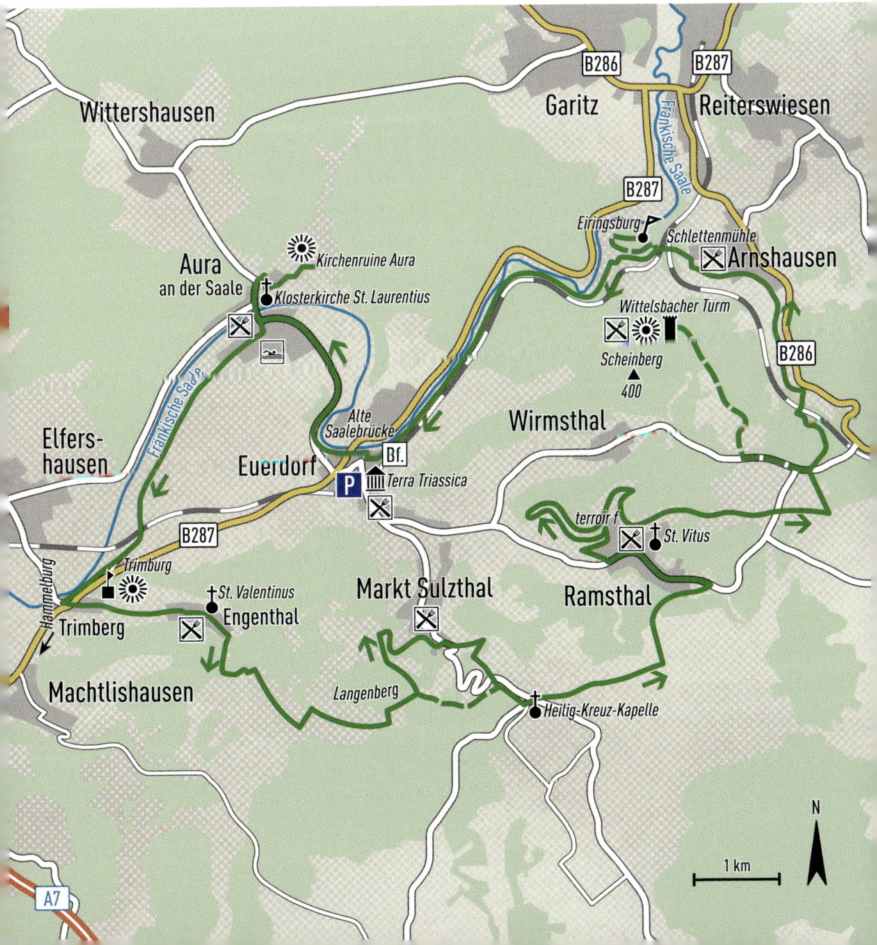

einmal zehn Kilometer voneinander entfernt sind. Neben Silvaner, der fränkischen Hausrebe schlechthin, werden an der Saale auch die weißen Rebsorten Müller-Thurgau und sogar Riesling angebaut, dazu die roten Spätburgunder und Domina. Besonders Liebhaber trockener Weine kommen hier auf ihre Kosten, wobei glücklicherweise die heutigen Winzer ihr Handwerk weit besser verstehen als ihre Vorfahren. Wenig Schmeichelhaftes gab es nämlich früher über die Qualität der Saaleweine zu berichten. »Nach solchem Trunke musste man mehr weinen als lachen« ist da unter anderem in einem mittelalterlichen Bericht zu lesen. Spötter bezeichneten die wohl essigsauren Getränke daher in Anlehnung an das Bibelzitat »Er ging hinaus und weinte bitterlich« als Tränen des Petrus. Andererseits lagerten die Fürstäbte von Fulda ihre Saaleweine fässerweise in ihren Kellern in Hammelburg und sprachen ihnen auch selber eifrig zu. Für einen Abt ist im Jahr 1772 immerhin der Konsum von 120 Litern eines sechsjährigen Jahrganges innerhalb von 40 Tagen belegt. Dies darf wohl als Beleg für die bereits damals hohe Qualität der hiesigen Weine vermerkt werden, denn so viel Essig hätte der hohe geistliche Herr sicher nicht zu sich genommen. Wir haben es heute sowieso einfacher, da wir uns in den Vinotheken der örtlichen Weingüter beraten lassen und uns den Wein unseres Geschmackes aussuchen können. Für Weinliebhaber bieten sich dazu auch auf unserer Tour bei einem Zwischenhalt in Ramsthal einige Gelegenheiten.

Zu Mönchen und Minnesängern

Als Startpunkt unserer erlebnisreichen Radtour wählen wir den an der Fränkischen Saale gelegenen Marktflecken Euerdorf, der auch mit der Bahn gut zu erreichen ist. Der im Jahr 716 erstmals urkundlich erwähnte und 1430 mit dem Marktrecht ausgestattete Ort wurde Ende des 16. Jahrhunderts vom Würzburger Fürstbischof Julius Echter von Mespelbrunn (1545–1617) mit einer Ringmauer befestigt. Davon können heute noch Reste besichtigt werden, dazu ein Wehrturm und ein Stadttor, das sogenannte obere Torhaus. Die Hauptsehenswürdigkeit stellt aber ohne Zweifel das 1598 errichtete Amtshaus des Würzburger Domkapitels dar, das später als Jagdschloss fungierte. Darin ist das

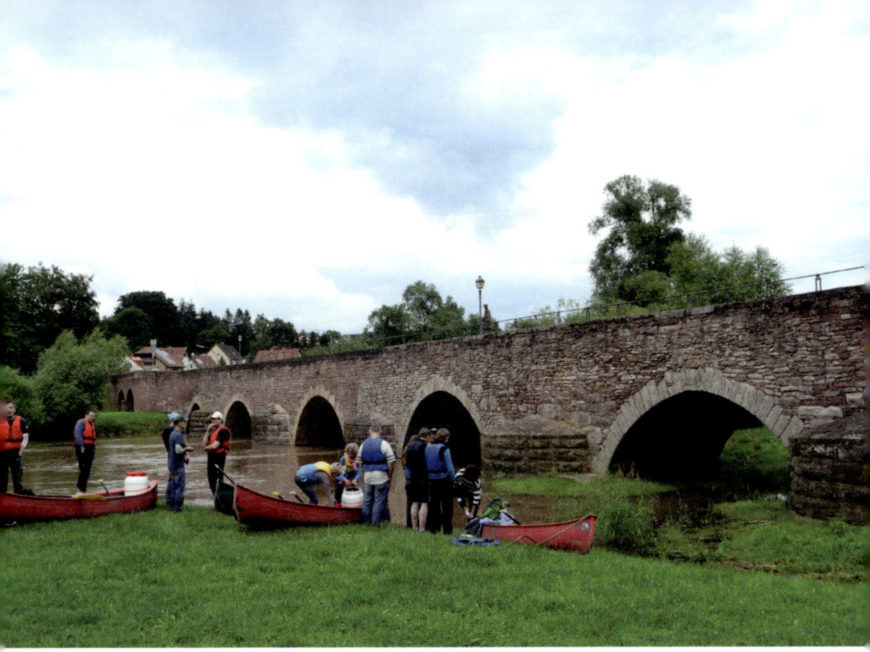

Wassersportler an der historischen Saalebrücke in Euerdorf

unbedingt besuchenswerte Museum Terra Triassica untergebracht, in dem in zahlreichen Vitrinen Fossilfunde aus der mainfränkischen Triaszeit ausgestellt werden. Für Kinder gibt es im dazugehörigen, frei zugänglichen Garten einen kleinen Kletterfelsen, ein dreiteiliges Dino-Puzzletier und eine Sandbahn, in der die Kleinen mit hölzernen Dinosaurier-Schuhen Trittspuren wie ein Vorzeitreptil erzeugen können. Vom Museum führt ein Wanderweg mit dem Namen »Weg durch die Zeit« zum Geotop Saurierfährten, wo auf einer Sandsteinplatte echte Fußabdrücke von Vorläufern der Dinosaurier bestaunt werden können (hin und zurück etwa sieben Kilometer).

Den eigentlichen Einstieg in unsere Tour finden wir bei der historischen Saalebrücke, einem mehrbogigen steinernen Bauwerk von 1539. Dort orientieren wir uns an der Beschilderung des *Burgenradweges Fränkisches Saaletal* und ignorieren die Markierung des ebenfalls hier verlaufenden *Radwanderweges Fränkische Saale.* Mit Blick zur Brücke halten wir uns links, folgen dem Flusslauf in einer Rechtsschlaufe und radeln dann von der Saale weg entlang der Landstraße nach Aura an der Saale. Im Dorf biegen wir rechts ab und gelangen über den Fluss hinweg in den

Altort, der sich an den steilen Talhang schmiegt. Bevor wir unserem *Burgenradweg* weiter bergauf folgen, lassen wir die Räder stehen und steigen zu Fuß hinauf zur Klosterkirche St. Laurentius, dem Wahrzeichen der kleinen Gemeinde. Sie ist ein Überbleibsel einer ehemaligen Benediktinerabtei, die 1108 von Bischof Otto von Bamberg gegründet wurde. Seine Blütezeit erlebte das Kloster im 15. Jahrhundert, doch von den Plünderungen und Zerstörungen im Bauernkrieg 1525 konnte es sich nicht mehr erholen und wurde schließlich 1564 aufgelöst. Von der romanischen Klosteranlage, die einst ein imposanter Gebäudekomplex gewesen sein muss, ist heute außer der Kirche nur noch wenig vorhanden. Aber selbst die dreischiffige, ebenfalls romanische Basilika erfuhr 1690 erhebliche bauliche Veränderungen und zeigt daher heute ein eher barockes Gesicht. Sehenswert ist in ihrem Inneren die Barockausstattung von 1720 allemal. Neben dem chorfüllenden Hauptaltar und den beiden niedrigen kompakten Nebenaltären im Mittelschiff sind besonders die zahlreichen Heiligenfiguren an den Pfeilern sehenswert, darunter ein spätgotischer St. Urban. Die Darstellung des Schutzheiligen der Winzer weist vermutlich darauf hin, dass die Benediktinermönche hier einst Wein angebaut haben.

Abstecher zur Kirchenruine Aura

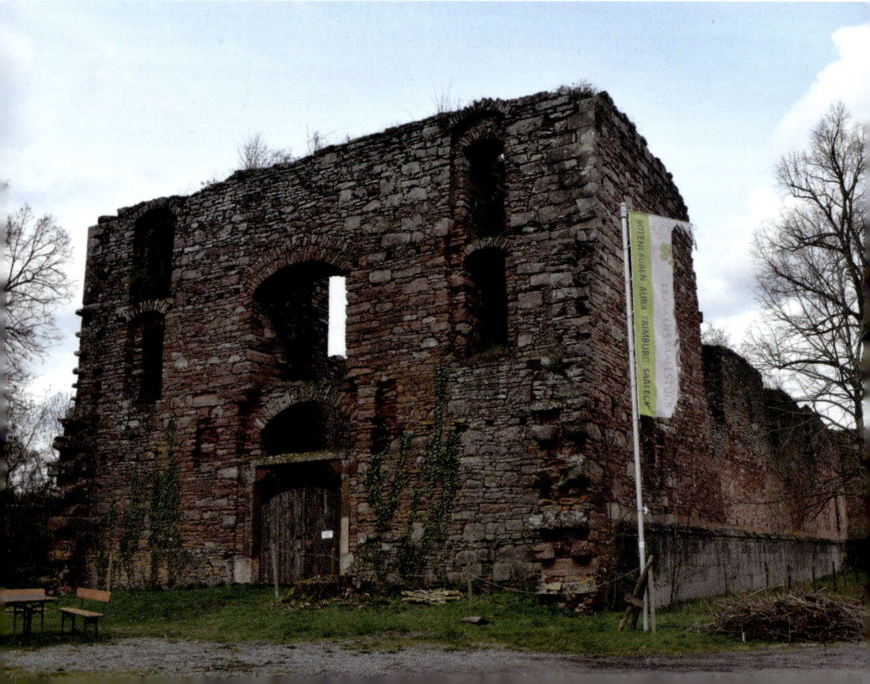

Wieder im Sattel, müssen wir kräftig in die Pedale treten, um den Anstieg hoch zur Kirchenruine Aura zu bewältigen. Das nie vollendete Gebäude ist eine der ältesten Bauruinen Deutschlands. Auf Geheiß Fürstbischofs Johann Gottfried I. von Aschhausen (1575–1622) sollte hier 1618 eine neue Klosterkirche erstehen, doch nach dem Ausbruch des Dreißigjährigen Krieges und dem Tod des Bischofs wurde der Bau 1622 eingestellt und nicht wieder aufgenommen. Die Ruine kann nur von außen besichtigt werden, dafür entschädigt der Ausblick von hier oben ins Tal der Fränkischen Saale.

Zurück geht es wie auf dem Herweg wieder hinüber in den neuen Ortsteil von Aura, wo wir die Hauptroute des *Burgenradweges* verlassen haben. Ihr folgen wir nun über die leicht gewölbte Feldflur, bis erneut eine Nebenroute abzweigt. Wer die Variante mit Kindern (siehe oben »Familie«) zur Trimburg radeln möchte, muss hier links abbiegen und sich an der Beschilderung dorthin orientieren. Ansonsten bleiben wir geradeaus, unterqueren die Bahnlinie und erreichen anschließend das zu Elfershausen gehörige Dorf Trimberg.

Dort lassen wir unsere Drahtesel an der Hugo-von-Trimberg-Straße stehen und erklimmen nach Unterqueren der B 287 auf dem *Weingenussweg Fränkische Saale* den steilen, von der Trimburg gekrönten Bergsporn. Am besten steigt man an einem Sonntag im Sommerhalbjahr zu ihr hoch, denn dann ist das sehenswerte Gemäuer für Besichtigungen geöffnet, außerdem gibt es eine Bewirtung durch örtliche Vereine. Erbaut wurde die Festung im 12. Jahrhundert, wobei die heutige Anlage den Ersatz bzw. die Ergänzung für zwei zuvor errichtete Burgen darstellt. Bis zum Jahr 1279 befand sich die Trimburg im Besitz der Herren von Trimberg. Zwei Vertreter dieses Geschlechtes waren sogar bedeutende Minnesänger: Während Hugo von Trimberg (um 1230–1313) mit seiner didaktischen Dichtung *Der Renner* einen »Bestseller« des Hochmittelalters verfasste, sind die Lieder von Süßkind von Trimberg (1230–1300) in der berühmten *Manessischen Liederhandschrift* zu finden. In der Folge kam die Burg zum Hochstift Würzburg und nach der Säkularisation 1803 in die Hände des Königreiches Bayern. Dieses gab die ehemals stolze Festungsanlage zum Abbruch frei und machte sie damit zur Ruine. Seit 1980 gehört die Trimburg dem Markt Elfershausen, der sich gemeinsam mit dem Verein »Freunde der Trimburg«

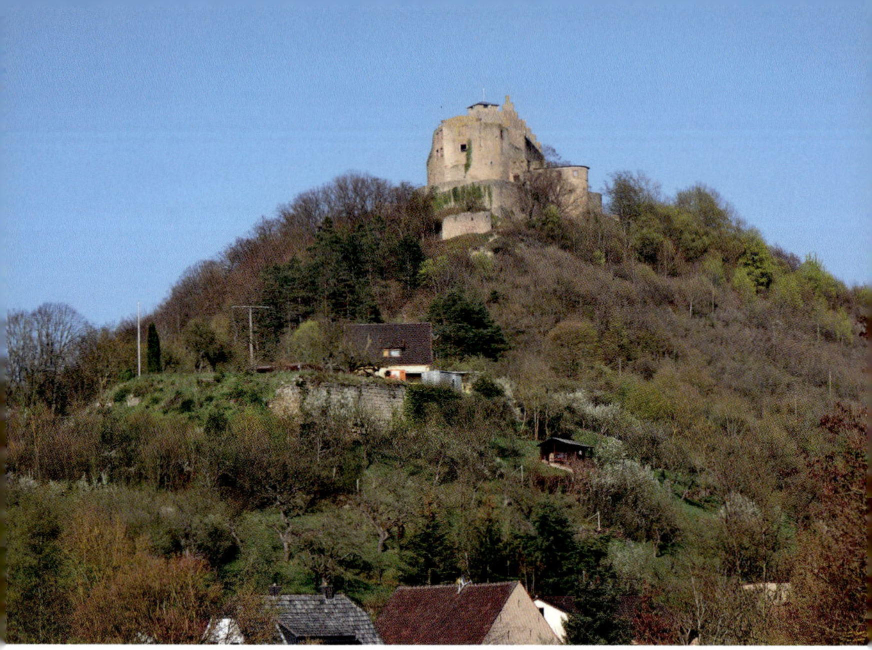

Die Trimburg thront hoch über dem Talgrund der Fränkischen Saale.

um den Erhalt und die touristische Erschließung des Baudenkmals kümmert. Zurück bei unseren Rädern setzen wir unsere Tour ortseinwärts fort bis zur querenden Brückenstraße, wo wir uns vom *Burgenradweg* verabschieden, der geradeaus verläuft. Wir biegen links ab und folgen nun der Beschilderung eines örtlichen *Radweges* in Richtung Oerlenbach/Engenthal.

Wo der Wein wächst

Am Ortsende sehen wir erstmals auf unserer Tour Weinberge, wenn auch klein parzellierte, die sich unterhalb der Trimburg den Abhang hinunterziehen. Jetzt steht uns eine längere Aufwärtspassage bevor, die uns ins nahe Engenthal bringt, ein 1234 erstmals urkundlich erwähntes Winzerdorf. Den Weinbau hat man hier allerdings schon lange aufgegeben, da die Bearbeitung der steilen Südhänge zu mühsam und der Ertrag zu gering war. Auffällig ist der große, langgestreckte Anger in der Ortsmitte, angeblich der größte seiner Art in Bayern. Wer mag, werfe einen Blick in die St.-Valentinus-Kirche mit einem schönen Rokoko-

Hochaltar von 1740. Am Dorfende biegt unser *Radweg* rechts in Richtung Oerlenbach/Sulzthal ab und führt uns mit zunehmender Steigung durch einen Laubmischwald auf die Ackerhochfläche, wo es ebener wird. Rechts abbiegend auf einen querenden Flurweg (weiterhin die Beschilderung nach Sulzthal beachtend), umrunden wir in einem erneuten Anstieg den bewaldeten Langenberg links von uns. Schließlich radeln wir bergauf in den Wald und biegen darin bei erster Gelegenheit links ab (wer die Tour abkürzen will, hält sich hier rechts in Richtung Oerlenbach und trifft vor der Heilig-Kreuz-Kapelle wieder auf unsere Route). In einer rasanten Abwärtsfahrt ist der im Tal gelegene Markt Sulzthal schnell erreicht.

In dem romantischen Ort mit seinen malerischen, jahrhundertealten Fachwerkhäusern und der mittelalterlichen Kirchenburg lohnt es sich, die Räder abzustellen und durch die Gassen zu flanieren, jede Menge schöne Fotomotive inbegriffen. Der neu gestaltete Dorfplatz bietet sich für ein Picknick an.

Wir setzen unsere Tour auf der Hauptstraße in östlicher Richtung fort, wobei uns nun kein offizieller Radweg zur Verfügung steht. Am Ortsende halten wir uns geradeaus auf einen Flurweg. Auf diesem gelangen wir durch einen Waldstreifen auf eine Hochfläche, wo wir nach Überqueren der Landstraße die Heilig-Kreuz-Kapelle erreichen. Dort verschnaufen wir auf einem Rastplatz und biegen dann links über die Landstraße hinweg auf den *Radweg* in Richtung Oerlenbach/Ramsthal ab. Eben geht es über die Feldflur, wobei wir einen Solarpark passieren. Dahinter halten wir uns links hinunter an den Ortsrand von Ramsthal und radeln links an der Hauptstraße entlang in das Winzerdorf hinein.

Das von der spitztürmigen St.-Vitus-Kirche überragte Dorf liegt klimatisch begünstigt in einem Seitental der Fränkischen Saale und wird von Rebhängen umgeben. Der Weinbau ist seit 1122 urkundlich belegt, als Mönche des nahen Klosters Aura ein Gut mit Weinbergen in Ramsthal erwarben. Zu Ehren des heiligen Urban, des Schutzpatrons der Winzer und Weinhäcker, entstand Mitte des 17. Jahrhunderts eine Urbanusbruderschaft. Heute wacht eine Statue des Heiligen in der Weinlage St. Klaußen über den Ort. Während andere Winzerdörfer im Saaletal den Weinbau längst aufgegeben haben, konnte Ramsthal seine Rebfläche in den letzten Jahren sogar vergrößern. Aktuell bewirtschaften vier Weingüter eine Fläche von 35 Hektar. Bei unserer Fahrt durch die Ortsmitte fällt uns sogleich die *Vinothek* des mehrfach prämierten *Weingutes Baldauf* auf. Längs der Hauptstraße findet man dazu die *Winzerbetriebe Gündling und Keller.* Dazu gesellt sich das *Weingut Neder* im Urbanusweg. Beste Gelegenheiten also, um verschiedene Weine auszuprobieren und gegebenenfalls ein paar Flaschen zu kaufen.

Uns zieht es hinein in die Weinberge. Dazu biegen wir beim Kreisel am Ortsende rechts ab und folgen nun dem mit einem *gelben Logo* markierten *Urbanus-Weg.* Er ist auch mit dem Rad befahrbar und bringt uns zunächst hoch zum Terroir-f-Punkt, einem der magischen Orte des Frankenweins. Von dessen Aussichtsterrasse hat man den vielleicht schönsten Blick auf Ramsthal, außerdem liefern Stelen Informationen zur Geschichte der Rebsorten. In einer Aufwärtsschleife gelangen wir an den Waldrand und fahren dann oberhalb der Weinberge an ihm entlang. Dabei passieren wir die bereits erwähnte Statue des Heiligen Urbanus und den Abzweig zum *Poetischen Waldwanderweg.* Weiter unserer Markierung folgend, umfahren wir einen Taleinschnitt, biegen danach links ab und durchqueren ein Waldstück. In einer Linksbiegung geht es durch die Weinberge des Rasstales, wobei wir an Böschungen aus Muschelkalk vorbeiradeln. Erneut im Wald verlassen wir den *Urbanus-Rundweg* und halten uns auf dem örtlichen *Rundweg 8* geradeaus. Am Waldrand stoßen wir auf den örtlichen *Radweg* in Richtung Oerlenbach und folgen diesem geradeaus. In leichtem Anstieg radeln wir über die Feldflur über eine Kreisstraße hinweg, bis wir den querenden *Jakobus Radpilgerweg* erreichen, dem wir uns nach links anvertrauen.

Nach etwa 600 Metern bietet sich ein Abstecher nach links zum Wittelsbacher Turm an (siehe Variante 1). Ansonsten genießen wir die Abwärtspassage durch den Wald ins Aubachtal. Dort halten wir uns links und fahren an Arnshausen vorbei. Kurz hinter der Schlettenmühle unterqueren wir in einer Unterführung die beiden Bahnlinien und wechseln danach auf den *Radwanderweg Fränkische Saale,* der von rechts zu uns stößt (der *Jakobus Radpilgerweg* biegt hier nach rechts ab). Wir könnten aber ebenfalls rechts abbiegen und auf dem *Burgenradweg Fränkisches Saaletal* zur Ruine Eiringsburg radeln (siehe Variante 2).

Der Rückweg nach Euerdorf ist jetzt nur noch Formsache. Der *Radwanderweg Fränkische Saale* führt uns zuverlässig und ohne größere Anstrengung dorthin zurück.

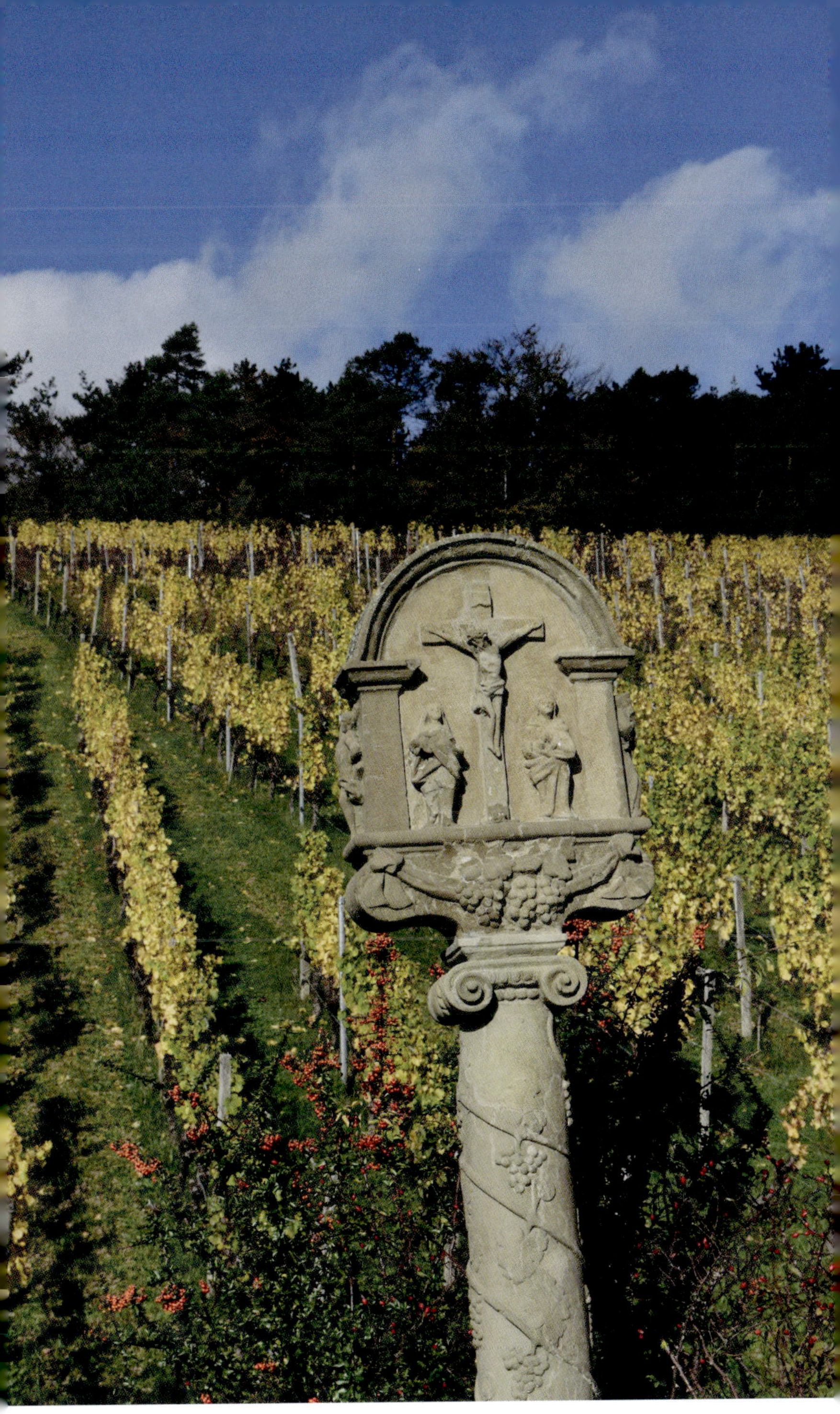

Alter Bildstock in der Ramsthaler Weinlage St. Klaußen

Ausgewählte Adressen und Tipps

Frankens Saalestück, Am Marktplatz 1, 97762 Hammelburg, Tel. 09732/902308, www.frankens-saalestueck.de.

Euerdorf

Museum Terra Triassica (mit Pflanzenwelt Trias-Garten), Gerichtsgasse 22, 97717 Euerdorf, Tel. 09704/91310, www.terra-triassica.de. Apr. bis Okt. Sa/So und Fei 14–17 Uhr.

Karos Tortenzauber & Cafe Petite, Hammelburger Str. 2, 97717 Euerdorf, Tel. 01516/8437954, Mi–So 13–17 Uhr, Mo/Di Ruhetage.

Ristorante Pizzeria Messapica, Marktplatz 3, 97717 Euerdorf, Tel. 09704/5672, www.pizzeria-messapica.de. Mi–So 17–23 Uhr, Mo/Di Ruhetage.

Gasthaus zum Lamm, Schweinfurter Str. 5, 97717 Euerdorf, Tel. 09704/1670. Öffnungszeiten bitte telefonisch erfragen.

Aura an der Saale

Naturbad Aura, Schulstr., 97717 Aura an der Saale, Tel. 09704/6434, www.naturbad-aura-saale.de.

Zur alten Brauerei, Am Rasen 151, 97717 Aura/Saale, Tel. 09704/3722282, www.zur-alte-brauerei.de. Di–Fr 11.30–14.30 und 16–21, Sa/So 11.30–22 Uhr, Mo Ruhetag. Griechisches Restaurant.

Trimberg

Die Trimburg ist So und Fei 10–18 Uhr für Besichtigungen geöffnet, Mai bis Okt. sorgen örtliche Vereine für eine Bewirtung. Termine unter www.elfershausen.de/tourismus/trimburg.

Kanuverleih Uferblick Saale Kanu Tour, P. Schmucker in Elfershausen-Trimberg, Tel. 09704/1619230, www.saale-kanu-tour.de.

Hotel Ullrich, August-Ullrich-Str. 40–42, 97725 Elfershausen, Tel. 09704/91300, www.hotel-ullrich.de. Vier-Sterne-Wohlfühlhotel in modernem Design.

Sulzthal

Gasthof Restaurant Schmitt, Hauptstr. 9, 97717 Sulzthal, Tel. 09704/1821, www.gasthofschmitt.de. Mi–Sa ab 17, So 9–15 Uhr, Mo/Di Ruhetage. Mit Terrasse und Biergarten, für eine Übernachtung stehen mehrere Einzel- und Doppelzimmer, ein Appartement und eine Ferienwohnung zur Verfügung.

Ramsthal

Gästehaus Ingrid und *»Schlafen im Weinfass«*, Im Schäffthal 1, 97729 Ramsthal, Tel. 09704/6039850, www.gaestehausingrid.de. Das Gästehaus bietet »Schlafen im Weinfass« an. Ein 8000-Liter-Weinfass wurde zu einer originellen Unterkunft für zwei Personen umgebaut.

Weingut Baldauf, Hauptstr. 42, 97729 Ramsthal, Tel. 09704/1595, www.baldaufwein.de. Vinothek & Weinbistro Mo–Fr 9–18, Sa 9–16 Uhr.

Weingut Neder, Urbanusweg 5, 97729 Ramsthal, Tel. 09704/5692, www.weingut-neder.de. Vinothek Mo–Fr 14–18, Sa 9–16 Uhr und nach Vereinbarung.

Gasthof und Metzgerei Wahler, Hauptstr. 28, 97729 Ramsthal, Tel. 09704/1550, www.gasthof-wahler.de. Di–Sa 11.30–22, So 11.30–14.30 Uhr, Mo Ruhetag.

Wittelsbacher Turm

Gasthausbrauerei Wittelsbacher Turm, Wittelsbacher Turm 1, 97688 Bad Kissingen-Arnshausen, Tel. 0971/7858820, www.wittelsbacher-turm.de. Mi–Sa 11.30–21, So/Fei 11–19 Uhr, Mo/Di Ruhetage. Mit Terrasse und Biergarten, ausgeschenkt wird das Bier der hauseigenen Brauerei, dazu Weine aus dem Saaletal, die Speisekarte wird von Fleischgerichten dominiert, eine Spezialität des Hauses sind Brizzas, also Pizzas aus salzigem Brezelteig.

Arnshausen

Körners Wirtschaft, Iringstr. 7, 97688 Bad Kissingen-Arnshausen, Tel. 0971/2809, www.körners-wirtschaft.de. Do/Fr ab 17, Sa/So und Fei 11–14 und ab 17 Uhr, Mo–Mi geschlossen. Traditionelle fränkische Küche, auch Brotzeiten, saisonal wechselnde Speisekarte, ausgeschenkt werden regionale Saale-Weine.

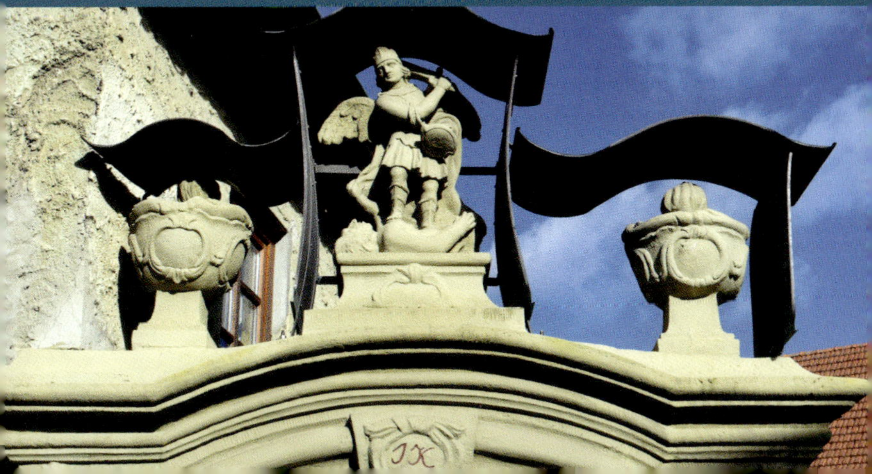

29 Entlang der Fränkischen Saale

Mit dem Rad von Hammelburg nach Gemünden

Tour: Hammelburg–Untereschenbach–Diebach–Morlesau–Weickersgrüben–Roßmühle–Michelau–Gräfendorf–Schonderfeld–Wolfsmünster–Kloster Schönau–Gemünden.
Länge/Dauer: 32,8 km/3,5 Std.
Einstiegspunkt: Marktplatz in Hammelburg.
Endpunkt: Bahnhof in Gemünden; zurück per Bahn.
Höhenunterschied: 134 m (inklusive Abstecher hoch zur Burg Saaleck).
Markierungen: *Burgenradweg Fränkisches Saaletal, Radwanderweg Fränkische Saale, Main-Tauber-Fränkischer Radachter,* lokaler *Radweg* Richtung Bahnhof Gemünden.
Anfahrt: *ÖPNV:* mit der Bahn bis Bahnhof Hammelburg. *Kfz:* A 7 Ausfahrt Hammelburg, B 287 bis Hammelburg; beste Parkmöglichkeit P2 Am Bleichrasen (kostenlos und ohne Parkscheibe).
Saison: Frühjahr bis Herbst.
Familie: Da die Tour nicht allzu lang ist, kann sie auch mit Kindern geradelt werden. Man sollte lediglich genügend Zeit für längere Pausen einplanen.
Anforderungen: normale Kondition.

Der Fluss ist das Ziel

Während im Nordosten die Werra die Rhön vom Thüringer Wald trennt, bildet im Süden des Vulkangebirges die Fränkische Saale die natürliche Trennlinie zum Spessart. Sie entspringt im Grabfeld bei Alsleben nahe der thüringischen Landesgrenze und mündet nach knapp 130 Kilometern bei Gemünden in den Main. Besonders reizvoll ist es, ihren kompletten Verlauf von der Quelle bis zur Mündung auf dem *Radwanderweg Fränkische Saale* abzuradeln. Mit Bad Königshofen, Bad Neustadt, Bad Bocklet und Bad Kissingen liegen gleich vier bekannte Bäderorte an der Strecke, dazu viele sehenswerte Dörfer, Marktflecken und Kleinstädte, die sich viel von ihrem ursprünglichen Charme bewahrt haben. Immer wieder kommt man unterwegs auch an stolzen Burgen, romantischen Kapellen und alten Klöstern vorbei. Es gibt also viel zu sehen in der alten Kulturlandschaft zwischen Rhön und Spessart.

Ohne die Begeisterung auf künftige Flusserlebnisse – sei es per Rad oder per Boot (siehe Kasten »Bootswandern«) – schmälern zu wollen, muss erwähnt werden, dass die so idyllisch anmutende Fränkische Saale ein von Menschenhand geschundener Fluss ist. Durch Begradigungen wurde sie ihrer natürlichen Mäanderschleifen beraubt, durch Rodungen verlor sie ihre Auenwälder und durch Stauwehre wurde sie gezähmt. Dass dies alles erhebliche Folgen für die Tier- und Pflanzenwelt im und am Fluss hatte, muss nicht näher erläutert werden. Glücklicherweise hat in den letzten Jahren ein Umdenken in Gestalt gezielter Renaturierungsmaßnahmen stattgefunden, die dazu beitragen sollen, den ursprünglichen Charakter der Saale wiederherzustellen. Dass dies auf einen fruchtbaren Boden fällt, beweist die Tatsache, dass

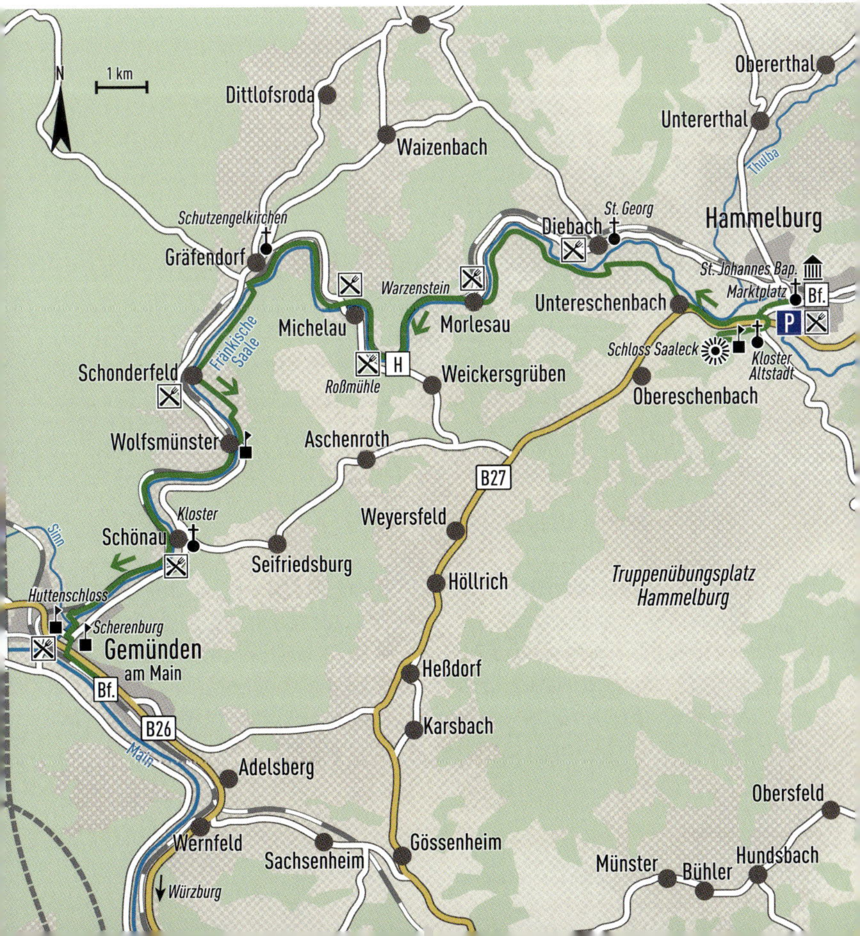

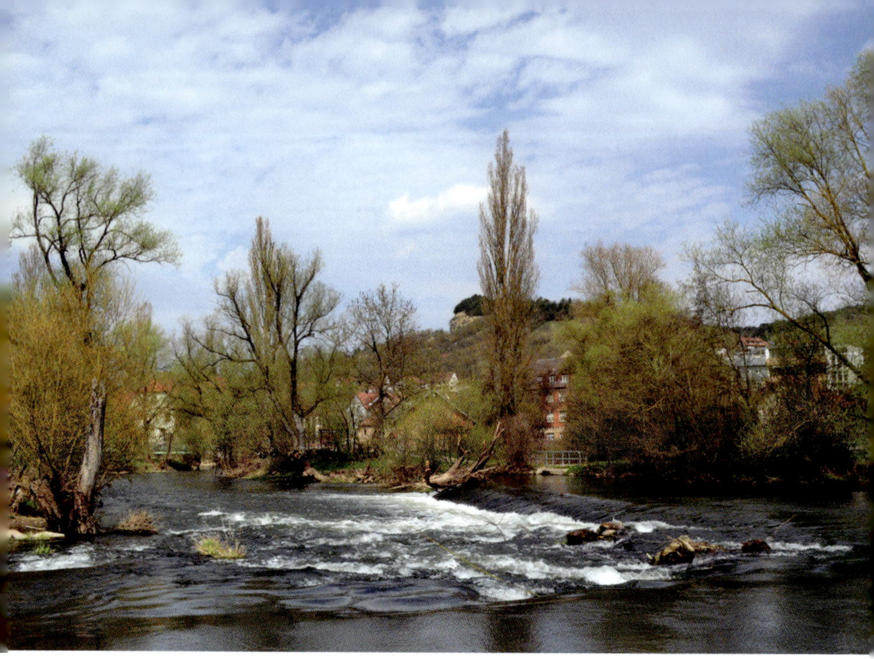

Die Fränkische Saale bei Hammelburg

es mittlerweile wieder größere Bestände der Bachforelle gibt. Dazu kann man mancherorts den Eisvogel bei der Beutejagd beobachten und sogar der Biber ist an der Fränkischen Saale wieder heimisch geworden.

Auf unserer Tour wollen wir nicht den kompletten Radwanderweg ab der Quelle radeln, sondern seine letzte Etappe von Hammelburg nach Gemünden am Main. Dies ist gut an einem Tag zu schaffen, außerdem können wir mit der Bahn bequem zurück an unseren Ausgangsort gelangen. Machen wir uns also auf den Weg, der uns immer direkt am Fluss entlangführen wird.

Start in Frankens ältester Weinstadt

Als Ausgangsort für unsere Radtour flussabwärts der Fränkischen Saale wählen wir das nette Städtchen Hammelburg, das auch gut mit der Bahn erreichbar ist. Gleich losradeln wollen wir aber nicht, denn der geschichtsträchtige Ort hat einiges zu bieten. Wir befinden uns in Frankens ältester Weinstadt, wie eine Urkunde vom 7. Januar 777 belegt. Damals schenkte Karl der Große sein fränkisches Königsgut »Hamulo Castellum« dem Kloster in Fulda, wobei ausdrücklich auch die dazugehörigen Weinberge erwähnt wurden. Seitdem begaben sich die Mönche regelmäßig auf dem heutigen »Abtsweg« nach Hammelburg, um den lückenlosen Transport ihrer Weine sicherzustellen. Die Fürstäbte ließen die Stadt später befestigen und wählten sie gar als Sitz ihrer Sommerresidenz. Über 1000 Jahre bis zur Säkularisation des Fürstbistums Fulda im Jahr 1802 blieb die Saalestadt fuldisch und kam danach zu Bayern. Seinem Ruf als bedeutender Weinort wird Hammelburg bis heute gerecht, 70 Winzer, darunter fünf Vollerwerbsbetriebe, bewirtschaften die Rebhänge rund um die Stadt. Die beste Möglichkeit, sich von der Qualität der Saaleweine überzeugen zu lassen, bietet der Besuch einer Heckenwirtschaft oder einer Vinothek, die von vielen Weingütern in Eigenregie betrieben werden. Darüber hinaus gibt es im Jahreslauf eine bunte Palette an Veranstaltungen und Events rund um den Wein. Da ist für jeden Weinfreund etwas dabei – seien es die von einzelnen Weingütern angebotenen Führungen, Picknicks oder Motto-Verköstigungen im Weinberg oder die beliebten Hofschoppen-, Federweißen- und Weinfeste.

Unbedingt sehenswert in Hammelburg ist bereits der Marktplatz mit dem beeindruckenden Renaissancebrunnen von 1541 und dem ebenfalls aus dem 16. Jahrhundert stammenden Rathaus mit seinem stufenförmigen Giebel. Der Stadtbrand von

Frankens Saalestück – eine Genussregion

Der Ruf als Genussregion wird vor allem durch den Frankens Saalestück genannten Flussabschnitt zwischen Bad Kissingen und Hammelburg geprägt, wo seit dem frühen Mittelalter Wein angebaut wird. Das Saaletal ist sogar Frankens ältestes Weinbaugebiet, doch unproblematisch war es für die Winzer nie, hier ihre Trauben heranreifen zu lassen, denn das Klima zu Füßen der südlichen Rhön ist eher rau und Weinbau nur in geschützten Seitentälern der Saale möglich. Traditionell werden daher überwiegend frühreife Rebsorten wie Müller-Thurgau angebaut, erst der Klimawandel machte es möglich, dass zunehmend auch spätreifende Sorten wie Silvaner und Riesling in hoher Qualität heranwachsen können. Zahlreiche Heckenwirtschaften und Vinotheken in den Weinorten Hammelburg, Ramsthal und Wirmsthal laden dazu ein, den ein oder anderen Schoppen zu verkosten.

Bootswandern auf der Saale
Dank ihres geringen Gefälles ist die gemütlich dahinfließende Fränkische Saale auch bei Bootswanderern und Paddlern sehr beliebt. Ab Bad Neustadt ist sie auf über 96 Kilometern befahrbar, davon rund 60 Kilometer ganzjährig für Kanadier, Faltboote, Kajaks sowie Schlauch- und Ruderboote mit höchstens vier Plätzen. Rafting- und Floßfahrten sind dagegen nicht erlaubt. Es gibt acht offizielle Bootsumsetzstellen, von denen aus eine Tour begonnen oder beendet werden darf. Die Naturschutz- und Verhaltensregeln, die dort jeweils auf Informationstafeln bekannt gemacht werden, sind unbedingt zu beachten. Am besten nimmt man an einer geführten Kanutour teil, wie sie von einigen regionalen Veranstaltern angeboten werden. Wer unbedingt auf eigene Faust lospaddeln möchte, kann dort auch ein Kanu ausleihen.

1854 zerstörte das Gebäude bis auf die Grundmauern, es wurde danach im neugotischen Stil wiedererrichtet. Nur noch das Treppenhaus und der Ratskeller sind original erhalten. Über die Kirchgasse gelangt man zum Kellereischloss, auch das Rote Schloss genannt. Fürstabt Adolph von Dalberg ließ die vierflügelige Anlage 1726–1731 als Sommerresidenz errichten. In seinem Keller wurden im 18. Jahrhundert bis zu 700.000 Liter Wein in großen Holzfässern gelagert. Heute befinden sich in dem Gebäude die Tourist-Information, die Stadtbibliothek und das neue Naturerlebniszentrum Rhön. Auf der Rückseite des Bauwerkes lädt ein romantischer Schlossgarten mit Teich zum Flanieren ein. Auf der Kirchgasse ist es nicht weit zur katholischen Stadtpfarrkirche St. Johannes Baptista, in den Jahren 1389 bis 1461 im spätgotischen Stil als dreischiffige Anlage erbaut. Über dem Hochaltar befindet sich eine Madonna im Strahlenkranz, die dem berühmten Bildhauer Jakob Auvera (1672–1760) zugeschrieben wird. Von der einstigen Stadtbefestigung sind drei Türme erhalten, einer davon ist der Mönchsturm an der südlichen Stadtmauer. In den angelegten Gärten können Skulpturen des aus der belgischen Partnerstadt Turnhout stammenden Künstlers Luk Van Soom bestaunt werden. Auf der gegenüberliegenden Altstadtseite an der Straße Obere Stadtmauer sollte man auch dem zu einem Aussichtsturm umgestalteten Baderturm einen Besuch abstatten. Von seiner Plattform in 17 Metern Höhe hat man einen wunderschönen Ausblick auf die Stadt und ihre Umgebung.

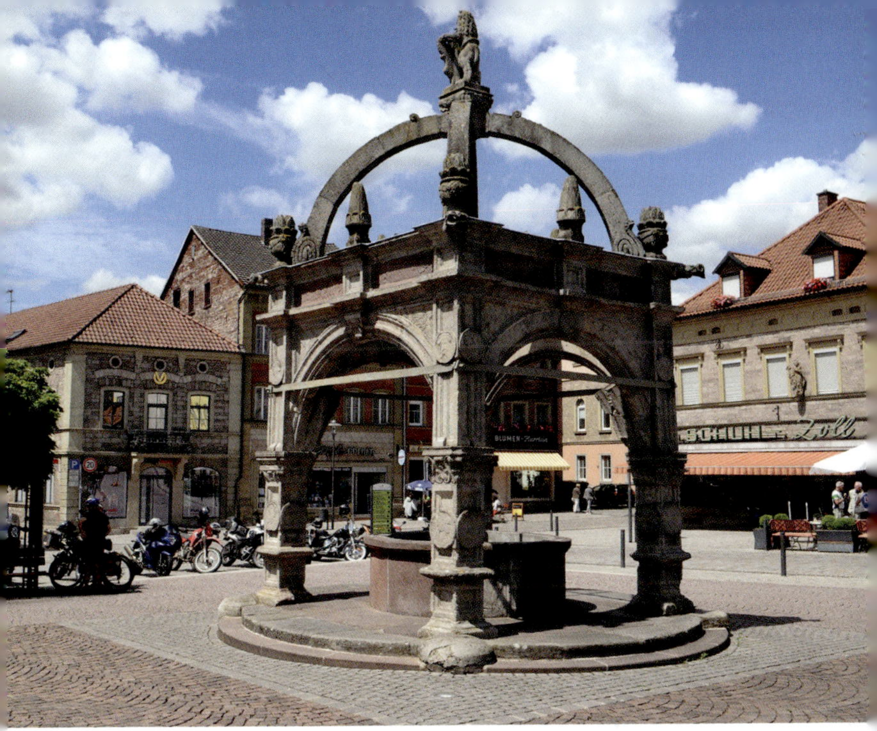

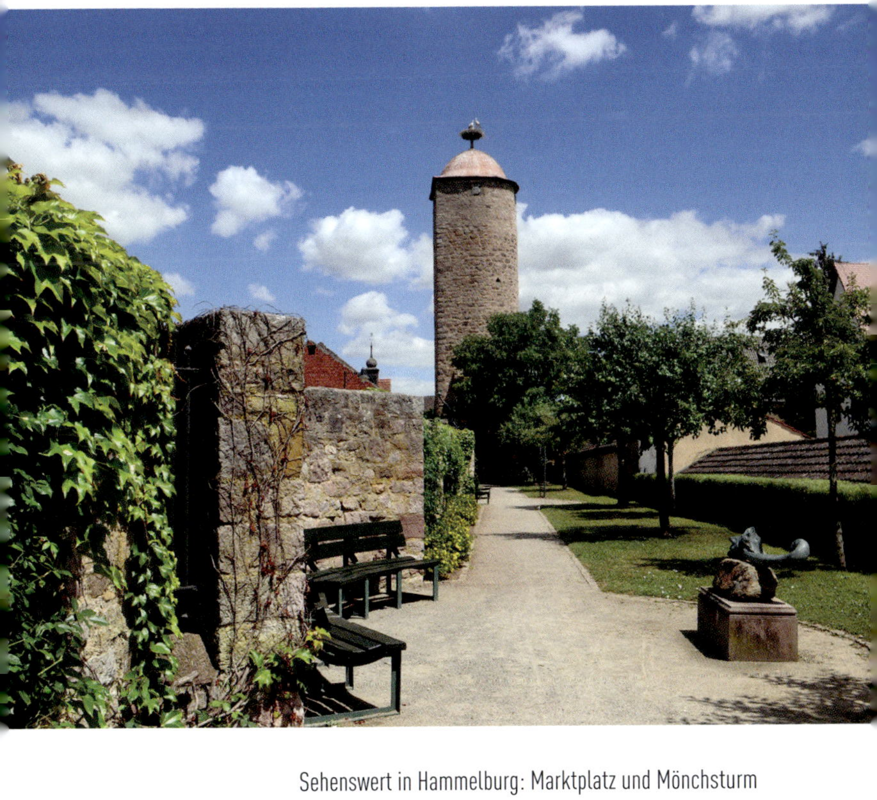

Sehenswert in Hammelburg: Marktplatz und Mönchsturm

Wer mehr über die Geschichte des hiesigen Weinbaues erfahren möchte, wird im Museum Herrenmühle bestens bedient. In dem altehrwürdigen, um das Jahr 1700 erbauten Mühlengebäude geht es aber auch um das Thema Mühlenwesen und Broterstellung. Die Ausstellungen erstrecken sich über drei Etagen und regen mit interaktiven Stationen, Inszenierungen und Klanginstallationen zum spielerischen Informieren und Mitmachen an. Auch Kindern wird es dort nicht langweilig.

Dann hält Hammelburg noch ein ungelöstes Rätsel für seine Gäste bereit, doch dafür müssen wir die nicht mehr vorhandenen Tore der Stadt verlassen. Am Plateaurand des Hammelberges tauchten Anfang der 2000er-Jahre Kunstobjekte der besonderen Art auf. Da bis heute nicht bekannt ist, wer die lebensgroßen, bis zu 600 Kilogramm schweren Statuen steil über dem Talgrund der Fränkischen Saale installiert hat, werden sie mysteriös die Geheimnisvollen Figuren genannt. Neben dem »Philosophen« und der »Tänzerin mit ihrem Kind« ist da auch eine »Amalberga« getaufte Frauengestalt zu betrachten. Im Herbst 2013 verschwand sie jedoch zum Leidwesen der Einheimischen über Nacht und tauchte erst 2018 wieder auf – mit neuer Frisur und einem eleganten Kleid. Vom Marktplatz führt ein beschilderter

Weiter Ausblick vom Bergfried des Schlosses Saaleck

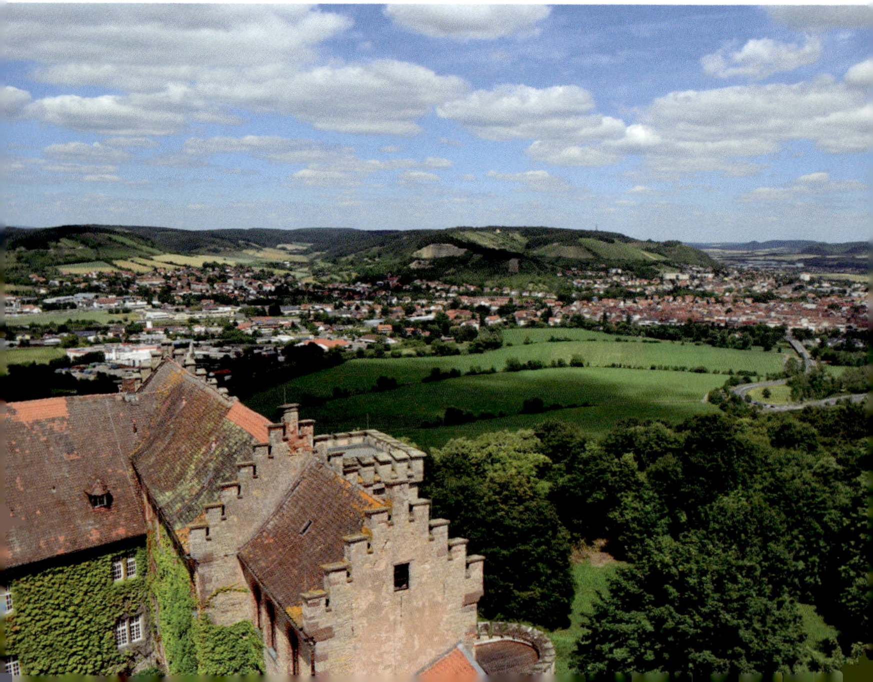

Wanderweg *(Terroir-f/geheimnisvolle Figuren)* dorthin, ebenso der örtliche *Rundweg 9*. Beide können auch weitgehend mit dem Rad befahren werden, es geht allerdings etwas steiler bergauf, oben auf dem Plateau empfiehlt es sich, das Rad etappenweise zu schieben.

In unsere Radtour starten wir auf dem Marktplatz, wo wir uns zunächst an den Wegweisern des *Burgenradweges Fränkisches Saaletal (stilisierter roter Turm über einer blauen Welle)* orientieren. Auf der Weihertorstraße radeln wir vorbei am Kellereischloss aus der Stadt hinaus und überqueren die Fränkische Saale. Immerzu unserer Beschilderung folgend, unterqueren wir die B 287 und gelangen kurz darauf zum Kloster Altstadt.

Ein Schloss mit traumhaftem Ausblick

Dort könnten wir beim Parkplatz das Rad stehen lassen und zu Fuß zum Schloss Saaleck hochsteigen. Einfach links an der Klostermauer entlang und der Beschilderung des örtlichen Rundweges *Kalk + Kultour* folgen. Dessen Route verläuft über den sehenswerten, 1733 eingerichteten Kapellenkreuzweg den bewaldeten Abhang hinauf zu einer beeindruckenden Kreuzigungsgruppe und von dort zum Schloss. Wir bleiben jedoch lieber im Sattel und radeln am ehemaligen Franziskanerkloster vorbei, das 1656–58 unter Fürstabt Joachim von Gravenegg erbaut wurde. Es gilt als eines der schönsten Beispiele fuldischen Barocks. Vielleicht begleiten uns musikalische Klänge aus der Bayerischen Musikakademie, die seit 1980 im Gebäude der ehemaligen Brauerei untergebracht ist. Nach einer etwas steileren Aufwärtsetappe erreichen wir Schloss Saaleck, unser erstes Zwischenziel, wo wir unsere Räder abstellen und den Burghof betreten.

Die Festung wurde im 12. Jahrhundert als Amtsburg der Fuldaer Äbte errichtet; von hier aus wurden die ersten Weinberge ihres Klosters bewirtschaftet und die Weine in den dortigen Kellern gelagert. Im 14. Jahrhundert erfolgte die Umbenennung in Schloss Saaleck. Leider ist das beliebte Hotel-Restaurant, das gerne auch von Ausflüglern aufgesucht wurde, geschlossen. Es wird wohl erst wieder nach aufwendigen Sanierungsmaßnahmen neu eröffnet werden können. Der Zugang zum Bergfried ist aber dennoch möglich. Die Aussicht von diesem 25 Meter hohen Turm,

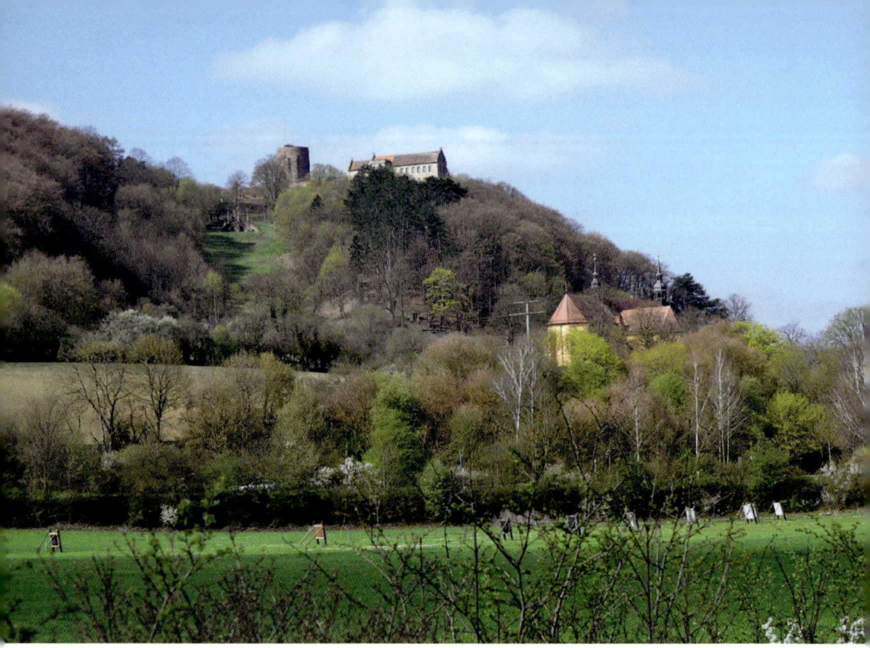

Schloss Saaleck mit Kloster Altstadt

der auch »Blauer Hut« genannt wird, sollte man sich keinesfalls entgehen lassen. Der Blick schweift weit über Hammelburg hinweg ins östliche Saaletal bis zur Trimburg bei Elfershausen. Zurück am Boden bietet sich eine kleine Variante auf dem Weinlehrpfad an, der beim Schloss beginnt. Er ist 5,8 Kilometer lang und vermittelt auf 17 Stationen viel Wissenswertes über den Weinbau um Hammelburg und dessen lange Geschichte. Seine Wegbeschaffenheit macht ihn auch mit dem Rad befahrbar.

Ansonsten fahren wir wie auf dem Herweg wieder hinunter zum Kloster Altstadt und folgen weiterhin unserem *Burgenradweg* unter der B 287 hindurch und dann links an ihr entlang. Bald treffen wir auf die Fränkische Saale, an deren linkem Ufer wir nun entlangradeln, wobei wir ohne Halt das Dorf Untereschenbach durchqueren.

Von der Rhön in den Spessart

Vor Diebach stößt von rechts aus dem Ort heraus der *Radwanderweg Fränkische Saale* zu uns, der uns jetzt bis zu unserem Ziel in Gemünden am Main die Richtung vorgeben wird. Es lohnt sich aber, einen Abstecher in das kleine Dorf zu unternehmen und dessen Kirche St. Georg zu besichtigen. Dabei handelt es sich um eine Kirchenburg aus dem 13. Jahrhundert, deren Gaden (Vorratsgebäude) noch gut erhalten sind. Wer Zeit und Lust hat, kann außerdem der über dem Ort gelegenen Sturmiuskapelle einen Besuch abstatten. Dazu folgt man ab dem Bahnhaltepunkt dem örtlichen *Wanderweg* 6, der als 4,2 Kilometer langer Rundweg angelegt ist. Die letzte Passage durch den Wald hoch zur Kapelle ist allerdings nicht radtauglich. Also besser vorher absteigen und per pedes dorthin. Die Mühen werden mit einer schönen Aussicht hinüber zum Sodenberg und zurück nach Hammelburg belohnt.

Ab Diebach verläuft der *Radwanderweg Fränkische Saale* immerzu an ihrem linken Ufer entlang, über die Feld- und Wiesenflur. Dann durchradeln wir einen Waldstreifen und wechseln nach Passieren eines Sportplatzes rechts auf einer Brücke hinüber nach Morlesau am rechten Flussufer. Im Ort bietet sich im *Hotel-Restaurant Nöth* nicht nur die Gelegenheit für eine erste Einkehr, sondern auch, um vom Rad in ein Kanu umzusteigen. Zumindest wird dort auch ein Kanuverleih betrieben.

Hinter dem schmucken Dorf mit seinen schönen Fachwerkgebäuden radeln wir am Flurdenkmal Warzenstein vorbei und treten, das Naturdenkmal Zwölf Eichen passierend, unmerklich in den Landkreis Main-Spessart ein und damit in den Naturpark Spessart. Beim Bahnhaltepunkt Weickersgrüben sind es nur wenige Meter rechts hinüber zum Freizeitzentrum Roßmühle, wo ebenfalls die Möglichkeit besteht, eine Rast einzulegen oder ein Kanu auszuleihen. Hier werden auch geführte Paddeltouren auf der Saale angeboten.

In der Folge umradeln wir, einer großen Flussschleife der Fränkischen Saale folgend, den Leitenberg, bis wir das am anderen Ufer liegende Dorf Michelau passieren. Einen Abstecher dort hinüber können wir uns sparen, es gibt weder etwas Besonderes zu sehen noch Speis und Trank. Ab der Roßmühle hat sich das Tal merklich verengt, auf beiden Seiten flankieren waldbestandene Abhänge den Fluss. Hier konnte der Mensch glücklicherweise nicht eingreifen und den Lauf der Fränkischen Saale begradigen. Uns kommt das nur recht, weil wir gleich die nächste Flussschlaufe umfahren dürfen, die uns vorbei an einer originellen

Rasthütte im Blockhausstil leicht bergab nach Gräfendorf bringt. Bevor wir dort auf der Brücke erneut auf das linke Saaleufer wechseln, fahren wir in den Ort hinein und besichtigen die beiden Schutzengelkirchen. Die ältere ist ein 1867–69 errichtetes neoromanisches Bauwerk mit einer sehenswerten Innenausstattung. Neben dem Hochaltar, den beiden Seitenaltären und der Kanzel beeindrucken vor allem die aufwendigen Glasmalereien einiger Fenster im Chor und im Langhaus. Da die Kirche durch ein ungleichmäßiges Absinken des Baugrundes schwere Risse bekam, entschloss man sich 1967 für einen Kirchenneubau in der Ortsmitte. Die Neue Schutzengelkirche zeigt sich als Verbindung von Alt und Neu. Die zunächst schlicht gehaltene Raumausstattung wurde im Laufe der Zeit durch restaurierte Gegenstände aus der alten Kirche ergänzt. Es lohnt sich also, beide aufzusuchen.

Dann radeln wir am linken Flussufer entlang, wobei kurz vor Schonderfeld ein merkwürdiges Bauwerk unsere Aufmerksamkeit erregt, das rechts der Fränkischen Saale mitten im Talgrund steht. Dabei handelt es sich um ein Stück deutscher Verkehrsgeschichte, das zwischen Gemünden am Main und Bad Brückenau in den Wäldern und Tälern im Grenzbereich zwischen Spessart und Rhön verborgen ist: nämlich um die »vergessene Autobahn« zwischen Würzburg und Bad Hersfeld, den historischen Vorläufer der heutigen A 7. Der Bau dieses »Strecke 46« genannten Abschnitts wurde 1937 begonnen, aber bereits 1940 kriegsbedingt wieder eingestellt. Längst ist die Trasse weitgehend von Wald bedeckt und kaum mehr in der Landschaft wahrnehmbar. Doch stellenweise haben sich Relikte dieser Autobahnruine erhalten wie hier bei Schonderfeld. Was wir vor uns sehen, ist ein Pfeiler einer an dieser Stelle geplanten, aber nie fertiggestellten Brücke über die Fränkische Saale. Er wird von Kletterern gerne als Trainingswand benutzt.

Der Mündung entgegen

Über die Wiesenflur radelnd ist bald Wolfsmünster erreicht, wo wir hinter dem Sportplatz auf der historischen Steinbrücke aus dem 18. Jahrhundert zum vorletzten Mal auf die andere Flussseite wechseln. Der Ort geht auf ein Kloster zurück, das um 800 vom fuldischen Abt Baugolf gegründet wurde. Dessen ursprünglicher

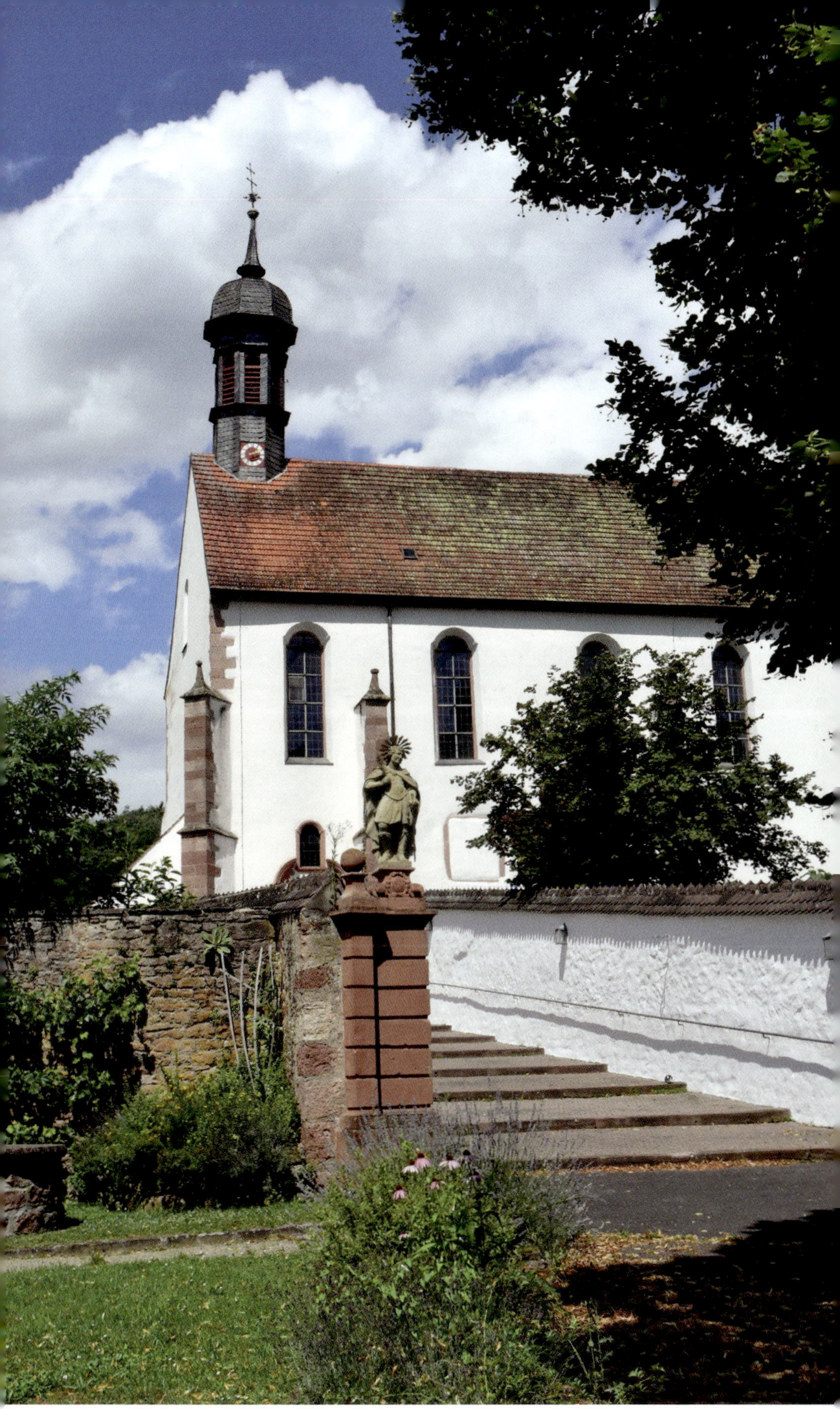

Einen Abstecher wert ist das Kloster Schönau.

Name Baugolfsmünster wurde allmählich zu Wolfsmünster abgewandelt. Das Wahrzeichen des kleinen Dorfes ist das von den Herren von Thüngen 1584 erbaute Renaissanceschloss. Die zur Saale ausgerichtete Fassade mit ihren Treppengiebeln, die umschließende Ringmauer und die Terrassen bieten ein schönes Fotomotiv.

In der Folge umradeln wir letztmals eine Schlaufe der Fränkische Saale, wobei wir einen bewaldeten Steilhang passieren. Dann taucht vor uns am anderen Ufer Kloster Schönau auf, das wir natürlich besuchen wollen. Dazu müssen wir unseren Radweg verlassen und auf einem Steg den Fluss queren. Seit 1699 leben hier Mönche des Franziskaner-Minoriten-Ordens, wobei die Geschichte des Klosters bis ins 12. Jahrhundert zurückreicht. Es wurde als Zisterzienserinnenkloster erbaut, das jedoch 1564 nach Kriegswirren und Zerstörungen aufgegeben werden musste. Unter den Franziskanern wurden dann Kloster und Kirche im Barockstil erneuert. In der Klosterkirche befinden sich zahlreiche Werke des fränkischen Barockmalers Georg Sebastian Urlaub (1685–1763) sowie eine Figurengruppe aus der Riemenschneider-Werkstatt (um 1500). Das Klostergebäude ist hingegen ein Neubau von 1975. Man sollte ein wenig hier verweilen,

Die Drei-Flüsse-Stadt Gemünden ist das Ziel der Radtour.

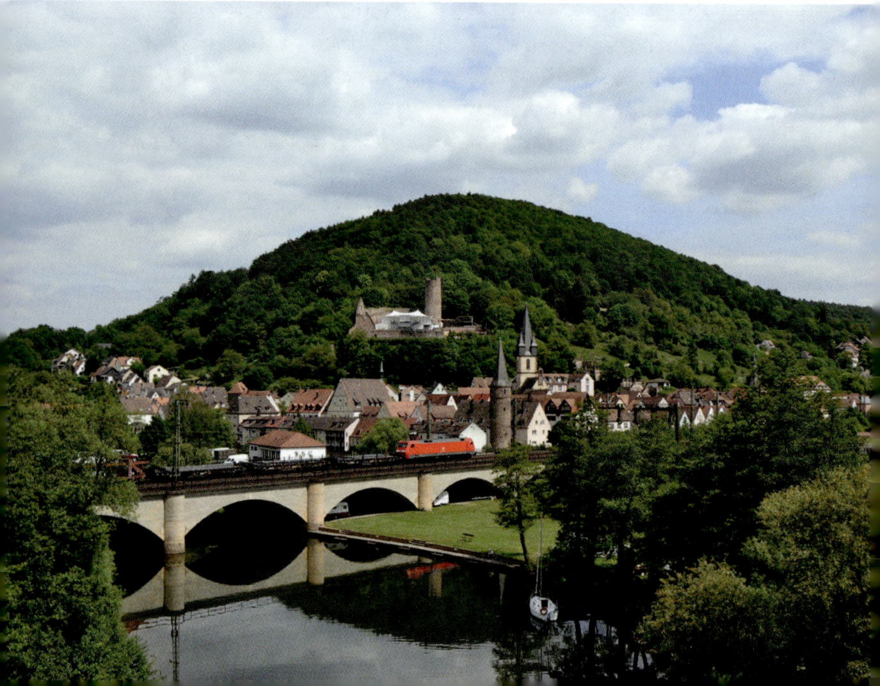

um die Stille zu genießen, die dieser weltabgeschiedene Ort ausstrahlt.

Zurück auf unserem Radweg ist es nun nicht mehr weit bis zu unserem Ziel. Schon kommen die ersten Häuser von Gemünden in Sicht, wo wir beim Sportgelände links abbiegen und das Flüsschen Sinn auf seinen letzten Metern begleiten, bevor es in die Fränkische Saale mündet. Diese überqueren wir dann letztmals und halten uns an ihrem linken Ufer weiter flussabwärts. Nach etwa 600 Metern wird sie in den Main münden, wir biegen aber vorher auf Höhe des auf der anderen Flussseite liegenden Huttenschlosses links ab. Der *Radwanderweg Fränkische Saale* endet hier, dafür folgen wir nun ein Stück dem *Radweg Main-Tauber-Fränkischer Radachter* bis zum Marktplatz. Dort bietet sich zunächst in einem der Cafés eine Rast an, bevor wir uns im malerischen Drei-Flüsse-Städtchen umsehen. Wir müssen es ja nicht so übertreiben wie der Schriftsteller Joachim Ringelnatz, der einmal geschrieben hat: »Ich stieg aufs Geratewohl in Gemünden aus, fand viel Frohsinn, drollige Gassen und Häuser und trank der Kellnerin Therese zuliebe 15 Schoppen Wein«. Sehenswert sind bereits die malerischen Fachwerkgässchen in der Altstadt, dazu das Mühlentor, das einzig erhaltene Stadttor, und der Eulenturm. Den Höhepunkt bildet aber im wahrsten Sinn des Wortes ein kleiner Spaziergang hoch zur Scherenburg, die weithin sichtbar über der Stadt thront. Die im 13. Jahrhundert erstmals urkundlich erwähnte Festung kam 1469 an das Hochstift Würzburg und war bis ins 18. Jahrhundert bewohnt. Heute finden im Innenhof der Ruine im Juli/August die Scherenburgfestspiele statt. Auf dem Weg zur Burg sollte man schließlich auch dem Ronkarzgarten einen Besuch abstatten, einem schönen Beispiel bürgerlicher Gartenbaukunst des 19. Jahrhunderts.

Zurück auf dem Marktplatz folgen wir der Beschilderung eines örtlichen *Radweges* in Richtung Karlstadt an der B 26 entlang bis zum Bahnhof, wo unsere Tour endet.

Ausgewählte Adressen und Tipps

- Frankens Saalestück, Am Marktplatz 1, 97762 Hammelburg, Tel. 09732/902308, www.frankens-saalestueck.de.
- Allianz Fränkisches Saaletal, www.fraenkisches-saaletal.de.

Hammelburg

- Tourist-Information Hammelburg, Kirchgasse 4, 97752 Hammelburg, Tel. 09732/902430, touristik.hammelburg.de. Mai bis Okt. Mo–Fr 9–12.30 und 13.30–16, Sa 10–13 Uhr; Nov. bis Apr. Mo–Do 9–12.30 und 13.30–16, Fr 9–12.30 Uhr.
- Stadtmuseum Herrenmühle, Turnhouter Str. 15, 97762 Hammelburg, Tel. 09732/782448, www.museum-herrenmuehle.de. Mai bis Okt. Di/Mi und Fr–So 14–17, Do 10–14 Uhr, Mo geschlossen; Nov. bis Apr. Di/Mi und Fr 14–16, Sa/So 14–17, Do 10–14 Uhr, Mo geschlossen.
- Schloss Saaleck, der Bergfried ist Apr. bis Sep. tägl. 8.30–21 Uhr frei zugänglich, Okt. bis März tägl. 8.30–18 Uhr.
- Kanuverleih Happy Tours E. Kleespies, Tel. 09732/79259, www.happy-tours.net.
- *Weinhotel Müller,* Am Marktplatz 12, 97762 Hammelburg, Tel. 09732/78770, www.weingut-weinhotel-mueller.de. Apr. bis Okt. Do–Mo 12–21 Uhr, Nov. bis März Do–Mo 17–21 Uhr, Di/Mi Ruhetage. Regionale Gerichte und Weine vom eigenen Weingut.
- *Eiscafé La Fenice,* Am Marktplatz 13, 97762 Hammelburg, Tel. 09732/781194. Tägl. 9–21 Uhr, Nov. bis Feb. geschlossen.
- *Stadtcafé,* Am Marktplatz 8, 97762 Hammelburg, Tel. 09732/91190, www.stadtcafe-hammelburg.de. Mo und Mi–Sa 9–19, So ab 11 Uhr, Di Ruhetag; in den Wintermonaten So erst ab 13 Uhr. Auch Hotel.
- *Kaiser's Weinland Hotel,* An der Walkmühle 11, 97762 Hammelburg, Tel. 09732/91130, www.kaisers-weinland-hotel.de.
- *Wandelbar – Hotel Deutsches Haus,* Kissinger Str. 24, 97762 Hammelburg, Tel. 09732/7886670, www.dh-hammelburg.de.
- *Vinothek des Weinguts Lange Schloss Saaleck,* Am Marktplatz 1, 97762 Hammelburg, Tel. 09732/7887450, www.weingut-schloss-saaleck.de. Mo–Fr 9–13 und 14–18, Sa 9–14 Uhr, Juni bis Okt. auch So 11–16 Uhr.

Diebach

- *Gaststätte Ausblick am Forellenhof,* Am Erlich 30, 97762 Hammelburg-Diebach, Tel. 09732/7542, www.ausblick-forellenhof.de. Mi–Fr ab 16,

Sa ab 14, So/Fei ab 12 Uhr. Forellen werden zwar schon lange nicht mehr gezüchtet, dafür bietet die reichhaltige Speisekarte eine große Auswahl an Steaks, Schnitzeln und Burgern sowie Pizza aus dem Steinofen. Mit Biergarten sowie zwei Ferienhäusern und einem Wohnmobilstellplatz.

Gasthaus Goldenes Roß, Diebacher Str. 28, 97762 Hammelburg-Diebach, Tel. 09732/2121, www.goldenes-ross-diebach.de. Mi–So 11–22 Uhr, Mo/Di Ruhetage. Altehrwürdiges Gasthaus mit fränkischer Küche und regionalen Produkten, verfügt auch über einige Gästezimmer.

Zwischen Diebach und Morlesau

Hotel Restaurant Neumühle Resort & Spa, Neumühle 54, 97797 Wartmannsroth, Tel. 09732/8030, www.neumuehle-resort.de. Tägl. 7.30–10.30, 12–14 und 18–21.30 Uhr.

Morlesau (siehe Tour 30)

Roßmühle (siehe Tour 30)

Michelau a. d. Saale

Saaletalstuben Hotel & Restaurant, An der Saale 1, 97782 Gräfendorf-Michelau, Tel. 09357/9091169, www.saaletalstuben.de. Mi–Sa ab 17.30, So ab 11 Uhr, Mo/Di Ruhetage. Schmackhafte Küche, wobei Fleischgerichte überwiegen, dazu ein Drei-Sterne-Hotel mit Sauna.

Gräfendorf

MCK-Sports Kanuverleih, siehe MC Kamp.

Baumhaushotel Seemühle, Seemühle 1, 97782 Gräfendorf, Tel. 09357/9098020, www.das-baumhaushotel.de. Ein Erlebnis der besonderen, aber nicht ganz billigen Art ist eine Übernachtung in einem der luxuriös eingerichteten Baumhäuser, die sich um eine denkmalgeschützte Mühle gruppieren; ein Highlight ist zudem die Schäferwagen-Sauna direkt am Mühlenbach. Nichtraucheranlage, Haustiere sind nicht erlaubt.

MC Kamp & MCK-Sports, Flurweg 4, 97782 Gräfendorf, Tel. 09357/9099962, www.mckamp.de. Primär ein Veranstalter für Outdoor-Events, auch für Kanutouren, bietet Übernachtungsmöglichkeiten in Holzhütten und Indianerzelten an, es gibt ebenso einen normalen Campingplatz. Biergarten Fr/Sa 17–21, So 13–18 Uhr.

Ferienanlage Saaleblick, Eidenbacher Weg 24, 97782 Gräfendorf, Tel. 09357/99963, www.saaleblick.de. Am Ortsrand gelegene, von Privatleuten betriebene Ferienwohnanlage mit sechs Ferienwohnungen, Kinderspielplatz und einem hauseigenen Pool, Haustiere sind willkommen.

Schonderfeld

Schonderfelder Brotzeitstube, Schonderfeld 17, 97782 Gräfendorf-Schonderfeld, Tel. 09357/508, www.schonderfelder-brotzeitstube.de. Ganzjährig Di 16–20 Uhr, Mai bis Okt. auch Fr 17–20, Sa 15–20, So/Fei 13–20 Uhr. Auf der Speisekarte stehen überwiegend Brotzeiten und kleine Gerichte, zum Mitnehmen gibt es selbst hergestellten Honig sowie selbst gebrannte Edelbrände, zur Übernachtung stehen zwei Ferienwohnungen zur Verfügung.

Kloster Schönau

Das Klosterbier (gebraut von Bruder Tobias) ist immer Fr 17–19 und Sa 9–11 Uhr direkt an der Brauerei käuflich zu erwerben (Tel. 09351/60538216).

Gasthaus März, Schönau 15, 97737 Gemünden-Schönau, Tel. 09351/2030. Nur So 11.30–21 Uhr.

Gemünden am Main

Informationszentrum Naturpark Spessart, Frankfurter Str. 2, 97737 Gemünden, Tel. 09351/603422, www.naturpark-spessart.de.

Film-Photo-Ton-Museum im Huttenschloss, Frankfurter Str. 2, 97737 Gemünden, Tel. 09351/3237, www.film-photo-ton.de. Sa 14–17, So 10–12 Uhr, Apr. bis Okt. auch Di 10–12 und Do 15–17 Uhr. Café Sa 14–17, So 10–12 Uhr.

Stadtgeschichtliches Museum im Huttenschloss, Frankfurter Str. 2, 97737 Gemünden, Tel. 09351/4498. Geöffnet wie Film-Photo-Ton-Museum. Freier Eintritt.

Freibad Saaleinsel, Duivenallee 7, 97737 Gemünden, Tel. 09351/1094. In der Saison Do–Mo 10–20 Uhr, Di/Mi geschlossen.

Drei-Flüsse-Bad, Hofweg 4, 97737 Gemünden, Tel. 09351/6036713. Mo 16.30–22, Di–Fr 15.30–22, Do 15.30–16.45 nur Frauenschwimmen, Sa 10–12 und 14–19, So 10–18 Uhr.

Fränkischer Gasthof – Hotel Zum Koppen, Obertorstr. 22, 97737 Gemünden, Tel. 09351/97500, www.hotel-koppen.de.

Hotel Schäffer – Steakhouse Andeo, Bahnhofstr. 28, 97737 Gemünden, Tel. 09351/50820, www.hotel-schaeffer-gemuenden.de. Vier-Sterne Bett und Bike Hotel.

Pension Treutner, Sudetenstr. 28, 97737 Gemünden, Tel. 09351/1581.

Ratsschenke, Marktplatz 3, 97737 Gemünden, Tel. 09351/2763, www.ratsschenke.de. Mo/Di ab 16, Do–So/Fei ab 11 Uhr, Mi Ruhetag. Gutbürgerliche Küche mit Steak- und Saisonspezialitäten, mit Biergarten.

- *Café Bäckerei Maxl-Beck*, Marktplatz 1, 97737 Gemünden, Tel. 09351/603808. Mo–Fr 6–18, Sa 6–16, So 8–10.30 Uhr.
- *Eiscafé Cortina*, Marktplatz 13, 97737 Gemünden, Tel. 09351/3613. Tägl. ab 10 Uhr, Dez. bis Feb. geschlossen.

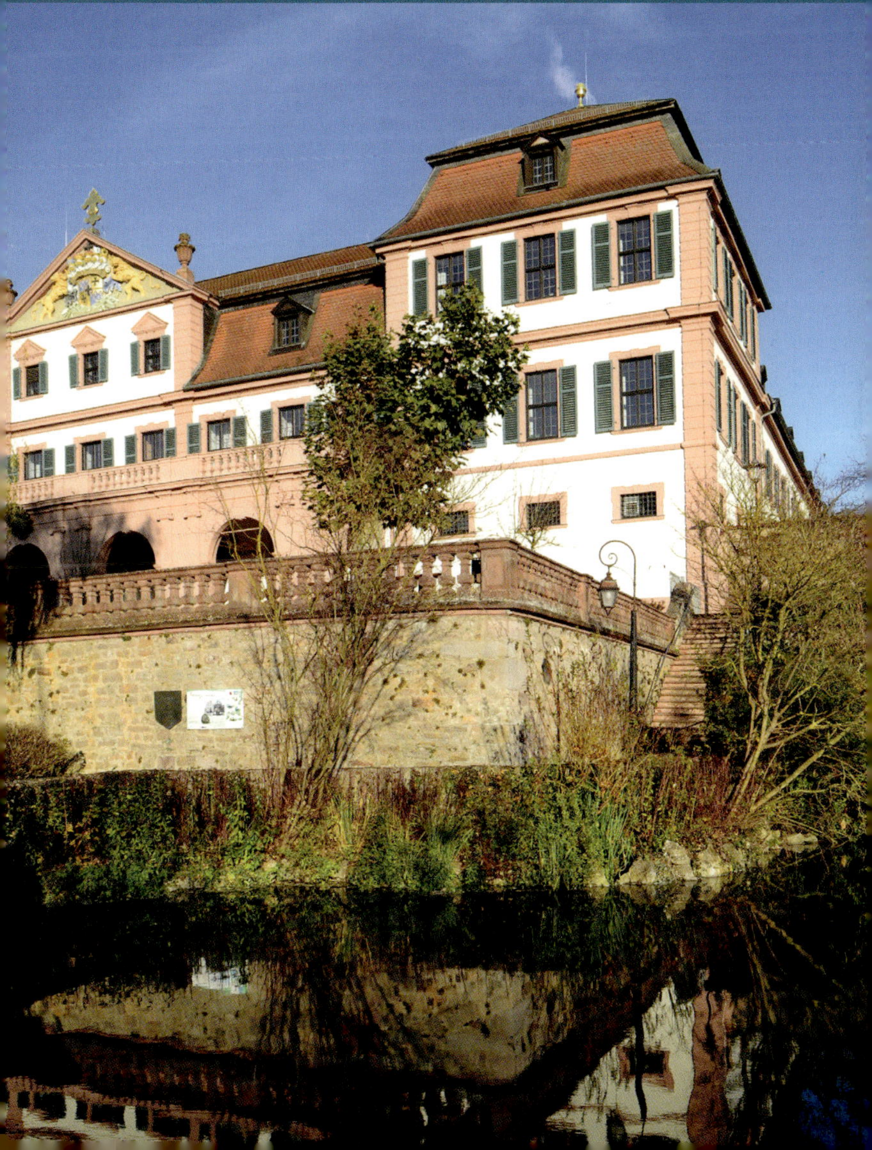

30 Adonisröschen und Küchenschelle

An der Fränkischen Saale von Morlesau auf den Sodenberg

Tour: Rundwanderung von Morlesau entlang der Fränkischen Saale auf den Sodenberg (481 m).

Länge/Dauer: 12,1 km/3 Std.

Einstiegspunkt: Saalebrücke in Morlesau.

Höhenunterschied: 314 m.

Markierungen: *Weingenussweg Fränkische Saale, G4, Nordic-Walking-Weg, Karolingerweg/rote Raute, Rundweg 2, Rundweg 5.*

Anfahrt: *ÖPNV:* mit der Bahn von Gemünden oder Hammelburg bis Haltepunkt Morlesau. *Kfz:* A 7 Ausfahrt Hammelburg, B 287 bis Hammelburg, St 2293 bis Diebach, KG 36 bis Morlesau; Parkmöglichkeiten bei der Saalebrücke.

Saison: das ganze Jahr über, am schönsten im Frühjahr (April/Mai) zur Zeit der Adonisröschenblüte.

Familie: Mit Kindern kann man die Tour abkürzen und von Morlesau auf dem *Rundweg 2* über Ochsenthal hoch zu einer Wegspinne am Fuß des Sodenberges wandern (dabei immer mal eine Pause einlegen, der Weg ist ziemlich steil). Von dort auf dem *Karolingerweg* bzw. mit der *roten Raute* hoch zum Aussichtspunkt auf der Gans und dann hinunter zum Standort der Adonisröschen. Auf demselben Weg zurück zur Wegspinne und von dort zurück nach Morlesau. Falls die Kinder noch Lust haben, könnte man vorher noch hoch zur Kapelle auf dem Sodenberg und von dort auf der Variante (siehe unten) zurückwandern.

Anforderungen: Trotz ihrer Kürze erfordert die Tour eine gute Kondition und abschnittsweise Trittsicherheit, denn es müssen je ein steilerer An- und Abstieg bewältigt werden, auf Letzterem besteht bei Nässe Rutschgefahr. Wanderstöcke können hier hilfreich sein.

Besonderheiten: Die selten gewordenen Frühjahrsadonisröschen sind die Stars dieser Wanderung. Das Naturschutzgebiet Sodenberg-Gans mit seinen Muschelkalk-Magerrasen ist einer der wenigen Standorte in Deutschland, wo sie noch anzutreffen sind.

Variante: von der Kapelle ohne Markierung bergab und unten dem *Rundweg 1* rechts um den Sodenberg herum folgen. Man gelangt so zum Geotop Sodenberg (schöner Blick in den Krater des ehemaligen Basaltbruches) und zurück zum Wegkreuz (ca. 1,7 km länger).

Immer am Fluss entlang

Das beschauliche, an der Fränkischen Saale gelegene Dorf Morlesau ist der ideale Ausgangspunkt für unsere Tour. Es gibt immerhin einen Bahnhaltepunkt (auch wenn es sich nur um eine Bedarfshaltestelle handelt) und Autofahrer finden ausreichend Platz zum Parken an der Saalebrücke. Dort legen wir gleich los und folgen der Markierung des *Weingenussweges Fränkische Saale* links durch den Ort. Es lohnt sich, dabei immer wieder einen Blick in die verschachtelten Höfe mit ihren schiefwinkligen Scheunen zu werfen. Dazu viel Fachwerk, ein altes Backhaus, eine Dorflinde und die einstige Schule mit ihren Rundbogenfenstern – ein fränkisches Dorfensemble wie aus dem Bilderbuch. Über eine nach rechts abzweigende Gasse kann man auch noch dem sehenswerten Kirchlein St. Cyriakus einen Besuch abstat-

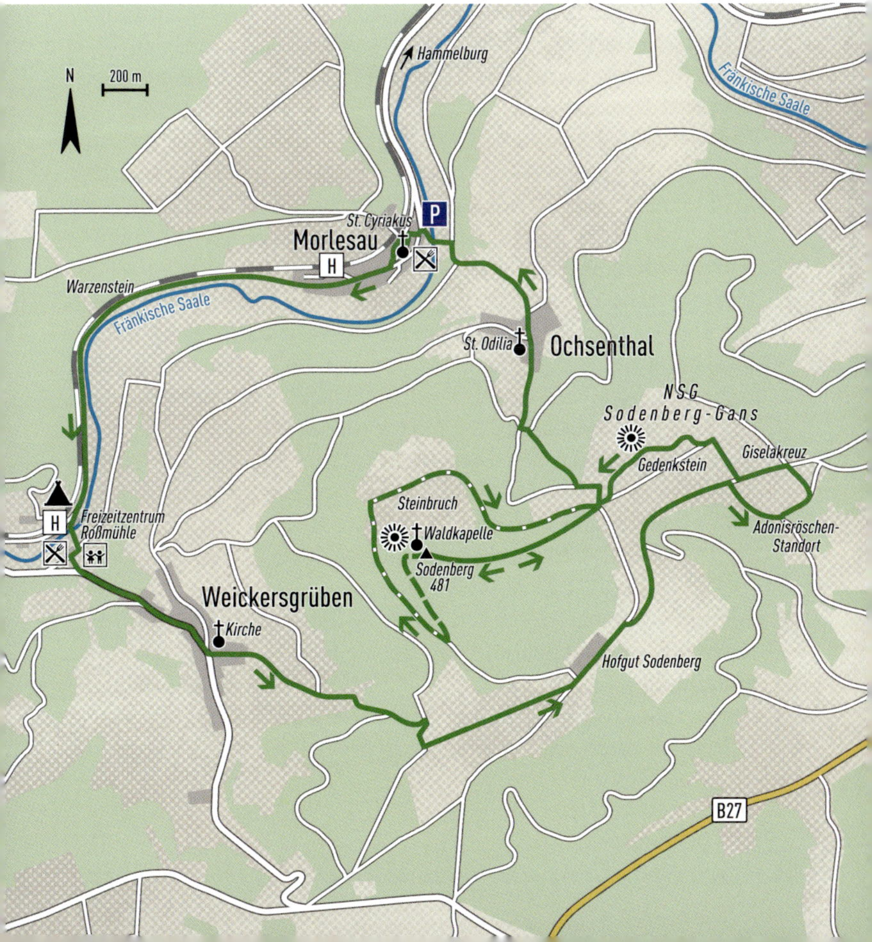

ten. Unbedingt beachtenswert ist außerdem das pittoreske Ortsschild, das in alter Frakturschrift Morlesau als Landgemeinde im königlichen Amtsgericht Bezirksamt Hammelburg ausweist.

Hinter dem Dorf geht es nun immerzu auf dem kombinierten Fuß- und Radweg am Talgrund der Fränkischen Saale entlang. Das Flüsschen wird von Trauerweiden gesäumt, im Sommer zeigt sich der Wiesengrund als bunt blühender Teppich. Eine Hinweistafel lässt uns beim Warzenstein stoppen, einem niedrigen Felsblock aus Muschelkalk. Der Stein hat seitlich eine längliche Vertiefung, in der sich gelegentlich Regenwasser sammelt. Früher tauchten die Einheimischen einen von einem Geschwür oder einer Warze befallenen Finger oder Zeh darin ein, um ihr Leiden loszuwerden. Angeblich soll die Prozedur geholfen haben, Aberglaube versetzt ja bekanntlich Berge. Apropos Berg – links von uns liegt der Sodenberg, den wir später erklimmen werden.

Einer Biegung der Fränkischen Saale folgend, passieren wir das Naturdenkmal Zwölf Eichen, das tatsächlich aus mehreren Einzelbäumen besteht, die sich in etwas Abstand zueinander am Weg erheben. Vorbei an einem Campingplatz gelangen wir zum Bahnhaltepunkt Weickersgrüben, von dem es nur ein Katzensprung zum *Restaurant* im Freizeitzentrum Roßmühle ist. Dort kann man sich auch ein Kanu für eine Paddeltour auf der Fränkischen Saale ausleihen. Wir aber biegen links ab und überqueren das Flüsschen auf einer Brücke. Jetzt orientieren wir uns an der Markierung *G4* und wandern entlang einer Straße bergauf nach Weickersgrüben. Das alte Bauerndorf besitzt eine katholische Kirche, deren Turm ein Relikt einer Befestigungsanlage aus dem 16. Jahrhundert ist. Zügig durchqueren wir den Ort und wandern, weiterhin geführt von *G4,* bergauf auf einen Wald zu. Darin bewältigen wir einen etwas steileren Anstieg auf die Hochfläche, wo wir kerzengrade über Felder auf das Hofgut Sodenberg zusteuern.

Wo die Adonisröschen blühen

Wie unschwer zu erkennen, wird in dem malerisch am Berghang gelegenen Gutshof eine Schafzucht betrieben. Ein altes Holzschild mit der Aufschrift »Gasthof Sodenberg« weckt leider falsche Hoffnungen, die Wirtschaft wurde schon vor vielen Jahren geschlossen. Dahinter biegen wir bei erster Gelegenheit

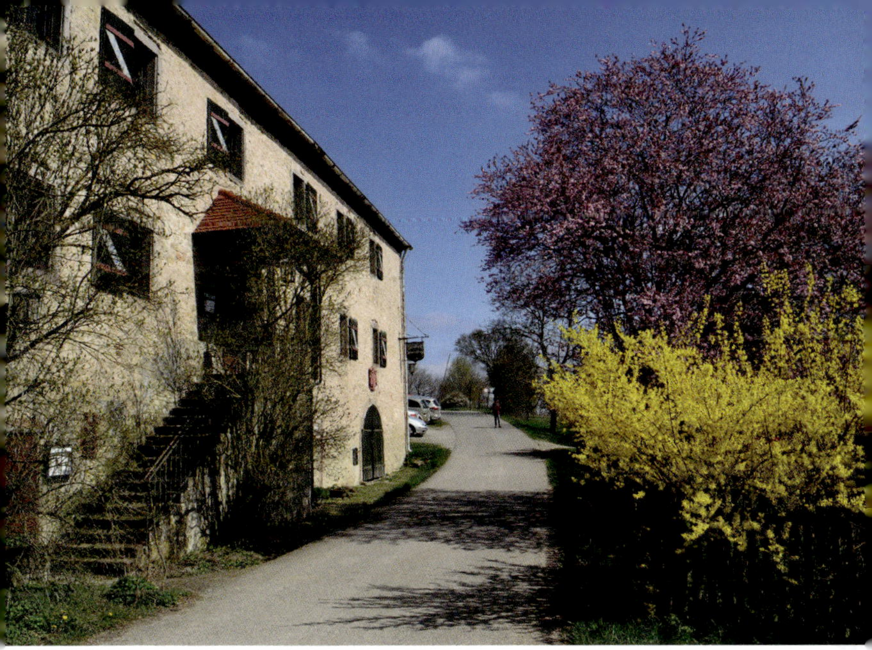

Im Hofgut Sodenberg wird Schafzucht betrieben.

rechts auf einen Schotterweg ab, der dann in einen unbefestigten Wiesenweg übergeht. Hier verläuft zwar kein Wanderweg, dafür bieten uns die Markierungen zweier *Nordic-Walking-Strecken* eine Orientierung. Wir durchqueren ein kleines Wäldchen und halten uns in der Folge immer geradeaus auf einem von Büschen gesäumten Wegabschnitt. Kurz danach biegen wir rechts auf einen Wiesenweg ab, dem wir hangabwärts folgen. Immer wieder tauchen nun grüne Schilder mit dem Hinweis »Geschützte Pflanzen« auf – ein sicheres Zeichen, dass wir uns dem Standort der seltenen Adonisröschen nähern. Wer das Schauspiel ihrer Blüte erleben möchte, muss allerdings im Frühjahr (April/Mai) herkommen. Dann werden die Kalkmagerrasen hier an der Gans zu einem wahren Eldorado für Hobbybotaniker und solche, die es werden wollen. Besonders am Südhang wachsen die leuchtend gelb blühenden Blumen an manchen Stellen büschelweise. Aber auch andere seltene Blütenpflanzen wie die blaue Küchenschelle, der lila Lerchensporn und der weiße Märzenbecher entfalten gleichzeitig ihre Blütenpracht. Außerdem bietet das Biotop vielen Brutvogelarten, Schmetterlingen und Grillenarten wie der Ödlandschrecke ideale Lebensbedingungen. Logischerweise

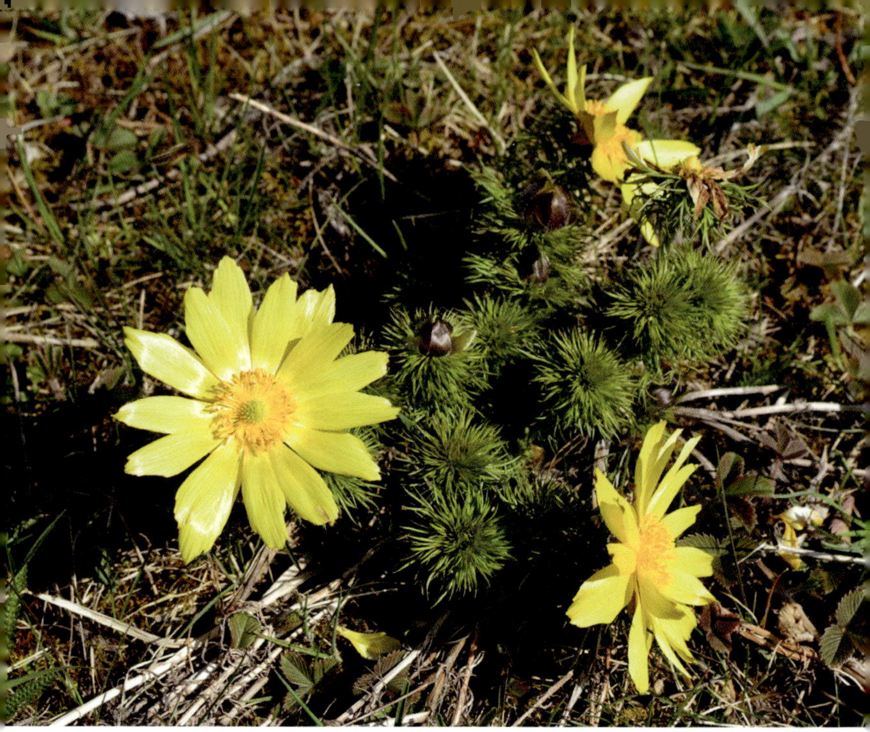

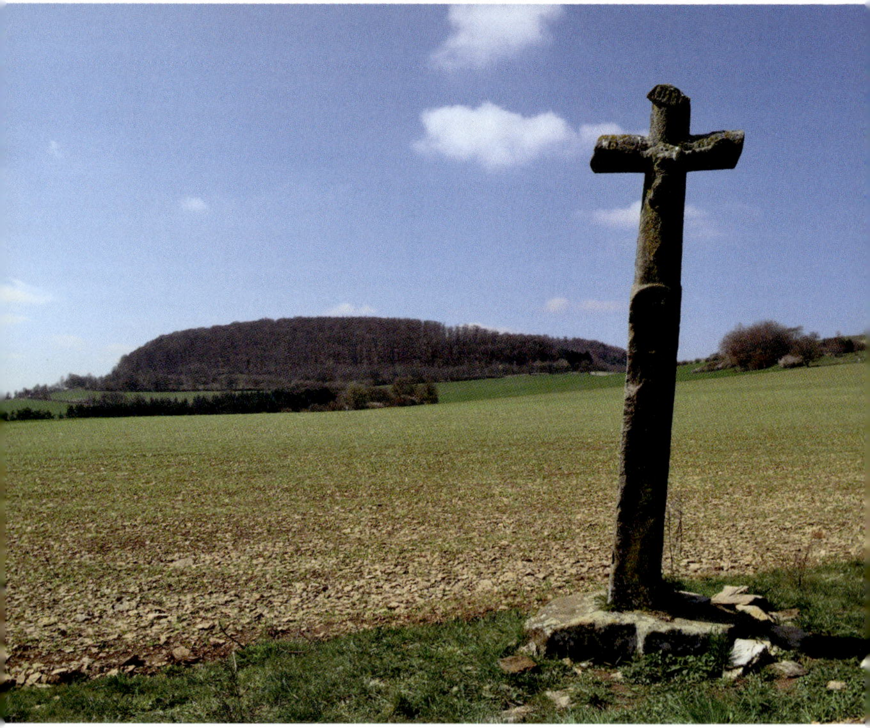

Adonisröschen und das Giselakreuz mit dem Sodenberg im Blick

wurde daher der komplette Höhenzug Sodenberg-Gans unter Naturschutz gestellt. Für uns ist es selbstverständlich, dass wir die Wege nicht verlassen und keine Blumen pflücken oder gar ausgraben. Seit 2006 sorgt der Landschaftspflegeverband Bad Kissingen e. V. dafür, dass dieser einmalige Lebensraum offen bleibt und nicht verbuscht. Dabei unterstützt ihn das Hofgut Sodenberg, das hier seine Schafe weiden lässt. Das streng geschützte Adonisröschen stammt übrigens ursprünglich aus Sibirien und dem Altaigebirge und wurde erst Ende der letzten Eiszeit in Mitteleuropa heimisch. In Deutschland kommt es nur noch an wenigen Standorten vor, das Naturschutzgebiet Sodenberg-Gans ist einer davon. Bei einer Felsböschung aus Muschelkalkfelsen halten wir uns halb links und anschließend erneut links hangaufwärts bis zu einer Wegkreuzung. Dort biegen wir mit dem *Karolinger-*

Das Giselakreuz – eine traurige Liebesgeschichte

Der Lauf der Zeit hat an dem ***Giselakreuz*** genannten Flurdenkmal merklich seine Spuren hinterlassen. Es steht nicht nur schief geneigt an seinem Platz, auch seine Gestalt hat gelitten: Der Kreuzbalken besteht nur noch aus zwei kurzen Stümpfen, der Korpus des Gekreuzigten ist zu einem Torso verwittert. Gut zu erkennen sind dagegen die Jahreszahl 1299 und das Wappen der Herren von Thüngen. In den meisten Fällen wurden im Mittelalter Kreuze oder Sühnesteine an Orten eines Schwerverbrechens oder eines Unfalls errichtet. Doch um das Giselakreuz rankt sich eine tragische Liebesgeschichte, die der von Romeo und Julia nicht unähnlich ist. Gerhard von Rieneck verliebte sich in Gisela von Thüngen, doch ihre Familien, beide Adelsgeschlechter aus dem Spessart, waren sich spinnefeind. Gerhards Vater verweigerte dem Sohn seine Einwilligung zu einer Vermählung und verbot ihm jeden weiteren Kontakt mit seiner Geliebten. Giselas Vater wiederum ließ seine Tochter weit weg auf Burg Kilianstein auf den Sodenberg bringen, damit sich die Liebenden nicht mehr treffen konnten. Gerhard zog darauf mit den Kreuzrittern ins Heilige Land, wo er bei der Erstürmung einer Festung ums Leben kam. Als Gisela die Nachricht vom Tod ihres Geliebten erhielt, ließ sie am Fuße des Sodenberges ein steinernes Kreuz errichten. Täglich betete sie dort zum Herrgott, er möge sie auch zu sich nehmen, damit sie bei ihrem Liebsten sein könne. Schließlich wurde ihre Bitte erfüllt und sie starb an gebrochenem Herzen.

weg und der Markierung *rote Raute* links ab und passieren ein rechts des Weges frei in einer Ackerfläche stehendes Steinkreuz, das sogenannte Giselakreuz (siehe Kasten »Eine traurige Liebesgeschichte«).

Wir setzen unseren Weg fort, indem wir mit unseren beiden Markierungen etwa 150 Meter nach dem Kreuz rechts abbiegen und über Wiesen hoch zur Rhönklub-Gedenkstätte auf der Gans (416 m) steigen. Der Name geht angeblich auf einen Gänsehirten aus dem nahe gelegenen Obereschenbach zurück, der früher sein Federvieh zum Grasen hierher getrieben haben soll. Die Aussicht von der baumlosen Kuppe ist unbeschreiblich schön – bei klarer Sicht weit über das Tal der Fränkischen Saale hinaus bis in die Hochrhön, in die Hassberge, in den Steigerwald und den Spessart. Eine Panoramascheibe erläutert den Ausblick, wer mag, kann sich zudem im Gipfelbuch verewigen. Nachdem wir uns satt gesehen haben, wandern wir auf einem Schotterweg hinunter zu einer im Sattel zwischen Sodenberg und Gans gelegenen Wegspinne.

Einblick in eine Vulkanruine

Von dort wollen wir nun dem Sodenberg, dem südlichsten Vulkankegel der Rhön, aufs Dach steigen. Dazu halten wir uns geradeaus und folgen einer breiten Waldfuhre durch dichten Buchenwald hoch auf das Gipfelplateau. Der unmarkierte Weg endet bei einer kleinen Waldkapelle, gleich dahinter tut sich abrupt ein etwa 70 Meter tiefer und 150 Meter breiter Krater auf. Ein gigantischer Steinbruch, in dem der Basalt der Vulkanschlotfüllung in den Jahren zwischen 1904 und 1958 abgebaut wurde. Dabei verlor der Berg nicht nur einen beträchtlichen Teil seiner eigentlichen 506 Meter hohen Gipfelkuppe, sondern auch die Burgruine Kilianstein, die darauf gestanden hatte. Erbaut von den Grafen von Rieneck, ging die Festung in den Besitz derer von Thüngen über, die sie zu einer Raubritterburg ausbauten. Götz von Berlichingen hat dort seine Junkerjahre bei seinem Onkel Neidhard von Thüngen verbracht. Nach dem Dreißigjährigen Krieg verwaiste die Burg und verfiel zur Ruine. Verschont gebliebén vom Basaltabbau ist nur ein Sandsteinkreuz, das Philipp von Thüngen im Jahr 1515 gestiftet hat. An seiner Stelle soll bereits

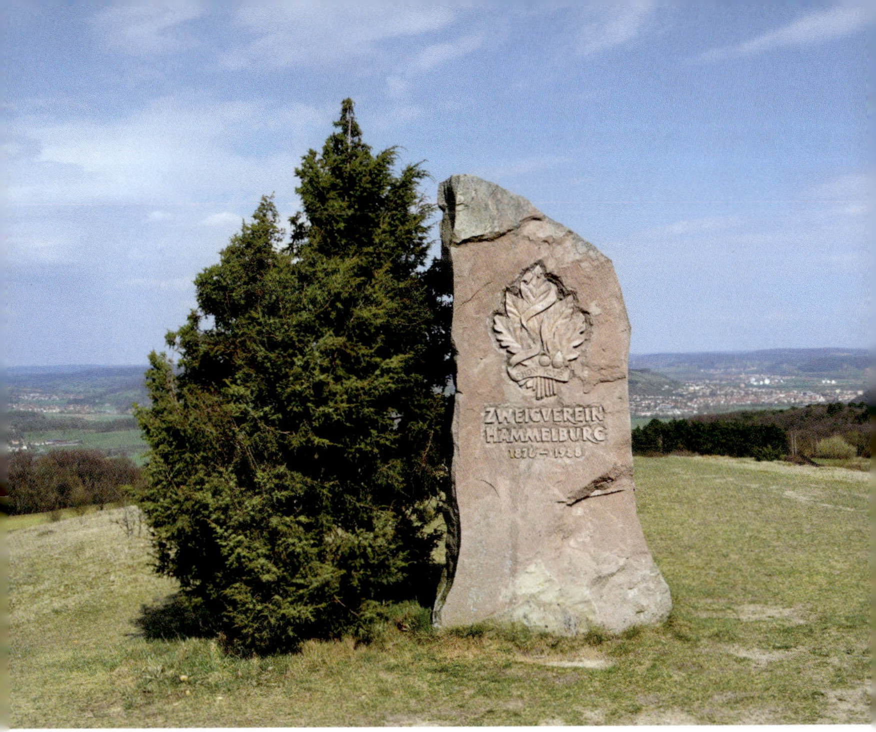

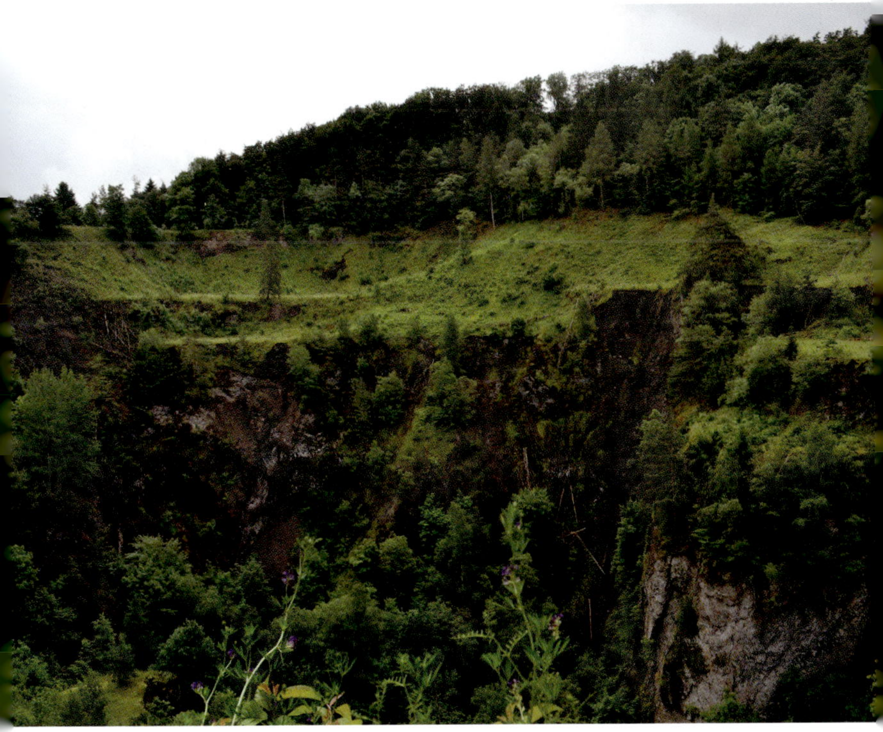

Rhönklub-Gedenkstein auf der Gans und Steinbruchkrater am Sodenberg

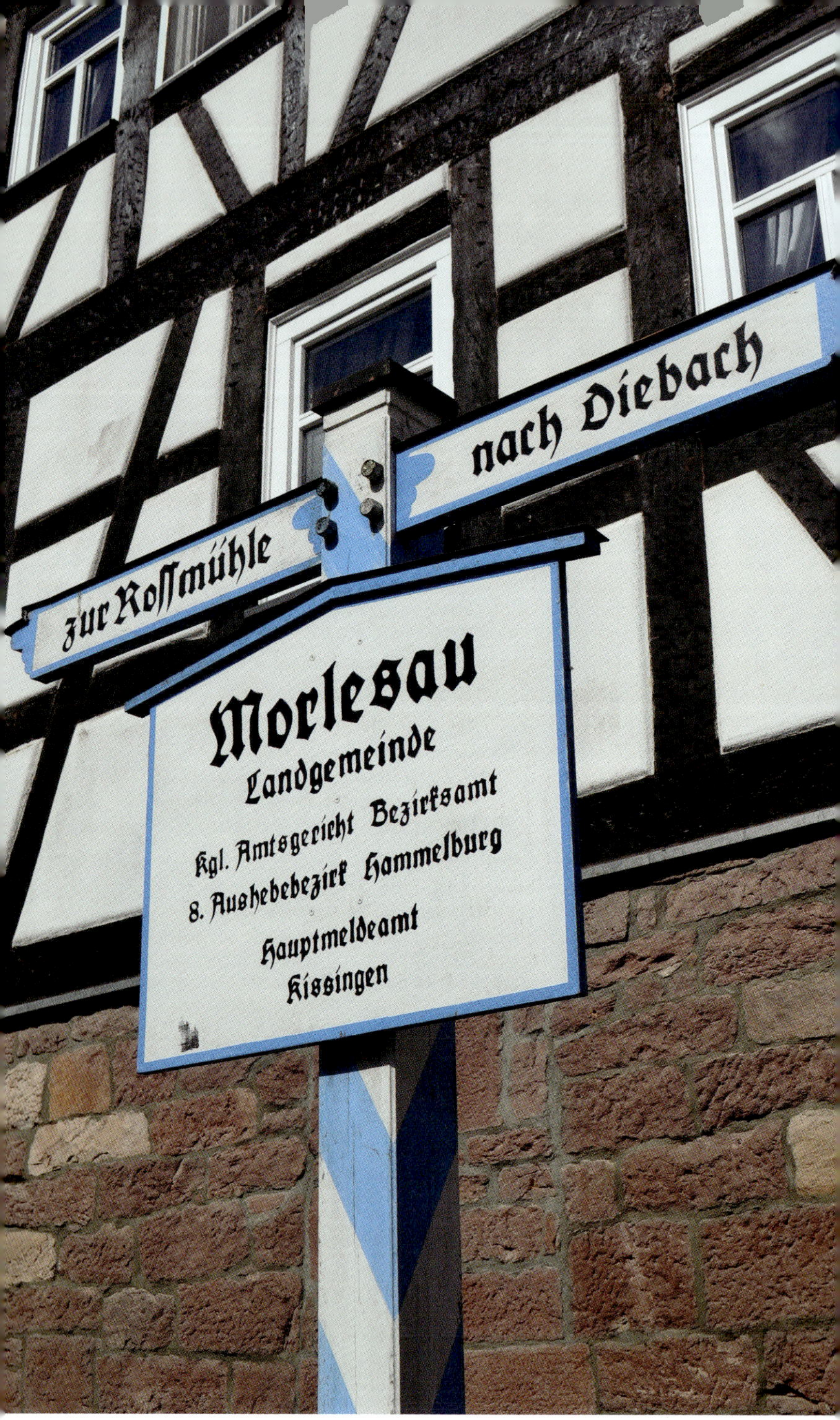

Altes Ortsschild in Morlesau

um 680 der Heilige Kilian mit seinen irischen Gefährten Kolonat und Totnan ein erstes Kreuz aufgestellt haben. Dies brachte dem Berg lange Zeit den Namen Kiliansberg ein. Seit 1892 wird das steinerne Kreuz von der schlichten Waldkapelle überdacht. Jährlich wird hier am Pfingstmontag ein Gottesdienst gefeiert, zu dem Gläubige aus der ganzen Umgebung pilgern. Von der Abbruchkante hat man nicht nur einen beeindruckenden Blick in die Tiefe des Kraters, sondern auch eine schöne Fernsicht nach Norden weit hinein in die Rhön.

Wer dem Weg der Variante (siehe S. 348) folgt, kommt nicht nur an Überbleibseln des ehemaligen Steinbruchbetriebes vorbei, unter anderem an einem Tunnel der Grubenbahn, sondern kann zudem bei einer Schutzhütte den Krater genauer in Augenschein nehmen. An manchen Stellen sind in der Bruchwand deutlich Basaltsäulen der ehemaligen Schlotfüllung zu erkennen. Heute ist der Krater nicht nur ein Geotop, sondern wegen einiger Tümpel, die sich in der Steinbruchsohle gebildet haben, auch ein Biotop für einige Amphibien- und Insektenarten. Er ist Teil des Naturschutzgebietes Sodenberg-Gans.

Wieder zurück bei der Wegspinne, von der wir kamen, folgen wir jetzt der Ausschilderung des *Rundweges 2* bergab in Richtung des Weilers Ochsenthal. Auf dieser Abwärtsetappe, die uns durch einen Waldstreifen führt, ist Vorsicht geboten, denn es wird richtig steil und bei Nässe besteht akute Rutschgefahr. Wanderstöcke sind hier mehr als hilfreich. In Ochsenthal werfen wir einen Blick auf das hübsche Kirchlein St. Odilia, das direkt an unserem Weg liegt. Über Streuobstwiesen geht es dann mit moderatem Gefälle hinunter ins Tal, wo es auf dem *Rundweg 5* nur noch wenige Meter nach links zur Saalebrücke bei Morlesau sind.

Ausgewählte Adressen und Tipps

Frankens Saalestück, Am Marktplatz 1, 97752 Hammelburg, Tel. 09732/902308, www.frankens-saalestueck.de.

Freizeitzentrum Roßmühle, Roßmühle 7, 97782 Gräfendorf-Weickersgrüben, Tel. 09357/1210, www.freizeitzentrum-rossmuehle.de. Großer Campingplatz (400 Stellplätze für Zelte und Wohnwagen) mit Kinderspielplatz und Kanuverleih.

Reitstation Roßmühle, Roßmühle 5, 97782 Gräfendorf-Weickersgrüben, Tel. 09357/8784998, www.reitstation-rossmuehle.de. Reitstall mit eigenen netten Natur-Ferienhäuschen, Pferde können auch mitgebracht werden, Ponyführen für Kinder, Ausritte in die Umgebung, vor Ort befinden sich ein Saunagarten und eine Gaststätte, Hunde willkommen.

Restaurant Roßmühle, im Freizeitzentrum (s. o.), Tel. 09357/9989936, www.restaurant-rossmuehle.de. Tägl. außer Di ab 17 Uhr, So ab 11 Uhr (jahreszeitlich wechselnd, bitte Webseite beachten). Anspruchsvolle regionale Küche, alle Zutaten stammen von Erzeugern aus dem Umland, Obstsäfte aus eigenem Streuobstanbau.

Hotel-Restaurant Nöth, Morlesauer Str. 3 + 6, 97762 Hammelburg-Morlesau, Tel. 09357/479, www.hotel-noeth.de. Fr–Di 11.30–13.30 und 17.30–20.30 Uhr, Mi/Do Ruhetage. Neben traditioneller regionaler fränkischer Küche stehen auch Köstlichkeiten aus der portugiesischen Heimat der Inhaberin auf der Speisekarte, im Sommer mit Biergartenbetrieb. Für die Übernachtung stehen preiswerte Einzel- und Doppelzimmer sowie ein Appartement zur Verfügung.

Pension Roßmühle (s. o. Freizeitzentrum), Zimmer in rustikalem Ambiente, bei schönem Wetter wird das Frühstück im Garten serviert, sonst im wintergartengleichen Frühstücksraum mit 360-Grad-Panoramablick; zum Freizeitzentrum Roßmühle gehören auch Ferienwohnungen und ein Campingplatz, Hunde sind nicht erlaubt.

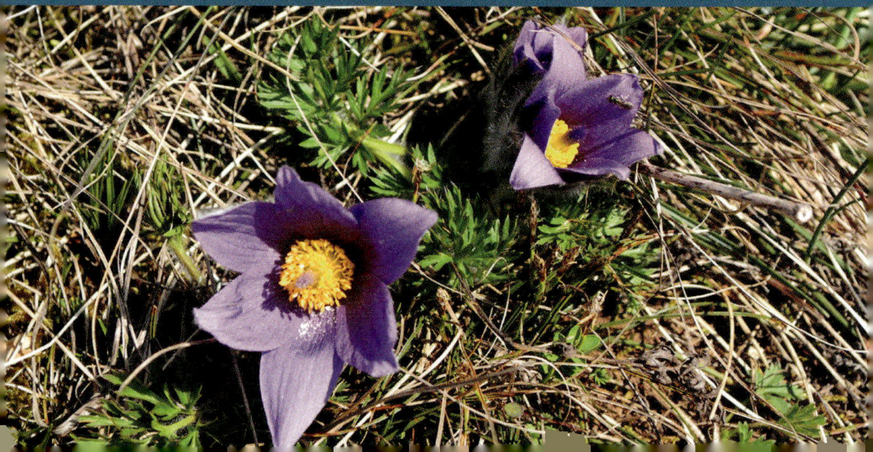

Der Autor

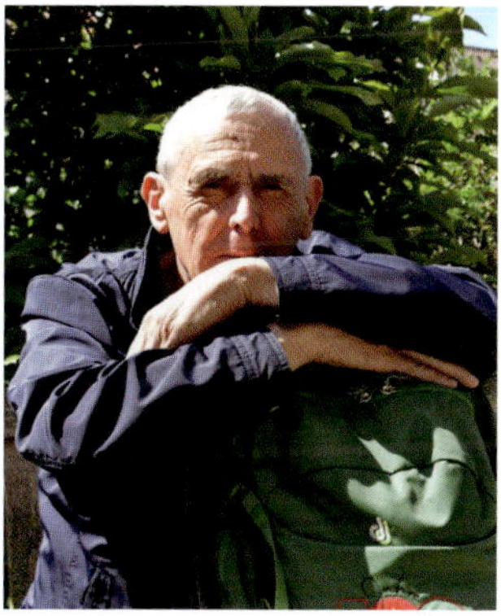

Gerhard Heimler, geboren 1957 unweit der Rhön in Königshofen im Grabfeld, ist seit vielen Jahren in verschiedenen Funktionen in der Buch- und Verlagsbranche tätig. Aufgewachsen im Landkreis Fürth, lebt er nun schon mehr als 30 Jahre in Frankfurt am Main. Seit er im Rahmen seines Geologiestudiums erstmals auf einer Exkursion in die Rhön kam, lässt ihn diese faszinierende Landschaft nicht mehr los. Mehrmals im Jahr ist er zu Fuß, mit dem Rad oder mit dem Auto dort unterwegs, um neue, ihm bisher unbekannte Ecken zu entdecken. Der bekennende Mittelgebirgsfan kann sich zum Wandern keinen schöneren Landstrich vorstellen, ist aber dennoch auch anderswo unterwegs, wo es Berge mit Aussicht gibt. Seine Leidenschaft fürs Wandern und Unterwegssein hat ihn zum Autor mehrerer Wanderbücher werden lassen. Ferner schreibt er gelegentlich Beiträge zu verschiedenen Themen für Zeitschriften und Tageszeitungen (unter anderem für die *Nürnberger Nachrichten*).

Register

T

U

V

W

Z